三國演義詩詞鑑賞
鄭鐵生 著

Copyright ⓒ 1995 鄭鐵生
Korean translation copyright ⓒ 2007 by Hyeonamsa Publishing Co., Ltd.
All rights reserved.

삼국지 시가 감상

펴낸곳 / (주)현암사
펴낸이 / 조근태
지은이 / 정철생
옮긴이 / 정원기

주간·기획 / 형난옥
책임 편집 / 이혁제
표지 디자인 / 이설아
제작 / 신용직

펴낸날 / 2007년 3월 30일
등록일 / 1951년 12월 24일·10-126

주소 / 서울시 마포구 아현 3동 627-5·우편번호 121-862
전화 / 365-5051·팩스 / 313-2729
홈페이지 / www.hyeonamsa.com
E-mail / editor@hyeonamsa.com

*잘못된 책은 바꾸어 드립니다.
*이 책의 한국어판 저작권은 옮긴이 정원기를 통한 저작권자 정철생과의 독점 계약으로
한국어 판권을 (주)현암사가 소유합니다.
저작권법에 의해 한국 내에서 보호를 받는 저작물이므로 무단전재와 무단복제를 금합니다.

ISBN 978-89-323-1435-8 03820

삼국지 시가 감상

삼국지 시가 감상

정철생 지음 | 정원기 옮김

현암사

지은이의 말

한국의 대표적인 삼국지연의 연구가인 아시아대학교 정원기 교수가 필자의 『삼국연의시사감상(三國演義詩詞鑑賞)』을 번역 출간한다며 글을 부탁했다. 정 교수는 3년의 긴 시간동안 심혈을 기울여 작업을 마침으로써 한국의 중국고전 명저에 대한 연구를 한층 증진시키게 되었다. 참으로 기쁘고 감개무량한 일이 아닐 수 없다.

필자가 정 교수를 처음 만난 것은 1997년 11월 섬서성(陝西省) 한중(漢中)에서 개최된 '중국 제11회 삼국연의 학술연토회'장에서였다. 그때 우리는 산동사범대학의 두귀신(杜貴晨) 교수와 함께 삼국연의에 관해 많은 토론을 하였는데, 밤늦도록 이야기를 주고받으며 금방 의기투합하였다.

10년간 부단한 교류와 학술 토론을 해왔는데, 그동안 수취한 정 교수의 『삼국지연의』 관계 저서 및 역서가 8종이나 되니, 이 책까지 합치면 모두 9종인 셈이다. 학자의 우수성을 학문상에서 찾는다면, 오직 부단한 추구만이 그 우수성을 증명할 수 있을 것이다.

정 교수는 한국 독자의 취향을 감안하여 임의로 문장을 축약하거나 때로는 자신의 견해를 덧붙이겠다는 의사를 밝히며 양해를 구했다. 이는 아마도 번역상의 필요에 의한 요구로 보인다.

본서는 1995년 3월, 북경출판사에서 출판되었다. 그로부터 8년 후 비교적 많은 수정을 거쳐 2003년 1월에 천진고적출판사에서 재판을 출간했다. 『삼국지연의』 중 가장 많이 읽히는 판본인 '모종강평점본(毛宗崗評點本)'의 시사(詩詞)를 기준으로 '단어 해설'과 '감상 및 해설'을 진행했다. 단어 해설에서는 이해하기 어려운 문언문(文言文)의 단어나 특수구법 등을 통속적으로 해석하여, 『삼국지연의』를 처음 대하는 독자라도 깊이 있는 이해가 가능하도록 하였다. 감상 및 해설 부분에서는 각 편의 시가를 단편적으로 해설한 것처럼 보이지만, 소설 속 이야기와 등장인물 그리고 작가의 서사 관점에 내재한 연관관계 등을 종합해 총체적인 각도에서 감상할 수 있도록 하였다. 따라서 크고 작음이 통하고 말단과 근본이 서로 이어져 결국 하나의 흐름이 되는 것을 느낄 수 있을 것이다. 이 때문에 어떤 평론가는 '대중성과 학술성을 동시에 갖춘 작품'이라고 평했다.

이 책의 특징은 다음의 몇 가지로 나눌 수 있다.

첫째, 전체를 투시하면서 한 편 한 편 붓을 대었다. 『삼국지연의』 서사체계의 구성요소가 되는 205수의 시가는 대부분 서사 결구의 도처에서 발견되는데, 그 예술적 기능은 다음의 두 가지로 표현할 수 있다. 그 하나는 줄거리의 구성요소가 된 경우이다. 즉 시가가 등장인물의 언어가 된 경우로, 영시(詠詩)의 형식을 통해 특정한 역사적 환경에 처한 한 개인의 독특한 사회적 체험이나 사상 그리고 감정 등을 표현했다. 다른 하나는 비 줄거리 구성요소가 된 경우이다. 이는 주로 서사자의 논리를 체현한 경우인데, 작가가 전지적 관점에서 이야기를 진행시키면서 역사적 시공을 초월한 서사방식의 일환으로 삼았다. 시가를 통해 역사적 사건이나 인물에 대해 논평을 가한 것이다.

둘째, 시가 감상의 형식을 통해 소설 중에 나타난 시가예술의 특징, 즉 이미지 서사(敍事)의 표현 형태를 파헤쳤다. 이미지 서사방식이란 중국문학만이 가진 기타민족문학과의 차별된 품격인데, 고전소설 속에 대량의 시가가 삽입되어 있는 것이 바로 이런 서사방식의 하나이다. 문학작품의 내재적 구성에서 최대 관건은 서사 이미지의 구축에 있다. 시에는 시적 경지가 있고 소설에는 소설적 이미지가 있는데, 이 두 가지가 하나로 융합될 때 소설상의 서사 이미지를 어떻게 재구축할 것인가이다. 고전시가에 내재된 풍부한 정감을 등장인물의 정신세계에 펼쳐낼 수 있다면 더 이상 바람직할 수 없을 것이다. 시가에 아무리 작가의 철리(哲理)가 번뜩인다 할지라도 이를 단편적으로만 감상한다면 서사 이미지의 색채가 훨씬 흐려질 것이다. 그러나 한 수 한 수의 시가가 일체감을 가지고, 상호 분리된 무질서가 정연한 질서로 바뀐다면 농후한 색채를 띤 서사 이미지로 탈바꿈할 것이다.

셋째, 학술적인 면과 읽을거리로서의 가치 그리고 지식적인 면을 한군데 집약하여 대중성과 학문성을 동시에 충족시켜 줌으로써 일반 독자들에게는 『삼국지연의』에 대한 이해를 제고시키고 전문 연구자들에게는 학문적 토론의 장을 마련할 수 있도록 했다.

본서를 집필하면서 『삼국지연의』가 책으로 엮어진 과정에 초점을 맞추었다. 그리고 각기 다른 판본의 서로 다른 시가들의 관계, 변화, 발전 과정을 토대로 어떻게 시가와 소설 줄거리가 유기적 관계를 이루었는지 또 어떻게 서사 결구의 통합성을 증진시켰는지에 주의를 기울였다. 따라서 『삼국지연의』 성서(成書) 과정 중 3대 중요 판본인 '가정본(嘉靖本)'과 '이탁오평본(李卓吾評本)' 그리고 '모종강수정본'에 나오는 1천여 수의 시가를 일일이 대조하며 내용상의 증가 삭제는 물론 변화와 발전 과정을 검토했다. 그 결과는 감상 및 해설 부분에서 상세히 지적했을 뿐만 아니라 권말 부록으로 '시가 대조표'를 첨부했으니, 판본학의 연구는 물론 감상 방면의 학술적 가치로 활용할 수 있을 것이다.

본서의 번역 출간은 중국고전 명저에 대한 한국인들의 이해를 한층 깊이 있게 할 것이다. 이러한 문화교류는 양국간의 우의는 물론 인류의 문명과 발전을 촉진시킬 것이다.

원기는(평소 우리는 서로 이름을 부르며 친밀감을 표시한다.) 필자에게 있어 가장 절친한 한국 친구 중의 한 분으로, 우리는 다 같이 대학 강단에서 강의를 하며 『삼국지연의』 연구에 종사하고 있다. 나는 그가 한중 양국의 문화교류에 뜻있는 일을 하고 있다고 생각한다. 당나라 시인 두순학(杜荀鶴)은, '시가와 문장에 능한 자 드물지만, 그중에도 어렵기는 시보다 더한 게 없네(辭賦文章能者稀, 難中難者莫過詩).'라고 읊었다. 따라서 시가 저작을 번역한다는 것은 산문에 비해 난이도가 훨씬 높은 법이다. 그럼에도 불구하고 『삼국지연의』 시가를 번역했다니, 경복(敬服)할 일이 아닌가. 이번 출간이 한중 문화교류의 토양 위에서 찬란한 꽃을 피우기를 축원한다.

2006년 겨울 정철생(鄭鐵生)

옮긴이의 말

『삼국지연의』에 나오는 시가만 추려 책으로 엮는 것은 역자의 오래된 염원이었다. 이는 삼국지 정역을 위해 필수불가결한 전초작업이기도 했지만 시가 감상에 대한 개인적 기호도 때문이기도 했다. 원래는 몇 종의 관련서적을 참고하여 독자적 감상문을 집필할 계획이었다. 왜냐하면 가장 핵심인 '시가 원문'에 대한 한역(韓譯)이 여하한 경우라도 고스란히 역자의 몫이며, '감상 및 해설' 부분만 타인의 견해를 적당히 취사선택하면 되리라 판단했기 때문이다. 그러나 최종적으로 천진외국어대학(天津外國語大學) 정철생(鄭鐵生) 교수가 집필한『삼국연의시사감상』번역서를 내기로 한 것은, 정 교수의 시가에 대한 학문적 깊이와 엄정하고 독자적인 연구 태도에 감탄했기 때문이다. 특히 10년에 가까운 세월동안 삼국지를 매개로 함께 연구한 동료 학자의 역작을 국내에 소개하고 싶었던 욕심도 컸다.

그러나 번역 작업을 진행하는데 약간의 문제가 생겼다. 원저에서 자부하고 있는 '대중성과 전문성의 공존'이 역자가 계획했던 의도와 차이가 있었다. 특히 '감상 및 해설' 부분의 시가예술 이론이나 분석, 비평 등이 지나치게 전문성을 띠고 있었다. 정 교수와 상의 끝에 원저의 의도를 왜곡시키지 않는 범위 내에서 국내 일반 독자들의 눈높이에 맞는 변형을 가하기로 합의했다. 따라서 본 역서의 특징을 요약하면 다음과 같다.

  1. 시구로 제목을 삼은 일부 시가 제목을 더욱 적절한 제목으로 바꾸었다. (예 : 頓開金鎖走蛟龍 → 교룡이 달아나네, 恨石 → 시검석, 大夢誰先覺 → 큰 꿈의 노래, 妙算姜維不等閑→ 철롱산 등)
  2. 오언(五言)이나 칠언절구(七言絶句) 등 정형시는 엄격한 형식을

감안하여 한글 자구까지 정형시로 맞추었다. 특히 율시(律詩)나 배율(排律) 등은 압운(押韻)에 맞추어 단락 띄우기를 했다.

3. 시가 원문에 한글 독음을 달아 독자들의 편의를 제공했다.

4. '단어 해설' 중 일부는 더 적절한 해설로 바꾸기도 하고 원저에 없는 항목을 새로 추가하기도 했다.

5. '감상 및 해설' 부분은 일반 독자의 가독성을 전제로 전체 내용을 축약했다. 특히 분석과 비평 등 지나치게 난삽(難澁)한 시가 예술이론은 과감히 생략하거나 간추렸으며, 일반 독자들의 눈높이에 맞추어 임의로 변경하거나 역자의 견해를 덧붙이기도 했다.

6. 한 편 한 편의 시가마다 그 시가와 관련된 삼국지 줄거리를 요약해, 삼국지를 처음 접하는 독자들도 삼국지 이야기를 즐기면서 시가를 감상할 수 있도록 했다.

일을 마치고 보니 독자적 감상서를 출간하려던 욕심을 접은 게 오히려 잘된 일인 것 같다. 중국 삼국지연의 서사이론의 권위자인 정 교수의 글을 꼼꼼히 점검해봄으로써 지난 10년간의 삼국지 관련 작업에서 묻어두었던 미진함을 하나하나 되씹어 볼 수 있었고, 좀 더 깊이 있는 내공을 쌓을 수 있었기 때문이다. 현재 역자가 진행하고 있는 정역 『삼국지』의 집필 작업에도 지대한 도움이 되었다.

이 책이 세상에 나옴으로써 국내의 일반 독자들은 삼국지 이해에 대한 안목을 한 단계 높일 수 있을 것이며, 전문가들은 삼국지연의 연구의 지침서로 활용할 수 있을 것이다. 그리고 이를 계기로 지금껏 난립하고 있는 수많은 국내 삼국지의 시가 오역들도 기존의 문제점을 재점검할 것으로 기대한다.

2006년 12월 정원기

차례

지은이의 말 … 5
옮긴이의 말 … 9
시가 감상 해설 … 492
3대 판본 시가 대조표 … 501

삼국지연의
  권두사 도도히 흐르는 장강 - 임강선 곡조 … 19
  제1회 영웅이 기량을 드러내다 … 21
      앞날을 헤아려 계책을 세우다 … 23
  제3회 하진의 죽음 … 25
      적토마 … 27
  제4회 역적 동탁이 품은 뜻 … 29
      쌍쌍이 나는 제비를 노래하며 … 31
      소제의 이별가 … 33
      당 비의 이별가 … 35
      오부의 죽음 … 38
  제5회 데운 술 식기 전에 화웅의 목을 베다 … 40
      세 영웅이 여포와 싸우다 … 42
  제8회 초선 - 완계사 곡조 … 48
      붉은 박판으로 장단을 치니 … 50
      앵두 같은 입술로 … 52
  제9회 사도의 묘한 계책 … 54
      동탁의 죽음 … 56
      채옹의 죽음 … 58
      왕윤의 죽음 … 61
  제10회 조조는 간웅 … 63
  제13회 역사의 노래 I … 65
  제14회 역사의 노래 II … 69

제16회 원문에 걸린 화극을 맞추다 … 71
제17회 두발로 머리를 대신하다 … 74
제19회 의를 위해 죽은 진궁 … 76
　　　 여포의 죽음 … 78
　　　 주린 호랑이가 사람 해치니 … 80
제21회 호랑이굴에서 지내는데 … 82
　　　 교룡이 달아나네 … 84
　　　 원술의 죽음 … 86
제23회 예형의 죽음 … 88
　　　 길평의 죽음 … 90
제24회 동승의 죽음 … 92
　　　 충성심은 이로부터 … 94
　　　 동 비의 죽음 … 96
　　　 하늘은 어찌하여 … 98
제25회 위엄이 삼국을 압도하다 … 100
제27회 다섯 관문 지나며 여섯 장수를 베다 … 102
제28회 고성의 해후 … 104
제29회 허공의 세 문객 … 106
　　　 손책의 죽음 … 108
제30회 허유가 원소를 버리다 … 110
　　　 민심이 떠난 원소 … 112
　　　 저수의 죽음 … 114
제31회 전풍의 죽음 … 116
제32회 원소의 죽음 … 118
　　　 심배의 죽음 … 121
제33회 곽가의 죽음 … 123
제34회 천하 영웅은 오직 사군뿐 … 126
　　　 벽에 쓴 시 … 128
　　　 단계를 뛰어 건너다 … 130
제35회 서서의 노래 … 134
제36회 서서가 현사를 천거하다 … 136

제37회 융중가 I - 밭 매는 사람들의 노래 ⋯ 138
　　　　와룡강 ⋯ 140
　　　　융중가 II - 장사 공명가 ⋯ 143
　　　　융중가 III - 은자의 노래 ⋯ 147
　　　　융중가 IV - 천시를 기다리는 노래 ⋯ 150
　　　　융중가 V - 흩날리는 눈발 ⋯ 152
　　　　두 번째 융중 방문 ⋯ 154
제38회 큰 꿈의 노래 ⋯ 156
　　　　융중의 정책 결정 ⋯ 158
　　　　산을 나오는 제갈량 ⋯ 160
　　　　남양의 와룡이 큰 뜻을 품으니 ⋯ 162
　　　　서씨 찬양 ⋯ 166
제39회 박망파의 화공 ⋯ 168
제40회 공융의 죽음 ⋯ 170
　　　　유표의 죽음 ⋯ 173
　　　　불타는 신야성 ⋯ 175
제41회 백성들을 거느리고 강을 건너다 ⋯ 177
　　　　미 부인의 죽음 ⋯ 179
　　　　주인을 구한 조운 ⋯ 181
　　　　조운이 장판파에서 크게 싸우다 ⋯ 183
제42회 아들을 내던지는 유비 ⋯ 185
　　　　장비가 장판파를 위엄으로 진동시키네 ⋯ 187
제44회 동작대부 ⋯ 189
제45회 주유의 노래 ⋯ 196
　　　　장간이 계책에 빠지다 ⋯ 198
제46회 거대한 안개 장강에 드리우니 ⋯ 200
　　　　풀 배로 화살을 빌리다 ⋯ 206
제47회 방통의 연환계 ⋯ 208
제48회 봉추의 한마디가 서서를 구하다 ⋯ 210
　　　　적벽 ⋯ 212
　　　　단가행 ⋯ 214
제49회 동풍을 빌다 ⋯ 219

제50회 불타는 적벽 ⋯ 221
　　　　동풍은 뜻이 있어 주랑 편을 들었네 ⋯ 223
　　　　관우가 조조를 놓아주다 ⋯ 225
제53회 황충 찬송 ⋯ 227
　　　　태사자의 죽음 ⋯ 230
제54회 시검석 ⋯ 233
　　　　감로사 경승 ⋯ 235
　　　　주마파 ⋯ 237
제55회 유랑포구의 눈물 ⋯ 239
제56회 일생의 진실과 허위 뉘라서 알았으랴 ⋯ 241
　　　　형주를 뺏을 주유의 계책 ⋯ 244
제57회 주유의 죽음 ⋯ 246
　　　　주유를 위해 곡하다 ⋯ 249
　　　　마등의 죽음 ⋯ 251
　　　　묘택을 참수하다 ⋯ 254
제58회 마초가 동관에서 크게 싸우다 ⋯ 256
제60회 서천 땅의 재사 ⋯ 258
　　　　왕루의 죽음 ⋯ 260
제61회 아두를 뺏어온 조자룡 ⋯ 262
　　　　뱃길을 가로막고 아두를 뺏은 장비 ⋯ 264
　　　　순욱의 자살 ⋯ 266
제62회 장송의 죽음 ⋯ 269
제63회 방통의 죽음 ⋯ 271
　　　　엄안 찬양 ⋯ 274
　　　　파군을 빼앗은 장비 ⋯ 276
제64회 장임의 순절 ⋯ 278
제66회 한 자루 대도만 들고 연회에 나아가다 ⋯ 280
　　　　화흠을 비웃다 ⋯ 282
　　　　관녕 찬양 ⋯ 284
　　　　조조의 복 황후 시해 ⋯ 287
제67회 양송의 죽음 ⋯ 289
　　　　손권이 말을 몰아 소요진을 건너다 ⋯ 291

제68회 백 개의 깃털이 영채를 꿰뚫다 … 293
제69회 조조를 희롱한 좌자 … 295
　　　　천기를 안 관로 … 298
　　　　죽음으로 절개 지킨 다섯 충신 … 301
제71회 황충이 하후연을 베다 … 303
　　　　자룡의 몸은 온통 담덩어리 … 306
제72회 양수의 죽음 … 308
제74회 칠 군을 물에 빠뜨리다 … 312
제75회 뼈를 깎아 독을 치료하다 … 314
제77회 관우의 죽음 … 316
　　　　사람들 다투어 관운장을 숭배하네 … 319
제78회 화타의 죽음 … 322
　　　　세 말이 한 구유에 모이다 … 324
　　　　업중가 … 326
제79회 우금의 불충 … 330
　　　　칠보시 … 332
제80회 조필의 충심 … 335
　　　　수선대 … 337
제81회 장비의 죽음 … 339
제83회 황충의 죽음 … 341
　　　　감녕의 죽음 … 343
제84회 육손의 병법 … 346
　　　　불타는 칠백 리 영채 … 348
　　　　부동 찬양 … 350
　　　　정기 찬양 … 352
　　　　풍습과 장남 찬양 … 354
　　　　장강에 몸을 던진 손 부인 … 356
　　　　팔진도 … 358
제85회 황권을 한탄하다 … 360
　　　　유비의 죽음 … 362
제88회 노수 … 365

제89회 혹독한 더위 … 367
　　　　더위의 신이 권세를 떨치니 … 369
　　　　맹절 찬양 … 371
　　　　물을 구하는 제갈량 … 373
제90회 맹획을 일곱 번 사로잡다 … 375
제92회 일흔 살 조운이 뛰어난 공을 세우다 … 377
제93회 왕랑을 꾸짖어 죽이다 … 379
제95회 공성계 … 381
제96회 울며 마속의 목을 베다 … 383
제97회 조운의 죽음 … 385
제98회 공명이 묘책으로 왕쌍을 베다 … 388
제99회 장포의 죽음 … 390
제101회 목문도 … 392
제102회 관흥의 죽음 … 394
　　　　목우유마 … 396
제103회 사마의를 불태우려 하다 … 398
제104회 제갈량의 죽음 … 400
　　　　충의로운 마음 … 403
　　　　제갈량 찬양 … 405
　　　　죽은 제갈량이 산 중달을 쫓다 … 407
제105회 위연의 모반 … 409
　　　　촉상 … 411
　　　　고적을 읊다 … 413
제107회 하후령녀의 절개 … 416
　　　　신헌영 찬양 … 418
　　　　관로 찬양 … 420
제108회 손권의 죽음 … 422
제109회 철롱산 … 424
　　　　장 황후의 죽음 … 426
　　　　사마씨가 황제를 폐하다 … 428
제110회 문앙 찬양 … 430

제112회 누가 우전의 살신성인에 미치랴 … 432
　　　　제갈탄의 병사들 … 434
제113회 손침이 군주를 폐하다 … 436
제114회 잠룡시 … 438
　　　　성제를 죽여 입을 막다 … 440
　　　　왕경의 죽음 … 442
제115회 하후패의 죽음 … 444
제116회 부첨의 죽음 … 446
　　　　제갈량의 혼령 … 448
제117회 몰래 음평을 넘다 … 450
　　　　마막 부인의 죽음 … 453
　　　　절의가 무후를 잇다 … 455
제118회 유심의 죽음 … 457
　　　　후주의 항복 … 459
　　　　주필역 … 461
제119회 등애의 죽음 … 464
　　　　종회의 죽음 … 467
　　　　강유의 죽음 … 470
　　　　후주가 용렬한 사람임을 알겠네 … 473
　　　　위가 한을 멸하자 진이 위를 삼키네 … 475
　　　　사마씨가 위나라를 찬탈하다 … 477
제120회 양호를 애도하다 … 479
　　　　장제의 죽음 … 481
　　　　서새산 회고 … 483
　　　　삼국이 진으로 통합되다 … 486

권두사
도도히 흐르는 장강 — 임강선 곡조

도도한 장강 굼실굼실 흘러 동으로 사라져 가는 물결
하얀 물보라 일으키며 옛 영웅호걸들 다 쓸어 가버렸구나.
옳고 그름 이김과 짐도 고개 한 번 돌리니 헛것이러니
푸른 산은 예처럼 여전히 그 자리에 있는데
저녁놀은 몇 번이나 또 붉었다 사라졌던고?

백발성성한 고기잡이와 나무꾼 강 안 작은 섬 오르내리며
가을 달뜨고 봄바람 불어도 그저 물끄러미 바라볼 뿐이로세.
한 병 막걸리만 생기면 희희낙락 서로 찾아서 만나노니
예나 지금 일어난 크고 작은 세상일이야
웃으며 나누는 얘기 속에 모두 붙여 보낸다네.

滾滾長江東逝水　浪花淘盡英雄
곤곤장강동서수　낭화도진영웅
是非成敗轉頭空　青山依舊在　幾度夕陽紅
시비성패전두공　청산의구재　기도석양홍
白髮漁樵江渚上　慣看秋月春風
백발어초강저상　관간추월춘풍
一壺濁酒喜相逢　古今多少事　都付笑談中
일호탁주희상봉　고금다소사　도부소담중

주

◆ 곤곤장강동서수 낭화도진영웅(滾滾長江東逝水 浪花淘盡英雄) : 이 2구절은 두보(杜甫)의 시 「등고(登高)」에 나오는 '부진장강곤곤래(不盡長江滾滾來)'의 시정(詩情)과 소식(蘇軾)의 「염노교(念奴嬌)」에 나오는 '대강동거 낭도진천고풍류인물(大江東去 浪淘盡千古風流人物)'의 사정(詞情)을 빌어서 지은 것으로 보인다. ◆ 어초(漁樵) : 고기를 잡거나 땔나무를 하는 평범한 사람. 보통 은자(隱者)를 비유한다. ◆ 강저(江渚) : 강안의 작은 섬. ◆ 탁주(濁酒) : 농가에서 양조한 비교적 탁한 술.

감상과 해설

'사(詞)'란 시가(詩歌) 중에서도 가장 음악과 밀접한 운문이라 할 수 있다. 원래는 악곡에 맞추어 부르던 노래의 가사였으니, 오늘날로 본다면 유행가 가사라 할 수 있다. 그래서 일명 '전사(塡詞)'라 부른다.

이 사는 명대(明代)의 문인 양신(楊愼)의 작품으로, 사패(詞牌, 사의 곡조 명칭)는 「임강선(臨江仙)」이고, 출전은 『역대사략사화(歷代史略詞話)』(일명 『사략십단금(史略十段錦)』 또는 『이십일사탄사(二十一史彈詞)』)이다. 『역대사략사화』란 중국의 역사를 10단계로 나누고, 각 단마다 사, 시(詩), 쉬운 문언(文言) 등을 섞어 역사 전개와 왕조 경질의 내용을 노래한 통속문학의 일종이다. 이 작품은 『역대사략사화』 제3단 「진나라와 한나라 이야기」 부분의 개장사였지만, 모종강(毛宗崗)이 『삼국지연의(三國志演義)』를 개편하면서 권두사(卷頭辭)로 이용했다. 이 시는 고요하고 텅 빈 허공과 같은 경지에서 『삼국지연의』를 축약하여 개괄하고 있다. 세속의 온갖 번뇌를 떨쳐버린 채 역사의 외곽에 서서 고금의 흥망성쇠가 뜬구름과 같음을 깨달은 노래라 할 수 있는데, 이것은 이 시를 지은 양신의 인생과 깊은 관련이 있다. 그는 24세 때 진사시에 장원으로 급제한 천재로, 장래가 촉망되던 인재였다. 그러나 38세 때 머나먼 운남(雲南) 지방으로 귀양길에 오르고, 70세가 되어서야 촉(蜀) 지방으로 돌아오지만 여전히 형구(刑具)를 찬 죄인이었다. 종신토록 고난과 고통에서 벗어날 수 없었던 그는 자신을 노장철학으로 해탈시키지 않을 수 없었을 것이다. 이것이 『삼국지연의』를 개편하던 시기의 모종강의 입장과 합치되면서 권두사로 선택되었을 것으로 여겨진다.

제1회
영웅이 기량을 드러내다

영웅들이 오늘에야 자신의 재주 보이나니
하나는 창 쓰고 하나는 큰칼 휘두르네.
처음 나선 싸움에 장수의 위력 펼쳤으니
그 이름 삼분천하에 뚜렷이 밝혀놓았네.

英雄露穎在今朝　一試矛兮一試刀
영웅노영재금조　일시모혜일시도
初出便將威力展　三分好把姓名標
초출변장위력전　삼분호파성명표

주

◆노영(露穎) : 영(穎)은 원래 가늘고 뾰쪽한 물건을 가리킨다. 노영에는 두드러지다. 뚜렷이 드러나다. 눈에 띄다 등의 뜻이 있다. 여기에서는 관우(關羽)와 장비(張飛) 두 사람이 영웅으로서의 기량과 재능을 충분히 드러냈음을 뜻한다. ◆모(矛) : 장비가 제조해 사용한 장팔점강모(丈八點鋼矛)를 가리킨다. ◆도(刀) : 관우가 제조해 사용한 청룡언월도(青龍偃月刀)를 가리킨다. ◆삼분(三分) : 셋으로 갈라지는 것을 말한다. 즉 3국의 분쟁을 가리키는데 조조(曹操)가 세운 위(魏)나라와 손권(孫權)의 오(吳)나라 그리고 유비(劉備)가 일으킨 촉(蜀)나라를 뜻한다.

감상과 해설

『삼국지연의』 제1회에 처음으로 나오는 찬시(讚詩)다. 가정본(嘉靖本)에 나오는 내용은 이 시에 비해 좀 더 단순한데, 상련에선 장비의 무용을 찬양하고 하련에선 관우의 무용을 찬양하는 데 그쳤다. 그러나 모종강본에선 앞뒤 연의 뜻을 함축한 뒤 다시 한층 새로운 의미를 첨가했다.

유비와 관우, 장비 세 사람이 도원결의(桃園結義)를 통해 의형제를 맺은 후 향리의 장령(將領) 수백 명을 모아 유주태수(幽州太守) 유언(劉焉)의 모병에 투신한다. 그리고 탁군(涿郡)의 전투에서 관우와 장비가 첫 출전하여 각각 한 명씩 황건적(黃巾賊) 장수의 목을 벤다. 인재의 역량과 역사적 기회의 관계를 암시하면서 시의를 더욱 심화시키고 있다.

제1회
앞날을 헤아려 계책을 세우다

군막 안 묘한 계책으로 귀신같은 공 이루니
두 호랑이 아직 용의 지혜에 미치지 못하는구나.
첫 싸움 나아가 위대한 업적 세울 수 있었으니
외롭고 궁한 처지에서도 천하삼분 담당했지.

運籌決算有神功　二虎還須遜一龍
운주결산유신공　이호환수손일룡
初出便能垂偉績　自應分鼎在孤窮
초출편능수위적　자응분정재고궁

주

◆운주(運籌) : 군막 안에서 전략을 세우는 것을 말한다.「운주유악(運籌帷幄)」에서 나온 말이다.　◆이호(二虎) : 관우와 장비를 가리킨다.　◆수(須) : 조기 백화에서는 반드시, 본래, 절대로, 아마 등의 부사로 쓰였다.　◆손(遜) : 모자라다. 부족하다.　◆일룡(一龍) : 유비를 가리키나, 은연 중 제갈량(諸葛亮)을 지칭하는 것으로도 이해할 수 있다.　◆수(垂) : 드리우다. 남기다.　◆분정(分鼎) : 옛날 가마솥에는 다리가 셋이 달려있어 삼분천하(三分天下)나 세 영웅이 서로 대치하고 있는 국면을 비유하는데 쓰였다.　◆고궁(孤窮) : 외롭고 궁한 처지를 말한다. 황제가 되기 전, 유비의 처지를 뜻한다.

감상과 해설

이 시는 유비와 관우, 장비가 청주(靑州)로 출전하여 황건적을 두 번째 격파한 일을 찬양한 시다. 가정본에는 나오지 않으며 모종강본에서 보충한 것이다. 제1회에서 도원결의를 한 후 세 사람은 이미 두 번이나 황건적을 격파하였다. 그런데 관우와 장비를 찬양하는 시만 있을 수 없기 때문에 유비를 찬양하는 시가를 첨가한 것이다. 이 시에서는 그러한 의도를 분명히 나타내고 있는데, 이로써 유비, 관우, 장비 세 영웅의 모습을 다 함께 부각시키고 있다.

제3회

하진의 죽음

한나라 황실 기울고 천수가 다하려니
어리석은 하진으로 나라의 삼공 삼았구나.
충신들 올린 간언 몇 번이나 듣지 않더니
기어코 궁중에서 칼을 피하지 못하네.

漢室傾危天數終　無謀何進作三公
한 실 경 위 천 수 종　무 모 하 진 작 삼 공
幾番不聽忠臣諫　難免宮中受劍鋒
기 번 불 청 충 신 간　난 면 궁 중 수 검 봉

주

◆천수(天數) : 옛 사람들은 말로써 도저히 설명할 수 없는 일이나 힘으로써 어찌할 수 없는 여러 재난을 가리켜 하늘이 내리는 운명이라고 생각했다. 이를 일러 천수라 하였다. ◆삼공(三公) : 동한(東漢) 시기, 태위(太尉)와 사도(司徒), 사공(司空)을 일컬어 삼공이라 일컬었다. 당시 조정에서 가장 지위가 높은 세 관직을 합쳐서 부르는 말이다. ◆하진(何進) : 영제(靈帝)의 정실이었던 하 황후(何皇后)의 오빠로 황건적의 난이 일어나자 대장군에 봉해졌다. 이 시에서는 하진을 삼공이라 칭함으로써 그의 권세가 대단했음을 나타내고 있다. 영제가 죽은 뒤에는 소제(少帝) 유변(劉辯)를 도와 제위를 잇게 하고 그 여세를 몰아 권력을 전횡하는 환관들을 모조리 죽이려 하였지만 이를 두려워한 환관들이 하 황후에게 빌붙어 목숨을 구걸함으로써 실패하고 말았다. 하진은 수하 장수였던 원소(袁紹)의 건의를 받아

들여 지방 군벌을 수도로 끌어들임으로써 환관들을 제거하려 했으나 오히려 환관 장양(張讓)과 단규(段珪) 등의 계략에 빠져 장락궁(長樂宮)에서 죽음을 당했다.

감상과 해설

이 작품은 진림(陳琳)과 원소 등 출중한 수하 장수들의 만류에도 불구하고 십상시(十常侍)의 계책에 빠져 비참한 최후를 맞이한 하진의 어리석음을 탄식하는 시이다.
동한 말, 당시 한나라의 조정은 부패할 대로 부패하였는데, 외척(外戚)과 환관들은 권력을 다투어 서로 번갈아 가며 집정하였다. 환제(桓帝)와 영제 집권 시기를 보면, '오후(五侯)'와 '십상시'가 있었는데, 이들의 권력전횡이 극에 달하여 외척들을 죽이고 축출하는 등 여러 차례 옥사를 일으키며 온갖 악행을 저질렀다. 이리하여 백성들의 원성이 높아만 가더니 마침내 황건적의 난이 폭발하였고 동한 정권은 흔들리게 된다. 게다가 통치계급 내부의 지식인들조차 실의에 빠져 한 왕실의 운명이 다해 감을 한탄한다.
중평(中平) 6년 4월에 영제가 죽자, 겨우 17세였던 태자 유변이 제위에 오른다. 조정의 대권은 외척인 대장군 하진의 수중으로 들어간다. 당시 환관의 무리들은 극단적으로 고립되어 있었으므로 하진은 손쉽게 환관 건석(蹇碩)을 죽이고 금군(禁軍)의 지휘권을 손에 쥘 수 있었다. 조정의 관리들은 머지않아 닥칠 한 왕실의 붕괴를 막기 위하여 하진과 손을 잡고 환관들을 주살할 계획을 세우지만 환관들에게 설복당한 하 태후의 반대에 부딪히게 된다. 하진은 하 태후의 노여움을 사는 것만 두려워한 나머지 원소의 계책에 따라 지방의 군대를 불러들이는 실수를 범하게 된다. 진림과 조조가 이 계책에 반대하고 나서지만 하진은 이들의 충간을 외면한 채 자신의 고집대로 일을 집행시키다가 마침내 환관들에게 기선을 제압당하여 스스로 참사를 당하고 만다. 또 지방 군벌이었던 동탁(董卓)을 서울로 불러들인 것은 이리를 방안으로 끌어들이는 것과 같은 일이 되고 말았다. 잔혹한 정치 투쟁 가운데에서 결국 하진은 지모도 없고 결단력도 부족하며 순전히 무능했던 하나의 필부였을 따름이었다.

제3회
적토마

천 리 들판 내달리면 흙먼지 자욱이 일어나고
물 건너고 산 오르면 검붉은 안개 흩어지네.
고삐 줄 당겼다 놓고 옥 재갈 가벼이 흔들면
하늘에서 붉은 별이 날아 내리는 것 같아라.

奔騰千里蕩塵埃　渡水登山紫霧開
분 등 천 리 탕 진 애　도 수 등 산 자 무 개
掣斷絲韁搖玉轡　火龍飛下九天來
체 단 사 강 요 옥 비　화 룡 비 하 구 천 래

주

◆분등(奔騰) : 내닫다.　◆자무(紫霧) : 자기(紫氣)를 가리킨다. 즉 상서로운 기운이나 성인이 올 징조라는 뜻이다.　◆체(掣 chè) : '랍(拉 lā)'의 뜻이다. 끌다, 당기다라는 뜻이 있다.　◆강(韁) : 고삐.　◆옥비(玉轡) : 고삐와 재갈을 가리킨다. 여기서는 미려하게 만든 재갈을 뜻한다.　◆화룡(火龍) : 화성(火星)을 의미한다.　◆구천(九天) : 지극히 높은 곳, 즉 하늘을 일컫는다.

감상과 해설

무소불위(無所不爲)의 권력을 잡은 동탁은 소제를 폐하고 진류왕(陳留王) 유협

(劉協)을 새 황제로 올리기로 한다. 모든 문무관원들이 동탁의 위세를 무서워해 아무 말을 못하는데 오직 형주자사(荊州刺史) 정원(丁原)만이 큰소리로 반대를 했다. 동탁이 분노하여 정원을 죽이려하였으나, 그의 뒤에는 천하무쌍(天下無雙)한 여포(呂布)가 버티고 있었다. 여포를 회유하기로 마음먹은 동탁은 이숙(李肅)을 시켜 금은보화(金銀寶貨)와 적토마(赤兎馬)를 보낸다. 여포는 적토마를 보자 크게 기뻐하며 양아버지 정원을 배신하고 동탁의 편에 선다.

이 시는 적토마의 영특하고 용맹스러운 자태를 찬미한 시이다. 적토마는 천리를 달리는 명마로, 산을 오르고 물을 건너는 것이 마치 평지를 달리는 것 같고, 질풍같이 내달리면 구름과 안개 속을 뛰어올라 마치 구천(九天)에서 별이 떨어지는 것 같았다.

『삼국지연의』의 작가가 이처럼 적토마를 묘사한 의도는, 영특하고 용맹스러운 말의 자태로써 그것을 탄 영웅의 늠름한 모습을 부각시키려는데 있었다. 그 당시 사람들이 말하기를, "사람 중에는 여포가 있고, 말 중에는 적토마가 있다."고 하였다. 여포의 용맹스러움과 뛰어난 무예는 천하를 도모하려던 호걸들이라면 누구나 탐을 내었다. 그래서 동탁이 귀한 말을 미끼로 하여 여포를 매수함으로써 자신의 앞잡이로 만든 것이다.

훗날 백문루(白門樓)에서 여포가 피살된 뒤 적토마는 관우의 차지가 되었으니, 이는 마치 호랑이가 날개를 단 격이 되었다. 관우는 다섯 관문을 지나며 여섯 장수의 목을 벴고 이르는 곳마다 적군을 초개와 같이 쓸고 다녔으니, 제대로 주인을 만난 셈이다. 적토마의 주인이 되었던 두 사람, 즉 여포와 관우는 세인들이 너무나 잘 아는 무장(武將)들이었지만 한 사람은 배신을 밥 먹듯 한 소인배였고, 다른 한 사람은 천하에 으뜸가는 충의지사에다 인격적으로도 훌륭한 군자였다. 『삼국지연의』의 작가는 두 사람의 인격적 형상을 뚜렷이 대비시킴으로써 관우의 충의를 더욱 부각시켰다.

제4회

역적 동탁이 품은 뜻

역적 동탁이 몰래 황제 폐립할 생각 품으니
한 왕실 종묘사직 폐허가 될 위기 맞았구나.
조정에 가득 찬 만조백관들 모두가 겁쟁인데
상서 정관 한 사람만이 대장부 기상일세.

董賊潛懷廢立圖　漢家宗社委丘墟
동 적 잠 회 폐 립 도　한 가 종 사 위 구 허
滿朝臣宰皆囊括　惟有丁公是丈夫
만 조 신 재 개 낭 괄　유 유 정 공 시 장 부

주

◆잠회(潛懷) : 마음속에 숨기다. 마음속으로 어떤 생각을 품다. ◆폐립(廢立) : 황제가 제후를 폐하는 것과 대신(大臣)이 옛 군주를 폐하고 새 군주를 세운다의 두 가지 뜻이 있다. 여기서는 후자의 뜻으로 쓰였다. ◆종사(宗社) : 종묘사직(宗廟社稷)을 가리킨다. 국가를 대신하는 말로 사용되었다. ◆위(委) : 시들다. 쇠퇴하다. ◆구허(丘墟) : 폐허. 황무지. ◆낭괄(囊括) : 전부를 내부에 포함하다. 망라하다. 포괄하다.

감상과 해설

동한 말년, 천지사방(天地四方)의 군벌(軍閥)들이 할거하자 황제의 권위는 땅에 떨어지고 말았다. 동탁이 서울로 들어와 정권을 잡고 가장 먼저 강행한 일은 바로 소제를 폐하고 소제의 동생인 진류왕 유협을 헌제(獻帝)로 세운 일이었다. 즉 황권을 장악하려는 의도였다. 그의 정치적 목적은 겨우 9살 밖에 되지 않은 헌제를 자신이 마음대로 좌지우지(左之右之) 할 수 있는 허수아비로 만드는 것이었다. 그런 다음 천자를 끼고 제후들을 호령함으로써 점차 자신이 품은 딴 뜻을 실현하려 하였다.

이러한 동탁의 역행과 만행에 상서(尙書) 정관(丁管)이 분연히 나서서 동적(董賊, 동탁)의 면전에 욕설을 퍼붓고 대쪽 같은 자세로 공격을 한다. 목숨을 초개와 같이 여기고 불의(不義) 앞에 선뜻 나서서 의롭고 늠름하게 만인이 우러러볼 기개를 보였으니, 이것은 아무나 흉내 낼 수 있는 행동이 아닐 것이다. 온 조정의 문무 대신들이 동탁의 그릇된 세도에 맥없이 굴복한 자세와 비교해 본다면 가히 탄복할 일이 아닐 수 없다.

이 시가 맨 처음 등재된 곳은 이탁오(李卓吾)본으로, 원작자는 명대 사람인 주정헌(周靜軒)이다. 모종강이 주정헌의 시를 삽입한 목적은 정관을 찬양함에 있고, 이를 통해 폭군에게 반대하고 동탁에게 항거하는 정치적 분위기를 고조시킴으로써 충(忠)이라는 봉건적 윤리도덕을 고양하기 위함이다.

제4회
쌍쌍이 나는 제비를 노래하며

파릇파릇 봄풀은 연기처럼 엉기고
이리저리 제비는 쌍쌍이 나는구나.
한 줄기 파란 낙수 맑은 물하며
들길 오가는 사람들 정말 부럽네.

멀리 보이는 푸른 구름 깊은 곳은
바로 이 몸이 살던 옛 궁전이라네.
어느 누가 있어 충의를 발휘하여
내 가슴속 깊은 원한 씻어줄거나!

嫩草綠凝烟　裊裊雙飛燕
눈초녹응연　요뇨쌍비연
洛水一條靑　陌上人稱羨
낙수일조청　맥상인칭선
遠望碧雲深　是吾舊宮殿
원망벽운심　시오구궁전
何人仗忠義　泄我心中怨
하인장충의　설아심중원

주

◆ 녹응연(綠凝烟) : 푸른색으로 엉겨있어서 멀리 바라보면 마치 연기나 안개가 자

욱한 것 같다. ◆요뇨(裊裊) : 연기나 냄새 따위가 모락모락 오르는 모양이나 가늘고 부드러운 것이 흔들리는 모양을 말한다. 여기서는 새가 가볍게 춤추며 나는 모양을 말한다. ◆낙수(洛水) : 섬서(陝西)에서 발원하여 동남쪽으로 흘러 낙양성(洛陽城) 남쪽을 지나 이수(伊水)와 합쳐진 다음, 하남성(河南省) 공현(鞏縣)에서 황하(潢河)로 흘러 들어가는 강물을 가리킨다. ◆맥상(陌上) : 길거리. 논 밭 사이로 난 작은 길. ◆칭선(稱羨) : 칭송하고 부러워하다. ◆벽운(碧雲) : 푸른 하늘의 구름. ◆장(仗) : 주장하다. 책임지고 주재하다. 옹호하다. ◆설(泄) : 원한이나 울분 따위를 푼다.

감상과 해설

소제는 겨우 재위 6개월 만에 동탁의 손에 폐위되어 홍농왕(弘農王)으로 강등된다. 하 태후, 당 비(唐妃) 등과 함께 영안궁(永安宮)에 구금되는 신세가 되었는데 날이 갈수록 의복과 음식의 공급이 줄어들었다. 이렇게 구차하게 살아가던 어느 날이었다. 우연히 제비 한 쌍이 한없이 자유롭게 궁중 정원을 날아다니는 광경을 목격하게 된다. 그 정경에 감흥이 일어난 소제는 마음속에 품고 있던 자신의 한(恨)을 담은 시 한 수를 짓게 된다.

이 시는 작품 속 등장인물인 소제의 내심세계를 밖으로 드러낸 것으로, 폐위(廢位)의 아픔과 어찌할 수 없는 울분을 사실적으로 표현하고 있다. 앞의 4구절은 경물을 묘사하면서도 그 가운데 정을 담고 있다. 아름다운 봄의 풍경과 낙수의 푸름 그리고 제비 한 쌍이 자유롭게 날아다니는 모습 등이 너무나 평화스럽다. 그러나 이제 막 청춘을 맞이한 소제는 오히려 구중궁궐에 갇힌 신세이다. 이렇게 서로 확연히 어긋나는 상황을 대비시킴으로써 폐제(廢帝)의 비통함을 간접적으로 표현하고 있는 것이다. 뒤의 4구절은 정 가운데 분노를 담고 있다. 멀리 바라보이는 옛 궁전에 대한 그리움과 미련 그리고 어찌할 수 없는 상황에 갇힌 채 끓어오르는 속마음은 물론, 누군가에게 의지해보려는 절박한 희망을 직접적으로 토로하고 있다. 역사의 뒤안길로 사라져간 단명한 황제의 애절한 모습을 눈앞에서 보는 듯하다.

제4회
소제의 이별가

하늘과 땅이 뒤바뀜이여 해와 달도 거꾸로 뜨는데
만승의 자리에서 쫓겨남이여 제후로 물러난 신세라네.
권신의 핍박을 받음이여 목숨도 오래지 못할 것인즉
대세가 가버림이여 부질없이 눈물만 흐르는구나!

天地易兮日月翻　棄萬乘兮退守藩
천 지 역 혜 일 월 번　기 만 승 혜 퇴 수 번
爲臣逼兮命不久　大勢去兮空淚潸
위 신 핍 혜 명 불 구　대 세 거 혜 공 루 산

주

◆역(易) : 변화. 변하다.　◆번(翻) : 뒤바뀌다. 전도되다.　◆만승(萬乘) : 승(乘)은 전차(戰車)를 말한다. 『맹자(孟子)·양혜왕(梁惠王)』을 보면, '만승의 나라에서 그 임금을 시해하는 자는 반드시 천승의 나라에서 나오고, 천승의 나라에서 그 임금을 시해하는 자는 반드시 백승의 나라에서 나온다.'라는 말이 있다. 또 주(周)나라의 제도를 보면, '천자는 사방 일천 리의 영토에 만 대의 전차를 가지고, 제후는 사방 백 리의 영토에 일천 대의 전차를 가진다.'라는 기록이 있다. 따라서 만승이란 황제나 제위를 가리키는 말로 풀이된다.　◆수번(守藩) : 봉토(封土)를 받고 제후가 되는 것을 가리킨다.　◆산(潸) : 눈물이 줄줄 흘러내리는 것을 형용한다.

감상과 해설

앞의 제비 한 쌍을 노래한 시에는 소제가 동탁을 은근히 원망하는 내용을 담고 있다. 이에 동탁은 모사 이유(李儒)에게 명하여 짐주(鴆酒)로 황제를 독살하게 한다. 죽음에 이른 소제는 사랑하는 당 비와 결별하는 슬픈 노래를 부르는데, 그것이 바로 이 시이다.

당시 소제가 불렀다는 이 노래는 『후한서(後漢書)』에도 그 기록이 보인다.

하늘의 도마저 바뀜이여 내 어찌 이리도 고단한가
만승의 자리에서 쫓겨남이여 제후로 물러나야 했다네.
역신의 핍박을 받음이여 목숨도 더 연장할 수 없으니
죽음이 그대를 버리게 함이여 이제 저승으로 가는구나!

天道易兮我何艱　棄萬乘兮退守藩
천 도 역 혜 아 하 간　기 만 승 혜 퇴 수 번
逆臣見迫兮命不延　逝將去汝兮適幽玄
역 신 견 박 혜 명 불 연　서 장 거 여 혜 적 유 현

『삼국지연의』상의 내용과 몇 글자만 다를 뿐, 기본적인 면에서 그 의미가 같다. 하지만 『삼국지연의』에 나오는 단어가 더욱 통속적이라 할 수 있다.

겨우 반 년 동안 황제의 자리에 있다가 폐위된 소제였다. 황제의 신분에서 번왕이 된 것도 억울한 일인데, 이번에는 동탁이 다시 이유에게 명하여 황제를 죽이려는 심산이다. 마침내 이유가 소제를 협박하여 독주를 마시고 자진토록 하니, 죽고 싶지 않지만 죽을 수밖에 도리가 없다. 소제의 입장에서 보면 아무런 잘못도 없이 권신의 정권욕에 희생물이 되어야하니 어찌 억울하지 않았겠는가! 이것은 참으로 천지가 무너지고 해와 달이 뒤바뀌는 일이 아닐 수 없다. 후반부의 내용은 저승으로 간다는 것으로, 생(生)과 사(死)의 과정만을 서술하고 있을 뿐, 전혀 아무런 방법도 없이 절망과 비통함에 빠져있는 소제의 내심 세계를 나타내는 데는 미흡한 감이 없지 않다. 그러나 제위를 상실하고 모든 것이 끝나버렸다는 구절과 부질없이 눈물만 흘린다는 표현은 이미 절망적인 비통함조차 느낄 수 없는, 거의 무감각 상태에 이른 상황을 나타내고 있다.

제4회

당 비의 이별가

하늘이 무너지려 함이여 땅도 결딴이 나려는데
황제의 짝이 된 몸으로 따라 죽지도 못하는 운명이라.
삶과 죽음의 길 다름이여 끝내 여기서 영결이런가
어찌 그리 급히 재촉하는가 마음에는 슬픔뿐이로다.

皇天將崩兮后土頹　身爲帝姬兮恨不隨
황천장붕혜후토퇴　　신위제희혜한불수
生死異路兮終此畢　奈何煢速兮心中悲
생사이로혜종차필　　내하경속혜심중비

주

◆황천(皇天) : 고대에는 하늘을 황천이라고 불렀다. 이 시에서는 소제가 부당하게 박해당하는 것을 가리킨다. ◆후토(后土) : 고대에는 대지(大地)를 가리켜 후토라 하였다. ◆제희(帝姬) : 여기서는 황비(皇妃)를 가리킨다. ◆경(煢) : 경의 원래 뜻은 외롭다(고독하다), 근심하다(시름겹다) 등이다. 그러나 여기서는 급하다, 빠르다는 뜻으로 쓰였다.

감상과 해설

소제가 죽음에 이르러 눈물을 흘리며 당 비와 결별하는 노래 한 곡을 지어 부르니, 당 비도 노래 한 곡을 지어 이에 화답한다. 당 비가 노래를 마치자, 두 사람은 서로 부둥켜안고 대성통곡을 한다. 당 비가 지었다는 이 시는 『후한서』에도 기록되어 있다.

하늘이 무너지려 함이여 땅도 결딴이 나려는데
황제 된 몸인데도 목숨이 너무 일찍 꺾이는구려.
삶과 죽음의 길 다름이여 여기서 영결이런가
외로이 홀로됨을 어이할고 마음에는 슬픔뿐이로다.

皇天將崩兮后土頹　身爲帝兮命夭摧
황 천 장 붕 혜 후 토 퇴　신 위 제 혜 명 요 최
死生路異兮從此乖　奈我煢獨兮心中哀
사 생 로 이 혜 종 차 괴　내 아 경 독 혜 심 중 애

『삼국지연의』와 사서상의 기록이 약간 차이가 나는 것은 『삼국지연의』 속 이야기의 변화에 부합시키기 위해 개조하였기 때문으로 보인다. 사서에 의하면, 당 비는 소제가 죽은 뒤에 고향으로 돌아가 수절하고 다시는 재가를 하지 않았다고 한다. 후일 헌제가 그녀를 궁중으로 모셔오라는 조서를 내리고 시중(侍中)에게 부절을 내려 그녀에게 홍농왕 비의 첩지를 배수했다. 그래서 『삼국지연의』에서는 '경독(煢獨, 외로이 홀로 되다)'이라는 말을 교묘하게 바꾸어 '경속(煢速)'이라 고치고, 이유를 보내어 시급히 당 비를 목 졸라 죽이도록 꾸밈으로써 동탁의 잔학상을 더욱 두드러지게 묘사하고 있다.

'황천장붕혜후토퇴(皇天將崩兮后土頹)'라는 첫 구절은 앞서 노래했던 소제의 이별가에 나오는 첫 구절인 '천지역혜일월번(天地易兮日月翻)'과 호응한다. 당 비의 입장에서 보면, 남편이 핍박을 당하여 죽는 것은 하늘이 무너지고 땅이 꺼지는 것과 같고 또 남편이 핍박을 받아 죽는 것은 자신도 재앙을 만나는 것이기 때문에 '후토퇴'라고 한 것이다. 이렇듯 그녀와 소제 사이에 흐르는 생각과 서로간의 정감을 섬세하게 표현하고 있다.

『삼국지연의』에서는 이유가 소제를 협박하여 독주를 먹여 죽이는 장면을 묘사할 때, 당 비가 황제를 대신하여 자신이 죽겠노라고 하며 무릎을 꿇고 이렇

게 애원하는 장면이 나온다. "첩이 황제폐하를 대신하여 술을 마실 것이니, 대감은 부디 모자분의 목숨을 보존케 하여주시오." 그러나 이유가 이 부탁을 거절했기 때문에 『삼국지연의』에서는 사서의 기록인 '신위제혜명요최(身爲帝兮命夭摧)'라는 구절을 '신위제희혜한불수(身爲帝姬兮恨不隨)'로 바꾸고, 부부가 서로 뒤따라 죽는 것조차도 허락하지 않음으로써 당 비의 지극한 슬픔을 표현하고 있는 것이다. 그리고 '사생로이혜종차괴(死生路異兮從此乖)'라는 구절을 따르면, 당 비는 자신 역시 살해당할 것이라는 사실을 모르고 있는 상태이다. 그래서 남편이 죽고 자신은 살아있으면, 두 사람은 삶과 죽음이라는 서로 다른 길을 걷게 되어, 모든 것은 여기서 종언을 고하게 된다는 사실을 의미하고 있는 것이다.

「당 비의 이별가」 속에 흐르는 감정적인 맥락은 극도의 슬픔에 빠져 대성통곡을 하는 울부짖음으로부터 진일보하여 점점 울음을 삼키고 흐느낌으로 바뀌어 가는 모습이라고 할 수 있다. 그 슬픔과 비통함은 독자의 가슴을 찌르고 심장을 도려내는 듯하다.

제4회
오부의 죽음

한나라 말의 충신이라면 오부를 들 수 있으니
하늘을 찌르는 호방한 기운 세상에 다시없었다.
조당에서 역적을 찌른 이름 아직도 남아있으니
만고에 두고두고 대장부라 부를 만한 인물일세!

漢末忠臣說伍孚　衝天豪氣世間無
한 말 충 신 설 오 부　충 천 호 기 세 간 무
朝堂殺賊名猶在　萬古堪稱大丈夫
조 당 살 적 명 유 재　만 고 감 칭 대 장 부

주

◆ 감(堪) : 견디다, 뛰어나다, 낫다의 뜻이다. 여기서는 조동사로, …… 할 수 있다, …… 해도 좋다 등의 의미로 쓰였다.

감상과 해설

오부(伍孚)는 동한 말의 대신으로 헌제 때 월기교위(越騎校尉)를 지낸 인물이다. 동탁의 횡포가 날이 갈수록 심해지자 이에 불만을 품고 기회를 엿보아 찔러 죽이려다 뜻을 이루지 못한 채 동탁에게 살해된 충신이다. 이 시는 이러한 오부를 찬미하고 있다.

당시, 동탁의 온갖 포악한 행동은 조정신료들의 반발을 불러일으킨다. 오부는 조복(朝服) 속에 단도를 감추고 기회를 엿보아 동탁을 찔러 죽이려다 미수에 그친다. 대노한 동탁이 물었다. "누가 너에게 모반을 하라 했더냐?" 이에 오부는 두 눈을 부릅뜨고 큰소리로 동탁을 꾸짖는다. "이놈아! 너는 나의 임금이 아니고, 나는 너의 신하가 아닌데, 모반이라니! 말이 될 법이나 한 소리냐?" 이야말로 오부의 입장과 관점을 명백하게 밝히고 있는 대답이 아닐 수 없다. 오부가 동탁을 찔러 죽이려 하는 장면에서 모종강은 다음과 같은 평어(評語)를 달았다. '조조의 암살 기도가 있기 전에 먼저 오부의 암살 기도를 서술함으로써 자연스럽고도 기묘한 느낌을 준다. 오부의 용맹은 서슴없이 나아가 실행에 옮긴 것이므로 조조에 비하여 한 수 높다고 할만하다. 조조는 자신의 몸을 아꼈지만 오부는 자신의 몸을 돌보지 않았기 때문이다.'

모종강의 비평은 오부가 폭군을 죽이려 한 장면에서 두 가지 점을 강조하고 있으니, 첫째는 용감함이요, 둘째는 인(仁)의 성취라 할 수 있다. 이 두 가지 점에서 조조는 결코 오부를 따라오지 못한다. 더구나 오부는 대궐에서 과감하게 동탁을 찔렀고, 용감하게 자신의 행위에 대한 책임을 지면서도 호기가 충천했으니 어찌 두말할 나위가 있겠는가!

제5회

데운 술 식기 전에 화웅의 목을 베다

하늘 땅 짓누른 첫 번째 공로 세우느라
원문에 걸린 화고가 두리둥둥 울렸다네.
운장이 술잔 멈추고 빼어난 용맹 펼치자
데운 술 식기 전에 화웅의 목이 떨어지네.

威鎭乾坤第一功　轅門畫鼓響鼕鼕
위 진 건 곤 제 일 공　원 문 화 고 향 동 동
雲長停盞施英勇　酒尙溫時斬華雄
운 장 정 잔 시 영 용　주 상 온 시 참 화 웅

주

◆건곤(乾坤) : 하늘과 땅, 즉 천지를 가리킨다.　◆원문(轅門) : 장수가 거처하는 군영이나 관청의 대문을 뜻한다.　◆화고(畫鼓) : 화려한 색깔을 칠한 군중의 북을 말한다.　◆잔(盞) : 깊이가 얕고 작은 잔.　◆상(尙) : 아직.

감상과 해설

'온주참화웅(溫州斬華雄)'은 『삼국지연의』에서 관우의 영웅적인 모습을 처음으로 묘사한 장면이다. 이 장면을 시작으로 관우의 전기적이고 영웅적인 전투장면이 본격적으로 펼쳐진다.

동탁의 만행이 계속되자 마침내 조조와 원소를 필두로 한 제후연합군이 결성되어 낙양을 향해 진격한다. 그러나 동탁 수하의 용장인 화웅(華雄)이 제후연합군의 여러 장수들을 차례로 격파하자, 여러 제후들은 크게 놀란다. 이러한 위급한 상황에서 관우가 선뜻 나서서 데운 술이 식기 전에 화웅의 목을 벰으로써 뛰어난 무용과 위풍당당한 성격을 드러낸다. 이 시는 바로 이러한 관우의 용감무쌍하고 영웅적인 모습을 찬미하고 있는 것이다.

관우가 화웅의 목을 베는 줄거리 중에서 가장 핵심적인 사항은 바로 따뜻하게 데운 한 잔의 술을 묘사하는 부분이 될 것이다. 관우가 화웅과의 싸움을 자청한 행위는 제후들 사이에서 마치 고요한 호수에 돌을 던진 것과도 같이 커다란 파문을 일으키게 된다. 그의 미천한 지위(당시 관우의 최종 직책은 마궁수[馬弓手]로, 마궁수는 미관말직[微官末職]인 현령[縣令]의 수하 신분이다.) 때문에 여러 제후들은 대견하다, 건방지다 등의 제각기 다른 반응을 보이며 격렬한 논쟁을 벌이고 언성을 높인다. 결국 조조가 나서서 좋은 말로 여러 제후들을 무마시킨다. 그리고 관우가 장도에 오르는 것을 격려하며 따뜻하게 데운 술 한 잔을 권한다. 그 때 관우는 이렇게 말한다. "술잔을 잠깐 놓아두십시오. 화웅의 목을 베어 가지고 돌아와서 마시리다."

파죽지세로 압박해오는 화웅의 경이적인 무력 그리고 그에 따른 위협으로 조성된 팽팽한 긴장감 나아가 자신의 미천한 지위에 대한 내부의 경시나 언쟁도 아랑곳하지 않은 채 어쩌면 관우는 그렇게도 담담히 냉혹한 싸움터로 나설 수 있었을까? 그만큼 관우는 자신이 있었던 것이다. 관우가 출전하자마자 들려오는, 마치 천지가 뒤집히고 산이 무너지는 듯한 북소리와 함성소리는 여러 제후들을 대경실색케 한다. 제후들이 관 밖의 소식을 알아보려던 차에 문득 말방울 소리가 들리고, 중군(中軍)으로 말을 몰아 들어선 관우가 피가 뚝뚝 흐르는 화웅의 머리를 땅바닥에 내던진다. 그때까지 조조가 부어준 술은 식지 않고 있었다. 이 얼마나 전광석화와 같고 위풍당당한 대장의 풍격이란 말인가!

시의 첫째와 둘째 구에서는 추상적인 내용을, 셋째와 넷째 구에서 구체적인 내용을 묘사하고 있는데, 이것은 이성에서 감성으로 전이되는 현상으로, 시 전체에 활기를 불어넣어주고 있다. 특히 둘째 구의 시각적이고 청각적인 묘사는 시적 생동감을 살려주고 있다.

제5회
세 영웅이 여포와 싸우다

한나라 왕조의 운수가 환제 영제에 이르자
이글거리던 붉은 해가 서산으로 기울어지네.
간신 동탁이 소제를 폐하여 홍농왕으로 삼자
겁 많고 나약한 유협은 꿈속에서도 놀라네.

조조가 꾸민 조서 격문으로 천하에 고하니
제후들이 분노하여 모두다 군사를 일으키네.
의논 끝에 원소를 세워 제후들의 맹주로 삼고
왕실을 일으켜 태평한 세상 만들자 맹세하네.

온후 여포의 무용은 세상에 대적할 자 없어
사해를 덮는 웅재에 영걸스런 위용 자랑하네.
몸을 가린 은색 갑옷 용 비늘이 번쩍이고
머리에 쓴 속발금관 꿩의 꼬리 맵시 있네.

울퉁불퉁 사만대엔 짐승머리 입 딱 벌리고
어긋버긋 백화전포엔 봉황새가 날아오르네.
용마가 한 번 뛰니 거센 바람 일어나고
번쩍이는 방천화극 사람의 눈알 찌르누나.

관을 나와 싸움 거니 누가 감히 감당할꼬
제후들은 간담이 떨어져 정신이 황황하구나.
연인 장익덕이 용수철처럼 튀어나오더니
뱀처럼 구불구불한 장팔사모를 움켜잡네.

거꾸로 선 표범 수염은 철사처럼 빳빳하고
고리눈을 부릅뜨니 번개 불이 일어나네.
맹렬하게 붙었지만 승패를 가르지 못하니
진 앞에선 관운장이 화를 버럭 내는구나.

날이 선 청룡언월도 서릿발이 번쩍이고
짙은 연두색 전포는 나비처럼 펄럭이네.
말발굽 닿는 곳마다 귀신도 울부짖으니
눈앞의 노기로는 마땅히 피를 보려는 듯.

날래고 뛰어난 현덕이 쌍검을 뽑아들고
천자의 위엄 떨치며 매운 맛을 보이누나.
세 사람이 둘러싸고 한참동안 몰아치니
이리 막고 저리 피해도 쉴 틈이 전혀 없네.

함성은 진동하여 하늘과 땅이 뒤집히고
살기가 가득하여 허공의 별마저 차갑구나.
여포가 힘이 다해 달아날 길 살피더니
자기 진영 바라보고 말을 박차 돌아가네.

방천화극 긴 창대를 거꾸로 늘어뜨리자
금박 입힌 오색 깃발 어지러이 흩어지네.
홀연 비단 고삐 끊어질 듯 적토마를 내달려
나는 듯 몸을 피해 호뢰관으로 올라가네.

漢朝天數當桓靈　　炎炎紅日將西傾
한 조 천 수 당 환 영　　염 염 홍 일 장 서 경
奸臣董卓廢少帝　　劉協懦弱魂夢驚
간 신 동 탁 폐 소 제　　유 협 나 약 혼 몽 경
曹操傳檄告天下　　諸侯奮怒皆興兵
조 조 전 격 고 천 하　　제 후 분 노 개 흥 병
議立袁紹作盟主　　誓扶王室定太平
의 립 원 소 작 맹 주　　서 부 왕 실 정 태 평
溫侯呂布世無比　　雄才四海誇英偉
온 후 여 포 세 무 비　　웅 재 사 해 과 영 위
護軀銀鎧砌龍鱗　　束髮金冠簪雉尾
호 구 은 개 체 용 린　　속 발 금 관 잠 치 미
參差寶帶獸平吞　　錯落錦袍飛鳳起
참 차 보 대 수 평 탄　　착 낙 금 포 비 봉 기
龍駒跳踏起天風　　畫戟熒煌射秋水
용 구 도 답 기 천 풍　　화 극 형 황 사 추 수
出關搦戰誰敢當　　諸侯膽裂心惶惶
출 관 익 전 수 감 당　　제 후 담 렬 심 황 황
踊出燕人張翼德　　手持蛇矛丈八槍
용 출 연 인 장 익 덕　　수 지 사 모 장 팔 창
虎鬚倒竪翻金線　　環眼圓睜起電光
호 수 도 수 번 금 선　　환 안 원 정 기 전 광
酣戰未能分勝敗　　陣前惱起關雲長
감 전 미 능 분 승 패　　진 전 뇌 기 관 운 장
靑龍寶刀燦霜雪　　鸚鵡戰袍飛蛺蝶
청 룡 보 도 찬 상 설　　앵 무 전 포 비 협 접
馬蹄到處鬼神嚎　　目前一怒應流血
마 제 도 처 귀 신 호　　목 전 일 노 응 류 혈
梟雄玄德掣雙鋒　　抖擻天威施勇烈
효 웅 현 덕 체 쌍 봉　　두 수 천 위 시 용 렬

三人圍繞戰多時　遮攔架隔無休歇
삼 인 위 요 전 다 시　차 란 가 격 무 휴 헐
喊聲震動天地翻　殺氣迷漫牛斗寒
함 성 진 동 천 지 번　살 기 미 만 우 두 한
呂布力窮尋走路　遙望家山拍馬還
여 포 역 궁 심 주 로　요 망 가 산 박 마 환
倒拖畫杆方天戟　亂散銷金五彩幡
도 타 화 간 방 천 극　난 산 소 금 오 채 번
頓斷絨條走赤兎　翻身飛上虎牢關
돈 단 융 조 주 적 토　번 신 비 상 호 뢰 관

주

◆환영(桓靈) : 동한 말기, 환제와 영제 때에 이르러 환관들의 권력 농단이 최고조에 달한다. 환제 때는 다섯 명의 환관이 제후로 봉해졌는데, 이들을 일컬어 '오후'라 했다. 영제 때는 10명의 중상시(中常侍)가 있어 이들을 '십상시'라 불렀다. 환관들의 횡포는 외척을 축출하거나 죽이는 일에 그치지 않고 몇 차례의 옥사를 일으키며 조정대신이나 사대부(士大夫)에게까지 타격을 준다. 환제 연희(延熹) 9년(서기 166년)에는 환관들의 정치 관여를 반대하는 무리, 즉 이응(李膺)을 비롯한 대학사(大學士) 200여 명을 체포하여 '제1차 당고지화(黨錮之禍)'를 일으킨다. 이어서 영제 건녕(建寧) 원년(서기 168년)에는 두무(竇武)와 진번(陳蕃) 등을 죽인 '제2차 당고지화'를 일으킴으로써 조정은 극도로 부패해진다. 이로 인하여 황건적의 난이 폭발하게 된다. ◆폐소제(廢少帝) : 중평 6년(서기 189년), 영제가 죽고 아들 유변이 제위에 올랐으니 바로 소제이다. 그 해 6월에 동탁이 수도로 들어와 조정의 정사를 마음대로 농락했는데 9월에는 소제를 폐위시켜 홍농왕으로 삼고, 짐주로 그를 독살한다. ◆유협나약(劉協懦弱) : 동탁이 소제를 폐하고 진류왕 유협을 황제로 세웠으니, 바로 헌제이다. 겨우 9살이었던 헌제에게는 그를 지지하는 문신(文臣)이나 무신(武臣)이 없었다. 동탁의 수중에 놀아나는 꼭두각시에 불과했던 그는 하루종일 불안에 떨며 자신의 뜻대로 할 수 있는 일이라고는 아무 것도 없었다. ◆조조전격(曹操傳檄) : 동탁을 죽이려다 미수에 그친 조조는 고향으로 달아나 동탁을 토벌하기 위한 의병을 모집한다. 그는 먼저 황제가 내린 조서를 사칭하여 각지에 격문을 보낸 뒤 제후들과 함께 연합군을 조직한다. ◆원소작맹주(袁紹作盟主) : 18로(路) 제후들이 모여 동탁 토벌을 위한 연합군을 형성한다. 그리

고 4대에 걸쳐 삼공을 지낸 명문 출신 원소를 맹주로 추대하여 그에게 각 부대의 배치 및 작전권을 부여한다. ◆온후(溫侯):『삼국지·여포전』에 의하면, 훗날 동탁을 죽인 여포는 정후(亭侯)에서 현후(縣侯)로 승진하여 온후에 봉해진다. 식읍(食邑)이 온현(溫縣)이며, 온현은 사례주(司隸州) 하내군(河內郡)에 있었다. ◆체용린(砌龍鱗): 갑옷에 박아 넣은 철편(鐵片)이 마치 용의 비늘처럼 번쩍번쩍 빛을 발하는 모습을 형용한 말이다. ◆잠치미(簪雉尾): 잠(簪)은 머리에 꽂는다는 의미이고, 치미(雉尾)는 꿩의 꼬리를 뜻한다. 꿩의 수컷 꼬리 깃털은 매우 아름다워 장식용으로 많이 쓰였다. ◆평탄(平吞): 한입에 삼킨다는 뜻으로 여기서는 여포의 허리띠에 새겨진 짐승 모습의 흉악함을 형용하는 말이다. ◆용구(龍駒): 준마를 가리킨다. 즉 적토마를 의미한다. ◆사추수(射秋水): 사(射)는 관통하다, 꿰뚫다, 침투하다 등의 뜻이고, 추수(秋水)는 사람의 눈을 비유하는 말이다. ◆효웅(梟雄): 날래고 사나우며 뛰어난 인물을 가리킨다. ◆체(掣): 끌어당기다. 뽑다. ◆쌍봉(雙鋒): 쌍검, 즉 유비의 쌍고검(雙股劍)을 뜻한다. ◆차란(遮攔): 막다. 저지하다. ◆우두(牛斗): 두 개의 별자리 이름, 즉 견우성과 북두칠성을 의미한다. ◆주로(走路): 달아나다. ◆가산(家山): 고향. 여기서는 자신이 속해 있는 진영을 가리킨다. ◆소금(銷金): 금박 입힌 선. ◆채번(彩幡): 오색으로 화려하게 칠해져 있고, 수직으로 걸린 좁고 긴 깃발을 말한다. ◆돈(頓): 부사로서 홀연, 갑자기의 의미와 동사로서 떨다, 털다 등의 의미가 있다.

감상과 해설

18로 제후들이 여포와 전투를 벌여서 이기지 못하는데, 마침내 유비와 관우, 장비가 나서서 여포를 패퇴시킨다. 이 시는 세 영웅이 여포를 상대로 싸운 것을 찬미하고 있다.

이 장편의 서사시는 역사적 사건의 전개에 따라 모두 네 단락으로 나누어져 있다. 그 단락을 보면, ① 한 말의 정세(8구), ② 여포의 용맹스러운 모습(8구), ③ 세 영웅이 여포와 싸움을 벌이는 장면(18구), ④ 여포가 패하여 달아나는 장면(6구)이다. 전편(全篇)의 결구 배치는 역사적인 순서에 따라 폭넓은 역사적 배경을 조략(粗略)하게 묘사하고 있어 간략하고 심원하다. 각 단락에 따라 구분하면 다음과 같다.

① 한 말의 정세(8구) : 겨우 8구에 지나지 않지만, 동탁이 황제를 폐위시킨 일과 헌제가 꼭두각시가 된 일, 조조가 조서를 사칭한 일 그리고 연합군이 동탁을 토벌하기 위해 힘을 모은 일 등 큰 사건의 요점을 간명하게 개괄하고 있다. 조리가 분명하고 요점을 명확히 나타냄으로써 동탁의 난정을 개괄적으로 묘사해내고 있다.
② 여포의 용맹스러운 모습(8구) : 중국 속담에 '사람 중에 여포가 있고, 말 중에 적토마가 있다.'는 말이 있을 정도이다. 군벌들이 혼전을 벌이고 있는 가운데 여포가 차지하고 있는 사회적 지위나 옷차림, 용맹, 뛰어난 무예 등이 잘 묘사되어 있다. 선양후억(先揚後抑) 수법을 운용하여 여포를 부각시킴으로써 세 영웅이 여포와 싸우는 장면을 위한 복선을 깔았다.
③ 세 영웅이 여포와 싸움을 벌이는 장면(18구) : 이 단락은 시의 중심부분으로, 유비와 관우, 장비가 여포를 둘러싸고 원을 돌며 공격을 가하는 장면이 펼쳐진다. 여기서 장비의 용맹과 관우의 뛰어난 무용 그리고 유비의 걸출한 재능을 섬세하게 묘사하고 있다. 세 영웅은 싸울수록 힘이 솟고 싸울수록 원기가 왕성하여 결국 여포가 견디지 못하고 패하여 달아나게 한다.
④ 여포가 패하여 달아나는 장면(6구) : 대군이 패하자 낭패는 극에 달한다. 병기를 거꾸로 끌고, 깃발은 어지러이 넘어져 난장판이 된다. 여포는 급한 나머지 벌벌 떨며 말고삐조차 끊어버리고 걸음아 날 살려라 하며 호뢰관(虎牢關)으로 달아난다.

이 시는 결구 배치 면에서 시공(時空)이 교차하고 중요 부분을 두드러지게 묘사한 특징을 가지고 있다. 시구는 비록 간결하지만 그 속에 포함된 의미가 풍부하여 깊이 음미하지 않을 수 없으며, 각 구절마다 역사적 세부 사항을 회상케 하는 힘이 엿보인다.

제8회
초선 – 완계사 곡조

소양궁의 궁녀였던 조비연이 다시 살아왔는가
놀란 기러기인양 날렵하게 돌며 춤추는 자태
봄기운 가득한 동정호를 날아 건너는 듯하구나.

양주곡에 맞춰 나긋나긋 사뿐히 춤추는 모습이야
봄바람에 하늘거리는 산뜻한 새 버들가지인양
화려한 방안 가득한 향기는 봄날처럼 다사롭네.

原是昭陽宮裏人　驚鴻宛轉掌中身　只疑飛過洞庭春
원시소양궁리인　경홍완전장중신　지의비과동정춘
按徹梁州蓮步穩　好花風裊一枝新　畵堂香煖不勝春
안철양주연보온　호화풍뇨일지신　화당향난불승춘

주

◆양궁(昭陽宮) : 한나라 때의 궁전 이름으로, 한 성제(成帝) 때의 황후 조비연(趙飛燕)이 소양궁에 살았다. 여기서는 초선(貂蟬)을 몸이 가볍고 춤에 능했던 조비연과 비교하고 있다. ◆경홍(驚鴻) : 조식(曹植)의 「낙신부(洛神賦)」에 '경쾌하게 춤추는 모습이 마치 놀란 기러기 같구나(翩若驚鴻).'라는 말이 있는데, 낙신의 자태가 날씬하고 아름답다는 것을 형용한다. ◆장중신(掌中身) : 전하는 말에 의하면 조비연은 장중무(掌中舞, 손바닥 안에서 추는 춤)를 잘 추었다고 한다. 백거이(白居

易)의 『백씨육첩(白氏六帖)』 18권에도 '조비연은 몸이 가벼워 장상무(掌上舞)를 잘 추었다.'는 내용이 나온다. ◆동정(洞庭) : 넓은 정원이란 뜻이나 동정호로 보아도 무리가 없을 것으로 판단된다. ◆안철(按徹) : 박자를 맞추다. ◆양주(梁州) : 당대(唐代)의 무곡(舞曲) 이름. ◆연보(蓮步) : 경쾌하고 나긋나긋한 걸음걸이를 뜻한다. ◆화당(畵堂) : 기둥과 천장을 채색으로 장식한 방. 주로 내실을 가리킨다.

감상과 해설

사도 왕윤(王允)은 동탁의 포학무도한 행동에 격분하지만 면전에서는 감히 입을 떼지 못한다. 그러나 배후로 가기(歌妓) 초선과 함께 은밀히 연환계(連環計)를 꾸며 여포의 손으로 동탁을 제거하려 한다. 즉 여포와 동탁에게 따로따로 초선을 허락하게 하여 두 사람 사이에 시기와 원한이 생기게 하고 그리하여 최종적으로 여포의 손을 빌려 동탁이라는 역적을 제거한다는 계략이었다.

문장 가운데 삽입된 이 사(詞)는 완계사(浣溪沙, 노래의 곡명)로 왕윤 부중의 대청에 앉은 동탁이 초선의 춤추는 자태를 감상하는 내용이다. 미모와 재주가 출중한 초선의 모습을 훌륭하게 묘사하고 있다.

초선은 왕윤과 동탁 앞에 춤추는 자태로 등장한다. 그러나 주렴발이 드리워져 볼 수는 있으나 접근할 수는 없는 상태이다. 주렴 사이로 감지되는 초선의 용모와 춤추는 자태는 더욱 몽롱하고 황홀한 느낌을 준다.

사 가운데 묘사된 초선의 아름다움은 직접적인 표현을 피하는 대신 엷은 칠로 윤곽을 발려서 본체를 두두러지게 하는 홍탁(烘托) 수법을 사용하고 있다. 우선 초선의 신분을 원래 소양궁 안에 있던 궁인이라 하였는데, 이것은 그녀가 격 높은 황궁의 미녀이지 여염집 출신의 그럴듯한 소녀 따위가 아니라는 뜻이다. 따라서 그녀의 자태는 나풀나풀 낙신이 춤추는 것도 같고, 간드러지게 조비연이 춤추는 듯하다는 것이다. 여기서는 초선의 아름다운 용모와 춤추는 자태를 여신과 황비에 비유함으로써 독자들의 마음을 흔들고 있다.

제8회
붉은 박판으로 장단을 치니

붉은 박판 빠른 장단 제비처럼 날렵한데
한 조각 구름인양 화려한 방으로 날아드네.
그린 듯한 고운 눈썹 나그네 한을 돋우고
아리따운 두 볼은 정든 이 간장을 끊누나.

미인의 그 웃음 돈과 권세로도 살 수 없는데
버들처럼 가는 허리 갖은 보배로 왜 꾸몄나.
한 곡조 춤 파하고 주렴 사이로 흘리는 추파
호색 남아 초 양왕이 그 누군지 모를레라.

紅牙催拍燕飛忙　一片行雲到畫堂
홍 아 최 박 연 비 망　일 편 행 운 도 화 당
眉黛促成遊子恨　臉容初斷故人腸
미 대 촉 성 유 자 한　검 용 초 단 고 인 장
楡錢不買千金笑　柳帶何須百寶妝
유 전 부 매 천 금 소　유 대 하 수 백 보 장
舞罷隔簾倘目送　不知誰是楚襄王
무 파 격 렴 투 목 송　부 지 수 시 초 양 왕

주

◆ 홍아(紅牙) : 음악을 연주할 때 장단을 맞추기 위하여 치던 붉은 박자 판. 홍(紅)

은 판의 색상, 아(牙)는 판의 모양을 가리킨다. ◆행운(行雲) : 송옥(宋玉)의 『고당부서(高唐賦序)』에 다음과 같은 대목이 나온다. '초 양왕(楚襄王)이 고당에서 노닐다가 잠이 들어 꿈속에서 무산의 선녀를 만났다. 선녀가 말하기를, "새벽에는 아침구름이 되었다가 저녁에는 떠나가는 비가 되지요(楚襄王遊高唐, 夢見巫山神女. 神女自謂. 旦爲朝雲, 暮爲行雨)."라고 하였다.' 여기서 행운이란 초선을 가리키는 말이다. ◆미대(眉黛) : 옛날 부녀자들이 눈썹을 그리는데 사용하던 흑청색 물감. 여기서는 미녀(美女) 혹은 여색(女色)을 가리킨다. ◆유자(遊子) : 집을 떠나 떠도는 사람을 가리킨다. ◆유전(楡錢) : 한나라 시기의 화폐 명칭. 작은 돈은 관가나 민간에서 주조했기 때문에 무게가 반 냥 나가는 반냥전(半兩錢)이 출현했다. 사람들은 손톱 크기만 한 반냥전을 유협전(楡莢錢)이라 불렀다. 여기서 말하는 유전은 권세와 부귀영화를 누리는 사람을 가리킨다. ◆천금(千金) : 옛날에 다른 사람의 딸을 부르던 존칭으로, 여기서는 미녀를 가리키는 말로 쓰였다. ◆유대(柳帶) : 부녀자들이 허리에 두르는 띠를 가리킨다. 옛날에는 부녀자들의 유연한 허리를 유요(柳腰)라고 불렀다. 이 때문에 허리에 두르는 띠를 유대라고 불렀다. ◆투목송(偸目送) : 은밀히 추파를 던진다는 뜻이다. ◆초 양왕(楚襄王) : 전국시대(戰國時代) 초(楚)나라의 임금으로 초 회왕(楚懷王)의 아들이다. 황음무도(荒淫無道)하고 호색한으로 이름이 났다. 여기서는 동탁의 호색(好色)을 가리킨다.

감상과 해설

이는 「초선 - 완계사 곡조」의 뒤를 잇는 이야기 흐름 가운데 출현하는 시이다. 역시 왕윤의 후당(後堂)에 초대된 동탁이 초선의 춤추는 모습을 감상하면서 촉발되는 감정 변화에 초점을 맞추고 있다. 앞에 나온 사와는 또 다른 각도에서 초선의 행동거지와 심리상태를 묘사하여 뒤편에 이어지는 줄거리와 상호 보완 역할이 되도록 하고 있다.

제8회
앵두 같은 입술로

앵두 알 같이 작고 붉은 입술 방긋 열자
백옥 치아 사이로 우아한 양춘가 흐르네.
향기로운 혀끝으로 강철 칼을 뱉어내어
나라 어지럽히는 난신적자를 베려하누나.

一點櫻桃啓絳脣　兩行碎玉噴陽春
일 점 앵 도 계 강 진　양 행 쇄 옥 분 양 춘
丁香舌吐衠鋼劍　要斬奸邪亂國臣
정 향 설 토 쥰 강 검　요 참 간 사 난 국 신

주

◆앵도(櫻桃) : 미녀의 작은 입과 붉은 입술을 비유한다. ◆쇄옥(碎玉) : 깨끗하고 흰 치아를 뜻한다. ◆분(噴) : 뿜다. 뿜어내다. 여기서는 노래 부르다로 쓰였다. ◆양춘(陽春) : 옛 가곡의 이름으로, 고상하고 우아하며 배우기가 어려운 곡이다. ◆정향(丁香) : 봉오리 맺은 정향나무의 꽃봉오리로 여자의 혀끝을 비유한다. ◆쥰(衠) : 순수하다. 순진하다. 정말로. 진실로. 모두. 완전히.

감상과 해설

초선의 빼어난 미모를 본 동탁은 기쁨을 참지 못하여 다시 한 번 노래를 청한다. 그리고 칭찬을 그치지 않으면서 그 호색한다운 면모를 드러내기 시작한다. 기회를 살피던 왕윤이 동탁에게 묻는다. "이 아이를 태사(太史)께 바치고자 하는데, 의향이 어떠신지요?" 이에 동탁은 얼씨구나 좋다며 얼른 승낙한다. 왕윤은 초선을 승상부로 보낸다.

동탁을 제거하기 위하여 설치한 왕윤의 연환계는 두 가지 계책을 병행해야만 비로소 그 목적을 차착(差錯) 없이 달성할 수 있었다. 중국 속담을 보면, '노끈 하나에 메뚜기 두 마리를 묶는다(一根繩上拴兩只螞蚱).'라는 말이 있다. 즉 어느 쪽도 달아나지 못하게 하며 동시에 연쇄적 제압이 가능한 방법이다. 그 하나는 미인계(美人計)요, 다른 하나는 갑(甲)의 칼을 이용하여 을(乙)을 죽인다는 계책이다.

중국 왕조시대의 전쟁사를 살펴보면, 미인계를 펼쳐 성공을 거둔 경우가 대단히 많다. 춘추시대(春秋時代) 말기에 월(越)나라가 오(吳)나라를 멸한 것은 바로 미녀 서시(西施)의 공로가 있었기 때문에 가능했던 일이 아니었던가. 왕윤이 초선을 이용한 건 바로 이러한 목적을 달성하기 위한 것이었다. 그래서 시의 마지막 연에는 그 정치적 목적과 수단을 명확하게 밝히고 있다.

제9회
사도의 묘한 계책

미녀에게 위탁하는 왕 사도의 묘한 계책
무기도 쓰지 않고 군사 하나 필요 없네.
세 영웅 호뢰관 싸움도 힘만 허비했나니
승리의 노래는 봉의정에서 울려 퍼지네.

司徒妙算託紅裙　不用干戈不用兵
사 도 묘 산 탁 홍 군　　불 용 간 과 불 용 병
三戰虎牢徒費力　凱歌却奏鳳儀亭
삼 전 호 뢰 도 비 력　　개 가 각 주 봉 의 정

주

◆사도(司徒) : 삼공 중의 하나. 서한(西漢) 애제(哀帝) 때에 승상(丞相)을 대사도(大司徒)로 삼아 국가의 토지와 백성들을 관장하게 하였다. 동한 때에 들어서 삼공의 실권은 이미 없어졌다. 다만 자질과 명망을 겸비한 대신이 맡았는데, 여기서 사도란 왕윤을 가리킨다. ◆홍군(紅裙) : 붉은 치마란 뜻으로 여성을 가리키는 말이다. 주로 꽃다운 나이의 여자를 지칭한다. ◆간과(干戈) : 병기나 전쟁을 나타내는 말이다. ◆호뢰(虎牢) : 옛 관문의 이름으로 동한 때에는 그 이름을 호뢰관이라 하였다. 지금의 하남성 형양(滎陽) 서쪽 사수진(汜水鎭)에 위치했다.

감상과 해설

왕윤은 초선을 미끼로 동탁과 여포, 두 사람에게 각각 혼인 허락을 한다. 동탁은 초선을 받아들이자마자 그녀의 미색에 빠져버린다. 초선은 교태를 부리며 동탁을 꽉 붙들어 놓는 한편, 여포와도 정을 주고받으며 꼼짝 못하게 한다. 이렇게 밧줄 하나에 꽁꽁 묶인 두 호색한은 서로 사이가 틀어져 사사건건 반목하게 된다. 그러다가 마침내 여포가 동탁을 살해하는 일이 벌어지고 왕윤이 꾸민 미인계는 성공을 거둔다.

이 시는 왕윤의 계략과 지모를 찬미하고 있다. 첫 2구절은 왕윤이 계획한 미인계의 특징을 말해주고 있다. 그것은 전략이나 군사적 행동이 아니라 미모의 여인을 매개로 한 음모였다는 것이다. 여기서 '탁(托)'자의 운용은 너무나 정확하고도 구체적이다. 미인계 운용의 성공 여부는 초선의 지모에 달려있었다. 이 때문에 그녀는 임기응변 뿐만 아니라 위장술에도 상당한 솜씨를 발휘한다. 봉의정(鳳儀亭)에서의 밀회야말로 초선의 능력을 확인할 수 있는 하이라이트이다. 후당 화원은 장소 면에서 이미 적절한 선택이었다. 동탁 부중의 안채가 있는 곳이기 때문에 여포가 이곳으로 들어왔다는 것은 변명의 여지가 없었고, 초선으로서는 여포에게 협박을 당한 것처럼 가장하여 자신의 과실을 숨길 수가 있었던 것이다. 약속 시간을 두고 보아도 퇴근하는 동탁과 일부러 마주치게 하여 두 사람 사이의 갈등을 격화시키려고 한 의도를 알 수가 있다. 후원으로 들어오던 동탁이 서로 다정하게 속삭이고 있는 남녀(초선과 여포)의 모습을 발견하고는 벌컥 성을 내며 화극(畵戟)을 집어던진다. 이렇게 하여 두 사람 사이의 갈등은 현실로 폭발하게 되고, 마침내 여포의 손을 빌려 동탁을 죽이는 정치적 목적이 달성된다.

제9회
동탁의 죽음

패업을 이루었을 땐 제왕이 될 것이요
이루지 못해도 부잣집 마님은 되리라 했지.
뉘 알았으랴 하늘의 뜻은 공평무사하여
미오 별궁 이루자마자 멸망 함께 다가왔네.

霸業成時爲帝王　不成且作富家郎
패업성시위제왕　불성차작부가랑
誰知天意無私曲　郿塢方成已滅亡
수지천의무사곡　미오방성이멸망

주

◆패업(霸業) : 천하 통치의 사업을 성취하고 지키는 것.　◆천의(天意) : 하늘의 뜻.
◆사곡(私曲) : 편파적이고 불공정한 행위를 뜻한다.　◆미오(郿塢) : 옛 성루(城壘) 이름으로 사례주 우부풍군(右扶風郡) 미현(郿縣)에 소속되어 있었다. 『후한서·동탁전』에 의하면 그 높이가 일곱 길이나 되고 규모는 장안성(長安城)과 맞먹을 정도였다고 한다.

감상과 해설

동탁은 끝없는 탐욕의 화신이며 나라에 큰 환란을 일으킨 자로서 오래도록 후세에 악명을 남겼다. 그는 황제를 끼고 낙양에서 장안으로 수도를 옮기면서 옛 황제와 공경(公卿)들의 능묘를 파헤쳐 진귀한 보물들을 탈취하는가 하면, 백성들의 재물을 함부로 빼앗고 부호들의 재산도 슬그머니 착복했다. 그리고 미현에다 성채를 세우고 장안성을 본떠서 난공불락의 철옹성을 건립한다. 그 안에는 20여 년간 먹을 수 있는 양식과 황금 2, 3만 근에다 은 8, 9만 근을 비축하고, 비단을 산더미처럼 쌓아두는 한편 미녀와 가기(歌妓)들로 궁전을 가득 채운다. 그리고는 득의양양하게 소리치기를, 일이 성공되면 천하를 지배할 것이요, 성공하지 못하더라도 그곳을 지키며 일생을 마치겠노라고 호언장담한다.(『후한서 · 동탁전』 참조)

그러나 나라와 백성들에게 재앙을 일으키고 수단과 방법을 가리지 않으며 온갖 악행을 자행한 동탁이 어찌 편안할 수 있었겠는가. 결국 백성들로부터는 원성을 사게 되고 제후들에게는 토벌의 대상이 되기에 이른다. 이것이 바로 사람과 하늘이 함께 노한 것이 아니겠는가! 하늘의 뜻은 공정하여, 사람이 보복하지 못하면 결국 하늘이 벌을 주는 것이다. 그의 소굴인 미오성이 축조될 즈음, 마침내 멸망의 날도 함께 다가오고 있었다. 여기서 '천의무사곡(天意無私曲)'이라 한 것은 백성들의 마음과 역사의 심판을 참으로 적절히 표현한 구절이 아닐 수 없다. 동탁의 죽음은 만백성들의 희망과 하늘의 뜻이 동시에 충족된 일이다. 백성의 뜻을 거스르는 자는 반드시 멸망한다는 진리를 웅변으로 대신하고 있는 것이다.

제9회
채옹의 죽음

동탁이 권력을 휘둘러 악행을 자행하는데
채옹은 어찌하여 스스로 신세를 망쳤던고?
그 당시 제갈량은 융중에 높이 누웠으니
어찌 몸을 가벼이 하여 난신을 섬겼으리.

董卓專權肆不仁　侍中何自竟亡身
동탁전권사불인　시중하자경망신
當時諸葛隆中臥　安肯輕身事亂臣
당시제갈융중와　안긍경신사난신

주

◆시중(侍中) : 동한시대의 관직명. 소부(少府)의 속관(屬官)으로 황제의 시신(侍臣)을 말한다. 본래는 이름뿐인 직함이었으나, 시중이 되고나면 궁궐 출입이 자유로워지고, 황제의 신변에 가까이 갈 수 있는 근신이 되었다. 여기서는 채옹(蔡邕)을 가리킨다. ◆경신(輕身) : 신중하지 못하고 경거망동하는 것을 말한다. ◆난신(亂臣) : 권력을 장악하여 나라를 어지럽히고 제위를 찬탈하려는 신하를 뜻한다.

감상과 해설

동탁의 시체가 저자거리에 효시되자 웬 사람이 그 앞에 엎드려서 대성통곡을 하였으니, 이 사람이 바로 채옹이다. 이 때문에 그는 왕윤의 손에 하옥되었다가 목이 졸려 죽는 액사(縊死)를 당한다. 이 시는 채옹의 피살을 겨냥하여 지은 것이다.

채옹은 건안(建安) 시기 여류시인 채문희(蔡文姬)의 부친으로 동한시대의 유명한 사학가요 문학가이자 서예가였다. 그는 한 영제 광화(光和) 연간에 환관의 무리들로부터 삭발을 당하는 형벌을 받기도 했다.

동탁이 비록 포학하기 그지없고 갖은 악행을 저질렀지만 그래도 한두 가지쯤은 세인들의 칭찬을 받는 일을 하기도 했다. 일찍이 당고지화로 죽은 진번과 두무 등의 누명을 벗겨주었는가 하면 채옹, 정태(鄭泰), 하옹(何顒), 순상(荀爽), 공전(孔佃) 등의 청빈한 관리들을 발탁하기도 한 것이다.

원래 채옹은 동탁의 사람됨을 알고 있었기에 벼슬길에 나아가지 않았다. 그러나 그의 일족을 모두 죽여 버린다는 동탁의 협박을 받고는 이에 응하지 않을 수 없었다. 채옹을 맞이한 동탁은 크게 기뻐한 나머지 한 달을 두고 세 차례나 벼슬을 높여 시중으로 삼았다.

아마도 채옹은 자신의 재주와 학문을 알아주고 후하게 대접해 준 은혜를 생각하여 동탁의 시신 앞에 나아가 통곡을 하였을 것이다. 그러나 결국 그로 인하여 목숨을 잃고 만다.

유가의 경세치용학(經世致用學)에서는 지식인이라면 모름지기 벼슬길에 나아감으로써 치국평천하(治國平天下) 할 수 있다는 식의 학문적 도리를 인식시켰다. 이것은 그 당시 지식인이라면 반드시 어느 한 정치세력을 따라야 했고 또 그것이 그들의 공통 관심사였음을 말해주고 있다. 그러나 세력가들이 각기 패권을 차지하려고 치열한 쟁투를 벌이던 시기에는 자신의 군주를 택하는 일이 비교적 자유로웠다. 그래서 누구에게 의탁하며 어떤 일을 할 것인가 하는 것은 전적으로 각 개인의 성격과 소질에 따라 결정되었다.

천하의 재사였던 제갈량은 난세를 피하여 융중(隆中)에 은거하며 어떤 할거세력에도 가벼이 의탁하려 하지 않았다. 이것은 바로 '봉황은 높이 떠도 오동나무가 아니면 깃들지 아니하고, 선비는 한 쪽에 엎드려 있어도 옳은 주인이 아니면 섬기지 않는다.'는 말로 대체될 수 있을 것이다. 이런 신중한 처세 태도는 역대 선비들의 흠모의 대상이었다.

뒤의 2구절은 동탁이 전권을 휘두르던 시절에 관직을 맡게 된 채옹에 대한 은근한 비판이다. 만약 채옹에게 정치적 배경이 있었다면 그를 죽여도 무방했을 것이다. 그러나 왕윤이 채옹을 죽인 일은 지나친 결단이었고 이런 성격으로 인해 동탁을 죽인 뒤의 승리는 끝까지 공고할 수가 없었던 것으로 짐작된다. 이 시는 이탁오본과 모종강본에서만 볼 수 있다.

제9회
왕윤의 죽음

왕윤이 기막힌 계략을 펼쳐내어
천하의 간신 동탁을 제거하였네.
가슴에는 나라 위한 한을 품었고
미간에는 조정 근심 가득하였지.

영특한 그 기상 은하에 이어지고
뜨거운 충성심은 두우를 꿰뚫었네.
지금도 혼과 백 여전히 살아남아
임금 계신 봉황루를 맴돌고 있네.

王允運機籌　奸臣董卓休
왕 윤 운 기 주　간 신 동 탁 휴
心懷家國恨　眉鎖廟堂憂
심 회 가 국 한　미 쇄 묘 당 우
英氣連霄漢　忠誠貫斗牛
영 기 연 소 한　충 성 관 두 우
至今魂與魄　猶繞鳳凰樓
지 금 혼 여 백　유 요 봉 황 루

주

◆기주(機籌) : 임기응변으로 계략을 도모하다.　◆휴(休) : 죽다.　◆미쇄(眉鎖) : 눈

썹이 한데 모인 것, 즉 걱정하는 모습을 뜻한다. ◆묘당(廟堂) : 종묘명당(宗廟明堂). 즉 조정을 가리킨다. ◆소한(霄漢) : 하늘 높은 곳을 가리키는 말로 소(霄)는 구름을 뜻하고, 한(漢)은 은하를 뜻한다. ◆두우(斗牛) : 남북두성과 견우성. ◆봉황루(鳳凰樓) : 궁전의 누각. 즉 황제가 거처하는 곳을 가리킨다.

감상과 해설

동탁이 죽고 나자 그의 부장이었던 이각(李傕)과 곽사(郭汜) 등은 왕윤에게 용서를 구했으나 허락받지 못하고 마침내 장안을 탈출해 목숨을 부지한다. 그리고 모사 가후(賈詡)의 계책을 따라 섬서 사람들을 모아 장안을 공격한다. 그들은 황제의 측근에 있는 간신을 몰아낸다는 구실을 들어 왕윤을 죽였는데, 이리하여 역사상 보기 드문 충신 한 명이 비명에 가버린다. 이 시는 왕윤의 허무한 죽음을 한탄하고 있다.

연환계를 설치하여 동탁을 죽인 일은 왕윤의 일생 가운데 가장 큰 업적이었다. 그 동기는 조정과 종묘사직 그리고 황제를 위한 것이었고, 나라에 대한 근심 때문이었다. 영걸스런 기백과 충성은 청사에 길이 남을만하다. 그러나 유감스러운 일은 살아남은 동탁의 부장들을 제대로 다루지 못하여 전란의 화염이 계속되었다는 점이다.

동탁이 죽임을 당했을 당시, 동탁이 정성들여 양성했던 양주(涼州)의 대군이 고스란히 남아있었다. 이각과 곽사는 왕윤에게 잘못을 고하고 용서를 구했지만 허락을 받지 못했다. 이에 목숨의 위협을 느낀 동탁의 부하들은 마지막 사력을 다하여 장안을 습격하고 이 바람에 왕윤은 피살되고 만다.

살아서는 걸출한 인물로 충절을 다하였고, 죽어서는 백귀(百鬼) 중의 웅걸(雄傑)이 된 왕윤의 혼백은 죽어서도 여전히 황제가 거처하는 봉황루를 맴돌고 있을 것이다. 이 시는 왕윤이란 인물이 일생동안 펼쳤던 업적과 충심에 대하여 그가 죽은 뒤의 평가를 내리고 있다.

제10회
조조는 간웅

조조가 간웅임이 세상에 널리 알려진 것은
일찍이 여씨네 전 가족을 몰살했기 때문이지.
지금에 와서 자신의 가족이 몰살당하는 일은
하늘의 보답엔 한 치의 오차도 없기 때문일세.

曹操奸雄世所誇　曾將呂氏殺全家
조조간웅세소과　증장여씨살전가
如今闔戶逢人殺　天理循環報不差
여금합호봉인살　천리순환보부차

주

◆여씨(呂氏) : 여백사(呂伯奢)를 가리킨다. 여백사는 동한 말 성고(成皐) 사람으로 『삼국지』 배송지(裴松之) 주(注)에 의하면 조조의 부친인 조숭(曹嵩)과 의형제 사이였다. 조조가 동탁 암살에 실패하고 도망치던 중 조조를 맞아들여 잠을 재워주었는데 자신을 살해하려는 음모로 착각한 조조에 의해 전 가족이 모두 살해되었다.
◆합호(闔戶) : 전 가족을 뜻한다.　◆천리(天理) : 자연의 법칙. 옛 사람들이 생각하기를 자연의 법칙은 공정하여 선행자에게는 선한 보답을 주고 악행자에게는 악한 보답을 주되 결코 그 보답은 한 치의 어긋남이 없다고 했다. 만약 결과가 나타나지 않은 경우는 아직 그 응답의 시기가 도래하지 않았을 따름이라고 믿었다.

감상과 해설

연주(兗州)를 점거하여 기반을 얻은 조조는 진류로 사람을 보내어 낭야(琅邪)에서 은거하고 있던 부친 조숭과 일가족 40여 명을 모셔오게 한다. 조조의 일가족은 서주(徐州)를 거치면서 서주자사 도겸(陶謙)의 후한 대접을 받는다. 도겸은 부하장수 장개(張闓)에게 명하여 군사들을 이끌고 그들을 호송하게 한다. 그러나 재물에 욕심이 생긴 장개가 뜻밖에도 조조의 전 가족을 살해하고 도주한다.

이 시는 가정본에는 없지만 이탁오본과 모종강본에서 보충하여 실은 것으로, 존유폄조(尊劉貶曹)의 주제를 강화시키려는 의도가 명백히 드러나고 있다. 동탁을 살해하려다 미수에 그친 조조는 달아나던 길에 부친과 의형제 사이인 여백사의 집에 투숙하게 된다. 밤중에 잠을 이루지 못하는데 문득 장원 뒤에서 칼 가는 소리가 들려온다. 도망자 신세였던 조조는 자신을 해치려는 줄로 지레짐작하고는 여백사의 가인(家人)들을 모조리 죽여 버리고 만다. 그러나 부엌에 들어가 보니 칼 가는 소리는 자신을 죽이려는 음모가 아니고, 단순히 돼지를 잡기 위함이었다.

여기까지는 실수로 저지른 살인이라고 할 수 있다. 그러나 보복을 두려워한 조조는 술을 받아 돌아오던 여백사까지 죽여 버린다. 조조가 여백사의 가인들을 죽인 행위는 실수로 친다할지라도 여백사 본인을 죽인 것은 순전히 고의적인 살인 행위에 속한다. 이러한 악덕행위는 응당 보복을 받아야 마땅하다. 그래서 조조의 부친과 가인들이 피살된 일을 인과응보라 표현하고 있는 것이다.

제13회
역사의 노래 I

광무제가 한 왕조를 다시 세워 일으키니
위아래로 계승하여 열두 황제가 나왔네.
환제 영제 무도하여 종묘사직 무너지자
환관들이 권세 휘둘러 말세가 다가왔네.

어리석은 하진이 삼공의 자리 오르더니
쥐새끼를 제거하려 간웅을 불러들이네.
승냥이를 쫓은 대신 호랑이가 들어오니
서주 땅의 역적이 음흉한 마음 품는구나.

왕윤은 붉은 충심을 미녀에게 위탁하니
동탁과 여포가 서로 반목하게 되는구나.
괴수가 토멸되어 천하태평을 바랬는데
이각 곽사 품은 분노 그 누가 알았으랴.

나라에 닥친 분란과 싸움 어찌할 것인가
황궁도 주린 배 참고 전쟁을 근심하네.
백성의 인심 흩어지자 천명도 사라지니
사방의 영웅 할거하여 강산을 나누었네.

후대의 제왕들은 이 일을 살펴 조심하여
소중한 강토를 잃거나 등한히 하지말라.
무고한 생령들이 상하고 죽어 넘어지니
남아있는 강산은 원한의 피로 넘쳐나네.

옛 역사 펼쳐보고 슬픔을 이기지 못하여
아득한 고금의 일 망국의 한을 탄식하네.
임금은 마땅히 나라 기반 지켜야 하리니
권력을 누가 잡아야 국가 기강 온전할까?

光武中興興漢世
광무중흥흥한세
桓靈無道宗社墮
환령무도종사타
無謀何進作三公
무모하진작삼공
豺獺雖驅虎狼入
시달수구호낭입
王允赤心托紅粉
왕윤적심탁홍분
渠魁殄滅天下寧
거괴진멸천하녕
神州荊棘爭奈何
신주형극쟁내하
人心旣離天命去
인심기리천명거
後王規此存兢業
후왕규차존긍업
生靈糜爛肝腦塗
생령미난간뇌도
我觀遺史不勝悲
아관유사불승비
人君當守苞桑戒
인군당수포상계

上下相承十二帝
상하상승십이제
閹臣擅權爲叔季
엄신천권위숙계
欲除社鼠招奸雄
욕제사서초간웅
西州逆豎生淫凶
서주역수생음흉
致令董呂成矛盾
치령동려성모순
誰知李郭心懷憤
수지이곽심회분
六宮飢饉愁干戈
육궁기근수간과
英雄割據分山河
영웅할거분산하
莫把金甌等閑缺
막파금구등한결
剩水殘山多怨血
잉수잔산다원혈
今古茫茫嘆黍離
금고망망탄서리
太阿誰執全綱維
태아수집전강유

주

◆광무중흥(光武中興) : 광무(光武)란 광무제 유수(劉秀)를 가리킨다. 서한이 쇠망하자 외척 왕망(王莽)이 한나라 정권을 찬탈했다. 이때 유수가 자신의 세력을 확대하여 동한 왕조를 건립했다. 그가 재위에 있었던 20여 년 동안 정치·경제·군사 등 왕권을 강화하여 유씨 왕조를 부흥시켰다. 이 때문에 역사에서는 광무제의 통치시기를 '광무중흥'이라 부른다. ◆십이제(十二帝) : 광무제로부터 헌제에 이르는 열두 황제를 뜻한다. ◆엄신(閹臣) : 환관. ◆숙계(叔季) : 숙세(叔世)와 계세(季世)를 간략하게 말한 것이다. 숙(叔)은 형제의 서열 중 세 번째, 계(季)는 네 번째를 가리킨다. 나라가 쇠퇴한 시기를 숙세(叔世)라 하고, 장차 망하게 되는 시기를 계세(季世)라 한다. 그러므로 숙계는 나라가 쇠퇴하여 곧 망하려는 시기를 이르는 말이다. ◆사서(社鼠) : 토지신을 모시는 사당에 사는 쥐를 뜻한다. 세력을 믿고 나쁜 짓을 자행하는 소인배를 가리키는 말로, 여기서는 권력을 마음대로 휘두르는 환관의 무리들을 비유한다. ◆시달(豺獺) : 승냥이(豺)와 수달(獺)은 모두 들짐승이다. 승냥이는 잔인하고 포악한 성질을 가지고 있으며, 수달은 먹는 것만 탐하는 성질을 가지고 있다. 그러므로 여기서는 탐욕스럽고 포악한 사람을 비유하고 있는 말이다. ◆서주(西州) : 동한과 삼국시대의 양주를 가리키며, 중원의 서쪽에 위치하고 있기 때문에 서주라고 부른다. ◆역수(逆豎) : 반역의 무리, 즉 동탁을 가리킨다. ◆홍분(紅粉) : 여성을 대신하여 일컫는 말이다. ◆거괴(渠魁) : 수령을 가리킨다. 대체로 적군이나 반역자의 수령을 지칭한다. ◆진멸(殄滅) : 소멸이나 멸절을 뜻한다. ◆신주(神州) : 중국 사람이 자기 나라를 일컫는 말. ◆형극(荊棘) : 가시나무. 여기서는 분란을 의미한다. ◆규(規) : 규(窺)와 통함. 보다는 의미로 쓰인다. ◆긍업(兢業) : 조심해서 일을 하다. ◆금구(金甌) : 옛날에 술을 담던 그릇. 국토(國土)의 미칭(美稱)으로도 쓰인다. ◆생령(生靈) : 백성을 가리키는 말. ◆원혈(怨血) : 원한과 피 얼룩을 뜻한다. ◆서리(黍離) : 『시경(詩經)·왕풍(王風)』의 편명(篇名)이다. 서주 멸망 후 옛 수도를 지나던 사람들이 무너진 궁전 폐허에 벼와 기장이 가득히 자라난 광경을 보고 슬픔을 이기지 못해 지은 시가이다. 후세 사람들은 이 단어로 망국(亡國)의 슬픔을 표현했다. ◆포상(苞桑) : 본래는 뽕나무의 원줄기를 가리키는 말로 기반이 확고한 것을 가리킨다. ◆태아(太阿) : 옛날 보검(寶劍)의 이름. 전하는 바에 의하면, 춘추시대 구야자(歐冶子)가 주조한 것이라 한다. 여기서는 권력을 비유하는 말로 사용되었다. ◆강유(綱維) : 국가를 다스리는 법도(法度), 법제(法制), 기강(紀綱), 다스리다, 단속하다의 의미다.

감상과 해설

동탁의 부장이었던 이각과 곽사는 장안성을 공격하여 왕윤을 죽이고 정권을 잡는다. 이들은 조정을 거머쥐고 거리낌 없이 횡포를 자행했는데, 이에 태위 양표(楊彪)가 두 사람의 세력을 약화시키기 위하여 반간계(反間計)를 실시한다. 반목과 살륙전에서 득세한 이각은 세력을 믿고 천자를 협박하기에 이르니 헌제가 크게 놀란다. 모종강은 200년 종묘사직이 무너지고 조정의 기강이 바로 서지 않는 광경을 시를 통하여 탄식한다.

이 시는 모종강이 직접 자신의 신분과 말투로 지은 첫 번째 작품이다. 시의 내용은 역사의 흐름을 읊은 것으로, 두 부분으로 나누어져 있다. 앞부분은 서사(敍史)인데, 동탁의 난을 중심으로 하여 전후로 발생한 역사적 사건을 매우 간결한 언어로 개괄했다. 뒷부분은 감회(感懷)이다. 현실을 탄식함과 동시에 중앙집권을 더욱 강화하고, 통일을 유지하며, 영토를 공고히 하고, 나라의 기반을 굳건히 하며, 기강을 바로 세울 것을 강조하고 있다. 시의 서두와 앞뒤로 그 뜻을 통하게 함으로써 주제를 더욱 두드러지게 하고 있는데, 서사 부분은 역사적인 소재로써 시정을 나타내며, 감회 부분은 사실을 기반으로 정감을 드러내고 있다. 그러면서도 역사적 사실과 감회를 하나로 통합시키고 있다.

더욱 재미있는 것은 이 시를 통하여 모종강의 역사관을 파악할 수 있다는 점이다. 즉 정통성을 강조함과 동시에 이(理)로써 정통 여부에 대한 판단기준을 삼고 있다는 것이다. 그러면 이(理)란 무엇인가? 그것은 「독삼국지법(讀三國志法)」에서도 밝히고 있듯이 천하를 통치할 자는 무엇보다도 우선 올바른 일(正)을 해야 한다고 강조한다. 예를 들면, 포악한 진(秦)과 의제를 죽인 초(楚)를 멸한 한 고조(漢高祖), 왕망(王莽)을 주살한 광무제, 한나라를 위해서 조조를 토벌하려 하였던 유비 등이 여기에 해당한다. 따라서 순리적으로 대를 이은 황제라 할지라도 환제나 영제 같은 경우는 정통으로 보지 않는다. 왜냐하면 이들은 올바른 정치를 하지 못했기 때문이다. 이로써 우리는 역사학과 사회학적 결합을 기초로 문학적 비평을 진행하고 있는 모종강의 『삼국지연의』 비평관을 이해할 수 있다.

제14회

역사의 노래 II

망탕산에서 피 흘리며 백사가 죽고 나자
한 고조 붉은 깃발 들고 천하를 누볐네.
진 왕조 쫓아내고 종묘사직을 일으키고
초 패왕 항우마저 죽여 천하를 평정했네.

천자가 나약해지자 간사한 무리 일어나고
국운이 쇠잔해지니 도적 무리 미쳐 날뛰네.
장안과 낙양 백성들 고난 직접 목격한다면
쇠로 만든 동상인들 눈물 감출 수 있으랴!

血流芒碭白蛇亡　赤幟縱橫游四方
혈 류 망 탕 백 사 망　적 치 종 횡 유 사 방
秦鹿逐翻興社稷　楚騅推倒立封疆
진 록 축 번 흥 사 직　초 추 추 도 입 봉 강
天子懦弱奸邪起　氣色凋零盜賊狂
천 자 나 약 간 사 기　기 색 조 령 도 적 광
看到兩京遭難處　鐵人無淚也凄惶
간 도 양 경 조 난 처　철 인 무 루 야 처 황

주

◆ 망탕(芒碭) : 망산(芒山)과 탕산(碭山). 지금의 안휘성(安徽省) 탕산현(碭山縣) 동남

쪽에 있다. 두 산은 거리가 8리쯤 떨어져 있는데, 유방이 도피할 때 이곳에 숨었다 한다. ◆백사망(白蛇亡) : 한 고조 유방(劉邦)이 풍현(豐縣)에서 백사(白蛇)를 죽인 적이 있다. 이 일은 적제(赤帝)가 백제(白帝)를 죽인 신화로 유명하다. ◆적치(赤幟) : 고조 유방이 군사를 일으켜 진 왕조에 반기를 들었을 때, 붉은 색 깃발을 사용했다는 전설이 있다. ◆진록(秦鹿) : 진 왕조의 제위를 비유하는 말이다. ◆초추(楚騅) : 초 패왕 항우(項羽)가 타던 준마의 이름. 여기서는 항우의 패업을 가리킨다. ◆기색(氣色) : 국운(國運)을 비유하는 말이다. ◆양경(兩京) : 당시에는 낙양을 동경(東京), 장안을 서경(西京)이라 하였다. 낙양과 장안을 가리키는 말이다. ◆철인(鐵人) : 구리로 만든 사람의 형상, 즉 동상을 뜻한다. ◆처황(凄惶) : 처(凄)는 슬퍼서 마음이 아프다는 뜻이고, 황(惶)은 황공하다는 뜻이다.

감상과 해설

이각과 곽사가 서로 싸우는 틈을 타, 동승(董承)과 양봉(楊奉)이 헌제의 어가를 모시고 낙양으로 돌아왔다. 그러나 궁전은 모두 불타버리고 거리는 황폐하여 어딜 가나 모두 쑥밭이 되어있었다. 게다가 그해에는 큰 흉년이 들어 관민(官民)이 모두 먹을거리가 없었다. 이 시는 한 말에 나라의 기운이 쇠퇴함을 한탄하고 있다.

이 시는 그 뜻이 넓고 기세가 웅장하다. 앞의 4구절은 한 고조가 나라를 세울 때의 위풍당당하던 기상을 그리고 있다. 백사를 죽이고 붉은 깃발을 세운 뒤에 진록(秦鹿)을 쫓아내며 항우와 일전을 벌이는 모습, 진말(秦末)에 휘몰아쳤던 전쟁의 연기, 진 왕조에 반기를 들고 군사를 일으키는 모습 그리고 천하에 떨치던 용맹스러운 위풍 등을 마치 한 폭의 산수화처럼 웅장하면서도 감동적인 필치로 그려내고 있다. 뒤의 4구절은 한 왕조가 위급한 상황에 이르렀지만 무력하고 나약하여 어쩔 수 없는 광경을 묘사한다. 협박을 받아 수도에서 쫓겨날 정도로 나라의 운수가 극도에 이르렀으니 무정한 철인도 마음이 아플 것이라고 표현함으로써 참담한 심정을 더욱 실감나게 표현했다. 예술 구조면에서는 왕성했던 한 초(漢初)와 쇠잔해진 한 말(漢末)의 상황을 서로 대비시킴으로써 감정의 색채를 더욱 강화시키고 있는데, 자구마다 작가의 비분이 스며있다.

제16회

원문에 걸린 화극을 맞추다

귀신같은 온후의 활 솜씨 세상에 짝이 없어
원문을 향해 혼자서 유비의 위기 구해주네.
해를 쏘아 떨어뜨린 후예도 눈 아래에 있고
원숭이 울린 명궁 양유기보다도 훨씬 낫구나.

호랑이 심줄 활시위 소리 푸르르 우는 곳
수리 깃처럼 날아간 화살 표적을 맞힌 때라.
표범꼬리 살 끝이 요동치며 화극을 꿰뚫자
기다리던 10만 웅병 갑옷을 벗고 돌아가네.

溫侯神射世間稀　曾向轅門獨解危
온후신사세간희　증향원문독해위
落日果然欺后羿　號猿直欲勝由基
낙일과연기후예　호원직욕승유기
虎筋弦響弓開處　雕羽翎飛箭到時
호근현향궁개처　조우령비전도시
豹子尾搖穿畫戟　雄兵十萬脫征衣
표자미요천화극　웅병십만탈정의

주

◆ 원문(轅門) : 원(轅)이란 끌채를 가리킨다. 끌채란 수레를 끌기 위해 수레 앞 양

쪽에 길게 댄 채를 말한다. 원문이란 끌채를 세워서 만든 문이다. 즉 군문(軍門)이나 진영(陣營)의 문을 뜻한다. ◆후예(后羿) : 예(羿)는 옛 동이(東夷)족의 수령으로 전설상의 천신(天神)을 말한다. 요(堯)나라 때 하늘에 10개의 태양이 나타나 동물과 식물에게 해를 입히자, 예가 활을 쏘아 9개의 태양을 제거시켰다고 한다. 후예는 하(夏)나라 시기 궁국(窮國) 출신의 신성(神性)을 가진 영웅으로 역시 활을 잘 쏘아 폭군을 몰아내고 새로운 나라를 건설했다고 한다. 일반적으로 예와 후예를 동일 인물로 착각하는데, 실제로는 각기 다른 시기의 다른 인물이다.(원가[袁珂]의 『고신화선석[古神話選釋]』 참조) ◆유기(由基) : 춘추시대 초나라 공왕(共王) 휘하에 양유기(養由基)라는 사람이 있었는데, 100보 거리에서 활을 쏘아 백발백중 버들잎을 맞추는 명궁이었다고 한다. 『회남자(淮南子)·설산훈(說山訓)』에는 다음과 같은 내용이 나온다. '초왕에게 흰 원숭이 한 마리가 있었다. 왕이 활을 쏘면 곧 손으로 화살을 쳐버린 뒤 기뻐 날뛰었다. 양유기 더러 쏴보라고 하니 활을 고르고 살을 메긴 뒤 아직 화살을 날리지도 않은 상황인데도 원숭이가 기둥을 부여안고 울부짖었다.' ◆호근현(虎筋弦) : 호랑이 심줄로 만든 활 줄. 여기서는 훌륭한 활을 가리킨다. ◆조우령(雕翎翎) : 조(雕)는 수리를 뜻하고, 우령(翎翎)은 날개나 꼬리 부분의 길고 단단한 깃을 뜻한다. 여기서는 훌륭한 화살을 가리킨다. ◆표미(豹尾) : 표범의 꼬리. 여기서는 화살 끝 부분을 지칭한다. ◆화극(畵戟) : 자루에다 화려한 색상의 그림이나 무늬를 입힌 창의 일종으로 당송(唐宋)시대 귀인의 행차 때 의장(儀仗)으로 사용되었다.

감상과 해설

여포가 서주를 점거하고 있을 때였다. 원술(袁術)의 부하장수 기령(紀靈)이 10만 대군을 이끌고 유비를 공격하자, 군사력이 미약했던 유비는 부랴부랴 여포에게 구원을 청한다. 원술이 유비를 멸하고 나면 북으로 태산(泰山)의 여러 장수들과 연합하여 자신을 포위하지 않을까 염려한 여포는 유비와 기령을 화해시키기로 마음먹었다. 화해의 조건은 원문 밖에 화극을 꽂아두고 150보 밖에서 여포 자신이 화살을 쏘는 것이다. 화극을 적중시킬 경우엔 두 세력이 화해를 하고, 맞추지 못할 경우엔 자신은 그냥 보고만 있을 테니 두 세력이 전투를 해도 좋다는 제의였다. 마침내 보름달 같이 팽팽히 당겨진 시위를 떠나 유성처럼 날아간 화살이 화극에 적중한다. 이로써 두 세력은 화해를 하고 군대를 물린다. 이 시는 바로 귀신같은 여포의 활 솜씨를 찬양하고 있다.

여포는 강(羌)족과 한족이 잡거하는 오원군(五原郡) 구원(九原)이란 변방 출신으로 유목민족의 영향을 받아 말 달리고 활 쏘는 일에 매우 능했다. 게다가 무용이 뛰어나 마치 독수리가 병아리를 채듯 간단히 적장을 사로잡곤 했다. 가정본에서는 '원문사극(轅門射戟)'에 대한 시가 연달아 3수나 나오지만, 모종강본에서는 유비 신화 조성에 불리한 나머지 2수는 빼버리고 여포가 유비를 구하는 이 1수만 남겼다. 중간의 네 연에서는 강자 중의 강자인 여포의 뛰어난 활 솜씨를 유감없이 표현하고 있다. 결국 원문사극 하나로 기령의 10만 대군은 맥없이 물러난다.

제17회

두발로 머리를 대신하다

군사가 10만이면 마음도 10만 가지니
한 사람 호령으로 규제하기 어렵다네.
머리털을 칼로 잘라 수급을 대신하니
조만의 깊은 속임수 여기서 보겠구나.

十萬貔貅十萬心　一人號令衆難禁
십 만 비 휴 십 만 심　일 인 호 령 중 난 금
撥刀割髮權爲首　方見曹瞞詐術深
발 도 할 발 권 위 수　방 견 조 만 사 술 심

주

◆ 비휴(貔貅) : 전설상의 맹수이름. 여기서는 용맹한 군대를 비유한다.　◆ 권(權) : 잠시. 우선. 당분간. 임시로.

감상과 해설

조조가 장수(張繡)를 치러갈 때의 일이다. 대군을 이끌고 행군하는데 길가에 밀이 누렇게 익어 있었다. 중무장한 군사들이 다가오자 겁에 질린 백성들이 숨어버리고 밀 수확을 하려하지 않았다. 이에 조조는 곡식을 밟는 자가 있으면 지위고하를 막론하고 목을 베겠다는 엄명을 내린다. 그런데 공교로운 일이 발생한다. 날아오르는 비둘기에 놀란 조조의 말이 밀밭에 뛰어들어 밀을 짓밟아버린 것이다. 이에 조조가 칼을 빼 자신의 목을 찌르려 한다. 곽가(郭嘉)가 나서서 『춘추(春秋)』에 나오는 '법불가어존(法不加於尊, 존귀한 사람에게는 법을 적용하지 못한다.)'이라는 말을 들어 극구 말린다. 이 말을 들은 조조는 머리 대신 자신의 두발을 잘라 삼군에게 보이며 전한다. "참수 당해야 마땅하지만 대신 두발을 잘랐노라." 이 말을 들은 전군은 소름이 끼칠 정도로 두려워하며 군령을 엄수하게 된다.

이와 같은 조조의 행동을 보고 그 간사함을 노래한 시이다. 그러나 이러한 행위를 조조의 간사함으로 매도하는 것은 작가의 편견이 아닐 수 없다. 조조는 오히려 백성들의 고충을 충분히 이해하고 있었다고 할 수 있다.

제19회
의를 위해 죽은 진궁

살아서나 죽어서나 두 마음 없으니
장부가 더 이상 무엇을 장하다하리!
금석같이 귀한 계책을 따르지 않아
헛되이 대들보 재목만 버려놓았네.

주인을 섬길 때는 공경을 다하였고
가족 두고 떠나는 모습 너무 애달파.
백문루에서 당당하게 처형당하던 날
누가 있어 공대와 같이 서슴없을까!

生死無二志 丈夫何壯哉
생사무이지 장부하장재
不從金石論 空負棟梁材
불종금석론 공부동량재
輔主眞堪敬 辭親實可哀
보주진감경 사친실가애
白門身死日 誰肯似公臺
백문신사일 수긍사공대

주

◆ 금석론(金石論) : 매우 귀한 의견이나 매우 유익한 견해를 비유하는 말이다. ◆

백문(白門) : 한나라 때 하비성(下邳城)의 남문을 가리킨다.　◆공대(公臺) : 진궁(陳宮)의 자(字).

감상과 해설

조조와 유비의 연합군이 마침내 여포의 군대를 괴멸시킨다. 진궁과 여포가 함께 조조에게 잡혀 백문루로 끌려와 포박 당했다. 진궁을 향해 조조가 왜 자기를 버렸느냐고 묻자, "그대의 마음씨가 바르지 못하여 고의로 버렸다."고 대답한다. 다시 "어째서 여포를 섬겼는가?" 하자, "여포는 비록 무모하지만 그대처럼 거짓되거나 음험하지 않다."고 한다. 또 "스스로 지혜와 꾀가 많다고 했지만 결국 이게 무슨 꼴인가?" 하자, 여포를 가리키며 대답한다. "이 사람이 내 말을 따르지 않았기 때문이다. 내 말만 들었다면 결코 사로잡히지는 않았을 것이다."라고 했다. 조조가 다시 노모와 처자를 들먹이며 진궁을 회유하려 했지만, 오히려 인정(仁政)과 예치(禮治)에 대한 교훈만 듣게 된다. 할 말을 마친 진궁은 제 발로 형장으로 걸어간다.

이 시는 의롭고 남아다운 진궁의 행위를 극찬하고 있다.『삼국지연의』에서 진궁이 등장하는 장면은 조조가 동탁 암살을 실패하고 도망치던 중 조조를 잡았다가 놓아주는 부분, 복양대전(濮陽大戰), 백문루에서의 죽음 등으로 매우 제한적이다. 하지만 독자들의 그에 대한 인상은 작품 중의 그 어느 인물보다도 강렬할 것이다.

제19회

여포의 죽음

넘실대는 큰 홍수가 하비성을 삼키던 날
그때가 바로 천하의 여포 사로잡힌 때라네.
하루 천 리 달리는 적토마도 헛되이 남았고
서슬 푸르던 방천화극도 쓸모가 없어졌네.

묶인 줄 늦춰달라는 호랑이 모습 나약하니
배 곯린 매가 쓸모 있다는 옛말이 틀림없네.
처첩과의 정 때문에 진궁의 말 듣지 않더니
엉뚱하게 유비더러 은혜 모른다 욕을 하네.

洪水滔滔淹下邳　　當年呂布受擒時
홍수도도엄하비　　당년여포수금시
空餘赤兎馬千里　　漫有方天戟一枝
공여적토마천리　　만유방천극일지
縛虎望寬今太懦　　養鷹休飽昔無疑
박호망관금태나　　양응휴포석무의
戀妻不納陳宮諫　　枉罵無恩大耳兒
연처불납진궁간　　왕매무은대이아

주

◆만유(漫有) : 만(漫)은 도(徒)의 뜻으로, 즉 헛되이 남아있다는 의미이다.　◆박호

(縛虎) : 묶여 있는 여포를 가리킨다. ◆양응휴포(養鷹休飽) : 매를 기를 때 배부르게 하지 말라는 뜻이다. 『후한서·여포전』에 '마치 매를 기르는 것처럼 주리면 쓸모가 있지만 배만 부르면 줄행랑친다.'는 내용이 나온다. ◆납(納) : 듣다. 받아들이다. ◆간(諫) : 아랫사람이 윗사람에게 직언으로 권하다. ◆대이아(大耳兒) : 유비를 가리킨다.

감상과 해설

하비를 포위한 조조가 기수(沂水)와 사수(泗水), 두 하천을 터뜨리자 여포가 있던 하비성은 동문만 빼고 몽땅 물에 잠겨버린다. 여포는 당대 최고의 무장이었다. 그러나 그의 용맹은 필부의 용맹이었을 뿐 천하경영에 필요한 지모는 없었다. 조조의 눈에는 한낱 잘 훈련된 사냥개나 매에 지나지 않았다. 그래서 굶주리게 하면 쓸모 있으나 배가 부르면 전혀 쓸모가 없다고 말하는 것이다. 죽음을 앞에 둔 여포가 조조에게 목숨을 애걸하자 조조가 유비에게 자문을 구한다. 유비가 정건양(丁建陽, 동탁이 처음 모신 의부로 여포는 재물의 유혹에 빠져 정원을 죽이고 동탁에게 귀순했다.)과 동탁의 일을 보지 못했느냐고 되묻는다. 이를 본 여포가 유비를 노려보면서, "귀 큰놈!"이라며 크게 욕설을 퍼붓는다. 마침내 조조는 여포를 목 졸라 죽여 효수하도록 명한다. 개인적 무용만 믿고 배신을 밥 먹듯 하던 무모한 여포의 최후를 묘사한 시이다.

제19회
주린 호랑이가 사람 해치니

사람 깨무는 주린 범은 단단히 죄어 묶어야지
동탁과 정원이 흘린 피 아직 마르지 않았으니.
현덕 이미 아비 잡아먹는 여포 버릇 알았다면
어찌 살려두어 조조를 해치게 하지 않았던가?

傷人餓虎縛休寬　董卓丁原血未乾
상 인 아 호 박 휴 관　동 탁 정 원 혈 미 건
玄德旣知能啖父　爭如留取害曹瞞
현 덕 기 지 능 담 부　쟁 여 유 취 해 조 만

주

◆상인(傷人) : '진등(陳登)이 조공(조조)에게, "여포를 데리고 있는 것은 마치 범을 기르는 것 같으니, 배가 고프면 곧바로 사람을 깨물 것입니다."라고 말했다.'(『후한서・여포전』 참조)　◆담(啖) : 먹다.　◆쟁여(爭如) : 쟁(爭)은 즘(怎)과 통함. 어떻게 하면의 의미다.

감상과 해설

여포는 이익을 좇아 의리를 망각하고, 색을 좋아하고 지조가 없었기 때문에 인심을 잃었다. 유비와의 관계에 있어서도 때로는 좋았다가 때로는 반목하기를 몇 차례나 거듭했다. 조조에게 패하여 의탁했을 때는 유비와 술잔을 나누며 호형호제하는 사이였다. 그러나 원술이 여포와 유비 연합군을 공격할 때, 식량 5만 곡(斛), 말 5백 필, 돈 1만 냥, 채단(綵緞) 1천 필을 주겠다고 하자 재물에 욕심이 동하여 곧바로 태도를 바꾸고는 유비를 습격한다. 하지만 원술이 약속을 지키지 않자 태도를 180도로 바꾸어 유비와 연합한다. 그러나 원술이 다시 자식들의 혼인을 미끼로 유비를 죽이라고 하자 또다시 창날을 유비에게로 돌린다. 참으로 가증스러운 인물이 아닐 수 없다. 그래서 시 가운데 동탁과 정원의 피가 마르지 않았다는 구절이 나오는 것이다.

이 시는 당나라 때 시인 나은(羅隱)의 작품이다. 나은은 영사시(詠史詩)와 회고시에 특색을 발휘했는데, 일찍이 제갈량, 유비, 유선(劉禪), 초주(譙周), 예형(禰衡) 등에 대한 평론에도 손을 댔다.

제21회
호랑이굴에서 지내는데

애써 몸을 굽혀 잠시 호랑이굴에서 지내는데
영웅론을 설파하니 간담이 떨어질 지경이네.
천둥소리를 빌려서 교묘하게 얼버무리는 말
적시에 임기응변하는 재주 정말로 귀신같네.

勉從虎穴暫趨身　說破英雄驚殺人
면종호혈잠추신　설파영웅경살인
巧借聞雷來掩飾　隨機應變信如神
교차문뢰내엄식　수기응변신여신

주

◆추신(趨身) : 추(趨)는 굴(屈)과 통하며, 굴복의 뜻을 나타낸다. ◆살(殺) : 살(煞)과 통하며, 정도가 극에 달했음을 의미한다. ◆신(信) : 주어진 조건에 따라 적응함. 정말로.

감상과 해설

유비가 잠시 조조에게 몸을 의탁하고 있던 시기였다. 유비는 헌제가 내린 조칙을 받들어 조조를 처단하기로 맹세하는 비밀결사에 참여한다. 그리고 집요한 조조의 감시망에서 벗어날 요량으로 후원에서 손수 채소를 가꾸며 도회(韜

晦)의 계책을 실행하고 있었다. 그러던 어느 날, 뜻밖에 조조의 초청을 받는다. 푸른 과일이 열린 매실나무 아래서 술을 데워놓고 영웅론(英雄論)을 펼치게 되었는데, 명민하고 날카로운 조조는 유비를 가리켜 자신에게 필적할 영웅이라 지목한다. 순간 너무나 놀란 유비는 들고 있던 젓가락을 떨어뜨린다. 때마침 하늘이 도왔는지 천둥이 친다. 기회를 탄 유비는 순간적인 기지를 발휘하여 천둥이 무섭다며 거짓으로 겁을 집어먹은 척한다. 이에 조조는 천둥 정도를 무서워하는 이는 내 적수가 아니라고 안심한다. 이렇게 위기를 모면한 유비는 조조의 의심을 피한다.

'청매자주논영웅(靑梅煮酒論英雄)'으로 명명되는 이 이야기는 조조와 유비의 상반된 심리 상태와 가슴에 내재된 정치적 욕망을 극명하게 묘사하고 있다. 본래 가정본에 실려 있던 칠언율시를 모종강이 삭제해버리고 이 시를 넣었다. 이 시의 작법은 작가의 서사적 입장이 아닌, 유비라는 인물의 개인적 도회술(韜晦術)과 심리적 변화 및 임기응변 능력을 묘사하고 있다.

제21회
교룡이 달아나네

전투 준비 완료하고 총총히 떠나가며
의대 속의 천자 말씀 가슴에 되새기네.
쇠 조롱 깨뜨리고 압제에서 벗어나서
별안간 쇠사슬 끊고 교룡이 달아나네.

束兵秣馬去匆匆　心念天言衣帶中
속 병 말 마 거 총 총 　 심 념 천 언 의 대 중
撞破鐵籠逃虎豹　頓開金鎖走蛟龍
당 파 철 롱 도 호 표 　 돈 개 금 쇄 주 교 룡

주

◆속병말마(束兵秣馬) : 병기를 손질하고 말에게 여물을 먹임. 즉 전투준비를 완료한다는 의미다. ◆천언(天言) : 천자가 내린 조서를 지칭한다. ◆철롱(鐵籠) : 조조의 압제를 비유한다. ◆호표(虎豹) : 조조의 권세와 무력을 비유한다. ◆교룡(蛟龍) : 깊은 곳에 숨어있는 용. 유비의 처지를 비유한다.

감상과 해설

허창(許昌)으로 도읍을 옮긴 조조는 천자를 끼고 천하의 제후들을 호령한다. 차츰 찬역의 욕심을 키우던 그는 급기야 허전(許田)의 사냥터에서 황제를 능멸하는 행위마저 서슴지 않는다. 위험을 느낀 헌제는 조조를 참하라는 혈조(血詔)를 써서 동승에게 내리고 동승은 여섯 명의 대신들과 함께 비밀결사를 도모한다. 동승의 반조(反曹) 집단에 가담한 유비는 밤낮으로 조조의 영향권에서 벗어날 기회를 노린다. 때마침 원술을 제지하기 위한 출병의 기회가 포착되자 유비가 자진해서 원술을 잡아오겠노라고 나선다. 조조의 허락을 받은 유비는 마침내 일군(一軍)을 빌려 황급히 허창을 떠난다. 이야말로 새장 속에 갇혀있던 새가 창공으로 날아가고, 그물 속에 잡혀있던 물고기가 바다로 달아나는 격이 아니고 무엇이겠는가? 이 시는 바로 이러한 유비의 심정을 노래하고 있다. 가정본에는 없던 것으로 모종강이 증보한 작품이다.

제21회
원술의 죽음

한나라 말엽 영웅들이 사방에서 일어나자
주제 모르는 원술이 지나치게 날뛰었다네.
사세삼공 높은 벼슬 나라 은덕 생각 않고
고립된 신세로 제왕의 자리 탐내었네.

포악하며 쓸데없이 전국옥새를 자랑하고
교만과 사치로 천운에 따른다며 허풍 쳤네.
꿀물 생각 목마를 뿐 얻을 길 전혀 없어
빈 침대 혼자 누워 피 토하며 죽어갔네.

漢末刀兵起四方　　無端袁術太猖狂
한 말 도 병 기 사 방　　무 단 원 술 태 창 광
不思累世爲公相　　便欲孤身作帝王
불 사 누 세 위 공 상　　편 욕 고 신 작 제 왕
强暴枉誇傳國璽　　驕奢妄說應天祥
강 포 왕 과 전 국 새　　교 사 망 설 응 천 상
渴思蜜水無由得　　獨臥空床嘔血亡
갈 사 밀 수 무 유 득　　독 와 공 상 구 혈 망

주

◆무단(無端) : 이유 없이. 까닭 없이.　◆누세(累世) : 역대(歷代)를 의미한다.　◆왕

(枉) : 헛되게. 쉽게. 쓸데없이. 공연히.　◆전국새(傳國璽) : 진 시황(秦始皇)때 남전(藍田)의 옥으로 만든 도장. 손잡이는 다섯 마리의 용으로 되어있고 정면에는 이사(李斯)의 전문(篆文)으로, '수명어천 기수영창(受命於天旣壽永昌)'이라는 8자가 새겨져 있다. 한나라로 넘어와 역대 제왕들의 상징으로 사용되었다.　◆천상(天祥) : 하늘이 내린 상서롭고 경사스런 징조를 뜻한다.

감상과 해설

이 시는 원술의 일생을 개괄적으로 묘사하고 있다. 원술은 사세삼공(四世三公)의 명문거족 출신으로 원소와는 사촌지간이었다. 동한 말 북방 12강호 중의 한 사람이었지만 땅이 넓고 인구가 많은 것만 믿고 지나치게 오만방자했다. 원술에 관한 이야기는 전국옥새 부분만 빼고 나면 대체적으로 근거가 있는 내용들이다. 이 시에서 작가는 어리석으면서도 광적인 원술의 성격을 깊이 있게 묘사하고 있다.

조조가 천자를 끼고 제후를 호령하면서 천하제패의 기반을 쌓아갈 무렵, 원술은 전국옥새를 손에 넣어 망령되이 황제라고 칭하면서 정치적 고립 상태를 자초하기에 이른다. 게다가 사방의 이웃들과도 적대관계를 이루었으니, 원소와는 사이가 벌어지고, 유표(劉表)와는 적이요, 손책(孫策)과는 절교한 사이였고, 여포와는 때로는 좋고 때로는 미워하는 관계를 번복했다. 이 때문에 수춘(壽春)에서 황제라 칭하자, 헌제의 명의를 빌린 조조가 원소를 대장군으로, 여포를 좌장군(左將軍)으로, 손책을 기도위(騎都尉)로 삼아 원술 토벌에 나선다. 결국 패퇴한 원술은 적을 피해 도망쳐 역사의 뒤안길로 사라진다. 피를 한 말이나 토하고 죽는 원술의 비참한 최후는 배송지의 주를 근거로 작가가 살을 붙인 내용이다.

제23회
예형의 죽음

황조의 사람됨 후덕한 인물에 견줄 수 없어
옥구슬 같은 예형이 이 강변에서 부서졌네.
오늘에야 앵무주 옆 지나며 옛일 생각하니
오직 푸른 강물만 무정하게 흘러 흘러가네.

黃祖才非長者儔　禰衡珠碎此江頭
황조재비장자주　예형주쇄차강두
今來鸚鵡洲邊過　惟有無情碧水流
금래앵무주변과　유유무정벽수류

주

◆장자(長者) : 덕이 있는 사람을 뜻한다.　◆주(儔) : 짝, 반려를 의미한다.　◆앵무주(鸚鵡洲) : 동한 말 황조(黃祖)가 강하태수(江夏太守)로 있을 때였다. 황조의 맏아들 역(射)이 손님들을 모아놓고 크게 연회를 열었는데, 손님 중에 앵무(鸚鵡)를 선물로 바친 사람이 있었다. 역이 술잔을 들고 예형에게 다가가 앵무에 대한 시를 한 수 지어주기를 청하자 예형이 지은 작품이 「앵무부(鸚鵡賦)」였다. 이로 인해 훗날 예형이 황조에게 피살되자 그가 묻힌 곳을 앵무주(鸚鵡洲)라 부르게 되었다. 지금의 호북성(湖北省) 무한시(武漢市) 서남쪽 장강(長江) 가운데 위치한다.

감상과 해설

봉건시대 지식인들 가운데 자신의 재주만 믿고 오만하게 광기를 부리며 멋대로 행동하는 경우가 가끔 있는데, 예형이 바로 그런 인물의 전형이라 할 수 있다. 처음 조조의 밑에 있었는데, 조조 수하의 기라성 같은 인재들을 지나치게 폄하하는 바람에 쫓겨나듯 유표에게로 보내졌다. 유표에게 가서도 예형의 행동은 마찬가지였다. 그럴듯한 말로 추켜세우는 척하면서 유표를 비웃는 바람에 유표도 예형을 용납하지 못하고 황조에게로 보냈다. 그러나 그의 오만과 광기는 멈추질 않았다. 예형은 황조에게 극단적인 모욕을 주다가 마침내 피살당한다. 당시 그의 나이 겨우 26세에 불과했다. 예형의 재주는 조조도 감탄한 바이나 그의 광적인 행동만큼은 너무나 지나쳐 중국 전통 종법사회의 시각으로는 도저히 용납될 수가 없었던 것이다.

이 시는 당대 시인 호증(胡曾)의 작품이다. 천하의 재사 예형의 죽음을 애석히 여긴 나머지 첫 구절부터 황조의 그릇을 개탄하고 있다. 예형은 시대적 속박을 초탈한 기인이었다. 황제의 발아래 기어 다니며 글을 올려 죽음으로 간하는 따위의 봉건적 충성 행태를 감연히 거부하고 자유로운 정신으로 독립적 인격체가 되기를 갈구한 사람이었다. 그는 「앵무부」 가운데서 앵무새의 풍채나 성격을 빌려 시대적 모순으로 남다른 재주를 가지고도 불우하게 살고 있는 자신의 비분을 토로하고 있다. 앵무새의 자질을 봉황에 비유하고 있는 것이다. 한마디로 영사시라지만 영사 성분은 지극히 개괄적인 작품이다. 예형을 죽인 황조의 어리석음을 질책하는 가운데 푸른 물이 흘러가는 장강의 정취를 한 폭의 그림처럼 보여주고 있다.

제23회
길평의 죽음

한나라 왕조 되살아날 기색이 없자
나라 병 고칠 의원 길평이 나왔네.
간악한 도당 없애리라 맹세를 하고
제 목숨 버리면서 천자께 보답했네.

독한 형벌 받으며 욕설 더욱 매웠고
비참하게 죽었지만 기백은 살아있네.
열 손가락 붉은 피 방울방울 떨어지니
아름다운 이름 천추에 길이 우러르리.

漢朝無起色　醫國有稱平
한 조 무 기 색　의 국 유 칭 평
立誓除奸党　捐軀報聖明
립 서 제 간 당　연 구 보 성 명
極刑詞愈烈　慘死氣如生
극 형 사 유 렬　참 사 기 여 생
十指淋漓處　千秋仰異名
십 지 임 리 처　천 추 앙 이 명

주

◆기색(起色) : 좋은 방향으로 돌아섬. 동한 정권의 사양길, 황권의 쇠락, 전쟁과

혼란, 도탄에 바진 민생 등을 의미한다. ◆의국(醫國) : 국가를 치료한다는 뜻. ◆칭평(稱平) : 『삼국지연의』에서는 '이 의원은 낙양 사람으로, 성은 길(吉), 이름은 태(太), 자는 칭평(稱平)이라고 한다.'라는 내용이 나온다. 그러나 사서에 의하면 길평의 본명은 길본(吉本)이다. ◆연구(捐軀) : 국가와 정의를 위해 목숨을 바치다. ◆성명(聖明) : 황제의 대칭. ◆이명(異名) : 뛰어나고 아름다운 명성을 의미한다.

감상과 해설

밀조를 받은 동승은 조적을 없애려고 절치부심(切齒腐心)하다가 병이 든다. 이에 헌제가 어의 길평을 보내어 치료토록 명한다. 길평은 치료 도중 동승의 충심과 조조를 죽이기 위한 비밀결사에 대해 알게 된다. 자진해서 동승을 도와주기로 한 길평은 조조를 독살할 계획을 세운다. 그러나 공교롭게도 동승의 하인이었던 진경동이 밀고함으로써 거사는 탄로가 나고 길평은 참담한 고문 끝에 의연히 죽음을 맞이한다.

길평의 죽음에 관련한 시는 가정본에도 있지만 모종강본보다 질이 떨어진다. 2수의 시를 대조해보면 가정본에서는 단지 의로움만을 강조했지만 모종강본에서는 충과 의를 강조하고 있다. 나라가 위험할 때는 필부라도 책임을 져야 하니, 일개 어의가 누구도 범접할 수 없는 대장부의 기상으로, 남은 아홉 개의 손가락이 잘리면서도 얼굴빛 하나 변하지 않고 역에게 욕설을 퍼붓는 강렬한 행동을 통하여 모종강은 자신이 추구한 정통사상을 더욱 뚜렷이 강조하고 있다.

제24회
동승의 죽음

비밀 조서를 옥대 속에 넣어 전하니
천자의 말씀이 궁문 밖으로 나갔네.
지난날엔 일찍이 어가를 구하더니
이날 와서 또다시 성은을 입게 되네.

나라 걱정으로 병석에 눕는가 하면
간흉 없애는 일이 꿈속까지 이르네.
충성과 곧은 절개 천고에 빛나는데
그 누가 성패를 다시 논한단 말인고.

密詔傳衣帶　天言出禁門
밀조전의대　천언출금문
當年曾救駕　此日更承恩
당년증구가　차일갱승은
憂國成心疾　除姦入夢魂
우국성심질　제간입몽혼
忠貞千古在　成敗復誰論
충정천고재　성패부수론

주

◆ 밀조(密詔) : 조(詔)는 조서(詔書)의 의미로 황제가 내리는 명령을 뜻한다. 밀조란

비밀 조서를 의미한다. ◆금문(禁門) : 궁문. ◆구가(救駕) : 제왕의 위난을 구하다. 가(駕)는 제왕의 수레를 뜻한다. ◆승은(承恩) : 은총을 받다. ◆부(複) : 다시.

감상과 해설

동승은 헌제의 장인으로 동 비(董妃)의 부친이다. 따라서 황친국척(皇親國戚)일 뿐만 아니라 황실에 충성하는 신하였다.

이 시에서 어가를 구했다는 것은 이각과 곽사가 일으킨 난리 중에 양봉과 함께 어가를 구한 일을 말한다. 그 뒤 조조가 정권을 장악하고 천자를 위협하는 악행이 날로 더해가자 참다못한 헌제가 의대 속에 혈서로 쓴 조서를 넣어 동승에게 건넨다. 그러다 조조를 제거할 방안을 찾지 못해 병이 나고, 그로 인해 길평의 도움을 받게 된다. 하지만 하인 진경동이 이를 누설하여 길평의 계획은 실패로 돌아간다. 이로 인해 조조를 제거하기로 맹세했던 왕자복(王子服)과 충집(种輯), 오자란(吳子蘭) 등의 충신들도 모두 참살되고 동승 자신은 물론 전 가족이 몰살당하는 참변을 겪는다. 이 시는 동승의 참사를 노래하고 있다.

제24회
충성심은 이로부터

명주 폭에 이름 적어 충성을 맹세했고
의분에 복받쳐 임금 은혜 갚으려 했네.
나라 위해 가련하게 전 가족 버렸으니
충성심은 이로부터 천추만대 빛나누나.

書名尺素矢忠謀　慷慨思將君父酬
서 명 척 소 시 충 모　강 개 사 장 군 부 수
赤膽可憐捐百口　丹心自是足千秋
적 담 가 련 연 백 구　단 심 자 시 족 천 추

주

◆척소(尺素) : 옛사람들은 약 한 자 길이의 명주에다 편지를 썼으므로 후인들은 척소를 서신의 대칭으로 사용했다. 여기서는 동승과 왕자복 등이 흰 명주 한 폭에다 돌아가며 이름을 적고 서명하여 결의문서로 삼은 것을 말한다. ◆시(矢) : 맹세하다. ◆수(酬) : 보답의 의미. ◆련(憐) : 불쌍하다. 가련하다. ◆연(捐) : 버리다. 내버리다.

감상과 해설

왕자복 등 네 사람은 동승의 반조 집단에 참여했다가 다함께 조조에게 멸족

당하는 화를 입는다. 이 시는 그들의 한 왕실에 대한 충성심을 찬송하고 있다.
길평의 계획이 누설되면서 이미 서울을 벗어난 유비와 마등(馬騰)을 제외한 나머지 다섯 사람, 즉 동승, 왕자복, 충집, 오석(吳碩), 오자란 등은 그 가족들과 함께 모조리 참수 당한다. 그때 죽은 사람들이 남녀노소 할 것 없이 모두 700여 명에 달하여 조정과 백성들을 전율시킬 정도였다.
이 시는 모종강이 『삼국지연의』 제24회에서 첨가한 3수의 시 중 하나이다.

제24회
동 비의 죽음

임금과 함께 살며 입은 은총도 속절없으니
애달프다 뱃속의 왕손도 함께 버려야 하네.
당당한 제왕의 권위로도 구해주지 못하여
소매 사이로 바라보며 헛되이 눈물만 쏟네.

春殿承恩亦枉然　傷哉龍種幷時捐
춘전승은역왕연　상재용종병시연
堂堂帝王難相救　掩面徒看泪涌泉
당당제왕난상구　엄면도간누용천

주

◆춘전(春殿) : 황제가 후비와 더불어 거처하는 궁전을 가리킨다. ◆왕연(枉然) : 공연히. 쓸데없이. 헛되이. ◆용종(龍種) : 황제의 자손을 뜻한다.

감상과 해설

동 비는 동승의 딸로 헌제의 황비였다. 동승 사건이 발생하자 조조는 동 비마저 궁문 밖으로 끌어내어 목을 졸라 죽인다.

이 시는 앞의 2수의 시처럼 임금에게 충성하는 봉건 정치상의 윤리적 각도에서 출발한 것이 아니라, 황제와 황비라는 부부의 슬픔을 통하여 조조의 잔혹상을 폭로하고 있다. 배가 불러온 가엾은 임산부조차 그냥 두지 않고, 아직 세상 빛도 보지 못한 뱃속의 황손마저 죽여 버리는 처절한 정경을 묘사하고 있다. 임신한 몸으로 조조에게 끌려나와 죽은 동 비를 한탄하는 시이다.

제24회
하늘은 어찌하여

오호라 황제의 형편이 곤궁하고 외로워
모든 것을 황숙의 기습공격에 의지하네.
어찌하랴 아기가 꺾여 실패 징조 보이니
하늘이여 어찌하여 간웅을 놓아주느뇨.

吁嗟帝冑勢孤窮　全仗分兵劫寨功
우차제주세고궁　전장분병겁채공
爭奈牙旗折有兆　老天何故縱姦雄
쟁나아기절유조　노천하고종간웅

주

◆우차(吁嗟) : 탄식을 의미한다.　◆제주(帝冑) : 제왕의 후대. 여기서는 헌제를 가리킨다.　◆쟁나(爭奈) : 어찌하랴.　◆아기(牙旗) : 고대 군대의 기폭 이름이다.

감상과 해설

조조는 동승과 뜻을 같이 했으나 서울에 없어 참형을 모면한 유비와 마등 중에서 우선 유비를 공격하기로 결심한다. 유비를 공격하기 위해 소패(小沛)를 향해 행군하는데 바람이 불어와 아기(牙旗)가 뚝 부러진다. 동남쪽에서 불어온 바람이 청홍색 두 기를 부러뜨렸다는 말을 들은 모사 순욱(荀彧)이 오늘밤 유비가 영채를 기습하리라는 예언을 한다. 기본적으로 조조의 대군에 비해 상대가 되지 않았던 유비는 기습마저도 들통이 나자 결국 원소에게로 달아나고 일생일대의 침체기를 맞이하게 된다.

전쟁의 승패는 전략과 전술이 결정하는 것이지 사람의 주관적 감정이 결정하는 게 아니다. 그럼에도 불구하고 작가는 조조에게 패한 유비를 위해 하늘을 향해 힐문하고 있는 것이다.

제25회
위엄이 삼국을 압도하다

위엄이 삼국을 뒤덮으니 영웅 이름 드날리고
문밖에 서서 밤새운 일 의기 또한 드높아라.
간특한 승상 쓸데없이 갖은 대접 다하지만
어찌 알랴 관운장 끝내 항복하지 않을 줄을.

威傾三國著英豪　一宅分居義氣高
위 경 삼 국 저 영 호　일 대 분 거 의 기 고
姦相枉將虛禮待　豈知關羽不降曹
간 상 왕 장 허 례 대　기 지 관 우 불 강 조

주

◆위경(威傾) : 위엄으로 다른 사람을 압도하다. 경(傾)은 두려워 떨다, 위력으로 복종시키다라는 뜻을 포함하고 있다.　◆저(著) : 이름이 나다.　◆왕(枉) : 공연히. 쓸데없이. 헛되이.　◆허례(虛禮) : 겉으로만 응수하는 예절을 가리킨다.

감상과 해설

조조에게 대패한 유비는 원소에게로 가고, 장비는 전장에서 유비를 잃고 할 수 없이 망탕산(芒碭山)에서 재기를 노린다. 한편 유비의 가족을 보호하던 관우는 조조의 군사에게 포위되어 사면초가(四面楚歌)에 이른다. 이런 형국에 놓인 관우는 부득불 '한나라에 항복하지, 조조에게 항복하지 않는다.'는 조건을 내걸고 잠시 조조의 그늘 아래서 지내게 된다. 두 분의 형수(유비의 부인들)를 보호하고 있던 관우는 자나 깨나 유비를 잊지 못하니, 그 늠연한 충의에 감복하지 않는 사람이 없었다.

모종강은 삼국지연의를 수정하면서 '병촉달단(秉燭達旦)'을 첨가했다. 그 내용은 다음과 같다. 조조가 군신간의 예절을 흩트릴 목적으로 방 하나에 두 형수와 관우가 함께 거처하도록 한다. 이에 관우는 두 형수를 방에 모시고 자신은 문밖에 서서 촛불을 밝힌 채 하얗게 밤을 지새운다. 그럼에도 불구하고 전혀 피로한 기색을 보이지 않는 광경을 본 조조는 더욱 감복한다는 줄거리이다. 뒤이어 조조는 관우의 마음을 잡아두려고 머리를 짠다. 사흘마다 작은 잔치에 닷새마다 큰 잔치, 말에 오르면 금을 주고 말에서 내리면 은을 주며, 미녀를 보내는가 하면 채단이나 황금을 보내고, 명마를 하사하는가 하면 비단 전포를 선물하고, 작위를 높이는가 하면 제후로 봉하는 등 갖은 방법을 다 동원한다. 그러나 관우의 마음은 철석같이 변치 않는다. 이로써 관우는 충의의 화신이 되니, 관공(關公)에서 관제(關帝)가 되었다가 마침내는 관성(關聖)으로 변하여 중화민족 최고의 우상이 되기에 이른다.

『삼국지연의』에 나오는 관우의 찬양 시는 모두 11수나 된다. 이는 작가의 관우에 대한 깊은 애정을 반영하는 것이 아닐 수 없다.

제27회

다섯 관문 지나며 여섯 장수를 베다

관인도 황금도 남겨둔 채 조조를 하직하고
그리던 형님 찾아 머나먼 길을 돌아가네.
하루에 천 리 가는 적토마 위에 높이 앉아
청룡언월도 한 자루로 다섯 관문 지나가네.

충의의 마음 뻗쳐올라 온 우주에 가득 차니
영웅의 기상 이로부터 온 천하 진동시키네.
혼자 가며 여섯 장수 베어 적수가 없었으니
그 이름 붓끝에 남아 길이길이 전해지누나.

挂印封金辭漢相　尋兄遙望遠途還
괘 인 봉 금 사 한 상　심 형 요 망 원 도 환
馬騎赤兔行千里　刀偃靑龍出五關
마 기 적 토 행 천 리　도 언 청 룡 출 오 관
忠義慨然冲宇宙　英雄從此震江山
충 의 개 연 충 우 주　영 웅 종 차 진 강 산
獨行斬將應無敵　今古留題翰墨間
독 행 참 장 응 무 적　금 고 류 제 한 묵 간

주

◆ 오관(五關) : 관우가 거쳐 간 다섯 관을 순서대로 나열하자면, 동령관(東嶺關)·

낙양관(洛陽關)・사수관(汜水關, 일명 호뢰관[虎牢關])・형양관(滎陽關)・백마관(白馬關, 백마 나루터)이다. 그러나 지리적 순서로 볼 때 역사적 사실과 거리가 멀다.
◆ 한묵(翰墨) : 붓과 먹. 문장이나 서예, 그림 등을 지칭한다.

감상과 해설

관우가 조조에게 몸을 의탁한 조건 중 하나가 유비의 소식을 듣는 대로 조조의 곁을 떠난다는 것이었다. 그러던 중 유비의 편지를 받고 유비가 원소에게 있다는 것을 알게 된다. 조조에게 한 통의 작별 서한을 남긴 관우는 두 형수를 모시고 천 리 길을 떠나는데, 도중에 다섯 관문을 지나면서 이를 가로막는 여섯 장수의 목을 벤다.
이 시는 관우가 조조에게 받은 벼슬과 재물을 고스란히 남겨두는 의(義), 형을 찾아 천 리 길을 마다 않는 충(忠), 다섯 관문을 지나며 여섯 장수를 베는 용(勇)을 노래하고 있다.
한수정후(漢壽亭侯)의 인수(印綬)를 기둥에 걸어두고 지금까지 받았던 황금이나 비단을 창고에 넣어 자물쇠를 채운 것은 명리에 움직이지 않는 청렴결백한 마음을 표현한 것이다. 험준한 관문이나 앞을 가로막는 적장들을 조금도 두려워하지 않으며 거침없이 의형을 찾아 천 리 길을 주행하는 관우의 모습은 한 폭의 빼어난 동양화를 감상하는 것과도 같다. 인간적인 대접에 반드시 보답하는 마음, 사나이간의 약속을 위하여 목숨 따위는 초개와 같이 여기는 관우의 정신은 후인들의 찬양과 경앙의 대상이 되었다. 그래서 시공을 초월하여 인구에 회자되는 이야기로 자리 잡게 된 것이다. 관우의 '과관참장(過關斬將)' 이야기는 역사상 수많은 시인묵객들의 시제(詩題)가 되었다.

제28회
고성의 해후

전날 형제들은 잘려나간 오이처럼 갈라져
모든 소식은 끊어지고 종적마저 묘연했지.
오늘날 군신이 다시금 한자리에 모였으니
바로 용과 범이 구름과 바람 만난 것일세.

當時手足似瓜分　　信斷音稀杳不聞
당시수족사과분　　신단음희묘불문
今日君臣重聚義　　正如龍虎會風云
금일군신중취의　　정여용호회풍운

주

◆수족(手足) : 형제를 비유한다.　◆과분(瓜分) : 오이를 자른 것 같이 분할되거나 분배된다는 의미다. 여기서는 이별을 가리킨다.　◆묘(杳) : 어둡다. 멀다. 아득히 멀다. 종적이 없다.　◆취의(聚義) : 정의를 옹호하기 위해 한자리에 모여 부당한 통치자를 대상으로 무장투쟁을 하는 것을 의미한다.　◆용호회풍(龍虎會風) : 용호풍운회(龍虎風雲會)의 약어다. 성군(聖君)과 현신(賢臣)이 만나 의기투합하는 것을 비유한다. 시의 평측(平仄)을 맞추기 위해 운(雲)을 삭제하고 회(會)를 바꾸었다.

감상과 해설

도원결의 이래 유비와 관우, 장비 삼형제가 한동안 뿔뿔이 흩어져 있다가 장비가 있던 고성(古城)에서 다시 만난 것을 『삼국지연의』에서는 '고성취의(古城聚義)'라고 부른다.

이 시는 가정본에서는 칠언팔구의 율시였지만 모종강이 수정하면서 뒤의 4구를 빼버렸다. 빼버린 4구에는 조자룡(趙子龍)에 관한 내용이 나오는데, 이 부분을 삭제함으로써 시의는 더욱 축약되고 간결해졌다.

도원결의와 고성취의는 둘 다 의를 위주로 하고 있다. 그러나 이 두 가지 의는 그 의미가 좀 다르다. 도원결의에서는 나이에 따라 선후를 나누었을 뿐 그 지위가 동등한 일반평민의 시각에서 이해될 수 있는 순수한 형제의 정의(情義)라고 할 수 있다. 그러나 고성취의에 이르러서는 이미 유비란 인물이 한 정치집단의 영수 위치에 올랐으므로 일반적인 형제의 정의에서 한 걸음 더 나아가 군신간의 충의(忠義)까지 겹쳐진 것으로 이해되어야 할 것이다. 이 때문에 유비, 관우, 장비 세 사람 사이에 흐르는 의는 겉으로는 형제간의 의처럼 보이지만 실제로는 군신간의 의가 포함되어 있는 것이다. 이렇게 두 가지 의가 상호 긴밀하게 융합됨으로써 서로간의 정의가 더욱 강화된 것이 유비, 관우, 장비 삼형제의 의라고 할 수 있다.

제29회
허공의 세 문객

손책의 지혜와 용기 강동에서 으뜸이었지만
산속에서 홀로 사냥하다 위기에 몰렸다네.
허공이 기른 세 문객 죽음으로 의리 지키니
주인 위해 몸 바친 예양도 기이할 것 없구나.

孫郎智勇冠江湄　射獵山中受困危
손 랑 지 용 관 강 미　사 렵 산 중 수 곤 위
許客三人能死義　殺身豫讓未爲奇
허 객 삼 인 능 사 의　살 신 예 양 미 위 기

주

◆강미(江湄) : 강 언덕. 여기서는 강동(江東)을 지칭한다.　◆예양(豫讓) : 춘추전국시대 진(晉)나라 사람이다. 자신의 은인이었던 지백(智伯)의 원수를 갚기 위해 궁전의 화장실에 숨어 조양자(趙鑲子)를 살해하려 했지만 실패한다. 그러자 이번에는 몸에 옻칠을 하여 문둥이가 되고 급기야 숯을 삼켜 벙어리가 된다. 이윽고 때를 노려 다리 아래 엎드렸다가 살해를 시도했지만 재차 실패하고 만다. 그러나 체포된 뒤에 기회를 보다가 결국 조양자를 찔러 죽여 지백의 복수를 한다. 그리고 자살한다.

감상과 해설

오군태수(吳郡太守) 허공(許貢)은 조조에게 표를 올려 손책(孫策)을 조심하라고 했다가 이를 알게 된 손책의 손에 피살당한다. 평소 허공은 재주 있는 인재를 초빙하고 키우기를 좋아하여 그의 집에는 항상 문객(門客)이 들끓었다. 그 중에서도 세 명의 문객은 위인됨이 전국시대의 예양과 비슷했다. 이들은 자신들을 희생하여 은혜를 입은 허공의 원수를 갚기로 작정한다. 그리고 마침내 손책을 살해한다. 이 시는 이 세 사람 문객의 의리를 찬양하고 있다.

『삼국지연의』에 나오는 사냥에 관한 줄거리는 단 두 차례이다. 그 중 하나는 허전의 사냥으로, 조조가 천자를 능멸하는 장면이고, 다른 하나는 바로 손책의 사냥이다.

큰사슴 한 마리를 만난 손책은 질풍같이 말을 달린다. 그가 탄 말이 너무 우수했기 때문에 부하들을 제치고 혼자 숲속 깊숙이 들어가게 된다. 그것이 바로 피살의 직접 원인으로 작용한 것이다. 그는 강동 제일이라는 명성이 부끄럽지 않을 정도로 지용(智勇)이 출중한 인물이었다. 그러나 지나치게 공격적인 성격에다 정치가로서의 심모원려(深謀遠慮)가 결핍된 것이 약점이었다. 그의 단명은 결국 스스로가 자초한 일이었다.

제29회
손책의 죽음

홀로 우뚝 동남지방 전투로 휩쓸어
사람들은 그를 소패왕이라고 불렀네.
계책을 꾸밀 땐 범이 웅크린 듯하고
작전 이행은 매가 나는 듯 신속했네.

위세는 삼강 지역을 눌러 평정하고
명성은 사해에 널리 퍼져 향기롭네.
아까운 나이 죽음 맞아 큰일 남기니
오로지 그 뜻을 주유에게 부탁하네.

獨戰東南地　人稱小霸王
독전동남지　인칭소패왕
運籌如虎距　決策似鷹揚
운주여호거　결책사응양
威鎭三江靖　名聞四海香
위진삼강정　명문사해향
臨終遺大事　專意屬周郎
임종유대사　전의속주랑

주

◆소패왕(小霸王) : 손책은 나이 17세에 아버지 손견(孫堅)의 뒤를 이었다. 그 후

약 10여 년 동안의 크고 작은 전투를 거쳐 강동을 재패한 후 동오(東吳)의 기업을 반석 위에 올려놓았다. 이 때문에 붙여진 이름이 작은 패왕(항우), 즉 소패왕이다.
◆운주(運籌) : 책략을 정하다.　◆호거(虎踞) : 호랑이처럼 웅크린다는 뜻으로 인물의 위용이 출중함을 비유하는 말이다.　◆응양(鷹揚) : 무용이 매가 날아오르는 형세와 같음을 비유하는 말로 여기서는 신속과단(迅速果斷)을 가리킨다.　◆삼강(三江) : 오송강(吳淞江)과 전당강(錢塘江), 포양강(浦陽江)을 의미한다. 즉 오월(吳越) 지역을 가리킨다.　◆정(靖) : 안정을 의미한다.

감상과 해설

남북조시대(南北朝時代) 저명한 문학가 유신(庾信)의 천고절창인 「애강남부(哀江南賦)」에는 다음과 같은 구절이 있다. '손책이 천하를 삼분할 때 그 무리는 겨우 일려(一旅)였지만, 항우가 강동의 자제를 이끌 때에는 그 무리가 팔천(八千)이었네.' 즉 천하를 분할하는데 항우는 8천의 무리가 필요했지만, 손책은 일려, 겨우 8백의 무리만으로 천하를 삼분했다는 것이다. 손책은 이처럼 날래고 굳세었을 뿐만 아니라 미남자에다 농담을 즐기고 비범했으며 총명하고 영웅적인 기상으로 만인을 압도하는 젊은 지도자였다.
부친 손견이 죽자 겨우 17세에 불과했던 그는 원술에게 전국옥새를 주고 3천의 군사를 빌린 뒤 교묘하게 원술의 지배에서 벗어난다. 언제나 선두에 섰고 파죽지세(破竹之勢)로 적을 공격하여 연전연승을 거두었다. 마침내 강동의 최대세력이었던 엄백호(嚴白虎)를 무너뜨림으로써 강동 6군을 평정하게 된다. 후에 원술의 칭제(稱帝) 소식을 접한 그는 즉시 절교의 서신을 띄운다. 이 사실을 안 조조가 손책을 토역장군에다 오후(吳侯)에 봉함으로써 명실 공히 강동의 호랑이로 변신한다.
주유(周瑜)와는 한 달 차이의 동갑 친구이자 절세미인 이교(二喬, 대교와 소교)를 매개로 한 인척이 된다. 두 사람은 둘도 없는 지기(知己)로 정치적 동지이자 인척 사이로 맺어진 특별한 인연이었다. 이 때문에 26세의 아까운 나이에 죽음을 맞이한 손책은 주유에게 대사를 위임하며 숨을 거둔다.

제30회
허유가 원소를 버리다

원본초의 호걸 기상은 중화를 뒤덮었건만
관도의 오랜 대치도 헛되니 기가 막히네.
만약에 허유의 묘한 계책을 채택하였다면
중원산하 어찌 조씨의 차지가 되었겠는가?

本初豪氣蓋中華　官渡相持枉嘆嗟
본초호기개중화　관도상지왕탄차
若使許攸謀見用　山河爭得屬曹家
약사허유모견용　산하쟁득속조가

주

◆개(蓋) : 압도하다. 덮다.　◆중화(中華) : 고대 화하족(華夏族)을 가리키는 말로, 한족이 주로 황하 남북에 거주하면서 사방의 이민족에 비해 중앙지역에 살았으므로 붙여진 이름이다.　◆관도(官渡) : 삼국시대 당시의 지명으로 오늘날의 하남성 중모현(中牟縣) 동북쪽에서 관도수(官渡水)를 굽어보는 곳이다. 건안 5년(서기 200년)에 조조가 이곳에서 원소를 대패시켰다. 지금도 당시의 흙 보루가 남아 있어 '중모대(中牟臺)'나 '조공대(曹公臺)'라 부른다.　◆쟁득(爭得) : 쟁(爭)은 '어찌 즘(怎)'과 통한다.

감상과 해설

조조와 원소 그리고 허유(許攸) 세 사람은 본래 막역한 친구 사이였다. 그들이 환관과 동탁을 몰아내려 할 때는 동일한 정치적 목적을 가지고 활동했다. 영제 중평 6년(서기 189년), 동탁의 폐립사건에 불만을 품은 원소가 하북으로 돌아갈 때 허유도 함께 낙양을 떠난다.

건안 원년(서기 196년), 조조가 헌제를 데리고 허도(許都)로 도읍을 옮기면서 조정의 대권을 장악했다. 이로부터 원소와 불화관계가 시작되었는데, 건안 5년(서기 200년) 여름, 원소와 조조는 각기 대군을 이끌고 관도에서 대치한다. 당시 원소는 기주(冀州), 유주, 병주(幷州), 청주 등 네 지방을 차지하고 있었으므로 조조보다 병력의 수가 몇 배나 많았고 군량도 풍족했다. 수개월동안 공방을 주고받는 사이 조조군은 군량도 바닥나고 사기도 떨어진다. 이때 허유가 원소에게 묘계를 올려 허도를 치자고 했다. 그러나 심배(審配)의 간언만 믿은 원소는 허유의 말을 받아들이지 않았다. 분한 마음으로 칼을 뽑아 자진하려던 허유는 결국 조조에게로 향한다. 조조는 허유의 계책을 받들어 오소(烏巢)에 있는 원소군의 군량창고를 기습한다. 이로써 관도대전은 조조군의 승리로 끝나니, 원소는 몰락의 길로 들어서고 조조는 중원의 패자 자리를 굳히게 된다. 이 시는 모종강이 호증의 작품 「관도」를 좀 더 통속적으로 고친 것이다.

제30회
민심이 떠난 원소

충언이 거슬린다고 도리어 원수처럼 대하더니
민심이 떠난 주군 원소는 책략조차 모자라네.
오소의 군량 마초 없어지면 뿌리가 뽑히는데
그러고도 구구하게 기주 땅을 지킨단 말인가.

逆耳忠言反見仇　獨夫袁紹少機謀
역 이 충 언 반 견 구　독 부 원 소 소 기 모
烏巢粮盡根基撥　猶欲區區守冀州
오 소 양 진 근 기 발　유 욕 구 구 수 기 주

주

◆독부(獨夫) : 민중이 반대하고 친근한 사람들이 떠나버린 군주. 고립무원(孤立無援)의 상태에 빠지다. 뭇사람에게 버림받다. ◆기모(機謀) : 사태의 변화에 신속히 대응하는 책략이나 계략을 가리킨다. ◆오소(烏巢) : 삼국시대 당시의 지명으로 지금의 하남성 봉구현(封丘縣) 서북쪽에 있었다. 관도대전 당시 원소군의 군량저장소가 있던 곳이다. ◆발(撥) : 다스리다. 덜다. 없애다. 동요하다. 변하다.

감상과 해설

충언을 올리다 원소의 화를 돋워 군중(軍中)에 갇혀있던 저수(沮授)는 천문(天

問)을 보고 군량저장고인 오소가 위험함을 알린다. 오소의 방비를 강화해야 조조의 기습을 면할 수 있다는 간언이었다. 그러나 원소는 그 말의 타당성을 따져보기는커녕 죄인 주제에 망령된 말로 사람들을 현혹시킨다며 간수의 목을 베고 다시 저수를 가두게 한다. 결국 오소는 조조군의 기습을 받아 불타버리고 군심은 극도로 어지러워진다. 원소는 조조보다 우수한 병력을 보유하고도 참패하여 단 8백여 기만을 거느린 채 기주로 달아난다.

여기서 우리는 원소와 조조의 관점 차이를 파악할 수 있다. 원소는 지리와 병력만을 중시했지만, 조조는 인재와 모략을 중시했다는 점이다. 즉 지리를 중시하고 인재를 경시하다가 사람과 땅, 둘 다 잃은 경우와 인재를 중시함으로써 최후의 승리를 거둔 경우를 말이다.

제30회
저수의 죽음

하북 땅에는 명사들이 많았지만
충의와 절개로는 저수가 꼽혔네.
똑바로 응시하면 진법을 꿰뚫고
하늘을 쳐다보면 천문을 알았지.

죽음 앞에서 마음은 철석같았고
위험 앞에서 기개는 의연하였네.
조조가 매서운 충의를 사모하여
특별히 의로운 무덤 만들어주네.

河北多名士　忠貞推沮君
하북다명사　충정추저군
凝眸知陣法　仰面識天文
응모지진법　앙면식천문
至死心如鐵　臨危氣似雲
지사심여철　임위기사운
曹公欽義烈　特與建孤墳
조공흠의열　특여건고분

주

◆ 하북다명사(河北多名士) : 동한 기주자사부 관할 아래는 위군(魏郡), 거록(巨鹿),

상산(常山), 중산(中山), 신도(信都), 청하(淸河) 등 6군이 있었고, 그 치소는 지금의 임장현(臨漳縣) 서남에 있었던 업현(鄴縣)이었다. 저수는 광평(廣平) 사람이었는데, 광평은 후에 위군에 속한다. 전풍은 거록, 심배는 위군 사람이었으므로 하북 땅에 명사가 많이 났다는 것이다. ◆응모(凝眸) : 주의를 집중하여 뚫어지게 보다.
◆기사운(氣似雲) : 호연지기(浩然之氣)를 의미한다.

해설과 감상

조조에게 패한 원소는 기주를 향해 달아난다. 감옥에 갇혀있던 저수는 조조에게 붙잡히지만 항복을 거부한다. 조조가 후히 대접하며 군영에 머물게 했으나 영내에서 말을 훔쳐 타고 원소에게로 돌아가려고 시도한다. 조조는 저수의 충의에 감탄하며 여러 차례 자신에게 종사할 것을 권하지만 저수는 끝내 조조를 거부하며 죽음을 당한다. 충의의 인사를 죽인 행위를 후회한 조조가 후히 장사지내고 '충렬저군지묘(忠烈沮君之墓)'라는 묘비를 세운다. 이 시는 충의를 다하다 죽은 저수를 기리는 노래이다.

저수는 『삼국지연의』 속에서 잠시 지나가는 인물로, 단지 세 차례 등장할 뿐이다. 저수는 신분이 모신(謀臣)이었으므로 그가 수차에 걸쳐 원소에게 간언한 일은 특별히 칭찬할 가치가 있는 게 아니었다. 그런데도 작가는 어째서 이런 슬쩍 지나가는 인물을 위해 오언율시로 찬미한 것일까? 이는 바로 작가의 창작 의도라고 볼 수 있다. 봉건사회의 간관(諫官)이나 충신들을 칭송하는 예는 『삼국지연의』 중 도처에서 찾아볼 수 있다. 어느 집단을 막론하고 오직 충절을 보이기만하면, 특히 충의와 절개를 죽음으로 지킨 사람이기만 하면 무조건 칭송하였다. 예를 들자면 조정대신 오부나 여포의 모신 진궁 그리고 허공의 세 문객 등이 그러하다. 저수의 충정은 두 가지 내용을 체현하는데 집중되고 있는데, 밤에 천문을 본 것과 말을 훔쳐 원소의 진영으로 돌아가려 한 게 그것이다.

제31회
전풍의 죽음

어제 아침엔 저수를 군중에서 잃었는데
오늘에 와선 전풍이 옥중에서 자결하네.
하북의 기둥감이 이렇듯 모두 꺾이는데
원소가 어찌 제 나라를 잃지 않을쏘냐.

昨朝沮授軍中失 今日田豊獄內亡
작조저수군중실 금일전풍옥내망
河北棟梁皆折斷 本初焉不喪家邦
하북동량개절단 본초언불상가방

주

◆하북(河北) : 황하 이북지역. 삼국시대 당시에는 유주, 기주, 청주, 병주의 4주 지역을 일컬으며, 관도대전 이전에는 원소가 점거하고 있었다. 일반적으로는 기주 관할하의 군현을 가리킨다. ◆언(焉) : 어찌. ◆가방(家邦) : 가정과 나라. 일반적으로 국가를 가리킨다.

감상과 해설

원소가 조조를 치려고 군사를 일으킨 것이 관도대전의 서막이었다. 전풍(田豊)은 해마다 계속되는 전쟁으로 백성들의 생활이 피폐해졌다며 출병을 막는다.

그러나 전풍의 말을 외면한 원소는 기어이 출병한다. 하지만 곧바로 사정이 여의치 못하여 퇴군하게 된다. 뒤이어 조조가 서주의 유비를 공격하느라 허도의 수비가 약해진다. 이 기회를 놓칠세라 전풍은 곧바로 허도를 치자고 건의한다. 그러나 정작 원소는 어린 아들의 병을 핑계로 움직이지 않는다. 전풍은 지팡이를 두드리며 하늘을 우러러 탄식한다. 그런데 어리석은 원소는 서주의 유비를 섬멸하고 돌아온 조조를 공격하려고 한다. 이에 전풍이 극력 불가함을 간하다가 원소의 화를 돋워 결국 하옥되고 만다.

이렇듯 어리석음의 극치를 달리던 원소는 관도대전에서 참패하고야 만다. 이 소식을 들은 감옥의 옥리가 전풍에게 전하며 곧바로 석방될 것이라고 치하한다. 그러나 전풍은 오히려 자신의 죽음을 예견한다. 그 이유는 원소의 위인됨이 외관내기(外寬內忌)하기 때문이라는 것이다. 즉 겉으로는 너그러운척 하지만 속이 좁아터져 걸핏하면 남을 시기한다는 것이다. 과연 원소는 옥중에 있는 전풍을 볼 면목이 없게 되자, 봉기(逢紀)의 참언을 듣고 전풍을 죽이라 명한다. 충신 전풍은 감옥 안에서 스스로 목을 베어 자진한다. 후세 사람들은 출중한 모신이며 충신이었던 전풍의 죽음을 두고 한탄했다.

제32회
원소의 죽음

조상대대의 음덕으로 큰 이름을 세우고
젊은 시절 뜻과 기개로 천하를 누비었네.
삼천 명의 준걸들 헛되이 불러 모으고
백만 웅병 있어도 제대로 쓸 줄 몰랐네.

양 기질에 범탈이니 공을 이룰 수 없었고
봉황 모습에 닭의 담력 큰일하기 어려웠네.
더욱이 가련하고 가슴 아프게 하는 것은
쓸데없이 가정 분란 일으킨 두 형제라네.

累世公卿立大名　少年意氣自縱橫
누세공경입대명　소년의기자종횡
空招俊傑三千客　漫有英雄百萬兵
공초준걸삼천객　만유영웅백만병
羊質虎皮功不就　鳳毛鷄膽事難成
양질호피공불취　봉모계담사난성
更憐一種傷心處　家難徒延兩弟兄
경련일종상심처　가난도연양제형

주

◆ 공경(公卿) : 삼공구경(三公九卿)의 약칭으로 조정의 고급관원을 지칭한다. 원소

의 고조 원안(袁安)과 증조 원창(袁敞), 조부 원탕(袁湯) 그리고 숙부 원봉(袁逢) 등은 관직이 하나같이 사도와 사공까지 올랐다. 숙부 원외(袁隗)는 두 차례나 사도가 되었다가 뒤에는 태부가 되었다. 그야말로 4대에 걸쳐 삼공의 지위에 오른 것이다. ◆양질호피(羊質虎皮) : 외모는 위엄 있고 당당한 것 같지만 실제로는 겁이 많고 약한 것을 의미한다. '봉모계담(鳳毛鷄膽)'도 비슷한 말이다. ◆경련(更憐) : 련(憐)은 가련하다는 의미이다. ◆가난(家難) : 집안의 난리. 원소 사후, 아들 원담(袁譚)과 원상(袁尙) 형제의 골육상쟁을 의미한다. ◆연(延) : 펼치다. 많다.

감상과 해설

관도대전에서 패하고 기주로 돌아온 원소는 병에 걸린다. 그러나 병이 쾌유되기도 전에 조조가 기주를 공격해 오자, 아들 원상이 스스로 용기를 뽐내며 출전한다. 그러나 원상마저 대패하고 돌아오자 놀란 원소는 마침내 병이 도져 피를 토하고 죽는다. 이 시는 그런 원소의 일생을 개괄적으로 노래하고 있다. 원래 원소는 한 말에 봉기한 여러 영웅들 중에서도 가장 강대한 세력이었다. 북방을 제패한 중원의 강호로서 천하통일의 가장 유력한 후보자였다. 그가 이러한 세력을 형성할 수 있었던 데는 다음과 같은 이유가 있었다. 첫째, 조상의 음덕에 의한 사세삼공의 명문거족이라는 막강한 정치적 자산이 있었다는 점이다. 둘째, 수려한 용모에다 위의(威儀)를 갖추어 인재를 받아들였기에 천하의 준걸들이 귀부했다는 점이다. 특히 사세삼공의 문생들이 천하에 두루 흩어져 있었기에 인재들이 모여들었다. 셋째, 한실을 위해 환관을 주살하고 동탁에게 항거했으며, 이를 바탕으로 18로 제후들의 영수로 추대되는 영웅적 활동이 있었다는 점 등이다.

청주, 유주, 병주, 기주 등 네 지방의 백만 갑병에 10년을 지탱할 양식 그리고 수많은 문신과 무장을 거느려, 나아가면 천하와 겨루고 물러서면 일방을 지킬 수 있었던 그가 관도대전 한 차례의 패배로 그만 70만 대군을 다 잃고 겨우 800명의 잔병을 거느린 패장으로 전락하고 만다. 당시 조조와 원소는 둘 다 사십을 조금 넘긴 나이였다.

진수(陳壽)는 『삼국지·원소전』에서 원소가 패한 이유를 다음과 같이 결론 내렸다. '밖으로는 관대해 보이지만 투기심이 많고, 모략을 좋아하나 결단력이 없었으며, 인재가 있었지만 운용할 줄 몰랐고, 선량한 사람을 받아들일 줄 몰랐다. 그리고 적자(원담)를 폐하고 서자(원상)를 세움으로써 예보다 정을 중시하는 바람에 사직이 무너졌다.'

원소의 이러한 성격 탓에 훌륭한 모사였던 순욱과 곽가, 허유가 그의 곁을 떠나 조조를 받들었고, 저수나 전풍은 가진바 그 능력을 펼칠 수 없었다. 출중한 무장이었던 고람(高覽)과 장합(張郃)도 의심과 멸시만 받았다. 그뿐이랴, 그가 죽고 난 뒤에는 자식들마저 불화하여 서로 물고 뜯고 싸우는 바람에 그 위세가 하늘을 찔렀던 원씨의 세력은 결국 풍비박산(風飛雹散)이 되어 마침내 조조에게 멸망당하고 만다. 이 모두가 원소 개인의 인간적 결함 때문에 빚어진 결과가 아닐 수 없다.

제32회
심배의 죽음

하북 땅에는 명사가 많다고 하지만
누가 있어 과연 심정남과 같을 손가.
아둔한 주인 때문에 목숨 잃었지만
붉은 마음은 옛사람과 견줄만하네.

충성스럽고 곧은 말엔 숨김이 없고
청렴하고 높은 지조로 탐내지 않네.
죽으면서도 북쪽으로 머리를 향하니
항복한 무리들 모두가 부끄러워하네.

河北多名士　誰如審正南
하 북 다 명 사　수 여 심 정 남
命因昏主喪　心與古人參
명 인 혼 주 상　심 여 고 인 참
忠直言無隱　廉能志不貪
충 직 언 무 은　염 능 지 불 탐
臨亡猶北面　降者盡羞慚
임 망 유 북 면　항 자 진 수 참

주

◆심정남(審正南) : 정남(正南)은 심배의 자(字)이다.　◆혼주(昏主) : 원소를 가리킨

다. 원소는 일을 처리함이 분명하지 않고, 도모하기를 좋아나 결단력이 없었다.
◆ 참(參) : 병립. 병렬.

감상과 해설

심배는 원소군의 중요한 장령이었다. 그의 업적은 『삼국지연의』 가운데 서술된 바는 많지 않지만 정채롭기 그지없다.

원소가 죽은 뒤 그는 원상을 도와 기주목으로 옹립한다. 이후 원상이 원담을 공격할 때, 심배는 남아서 업성(鄴城)을 지키게 된다. 이때 조조가 업성을 포위하고 공격한다. 용기와 지략을 겸비한 그는 여러 차례 조조군을 격퇴한다. 그러나 조카인 심영(審榮)의 배신으로 마침내 성문이 열리고 서황(徐晃)에게 붙잡힌다. 조조가 항복하여 자신을 받들기를 권하지만 심배는 결코 머리를 조아리지 않는다. 마침내 조조가 목을 치라고 명한다. 형을 받기에 앞서 그는 망나니를 꾸짖는다. "나의 주인은 북쪽에 계신다. 내가 남쪽을 바라보고 죽을 수는 없다." 이리하여 그는 북쪽을 향해 목을 늘이고 꿇어앉아 칼을 받고 죽는다. 이 광경을 지켜본 조조는 감탄하며 말했다. "하북에는 어찌 이다지도 의사들이 많단 말인가! 원씨들이 이들을 잘 이용하지 못한 게 애석하구나! 만약 적절히 이용했더라면 내 어찌 오늘날 이 땅을 바로 볼 수 있었겠는가!"

이 시는 심배의 충정을 기리며 하북의 명사들을 제대로 활용하지 못했음을 탄식하여 지은 시다.

제33회
곽가의 죽음

하늘이 내려주신 천재 곽봉효여
뛰어남은 뭇 영웅 중에 으뜸이라.
뱃속에는 경전과 사서를 감추고
가슴에는 갑옷과 병기를 숨겼네.

지모 운용은 월나라 범려와 같고
계책을 결정함에는 진평과 같네.
너무 애석하다 몸이 먼저 죽으니
중원 땅의 대들보가 기울어지네.

天生郭奉孝　豪傑冠群英
천생곽봉효　호걸관군영
腹內藏經史　胸中隱甲兵
복내장경사　흉중은갑병
運謀如范蠡　決策似陳平
운모여범려　결책사진평
可惜身先喪　中原棟梁傾
가석신선상　중원동량경

주

◆ 범려(范蠡) : 춘추 말기 월나라의 모신. 일찍이 월왕 구천(句踐)을 보좌하여 오나

라를 멸망시켰다. ◆진평(陳平) : 서한 사람으로 책읽기를 좋아하고 지모와 계략이 뛰어났다. 유방을 도와 한나라를 세웠으며, 혜제(惠帝) 때에는 승상에 이르렀다. 후세에 모신의 대명사가 되었다. ◆중원동량(中原棟樑) : 곽가가 영천(潁川) 양적(陽翟, 지금의 하남성 우현[禹縣]) 출신이므로 붙여진 이름이다.

감상과 해설

곽가는 조조의 심복 모사로 자는 봉효(奉孝)이다. 원소 사후, 기주를 정벌한 조조는 원담과 원상 등을 크게 무찌른다. 당시 곽가는 조조에게 일단 퇴군할 것을 권하는데, 가만히 내버려두면 원담과 원상이 골육상잔(骨肉相殘)을 치를 것이니 어부지리(漁夫之利)를 얻자는 계책이었다. 그의 예측은 적중해 원담은 조조에게 항복하고, 원희(袁熙)와 원상은 기주와 유주를 빼앗기고 결국 요서(遼西)의 오환(烏桓)으로 달아난다. 이에 곽가는 북으로 오환을 공격하여 원씨의 잔존세력을 소멸시킬 것을 주장한다. 그러나 정벌 도중에 병이 나서 역주(易州)에 남아 병을 치료한다. 조조가 오환을 평정하고 돌아왔을 때, 곽가는 이미 38세의 아까운 나이로 세상을 하직한 후였다. 11년 동안 조조를 보좌하며 그 뛰어난 지략으로 많은 공을 세운 곽가에게 후인들이 시를 지었다.

조조의 꾀주머니였던 곽가는 젊고 장래가 촉망되는 청년으로 쉽사리 얻기 힘든 인재였다. 중대한 정책 결정 때마다 탁월하고 출중한 지모와 계략을 유감없이 발휘했다. 유비가 조조에게 몸을 의탁했을 때도 순욱이 유비를 죽이라고 권하지만 곽가는 반대한다. 거시적 안목으로 형세를 관찰해보면, 당시엔 아직 조조의 세력이 미약한데다 동쪽에는 여포가 있고, 남으로는 원술, 유표, 장수(張繡)가 위협적이었으며, 서쪽으로는 한수(韓遂)와 마초(馬超)가, 북쪽에는 원소가 웅크리고 있었다. 때는 바로 실력을 확충하고 인재를 모으는 일에 주력할 시기였다. 그래서 조조에게 몸을 의탁한 유비를 죽이는 일은 바로 '천하의 희망을 막는 것'이라고 표현한 것이다.

관도대전이 일어나기 직전, 원소와 조조의 능력을 대비 분석한 곽가는 네 지방에다 수십만 대군을 보유하고 있는 원소에게는 10패의 잠재적인 위기가 있는 반면 조조에게는 10승의 유리한 요소가 있다고 지적한다. 그의 분석 내용중에는 양대 권력집단이 실시한 정치・법령・용병・인재등용 방법은 물론이요, 개인적 문무도략(文武韜略)에다 포부・도량・성격 특징까지도 포함하고 있다. 이는 바로 조조가 자신 있게 사업을 개척할 수 있는 격려의 작용이 된다. 따라서 『삼국지연의』에서는 조조가 요절한 천재 곽가를 위해 세 번 울었다고 하여 조조의 애통한 마음을 남김없이 묘사했다.

곽가에 관한 내용은 『삼국지』와 배송지의 주를 근거로 하였으므로 기본적인 면에서 사실에 가깝다. 가정본에서는 그의 초인적인 지모를 찬양하는 칠언절구 1수가 더 실려 있다. 그러나 모종강은 그것을 삭제해버렸는데, 왜냐하면 『삼국지연의』 속 곽가의 출장 횟수가 지나치게 적었기 때문이다.

제34회

천하 영웅은 오직 사군뿐

조조가 첫 손가락으로 꼽으며 말하기를
천하의 영웅은 오직 나와 사군뿐이라오.
허벅지 군살 생겼다고 한탄하고 있으니
어떻게 천하를 셋으로 나누지 못할쏜가?

曹公屈指從頭數　　天下英雄獨使君
조공굴지종두수　　천하영웅독사군
髀肉復生猶感歎　　爭敎寰宇不三分
비육부생유감탄　　쟁교환우불삼분

주

◆사군(使君) : 한나라 이후 주군(州郡)의 장관에 대한 호칭. 여기서는 유비를 가리킨다. ◆비육부생(髀肉復生) : 대퇴부의 살이 또 늘다. 오랫동안 안일한 환경에 처해 있었다는 의미이다. ◆쟁교(爭敎) : 쟁(爭)은 즘(怎). 즘교(怎敎). ◆환우(寰宇) : 천하. 세계.

감상과 해설

여남(汝南)에서 세력을 키우던 유비는 또다시 조조에게 패해 급기야 유표에게 몸을 의탁했다. 하루는 유표와 마주앉아 환담을 나누는 중이었는데, 뜻밖에 유비가 눈물을 흘렸다. 의아해진 유표가 그 연유를 물으니 유비가 대답하기를, "제가 전에는 늘 말안장에서 떠날 겨를이 없어 허벅지에 군살이 다 빠졌는데, 그동안 너무 오랫동안 말을 타지 않았더니 허벅지에 군살이 생겼습니다. 세월은 헛되이 흘러가고 자신은 늙어 가는데 아무런 공업(功業)도 세우지 못하여 슬퍼하는 것입니다."라고 했다. 이에 유표는 예전에 조조가 푸른 매실에다 술을 데워놓고 천하 영웅을 논할 때 당세의 영웅은 유비와 자신뿐이라고 단언한 말을 들었다며 무엇 때문에 공업을 세우지 못할까 걱정하느냐고 물었다. 그러자 유비는 만일 의지할 터전만 있다면 천하의 녹록한 무리들 쯤이야 어찌 마음에 두겠느냐는 실언을 한다. 이 소리를 들은 유표는 유비를 저어하는 마음이 생겼다. 이 장면을 두고 후인들이 시를 지었다.

제34회

벽에 쓴 시

여러 해 헛되이 고생만 하였기에
속절없이 옛 산천만 바라보누나.
용이 어찌 몸 굽혀 못 속에 살랴
우레 타고 하늘로 오르고 싶구나.

數年徒守困　空對舊山川
수년도수곤　공대구산천
龍豈池中物　乘雷欲上天
용기지중물　승뢰욕상천

주

◆지중물(池中物) : 남의 아래서 몸을 굽히고 있는 상태를 비유한다.

감상과 해설

유비가 유표에게 몸을 의탁하던 시절, 한번은 유표가 유비에게 전 부인에게서 낳은 장자 유기(劉琦)와 현 부인인 채 부인(蔡夫人) 슬하의 유종(劉琮) 중에서 누구에게 후사를 맡기는 것이 좋겠냐는 질문을 던졌다. 유비는 장자가 옳다고 답했다. 이 말을 엿들은 채 부인은 유비에게 원한을 품고 급기야 유비는 유표 집단 내부의 권력 암투에 휘말리게 된다. 그리고 유표는 채 부인의 모략에 휘

말려 유비를 경계하게 된다. 그날 밤, 유비가 역관에서 잠을 청하는데 평소 유비를 추앙하던 이적(伊籍)이 채모(蔡瑁)의 암살 계획을 알려준다. 이에 유비는 부랴부랴 신야(新野)로 달아난다. 잠시 후 역관에 도착한 채모는 유비가 사라진 것을 보자, 역관 벽에 시 한 수(題壁詩)를 써놓고 유비의 반역시라고 보고한다. 대노한 유표는 유비를 죽이겠노라 맹세하지만, 이내 누군가의 이간책임을 깨닫는다.

이 시는 이처럼 유비, 유표, 채모라는 세 인물의 심리현상은 물론이요, 복잡하게 얽힌 군벌집단 내부의 역학관계를 표현하는데 적절히 이용되고 있다.

제34회

단계를 뛰어 건너다

청춘은 가고 꽃이 지고 봄날도 저무는데
벼슬길 떠돌다 우연히 단계 길 이르렀네.
마차 세우고 구경하며 혼자서 서성이니
눈앞에는 떨어져서 흩날리는 붉은 꽃잎.

가만히 생각하면 함양 화덕이 쇠한 건지
용과 범들이 다투며 서로 으르렁거리네.
양양의 잔치자리 왕손들이 술 마시는데
좌중의 현덕 몸에 위태로움이 다가왔네.

살길 찾아 홀로 서문으로 나와 도망치니
등 뒤에서 추격 군사 다시금 따라잡네.
안개에 덮여 가득히 출렁이는 단계 물결
황급하게 소리치며 말을 몰아 뛰어드네.

말발굽에 부서지는 거울 같은 푸른 물결
바람소리 울리는 곳 황금채찍 휘두르네.
귓가에 들리노니 무수한 기병 닫는 소리
물결 속에서 홀연히 쌍룡이 날아오르네.

서천 땅을 혼자 제패할 진정한 영주가
용마 위에 앉으니 두 용이 서로 만났네.
단계의 물은 여전히 동쪽으로 흐르는데
용마와 영주는 지금 모두 어디 있는고?

물결 보며 내뿜는 탄식 가슴만 쓰린데
저녁노을만 쓸쓸하게 빈산을 비추누나.
천하삼분 웅대한 사업 모두가 꿈결인데
발자취만 부질없이 세상에 남아있구려.

老去花殘春日暮 宦游偶至檀溪路
노거화잔춘일모 환유우지단계로
停驂遙望獨徘回 眼前零落飄紅絮
정참요망독배회 안전영락표홍서
暗想咸陽火德衰 龍爭虎鬪交相持
암상함양화덕쇠 용쟁호투교상지
襄陽會上王孫飮 坐中玄德身將危
양양회상왕손음 좌중현덕신장위
逃生獨出西門道 背后追兵復將到
도생독출서문도 배후추병부장도
一川烟水漲檀溪 急叱征騎往前跳
일천연수창단계 급질정기왕전도
馬蹄踏碎靑玻璃 天風響處金鞭揮
마제답쇄청파리 천풍향처금편휘
耳畔但聞千騎走 波中忽見雙龍飛
이반단문천기주 파중홀견쌍룡비
西川獨霸眞英主 坐下龍駒兩相遇
서천독패진영주 좌하용구양상우
檀溪溪水自東流 龍駒英主今何處
단계계수자동류 용구영주금하처
臨流三嘆心欲酸 斜陽寂寂照空山
임류삼탄심욕산 사양적적조공산
三分鼎足渾如夢 蹤迹空留在世間
삼분정족혼여몽 종적공류재세간

주

◆환유(宦游) : 외지로 나가 벼슬을 구하거나 관리가 되다. ◆단계(檀溪) : 옛 시내 이름으로 지금의 호북성 양번시(襄樊市) 서남쪽에 위치했다. 당나라 때 물이 말랐다고 한다. ◆정참(停驂) : 마차를 세우는 것. 참(驂)은 세 필의 말이 끄는 수레를 가리킨다. ◆함양화덕쇠(咸陽火德衰) : 한나라가 쇠미해짐을 가리킨다. 함양은 한 고조 유방이 세운 도읍지다. ◆일천연수(一川煙水) : 일천이란 한 줄기 하천을 뜻하고, 연수란 물안개 가득 낀 수면을 뜻한다. ◆청파리(青玻璃) : 청록색의 맑고 깨끗한 시냇물을 의미한다. ◆쌍룡(雙龍) : 적로마(的盧馬)와 유비를 가리킨다. ◆임류(臨流) : 임(臨)은 굽어보다. 류(流)는 시냇물. ◆혼(渾) : 완전히 이와 같다.

감상과 해설

채모와 채 부인이 유표에게 잔치를 열도록 한 뒤 그 자리에서 유비를 죽이려는 음모를 꾸민다. 이적이 이 사실을 알리자 크게 놀란 유비는 적로마를 타고 서문을 향해 달아난다. 그러나 얼마 가지 못하여 수심이 깊고 물살이 빠른 단계(檀溪)가 앞을 가로막는다. 일이 공교롭게도 채모가 이끄는 추격병이 쫓아온다. 급한 나머지 뒤돌아볼 겨를이 없었던 유비는 말을 몰아 시내로 뛰어든다. 그러나 몇 발짝 옮기지 않아 적로마의 앞발이 푹 빠지며 옷이 다 젖는다. 유비는 채찍을 들어 치며 외쳤다. "적로야! 적로야! 오늘 나를 죽일 셈이냐?" 그러자 물속에서 몸을 솟구친 적로마가 3장(9.9m)이나 되는 거리를 구름이 날듯 뛰어넘어 건너편 언덕에 다다른다.

이 시는 송대의 소학사(蘇學士)가 지었다는 설이 있지만 소순흠(蘇舜欽)이나 소식(蘇軾)의 문집에서는 발견되지 않는다.

이 시는 옛날을 그리는 서정시로 전체를 세 단락으로 나눌 수 있다. 전반 6구가 그 첫 번째 단락으로, 옛일을 추모하고 역사를 추적하여 지난날의 그윽한 정을 회상한다. 중간 12구는 두 번째 단락이다. 보마(寶馬, 적로마)가 주인을 구하려고 단계를 건너뛰는 전설적인 이야기를 묘사하고 있다. 후반 6구는 세 번째 단락으로, 산천은 의구한데 인걸은 가고 없는 처연한 정회(情懷)를 펼치고 있다.

이 시는 작가가 옛 사람들의 시편을 뽑아 이야기 속에 끼워 넣은 것으로, 전지적 관점에서 서정과 논의를 펼친다. 그러나 자세히 살펴보면 시의 결말에서 나타난 정감과 소설 줄거리의 박자가 맞지 않는다는 사실을 알 수 있다. 모종강은 가정본에 나오는 5수의 시 중에서 4수나 삭제하고 이 1수만을 남겨 두었다.

제35회

서서의 노래

하늘과 땅이 뒤집힘이여 타던 불길이 꺼지려 하네.
큰 집이 무너지려 함이여 기둥 하나로 받치기 어렵네.
산골에 현명한 이 있음이여 밝은 주인 찾으려하네.
밝은 주인 현인 구함이여 도리어 나를 몰라보시네.

天地反復兮　火欲殂
천지반복혜　화욕조
大厦將崩兮　一木難扶
대하장붕혜　일목난부
山谷有賢兮　欲投明主
산곡유현혜　욕투명주
明主求賢兮　却不知吾
명주구현혜　각부지오

주

◆반복(反復) : 뒤집히다. 사람을 감동시키다. 여기서는 격렬한 동요를 형용한다.
◆화욕조(火欲殂) : 오행설(五行說)에 의하면 한나라는 화덕(火德)을 가졌으므로 곧 멸망할 운명이란 뜻이다. 조(殂)는 사망의 뜻이다.

감상과 해설

서서(徐庶)는 유비가 최초로 얻은 모사이다. 서서는 갈건에 베옷을 입고 검은 띠에 검정색 신을 신고 노래를 부르며 처음 등장한다. 그의 의도는 저자거리에서 노래를 불러 자신을 천거하는 수단으로 삼은 것이다. 서서의 노래에 끌린 유비는 그를 중용하게 된다.

노래의 내용인즉, 자신은 재지가 출중한 사람으로 명군을 찾는다는 것이다. 어질고 밝은 주인이 현명한 이를 구하고 현인은 명군을 택한다는 것은 둘 다 동일한 목적으로 귀착된다. 이리하여 이상적인 군신이 우연히 만나게 된다. 이것은 서서가 저자거리에서 미친 듯이 노래를 부르게 된 동기를 일일이 지적하여 밝힌 것이다.

서서와 제갈량의 등장은 서로 대조를 이루는데, 한 사람은 너무나 능동적이고 다른 한 사람은 매우 피동적이다. 이것은 서서를 등장시키고 뒤에 나오는 제갈량을 부각시키려는데 그 목적이 있음을 알 수 있다. 모종강도 이에 대해 '장차 제갈량을 군사로 삼기 위해 먼저 선복(單福, 서서의 가명)을 끌어들여 군사로 삼았다.'라고 하며, '선복은 마치 제갈무후의 축소판 같다.'라고 지적했다. 서서의 등장은 결국 제갈량의 등장을 위한 복선으로 이해할 수 있다.

제36회
서서가 현사를 천거하다

재주 높은 인재 다시 보지 못함이 한스러워
갈림길에서 눈물 뿌리는 두 마음 애달파라.
돌아와 전하는 한마디 봄날 우렛소리 같아서
남양 땅에서 잠자던 와룡을 깨워 일으키리라.

痛恨高賢不再逢　臨岐泣別兩情濃
통한고현부재봉　임기읍별양정농
片言却似春雷震　能使南陽起臥龍
편언각사춘뢰진　능사남양기와룡

주

◆임기(臨岐) : 갈림길에 서다라는 뜻이다.

감상과 해설

서서는 『삼국지연의』의 이야기 흐름으로만 본다면 그저 잠깐 지나가는 인물에 불과하다. 그러나 전체적인 구도에서 본다면 매우 중요한 역할을 한다. 그 하나는 제갈량의 등장을 이끌어 내는 것이고, 다른 하나는 현사를 구하려는 유비의 강렬한 욕망을 유발시키는 것이다.

이 시는 바로 이러한 목적을 기반으로 하고 있다. 앞의 2구는 현사와의 이별을, 뒤의 2구는 현사 천거에 대한 구체적 내용을 노래한다.

유비는 서서를 얻은 후 조조와 벌어진 3번의 전투를 연달아 승리하면서 기뻐 어쩔 줄을 모른다. 반면 조조는 연전연패하면서 서서의 재간을 알게 되고, 서서를 탐내어 급기야 자기의 진영으로 끌어들일 계획을 세운다. 조조의 모사 정욱(程昱)이 계책을 내놓는다. 서서의 효심을 이용하여 그의 어머니를 붙잡아 놓는다면 자연스레 서서가 조조에게 오리라는 것이었다. 정욱의 계책에 빠진 서서는 할 수 없이 유비의 곁을 떠나게 된다.

서서와의 이별을 앞둔 유비는 못내 아쉬워하고, 두 사람은 서로 손을 부여잡고 눈물을 흘린다. 유비는 말을 세운 채 총총히 떠나가는 서서의 뒷모습을 눈물 젖은 눈으로 바라본다. 현사를 떠나보낸 유비의 애석함이 극도에 달하고, 떠나는 서서도 유비의 은혜에 가슴이 멘다. 두 사람의 이별 장면이 막을 내리는 순간, 홀연 말채찍을 휘두르며 되돌아온 서서가 유비에게 제갈량을 추천한다. 이것이 바로 현사를 천거한 것으로, 그 시사하는 바는 의미심장하다.

가정본에는 다시 한 연의 시가 있어 직접적인 설명을 더하고 있다. 그것은 다음과 같다. '서서가 이별하며 제갈량을 천거하지 않았다면, 어떻게 서천(西川) 40년을 얻을 수 있었으리요!'

제37회

융중가Ⅰ - 밭 매는 사람들의 노래

푸른 하늘 둥근 일산과 같고
넓은 땅 네모진 바둑판 같네.
세인들 흑백의 돌처럼 나뉘어
높고 낮은 자리 서로 다투네.

이긴 자 스스로 평안하지만
패한 자는 필경 수고스럽네.
남양 땅에서 숨어사는 이는
높은 베개 잠도 부족하구나!

蒼天如圓蓋　陸地似棋局
창천여원개　육지사기국
世人黑白分　往來爭榮辱
세인흑백분　왕래쟁영욕
榮者自安安　辱者定碌碌
영자자안안　욕자정녹록
南陽有隱居　高眠臥不足
남양유은거　고면와부족

주

◆흑백(黑白), 영욕(榮辱) : 모두 『노자(老子)』 28장에 나오는 말이다. 백(白)과 영(榮)

은 높은 자리, 웅건(雄建), 밝음 등을 뜻하고, 흑(黑)과 욕(辱)은 아랫자리, 유약(柔弱), 암담(暗淡) 등을 의미한다.　◆안안(安安) : 편안히 영화를 누린다는 의미다.
◆녹록(碌碌) : 능력이 없다. 잡무가 많아 바쁘다.

감상과 해설

서서의 천거로 제갈량의 존재를 알게 된 유비는 관우와 장비를 데리고 융중의 제갈량을 찾아간다. 이 시는 융중 산자락에서 농부들이 호미로 밭을 매며 부르고 있던 노래로, 『삼국지연의』에서는 제갈량이 지은 것으로 되어있다.
　작가는 이 시를 통하여 제갈량의 마음과 인생관을 전하고 있다. 시 가운데는 분명 도가사상이 깃들어 있음을 파악할 수 있다. 하늘을 무궁무진한 원형으로 본 것은 도가의 태극도(太極道)에서 우주의 본원이 무극(無極)이라는 영향을 받은 것으로 보인다. 제갈량의 성격구조에서도 도교적인 요소가 홀시할 수 없는 비중을 차지하고 있다. 하지만 그의 성격구조 속에는 단순히 도교적인 요소만 존재하는 것이 아니라 유도(儒道)가 복합적으로 보완되어 있음을 알 수 있다. 끝까지 은거만 고집한 게 아니라 옳은 주인을 섬기기 위해 하늘이 내리는 적절한 시기를 기다린 것이다. 이는 '은거하면서 그 뜻을 구하니', '선비의 뜻은 도에 있다.'는 의미의 실천이라 할 수 있다. 따라서 '세상에 나오는 것'과 '사회에 뛰어드는 것'은 결코 모순이 되지 않는 것이다.
　융중에 은거한 제갈량은 호연지기를 기르며 청운의 뜻을 갈고 닦는다. 여러 차례 먼 길을 찾아간 유비는 쉽게 만나지 못함으로써 더욱 '삼고(三顧)'의 마음이 간절해진다. 이야기의 틀이 짜여 진 각도에서 본다면 이런 시가들의 출현은 모두가 제갈량의 하산을 위해 배치한 전주곡이라 할 수 있다.

제37회
와룡강

양양성 서쪽으로 이십 리 쯤 되는 곳에
한줄기 높은 구릉 흐르는 물 베고 누웠네.
긴 구릉은 꿈틀대며 구름자락 짓누르고
흐르는 물은 졸졸대며 석수를 흩날리네.

기세는 곤한 용이 바위 위에 서리고 있는 듯
모습은 외로운 봉황이 노송 그늘에 앉은 듯.
사립문짝 반쯤 닫혀있는 초가집 사랑채에는
고결한 선비가 잠이든 채 일어날 줄 모르네.

기다란 장죽 어우러져 푸른 병풍 둘러쳤고
철철이 울 밑에선 들꽃 향기 풍겨오누나.
책상머리에 쌓인 거라곤 모두가 서적이고
찾아드는 손님 가운덴 무식한 인물이 없네.

원숭이는 문 두드리며 때때로 과일 바치고
문지기 늙은 학은 밤 세워 글소리 엿듣네.
이름 있는 거문고는 비단 자루에 들어있고
벽 사이 걸린 보검엔 북두칠성 아로새겼네.

초가집의 선생은 유독 그윽하고 고상하여
한가하면 몸소 나가 밭 갈아 농사짓누나.
봄 우레에 놀라운 꿈이 돌아오는 날이면
한소리 긴 고함으로 천하를 평정하리라.

襄陽城西二十里　一帶高岡枕流水
양양성서이십리　일대고강침류수
高岡屈曲壓雲根　流水潺湲飛石髓
고강굴곡압운근　유수잔원비석수
勢若困龍石上蟠　形如單鳳松陰裏
세약곤룡석상반　형여단봉송음리
柴門半掩閉茅廬　中有高人臥不起
시문반엄폐모려　중유고인와불기
修竹交加列翠屛　四時籬落野花馨
수죽교가열취병　사시이락야화형
床頭堆積皆黃卷　座上往來無白丁
상두퇴적개황권　좌상왕래무백정
叩戶蒼猿時獻果　守門老鶴夜聽經
고호창원시헌과　수문노학야청경
囊里名琴藏古錦　壁間寶劍挂七星
낭리명금장고금　벽간보검괘칠성
廬中先生獨幽雅　閑來親自勤耕稼
여중선생독유아　한래친자근경가
專待春雷驚夢回　一聲長嘯安天下
전대춘뢰경몽회　일성장소안천하

주

◆운근(雲根) : 구름자락. 산 사이에 구름이 일어나는 곳을 가리킨다. ◆잔원(潺湲) : 의성어. 계곡물이나 샘물이 흐르는 소리를 뜻한다. ◆석수(石髓) : 갈홍(葛洪)의 「신선전(神仙傳)·왕렬(王烈)」편을 보면, 왕렬이 청석(靑石) 가운데서 흘러나오는 푸른 진흙 같은 석수로 환(丸)을 만드는 이야기가 있다. 훗날 복용하면 신선이 되는 물건으로 발전한다. ◆단봉(單鳳) : 고독한 봉새를 의미한다. ◆고인(高人) :

제갈량을 비유한다. ◆수죽(修竹) : 장죽, 긴 대나무를 뜻한다. ◆황권(黃卷) : 서적. ◆백정(白丁) : 배우지 못해 재주가 없거나 지식이 부족한 사람. 평민을 가리킨다. ◆낭(囊) : 주머니. 자루. ◆고금(古錦) : 오래된 비단. 이 구절의 의미는 훌륭한 금을 오래된 비단 자루 속에 보관했다는 뜻이다. ◆칠성(七星) : 칠성 무늬가 새겨진 칠성보검. ◆장소(長嘯) : 장명(長鳴). 길게 소리 내다.

감상과 해설

이 시는 융중의 풍경을 묘사한 시로 공간적 구도로 볼 때, 먼 곳에서 가까운 곳으로 접근하고 있다. 융중의 배산임수(背山臨水), 와룡강(臥龍岡)의 기운찬 형세, 그윽하면서도 우아한 초막의 정경 그리고 풍진세상을 등진 고고한 선비의 한적하고 멋스러운 생활, 고상하고 우아한 풍채 등이 마치 한 폭의 고풍스럽고도 청아한 두루마리 그림처럼 펼쳐진다.

특히 전반 6구에선 와룡강의 경치를 자세히 묘사하고 있다. 융중산은 양양성(襄陽城) 서쪽에 위치하는데, 그 산세는 오르내리는 기복이며 빙빙 둘러 곡선을 이루는 모습이 마치 용이 긴 몸뚱이를 서리고 있는 것 같다. 게다가 푸른 나무와 우거진 녹음은 한 마리 봉황이 깃들어 있을 법하고, 무성한 숲과 길게 자란 대나무가 어우러져 울울창창하다. 산 아래엔 자그마한 다리가 있고 다리 밑으론 옥 같은 물이 흘러 그야말로 선경이다.

제갈량의 모옥은 사립문이 반쯤 닫혀있고 대나무 울타리에 초가집이다. 초가 마당엔 들꽃 향기가 코를 찔러 고풍스럽고 소박하며 그윽하고 아름답다. 17세부터 이곳에 은거한 제갈량은 손수 농사지으며 10여 년 동안 여러 선비들과 널리 교유하여 학문을 갈고 닦으며 천하대사를 두루 논했다. 방안의 책상머리에는 만 권 서적이 수북이 쌓여있고, 벽 사이에는 칠성보검이 걸려있으며, 오래된 비단 주머니 속에는 값진 거문고가 들어있고, 옥갑 안에는 바둑돌이 놓여있다. 이러한 광경은 제갈량이 비록 초야에 은거해 있지만 가슴속에는 남다른 포부를 품고 오직 하늘이 내리는 때를 기다리고 있음을 나타낸다. 그래서 마지막 연에 이르러 기회를 만나고, 마침내 산을 내려와 거인의 큰 손으로 역사의 수레바퀴를 삼분천하 방향으로 돌린다는 내용을 노래하고 있다.

제37회
융중가 II – 장사 공명가

대장부가 여태껏 공명 이루지 못한 것은
아 너무나 오랫동안 때를 만나지 못한 때문이라!

그대는 보지 못했는가.
동해 땅 늙은 강태공이 평생의 불운 벗어던지고
뒤 수레 타고 마침내 문왕을 따라나서게 된 일을.
8백 명의 제후들이 기약 없이 모여들고
흰 물고기 뱃전에 뛰어들어 맹진나루를 건넜다네.
목야 들판 한 판 싸움에 피 흘러 내를 이루니
매처럼 드날린 매서움 무신들 중에서 으뜸이었지.

또 보지 못했는가.
고양 땅 술꾼 역이기도 초야에서 몸 일으켜
절 안하고 읍만 하며 망탕산의 한 고조와 만난 일을.
왕도 패도 고담준론에 귀가 번쩍 열리어
씻던 발 그만두고 윗자리에 모셔 흠모했네.
동쪽 제나라 72성 구변으로 함락하니
천하의 어느 누가 이 사람을 따를 손가.

강태공 역이기 두 사람 공적 이러하거늘
오늘날 누가 감히 영웅이라 칭하리?

壯士功名尙未成　嗚呼久不遇陽春
장사공명상미성　명호구불우양춘
君不見　東海老叟辭荊榛　后車遂與文王親
군불견　동해노수사형진　후거수여문왕친
八百諸侯不期會　白魚入舟涉孟津
팔백제후불기회　백어입주섭맹진
牧野一戰血流杵　鷹揚偉烈冠武臣
목야일전혈류저　응양위열관무신
又不見　高陽酒徒起草中　長揖芒碭隆准公
우불견　고양주도기초중　장읍망탕융준공
高談王霸驚人耳　輟洗延坐欽英風
고담왕패경인이　철세연좌흠영풍
東下齊城七十二　天下無人能繼踪
동하제성칠십이　천하무인능계종
二人功績尙如此　至今誰肯論英雄
이인공적상여차　지금수긍론영웅

주

◆양춘(陽春) : 봄날. 여기서는 인재를 얻어 포부를 실현할 기회를 말한다. ◆동해노수(東海老叟) : 여망(呂望, 여상, 강태공). 여망은 동해 사람으로 강성(姜姓) 여씨(呂氏)다. 그는 80세가 넘어 출사했으므로 동해노인이라 말하고 있다. ◆형진(荊榛) : 일반적으로 관목이 무성하게 자라는 것을 말한다. 불우하거나 황폐한 정경을 형용하는데 많이 사용한다. ◆후거(後車) : 뒤 수레. 임금을 수행한다. ◆불기회(不期會) : 약속도 하지 않았는데 모였음을 의미한다. ◆백어입주섭맹진(白魚入舟涉孟津) : 주나라 무왕(周武王)이 황하의 중류에 이르자 흰 물고기가 배안으로 뛰어들었다. 무왕은 그 물고기를 취해 제사를 지냈다. ◆목야일전혈류저(牧野一戰血流杵) : 주 무왕이 제후들을 이끌고 목야의 들판에서 상(商)나라 군대와 결전을 벌일 때, 피가 흘러 내를 이루었는데 다듬이 방망이조차도 둥둥 떠다닐 지경이었다고 한다. ◆고양주도기초중(高陽酒徒起草中) : 한 고조 유방의 책사였던 역

이기(酈食其)는 고양(高陽) 사람으로 그가 처음 유방을 알현할 때 자칭 '고양의 술꾼(高陽酒徒)'이라 했다. 후에 유방에게 중용되어 초한전쟁에서 큰 공을 세운다. ◆장읍(長揖) : 길게 읍만 하고 절을 하지 않다. 인사를 정중하게 하지 않는 것을 말한다. 역이기가 유방을 처음 만날 때였다. 침상에 기댄 유방은 두 여인에게 발을 씻기도록 한 채 거들떠보지도 않았다. 이에 역이기는 길게 읍만 하고 절을 하지 않더니, 마침내 유방을 향해 무례하다며 고함을 쳤다. ◆융준공(隆準公) : 융은 높다는 뜻이고 준은 코를 가리킨다. 한 고조 유방은 코가 우뚝하고 잘생겼다고 한다. ◆왕패(王覇) : 왕도(王道)와 패도(覇道)를 가리킨다. 역이기가 거리낌 없이 호방한 자세로 왕도와 패도에 대한 일장연설을 늘어놓자, 놀란 유방이 즉시 발 씻기를 그만두고 상좌로 청해서 예를 다해 대접했다 한다. 여기서 철(輟)은 멈추다, 연(延)은 요청하다는 뜻이다. ◆동하(東下) : 역이기가 유방을 위해 제(齊)나라로 가서 유창한 구변만으로 72개의 성을 항복받은 사실을 말한다.

감상과 해설

유비가 두 번째로 제갈량을 찾아갈 때, 제갈량의 초려 근처에 있던 길가 주점에서 들리던 노래이다. 알아보니 와룡의 벗 석광원(石廣元)과 맹공위(孟公威)가 탁자를 두드리고 있었는데, 이때 석광원의 입에서 흘러나온 노래 가사이다. 이 시는 이백(李白)의 「양보음(梁甫吟)」 전반부를 차용하여 지은 시로 보인다. 즉 이백의 시에 나오는 전고라든가 시적 결구 내용이 대동소이하다. 2수의 시에서 똑같은 전고를 사용했는데, 하나는 오랜 세월 불우한 생활을 한 강자아(강태공)의 이야기다. 50세에 행상을 하고, 70세에 도살업을 하였으며, 80세가 되어서도 위수가에서 낚시질이나 하고 있다가 마침내 주 문왕(周文王)을 만나 평생의 포부를 펼치게 된다. 다른 하나는 한 고조 유방을 만난 역이기의 이야기다. 처음 역이기를 별것 아닌 선비로 간주한 유방은 시녀에게 발을 씻기도록 한 채 거만한 태도로 그를 맞이한다. 이를 본 역이기가 도도한 웅변으로 호통을 치자 얼은 태도를 바꾼 유방이 상좌로 모셔 정중히 대접한다. 훗날 역이기는 구변 하나로 제나라 72개 성을 피 한 방울 흘리지 않고 항복받는 성과를 올린다.

강자아와 역이기, 이 두 사람은 높은 재주를 가지고도 초야에 묻혀 살며 때가 오기를 기다린 사람들이다. 말하자면 제갈량의 현재 처지를 대변하고 있는 것이다. 한걸음 더 나아가면 제갈량을 위시한 봉건시대 지식인들의 처세관을 그대로 표현하고 있다고 할 수 있다. 초야에 묻혀 한가롭게 살면서도 때를 만나기만 하면 천하를 좌지우지 해보겠다는 정치적 이상을 꿈꾸고 있는 것이다. 현대적 관점에서 본다면 이율배반적인 태도가 아닐 수 없다.

제37회
융중가 III — 은자의 노래

우리 고제 검을 뽑아 온 천하 청소하고
나라 세워 터 닦은 지 4백 년이 되었네.
환제 영제 말세 되자 화덕이 사그라져
간신 역적 나서서 재상 권력 농단하네.

푸른 구렁이 날아서 옥좌 옆에 떨어지고
요기서린 무지개도 옥당으로 내리뻗네.
도적들은 사방에서 개미떼처럼 모여들고
간웅과 온갖 무리 무용 뽐내며 날뛰누나.

우리네야 노래하고 손장단이나 맞추면서
답답하면 주막 찾아 막걸리나 마신다네.
초야에서 몸 닦으니 종일토록 편안한데
구태여 천고에 이름 남길 필요 있으리오!

吾皇提劍淸寰海　　創業垂基四百載
오 황 제 검 청 환 해　　창 업 수 기 사 백 재
桓靈季業火德衰　　姦臣賊子調鼎鼐
환 령 계 업 화 덕 쇠　　간 신 적 자 조 정 내
靑蛇飛下御座傍　　又見妖虹降玉堂
청 사 비 하 어 좌 방　　우 견 요 홍 강 옥 당

群盜四方如蟻聚　奸雄百輩皆鷹揚
군도사방여의취　간웅백배개응양
吾儕長嘯空拍手　悶來村店飮村酒
오제장소공박수　민래촌점음촌주
獨善其身盡日安　何須千古名不巧
독선기신진일안　하수천고명불교

주

◆오황(吾皇) : 한 고조 유방을 가리킨다.　◆환해(寰海) : 환우사해(寰宇四海)의 준말로 온 천하 또는 중국을 가리킨다.　◆사백재(四百載) : 기원전 206년, 유방이 한 나라를 세운 때부터 동한 말년까지 약 400년을 말한다.　◆계업(季業) : 말세. 나라의 운세가 쇠퇴한 것을 의미한다.　◆정내(鼎鼐) : 재상의 권위를 비유함. 조(調)란 조농(調弄)을 의미한다. 즉 조정을 농단하는 것을 뜻한다.　◆응양(鷹揚) : 무용이 마치 사나운 매의 기세와 같은 것을 의미한다.　◆오제(吾儕) : 같은 무리.　◆독선기신(獨善其身) : 맹자의 '궁즉독선기신(窮則獨善其身) 달즉겸제천하(達則兼濟天下)'에서 나온 말이다. 즉 초야에 있을 때는 자신의 절조(節操)를 기르고, 벼슬길에 나아갔을 때는 나라를 다스리고 천하를 평안케 하는 것이라는 뜻이다.

감상과 해설

이 노래 역시 「장사 공명가」와 마찬가지로 탁자를 두드리며 부르던 노래이다. 석광원의 노래가 끝나자 맹공위가 화답한 노래로, 내용을 분석해 보면 동일한 주제지만 표현상의 요점은 다르다. 전자는 역사적 인물을 빌어서 인재가 때를 만난 감개를 표현하였고 후자는 한 왕조 4백 년의 치란(治亂)을 토대로 현실적 운명에 대한 인식을 나타냈다. 즉 앞의 노래는 옛일에 대한 회상인 반면 뒤의 노래는 눈앞의 현실에 대한 표현이고, 앞에서는 공명성취에 대한 찬탄인 반면 뒤에서는 현실적 자위를 노래하고 있다.

이 노랫말은 2개의 층차로 나누어진다. 앞부분에서는 한나라 왕조의 운수를 개괄하였고, 뒤에서는 어지러운 사회 현상에 휩쓸리지 않고 자신을 지키기 위해 초야에 묻혀 안빈낙도(安貧樂道)하는 태도를 나타낸다.

우편엽서

보내는 사람

□□□-□□□

우편요금
수취인 후납부담
발송 유효 기간
2005. 1. 1. ~ 2007. 12. 31.
서울 마포우체국
승인 제0608호

ⓗ (주)현암사 편집부 앞

서울특별시 마포구 아현3동 627-5
전화:(02) 365-5051
팩스:(02) 313-2729

121-862

이 엽서를 보내 주시면 '현암독서회원'이 되십니다. 회원에게는 새 책이 나오면 안내해 드리
서점에서 판매하지 않는 재고도서와 한정판 발행도서를 특별가격으로 드립니다. 아울러 현암
에서 주최하는 모든 행사에 우선적으로 참여하실 수 있는 특전도 드립니다.

귀하가 구입하신 현암사 도서명

현암사 도서를 구독하신 동기
- ☐ 매스컴(신문·잡지·라디오 등)광고를 보고
- ☐ 누군가의 권유로
- ☐ 인터넷정보사이트를 보고
- ☐ 현암사 홈페이지
- ☐ 신간안내서나 서평을 보거나 듣고
- ☐ 서점에서 직접
- ☐ 인터넷서점
- ☐ 기타(   )

현암사 도서를 구입하신 경로
- ☐ 서점에서(구입 서점:)
- ☐ 현암사 홈페이지
- ☐ 전화주문으로
- ☐ 인터넷서점
- ☐ 기타 인터넷정보사이트

책을 읽은 소감

현암사는 어떤 출판사라고 생각하십니까?

현암사가 앞으로 내주었으면 하는 책(어떤 종류·어떤 책)

현암사가 해주었으면 하는 행사

현암사 인터넷회원이십니까? ☐ 예   ☐ 아니오

※ 인터넷회원으로 가입하시면 도서구입 시 마일리지 적립, 신간안내, 이벤트 시 우선 혜택 등
  다양한 특전을 누리실 수 있습니다.

직업	생년월일	학력
관심분야	구독신문	구독잡지
전화번호	전자우편(e-mail)주소	

항상 양서출판을 기획하는 저희 현암사에서는 여러분의 귀한 말씀이
큰 보탬이 될 것으로 믿고 있습니다. 감사합니다.

『삼국지연의』상의 예술적 구조로 본다면, 제갈량의 친구들인 석광원과 맹공위의 이율배반적 심리를 통하여 은거생활을 끝내고 관직생활로 나아가려는 제갈량의 심리 역정을 간접적으로 표현하고 있는 것이다. 비록 필묵(筆墨)은 친구들을 위주로 묘사하고 있지만 그 기품과 운치는 제갈량에게 응집되어 있으며, 짧은 글귀 안에 많은 내용을 축약하고 있다.

제37회
융중가 IV − 천시를 기다리는 노래

봉황이 천 길 높이 날아오름이여
오동나무가 아니면 쉬지 아니하고.
선비가 한 쪽에 숨어 있음이여
옳은 주인이 아니면 의탁하지 않는다네.

즐겁게 몸소 밭 갈고 씨 뿌림이여
내가 나의 초가집을 사랑함이요.
잠시 거문고와 책 속에 정 붙임이여
이로써 하늘이 내리는 때를 기다린다네.

鳳翱翔於千仞兮　非梧不棲
봉 고 상 어 천 인 혜　비 오 불 서
士伏處於一方兮　非主不依
사 복 처 어 일 방 혜　비 주 불 의
樂躬耕於隴畝兮　吾愛吾廬
낙 궁 경 어 농 무 혜　오 애 오 려
聊寄傲於琴書兮　以待天時
요 기 오 어 금 서 혜　이 대 천 시

주

◆인(仞) : 고대 중국에서는 8척이나 7척을 1인으로 삼았다.　◆복처(伏處) : 은거.

◆농무(隴畝) : 농지.　◆요(聊) : 잠시. 우선.　◆기오(寄傲) : 거침없고 오만한 정회에 기탁하다.

감상과 해설

유비가 석광원, 맹공위와 작별을 고하고 와룡강으로 가자 초당에서 한 소년이 화로 앞에 무릎을 끼고 앉아 노래를 부르고 있었다. 이 소년은 바로 제갈량의 아우 제갈균(諸葛均)이다. 노래는 비록 제갈균의 입을 통해 나오지만 기실은 제갈량의 인생철학을 토로하고 있는 셈이다. 몸은 비록 융중에서 밭 갈고 씨 뿌리며 농사짓고 있지만 가슴속에는 언제나 천하를 구제할 큰 뜻을 품고 있다는 것이다. 가사는 주로 옳은 주인을 택하는 일과 세상에 나아갈 때를 기다리는 내용으로 구성되어 있다.

제갈량이 몸은 비록 초야에 묻혀있지만 기실 정치에 뜻을 두고 있음은 『삼국지연의』상의 여러 장면에서 찾아볼 수 있다. 그중에는 자신을 관중(管仲)과 악의(樂毅)에 비유하는 내용도 있는데, 이는 매우 적극적인 의사 표현이 아닐 수 없다. 관중은 춘추시대 제나라 환공(齊桓公)의 재상으로 제후들을 규합하여 환공을 천하의 패자로 만든 걸출한 정치가이다. 악의는 전국시대 연(燕)나라의 장수로 5국 연합군을 이끌고 제나라 70개 성을 함락시킨 저명한 군사전략가이다. 제갈량이 자신을 이들과 비유한다는 것은 정치에 뜻을 두고 있다는 말이 된다. 따라서 그가 초야에 은거하고 있던 것은 때를 기다리고 있었음이다.

제37회
융중가 V – 흩날리는 눈발

온 밤 차가운 북풍 몰아치더니
만 리 하늘 먹구름 짙게 깔렸네.
공중에 어지러이 눈발 흩날리니
강산의 옛 모습 모두 바뀌었네.

얼굴 들고 먼 하늘을 쳐다보니
마치 옥룡이 어울려 싸우는 듯.
흰 비늘 부서져 펄펄 날리더니
순식간에 하늘 땅 온통 뒤덮네.

나귀 타고 작은 다리 건너가며
매화꽃 시듦을 홀로 탄식하노라.

一夜北風寒　萬里彤雲厚
일 야 북 풍 한　만 리 동 운 후
長空雪亂飄　改盡江山舊
장 공 설 란 표　개 진 강 산 구
仰面觀太虛　疑是玉龍鬪
앙 면 관 태 허　의 시 옥 룡 투
紛紛鱗甲飛　頃刻遍宇宙
분 분 인 갑 비　경 각 편 우 주
騎驢過小橋　獨嘆梅花瘦
기 려 과 소 교　독 탄 매 화 수

주

◆동운(彤雲) : 눈이 내리기 전 자욱하게 펼쳐진 짙은 구름을 가리킨다.   ◆개진강산구(改盡江山舊) : 개진구강산(改盡舊江山)으로 해야 하나, 압운(押韻)을 위해 도치되었다.   ◆태허(太虛) : 하늘을 가리킨다.

감상과 해설

유비가 제갈량을 찾아갔다가 만나지 못하고 돌아오려는데, 제갈량의 장인인 황승언(黃承彦)이 사위의 집으로 오면서 읊는 시이다. 이 시는 앞에 나온 「밭 매는 사람들의 노래」와 더불어 제갈량의 창작품으로 소개된다.

2수의 시를 비교해보면 하나는 분분한 세상일을 노래하고 다른 하나는 어지러운 눈발이 내리는 광경을 노래하지만 시 가운데 내재한 정취는 서로 비슷하다. 즉 앞의 시는 소박함을 사랑하는 은자가 맑은 마음과 고요한 행동거지로 과욕을 부리지 않고 침상에 높이 누워 분분한 세사를 초탈한 광경이며, 뒤의 시는 눈 속의 겨울 매화가 봄날 피어날 온갖 꽃을 부러워하지 않고 차가운 눈보라를 맞으며 고결한 미소를 머금는 광경이다. 하나는 사람이고 다른 하나는 매화이지만 둘 다 고아하고 탈속한 정취에다 자신을 다스림으로 초월의 경지를 지향한다는 점에서 동일하다. 그래서 은자가 바로 매화이고, 매화가 바로 은자인 것이다. 이는 융중에 은거한 제갈량의 경계를 대변하는 것이기도 하다. 황승언은 제갈량의 인물됨에 반하여 자신의 딸을 주었고 제갈량은 추녀이지만 재주가 높은 황 소저를 아내로 맞이함으로써 현모양처를 얻게 된다. 이 일은 그냥 흘려버리기 쉬운 단순한 에피소드로 치부할 수도 있다. 그러나 자세히 살펴보면 제갈량의 출세와 깊은 연관을 가진 일이 아닐 수 없다. 즉 제갈량이 하남의 명사인 황승언의 사위가 됨으로써, 유명 지식인들 사이에 그 명성을 널리 알리게 되었고 마침내 당대의 영웅인 유비에게 발탁되게 된 것이다. 이는 다른 말로 표현하자면 아무리 제갈량이 높은 재주를 가지고 있었다 할지라도 황승언의 사위가 되지 않았다면 그냥 초야에서 일생을 마쳤을지도 모른다는 이야기다.

제37회
두 번째 융중 방문

온종일 부는 눈보라 속 훌륭한 이 찾아갔건만
만나지 못하고 돌아오니 실망스럽고 속상하네.
개울과 다리 함께 얼어붙고 돌길은 미끄러운데
추위는 말안장 파고들고 갈 길은 멀기만 하네.

머리에는 배꽃 같은 눈송이 하염없이 내려앉고
얼굴에는 어지러운 버들 솜 미친 듯 후려치네.
말채찍 멈추고서 고개 돌려 먼 곳을 바라보니
찬란한 은 무더기 와룡강에 가득히 쌓였구나.

一天風雪訪賢良　不遇空回意感傷
일천풍설방현량　불우공회의감상
凍合溪橋山石滑　寒侵鞍馬路途長
동합계교산석활　한침안마노도장
當頭片片梨花落　撲面紛紛柳絮狂
당두편편이화락　박면분분유서광
回首停鞭遙望處　爛銀堆滿臥龍岡
회수정편요망처　난은퇴만와룡강

주

◆현량(賢良) : 덕과 재주를 겸비한 인물을 지칭한다.　◆동합(凍合) : 날씨가 추워

다리와 그 밑을 흐르던 계곡물이 함께 얼어붙은 것을 형용하는 말이다. ◆이화(梨花) : 눈꽃을 비유한다. ◆유서(柳絮) : 버들 솜. 눈꽃을 비유한다. ◆난은(爛銀) : 큰 눈이 천지를 뒤덮은 상태를 뜻한다.

감상과 해설

유비는 제갈량을 두 번이나 찾아갔지만 만나지 못한다. 돌아오는 귀로에 눈보라를 만났는데, 그 속에서 느끼는 다양한 감정을 표현한 시이다. 현사를 찾았지만 만나보지 못한 실의(失意), 반생을 전장에서 떠돌았지만 변변한 공업도 이루지 못한 슬픔, 지금도 겪고 있는 고난, 불투명한 앞날에 대한 우려 등이 복합적으로 깔려있다.

이 시는 『삼국지연의』 상의 이야기 흐름이나 인물의 정감과 적절히 부합하고 있다. 두 차례의 방문에도 불구하고 만나고 싶은 사람을 만나지 못한 실의와 감상은 물론 감상 후에도 은은히 남아있는 희망을 예시함으로써 세 번째 방문에 대한 서막을 열고 있다. 특히 두 번째 방문시기를 엄동설한에 설정함으로써 머지않아 봄기운이 돌고 따사로운 햇살이 비치어 잠자던 용이 눈을 뜰 것을 암시하는 내용과 출사를 원치 않고 은거한 현사를 끝내 만나지 못하는 장면은 너무나 자연스럽게 부합된다. 그래서 세 번째 방문시기를 용이 서서히 머리를 들 새봄으로 설정하고 방문 목적을 성공으로 이끄는 상황이 더욱 필연적으로 다가오는 것이다. 시대와 와룡의 관계를 상징적 수법으로 층층이 포진함으로써 제갈량이란 비범한 인재와 시대적 관계를 적절히 나타내고 있다.

제38회
큰 꿈의 노래

큰 꿈을 누가 먼저 깨닫는고
평생을 나 스스로 알고 있거늘.
초당의 봄 잠 흡족히 잤는데도
창밖의 해는 더디게 가는구나.

大夢誰先覺　平生我自知
대몽수선각　평생아자지
草堂春睡足　窓外日遲遲
초당춘수족　창외일지지

주

◆대몽수선각(大夢誰先覺) : 대몽(大夢)은 옛사람들은 인생을 비유하는데 쓰던 말이다. 인생은 마치 한바탕 큰 꿈과 같다는 뜻이다. 각(覺)은 불교 용어로 맑은 마음으로 진리를 깨닫는 것이다. 이 구절은 인생이 한바탕 꿈 같이 허망함을 깨닫는다는 뜻이다.　◆일지지(日遲遲) : 지(遲)는 더디다는 뜻으로 낮은 길고 밤은 짧은 시기를 말한다.

감상과 해설

유비가 세 번째로 와룡강을 방문했을 때 제갈량은 낮잠을 자고 있었다. 유비는 제갈량을 깨우지 않고 계단 아래서 두 손을 맞잡고 기다린다. 한 시진(時辰)이 흐르고 나서야 마침내 제갈량이 일어났는데, 그때 읊은 시가 바로 이 시다. 동한 말의 사회적, 정치적 혼란기를 맞은 제갈량은 당시로서는 상대적으로 안정된 형양(荊襄)지방으로 피신해 있었다. 그는 비록 초려에 앉아 있었지만 천하의 형세를 어느 누구보다도 명확히 알고 있었다. 조그마한 재주를 가지고 선후를 다투며 철새처럼 돌아다니던 정객이나 문인들은 모두들 단견(短見)만 갖고 있었다. 그러나 제갈량만큼은 맑은 두뇌와 탁월한 안목으로 천하의 정세를 훤하게 꿰뚫고 있었기에 그토록 자신 있게 '대몽수선각(大夢誰先覺) 평생아자지(平生我自知).'라고 말할 수 있었던 것이다.

제갈량에게 느낄 수 있는 풍모는 다양하지만 그중에서도 도가적인 면과 유가적인 면이 특히 두드러진다. 여기서 자지(自知)라는 단어는 10년 동안 은거하며 고요히 수양한 결과를 나타낸다. 이 단어 속에는 어진 신하가 옳은 주인을 택하여 섬기는 정치적 선택과 출장입상(出將入相)의 전략이 내재되어 있고, 원대한 포부와 국궁진췌(鞠躬盡瘁)의 책임감이 녹아있으며, 천시에 순응하는 자세와 천하삼분을 꿰뚫는 안목과 한실 부흥이라는 필생의 임무도 포함되어 있다. 하지만 그러한 포부를 가볍고 자연스러우며 한적한 분위기로 가린 채 베개를 높이 베고 누워 편안히 낮잠을 잔다. 그리고는 일어나자마자 시간이 더디게 간다는 한가로운 말을 내뱉는 것이다. 제갈량이야말로 고금의 현상(賢相) 중에서도 첫손에 꼽을 수 있는 기인이 아닐 수 없다.

제38회

융중의 정책 결정

유 예주는 당시 외롭고 곤궁함을 탄식했는데
남양 땅에 와룡 있은 게 얼마나 다행이었나!
훗날 천하가 셋으로 나뉠 곳 알고 싶어 하자
공명선생 웃으며 그림 속 지도를 가리키네.

豫州當日嘆孤窮　何幸南陽有臥龍
예 주 당 일 탄 고 궁　하 행 남 양 유 와 룡
欲試他年分鼎處　先生笑指畵圖中
욕 시 타 년 분 정 처　선 생 소 지 화 도 중

주

◆예주(豫州) : 일찍이 유비가 예주자사(豫州刺史)를 지낸 적이 있기 때문에 유 예주라고 한다. ◆고궁(孤窮) : 고립되고 위태함을 나타낸다. ◆하(何) : 얼마나. ◆분정(分鼎) : 천하를 셋으로 나누어 웅거하는 한쪽을 나타낸다.

감상과 해설

유비가 제갈량을 찾아 삼고초려(三顧草廬) 했을 때 제갈량은 이미 천하가 삼분되리라는 사실을 알고 있었다. 동자에게 명하여 두루마리 그림을 초당 중앙에 내걸고는 유비에게 말한다. "이것은 서천 쉰네 개 고을의 지도입니다."

융중에서의 정책 결정은 제갈량이 천하대세를 분석하고 삼분천하의 전략에 대한 총 노선을 확립함으로써 유비에게 일생의 대 전환점을 가져다주었다. 그래서 시에서 '유 예주는 당시 외롭고 곤궁함을 탄식했는데, 남양 땅에 와룡 있은 게 얼마나 다행이었나!'라고 표현한 것이다. 이는 자구만의 해석일 뿐이지만, 만약 『삼국지연의』 전체의 예술구조상으로 본다면 더욱 깊은 뜻이 함유되어 있음을 알 수 있다.

『삼국지연의』의 서사결구는 한마디로 융중의 결책을 뼈대로 삼국 역사를 재단하고 펼치는 지도이념으로 삼았다고 할 수 있다. 제갈량이 천하의 형세를 분석할 때, 동탁의 난으로부터 조조가 북방을 평정하는 시기까지의 역사적 경험을 높이 평가하여, '비단 천시(天時) 뿐만 아니라 사람의 지모도 일조를 했다.'고 하였다. 이 상황은 바로 동탁의 난으로부터 관도대전까지의 상황을 이야기한 것이다. 그래서 제갈량이 융중의 정책결정을 할 때, 특히 사람의 지모를 중시한다. 이른바 사람의 지모가 바로 천하를 셋으로 나누는 계책을 의미하는 것이다. 이의 예술적 재현이 바로 적벽대전(赤壁大戰)에서부터 이릉(夷陵)의 전투까지이다.

제갈량이 서천 54주의 지도를 가리키며 유비에게 말하기를, "장군께서 패업을 이루고자 하신다면 북쪽은 조조가 천시(天時)로 점령하고 있으니 양보하시고, 남쪽은 손권이 지리(地利)로 차지했으니 양보하십시오. 장군께서는 인화(人和)로 점령하셔야 됩니다. 먼저 형주를 취하여 집으로 삼고 후에 서천을 취하여 기업(基業)을 세우셔서 정족지세(鼎足之勢)를 이룬 후에 중원을 도모하실 수 있사옵니다."라고 했다. 결국 형주를 빌리고 서천을 취한 것이 바로 삼분천하의 하나가 된다.

마지막 연에서 '훗날 천하가 셋으로 나뉠 곳 알고 싶어 하자, 공명선생 웃으며 그림 속 지도를 가리키네.'는 작가가 예술적 구도의 초점을 융중의 정책 결정에 맞추고 있음을 알 수 있다.

제38회
산을 나오는 제갈량

관직에도 오르기 전 물러갈 생각부터 하나니
공을 이루면 응당 떠날 때 한 말 생각나리라.
그러나 오직 선주가 신신당부한 일 때문에
가을바람 부는 오장원에서 별이 떨어졌도다.

身末升騰思退步　功成應憶去時言
신 말 승 등 사 퇴 보　공 성 응 억 거 시 언
只因先主丁寧後　星落秋風五丈原
지 인 선 주 정 녕 후　성 락 추 풍 오 장 원

주

◆승등(升騰) : 관직이 오르는 것. 발전하는 것을 뜻한다. ◆정녕(丁寧) : 즉 정녕(叮嚀). 부탁하다. 신신당부하다. ◆성락(星落) : 제갈량의 죽음을 비유한다. ◆오장원(五丈原) : 지금의 섬서성 미현(眉縣) 서쪽 20Km 지점의 야곡구(斜谷口) 서편이다. 제갈량은 이곳에서 병으로 죽었다.

감상과 해설

제갈량은 유비를 따라 떠나기 전 동생 제갈균에게, "나는 유 황숙(유비)께서 세 번씩이나 찾아주신 은혜를 입어 세상에 나가지 않을 수 없구나. 너는 여기서 농사를 지으며 밭을 묵히지 말고 나를 기다리도록 해라. 공을 이루면 즉시 돌아와서 은거하겠다."고 말한다.

『삼국지연의』에서는 삼고초려를 둘러싸고, '서서가 현명한 인재를 천거'하는 장면에서부터 '제갈량의 출산(出山)'까지 도합 11수의 시가를 실었다. 자세히 살펴보면, 그 줄거리는 유비의 현사를 구하는 태도가 마치 목마른 자가 물을 찾는 것처럼 간절하다는데 초점을 맞추었고, 시가의 중점은 제갈량이 하산하여 속세로 합류하는 과정의 심리적 상태에다 두었다.

제갈량은 "선제를 위하여 열과 성을 다하여 일하겠다."고 하고선 또 "공을 이루는 날이면 곧바로 돌아와 은거하겠다."고 하였다. 이것은 등용되면 나아가 봉사하지만 버림받으면 숨어버린다는, 고대 중국 지식인들의 상투적 처세관이라 할 수 있다. 제갈량도 이러한 처세관을 기초로 자신의 거취를 결정했다고 할 수 있다. 그러나 제갈량은 출산 이후 공성신퇴(攻成身退)하겠다던 당초의 결심을 이행하기도 전에 인생을 끝맺고 말았다. 이것은 역사적 사명 때문이었다고 할 수 있다. 그래서 작가는 제갈량의 행위를 '오직 선주(유비)의 당부 때문'이라고 서술했는데, 그 내용은 바로 제갈량의 「전출사표(前出師表)」에 절실히 언급되어 있다. 제6차 중원 정벌 길에 오른 제갈량은 마침내 오장원의 막사에서 죽음을 맞이한다. 후인들은 선제로부터 어린 자식의 장래를 부탁받고 최선의 노력을 다한 제갈량에게 최대의 찬사를 아끼지 않았다.

제38회
남양의 와룡이 큰 뜻을 품으니

고조 황제께선 손에다 삼척검 뽑아들고
망탕산의 백사를 밤중에 피 흘려 죽였네.
진나라 초나라 멸하고 함양으로 들었으나
이백 년 전엔 자칫 대가 끊길 뻔하였네.

위대하신 광무제가 낙양서 나라 일으키나
환제 영제에 이르자 또다시 쇠미해 지네.
헌제 임금 도읍 옮겨 허창으로 행차하자
사방에서 분분하게 호걸들 일어나네.

조조는 천시 얻어 나라 권력 휘두르고
강동 땅의 손씨마저 큰 사업 열었다네.
외롭고 곤궁한 현덕만이 천하를 떠돌다가
홀로 신야에 머물며 백성 고초 근심하네.

남양 땅의 와룡선생 큰 뜻을 품었는데
뱃속에는 웅병과 육도삼략 다 들었네.
서서가 길 떠나며 일러준 그 말 따라
세 번이나 초려 찾아 마음을 통하였네.

선생의 그때 나이 불과 스물일곱
거문고와 서책 싸서 융중 땅 이별하네.
형주를 먼저 뺏고 뒤따라 서천 취하니
큰 경륜 펼치면서 탁월한 공훈 세우네.

거침없는 혀끝에선 우렛소리 진동하고
담소하는 가슴속엔 하늘과 땅 뒤바꾸네.
빼어난 재주 장한 뜻 천하를 안정시키니
천년만년 흘러가도 그 이름 영원하리.

高皇手提三尺雪　芒碭白蛇夜流血
고황수제삼척설　망탕백사야류혈
平秦滅楚入咸陽　二百年前幾斷絶
평진멸초입함양　이백년전기단절
大哉光武興洛陽　傳至桓靈又崩裂
대재광무흥낙양　전지환령우붕렬
獻帝遷都幸許昌　紛紛四海生豪傑
헌제천도행허창　분분사해생호걸
曹操專權得天時　江東孫氏開鴻業
조조전권득천시　강동손씨개홍업
孤窮玄德走天下　獨居新野愁民厄
고궁현덕주천하　독거신야수민액
南陽臥龍有大志　腹內雄兵分正奇
남양와룡유대지　복내웅병분정기
只因徐庶臨行語　茅廬三顧心相知
지인서서림행어　모려삼고심상지
先生爾時年三九　收拾琴書離隴畝
선생이시연삼구　수습금서이농무
先取荊州後取川　大展經綸補天手
선취형주후취천　대전경륜보천수
縱橫舌上鼓風雷　談笑胸中換星斗
종횡설상고풍뢰　담소흉중환성두
龍驤虎視安乾坤　萬古千秋名不巧
용양호시안건곤　만고천추명불교

주

◆삼척설(三尺雪) : 보검을 비유한다. 즉 삼척검(三尺劍)을 말한다. ◆함양(咸陽) : 진 시황이 도읍한 곳으로 한 고조 유방이 진과 초를 멸하고 함양을 점거하였다. ◆2백 년 전(二百年前) : 광무제가 동한을 건립한 시기(서기 25년)로부터 제갈량이 출산한 시기(서기 207년)가 약 200년의 시차를 가진다. 동한의 건립 시기가 바로 서한의 쇠망시기이므로 이렇게 표현한 것이다. ◆낙양(洛陽) : 광무제가 도읍한 동한의 수도이다. ◆붕렬(崩裂) : 파열되다. 깨져 갈라지다. 여기서는 쇠미해지다는 의미로 쓰였다. ◆행(幸) : 황제의 행차를 말한다. ◆홍(鴻) : 홍(鴻)은 대(大)와 같은 의미다. ◆민액(民厄) : 액(厄)은 재난을 가리킨다. 즉 백성의 재난을 뜻한다. ◆정기(正奇) : 고대 용병의 전문용어. 정(正)은 대진하여 정면승부를 거는 것이고, 기(奇)는 계책을 세워 습격하는 것을 말한다. ◆삼구(三九) : 하산할 당시 제갈량의 나이. 즉 27세. ◆경륜(經綸) : 여기서는 국가정책을 수립하고 국가대사를 처리하는 능력을 의미한다. ◆보천(補天) : 『회남자·남명훈(覽冥訓)』의 신화인 '여와보천(女媧補天)'에서 나온 말로, 공훈이 탁월함을 형용한다. ◆환성두(換星斗) : 하늘과 땅을 뒤바꿈. 제갈량의 능력을 비유한다. ◆용양(龍驤) : 기세가 등등하다. ◆용양호시(龍驤虎視) : 웅재장지(雄才壯志)를 비유하는 말이다.

감상과 해설

이 고풍시(古風詩)는 한나라 왕조의 역사와 삼국시기 당대의 국세를 배경으로 높은 재주와 큰 뜻을 펼치는 제갈량의 웅자(雄姿)에 초점을 맞춘 것으로서 예술성이 매우 높은 작품이다.

전시(全詩)는 역사적 사건의 흐름에 따라 몇 단계의 의미를 펼쳐나간다. 그 첫째는 고조의 창업과 서한의 흥망, 광무제가 도읍을 세운 일과 동한의 흥망성쇠 그리고 조·손(曹孫, 조조와 손권)의 할거와 유비의 곤궁 등이다. 시공이 종횡으로 교차하는 가운데 역사적 변화와 현실적 형세를 묘사했다. 그 다음은 유비가 천하를 삼분하는 계기로 훌륭한 인재를 구하는 것, 즉 제갈량이 출산하는 내용이다. 마지막으로는 제갈량이 마음껏 경륜을 발휘하여 절세의 공훈을 세우는 내용이다. 그는 일생동안 천하를 정립(鼎立)하는 지리적, 정치적 균형을 유지하는데 심혈을 기울였다. 먼저 형주를 취한 후 서천을 거두어 정족지세로 지리적 균형을 이루고, 손·유(손권과 유비)가 동맹하여 조조에게 대항함으로써 정치적 균형을 도모하였다. 정치와 지리상에서 정족지세를 형성하였기에 누구도 흉내 낼 수 없는 재주로 천하를 편안하게 할 수 있었던 것이다. 이러한 몇 단계의 내용은 마치『삼국지연의』의 축소판이라고 할 정도로 작가의 전체적 예술구상을 드러내고 있다. 책 전체의 서사결구로 볼 때, 와룡강의 하산으로부터 오장원에서 세상을 떠날 때까지 제갈량이 활동한 정치적·군사적 무대는 도합 27년이다. 이것은『삼국지연의』의 회목 수로도 70회나 차지하고 있어 전체의 5분의 3에 해당하는 분량이다. 따라서 작가는 제갈량을 기둥으로 삼아 전체 줄거리를 지탱하였고 또 제갈량의 전형적 성격을 단서로 각 장면을 배치했다고 할 수 있겠다.

축소판 형식의 시편으로 전체 줄거리를 지탱하는 인물과 함께 배치하는 의도는『홍루몽(紅樓夢)』과 같이 암시성과 함축성을 더욱 풍부하게 하기 위한 기교로 보인다. 다만 시가에서 사용된 문자가 너무 평범하고 솔직하여 기교적인 면에서『홍루몽』보다 훨씬 떨어지는데, 이것은 오히려『삼국지연의』가 중국 고전 장편소설의 원조라는 증거로 볼 수 있다.

제38회
서씨 찬양

재색과 절개 다 갖춘 여인 온 세상 다시없으니
간악하고 사악한 원수 하루아침에 뿌리 뽑히네.
못난 신하 역적 따르고 충신들 목숨 버리지만
어느 누구도 동오의 여장부를 따라가지 못하리.

才節雙全世所無　奸回一旦受摧鋤
재 절 쌍 전 세 소 무　간 회 일 단 수 최 서
庸臣從賊忠臣死　不及東吳女丈夫
용 신 종 적 충 신 사　불 급 동 오 녀 장 부

주

◆재절(才節): 재능과 절개를 가리킨다. ◆간회(奸回): 간악하고 사악함을 의미한다. ◆최서(摧鋤): 풀을 꺾거나 뽑으며 김매는 것. 즉 김을 매듯 원수를 제거함을 비유한다.

감상과 해설

손권의 아우 손익(孫翊)은 성품이 거칠고 술을 좋아하여 취하기만 하면 병사들에게 매질을 했다. 이에 견디다 못한 단양(丹陽)의 독장(督將) 규람(嬀覽)과 군승(郡丞) 대원(戴員) 두 사람은 손익의 종복 변홍(邊洪)을 시켜 손익을 죽였다.

그러고 나서 모든 죄를 변홍에게 뒤집어씌우고 변홍을 죽였다. 또 손익의 부인이었던 서씨(徐氏)에게 남편의 원수를 갚아주었으니 자신을 모시라고 했다. 서씨는 앞에서는 그들의 요구를 들어줄 것처럼 행동하고 뒤로는 남편의 심복이었던 손고(孫高)와 부영(傅嬰)을 불러들여 남편의 원수를 갚으려 했다. 결국 규람과 대원은 서씨의 꼬임에 넘어가 죽음을 당한다. 이를 기리는 시다.

서씨는 미모에다 재능과 절개까지 겸비한 여인이었다. 그녀는 핍박과 모욕 그리고 강점하려는 욕망 앞에서 죽음으로 항거하지도 않았지만, 굴종하며 구차히 세상에 살아남은 것도 아니었다. 겉으로는 적을 유인하면서 조용히 주선하는 한편 속으로는 적을 제거할 치밀한 계책을 세웠으니, 그 임기응변이야말로 자유자재의 경지였다. 향수를 뿌리고 요염하게 화장을 한 뒤 웃음과 태연자약한 말로 친절하고 다정하게 대했지만, 이것은 모두가 계책의 일환이었다. 적을 제거한 그녀는 다시 상복으로 갈아입고 적의 머리로 남편의 영전에 제사를 올렸으니, 이야말로 진정이었다.

일개 아녀자로서 관청의 당상(堂上)에서는 능히 원수를 속이고 밀실에서는 계책을 꾸밀 수 있었으며, 원수에게는 웃는 얼굴로 그 속마음을 숨겼고, 심복에게는 울면서 진정을 토로할 수 있었다. 적을 제거하는 계책을 행함에 있어서는 감정을 드러내지 않고 소리도 내지 않으며 각본대로 치밀하게 진행했으니, 참으로 쉽지 않은 일이며 보기 드문 여인이 아닌가!

그래서 작가는 '재색과 절개를 모두 갖추어 온 세상 뒤져도 찾아볼 수 없는 여인'이라고 칭송한다. 이는 물론 봉건적 가치관을 기준으로 한 평가이다. 그러나 서씨의 행위는 고대 중국 부녀자들의 총명과 용감성 그리고 심계와 책략과 능력의 뛰어남을 충분히 대변하고 있다.

서씨는 『삼국지연의』에서 극히 미미한 역할로 등장하지만 중국소설사상 매우 빛나는 여성형상이 아닐 수 없다. 가정본과 모종강본 둘 다 이 시가 실려 있지만 가정본에 실린 내용은 지나치게 과장되어 찬미의 가치가 실추된 반면 모종강본의 수정은 훨씬 적절하다.

제39회
박망파의 화공

박망에서 대치하다 화공으로 습격하니
공명이 지휘한 전략 담소 중에 이뤄지네.
뜻밖의 패배 조조 간담 놀라서 터질 지경
초가집을 나온 이후 첫 공을 세웠도다.

博望相持用火攻　　指揮如意笑談中
박 망 상 지 용 화 공　　지 휘 여 의 소 담 중
直須驚破曹公膽　　初出茅廬第一功
직 수 경 파 조 공 담　　초 출 모 려 제 일 공

주

◆박망(博望) : 현(縣)의 명칭. 지금의 하남성 방성현(方城縣) 서남쪽. ◆직수(直須) : 뜻밖에도. 의외로. 상상외로. 마침내. 드디어.

감상과 해설

'박망소둔(博望燒屯)'은 제갈량이 출산 이후 처음으로 지휘한 전쟁으로, 서전을 승리로 장식한다. 불완전하긴 하지만 유비가 승리를 거두었다는데 그 의의가 있으며, 더욱 중요한 것은 조조군은 물론이거니와 유비 측 내부에서도 제갈량의 비범한 재주를 인정하게 되었다는 사실이다. 이로 말미암아 조조군의 두려움과 유비 진영의 탄복이 시작된다.

제갈량이 융중에 은거할 때는 소수의 형양(荊襄) 명사들을 제외하고는 아무도 그의 재주를 아는 사람이 없었다. 유비가 제갈량을 군사로 삼아 매일 병사를 조련하고 있다는 소식을 들은 조조는 서서를 불러 제갈량이 누구인지를 묻는다. 서서는 제갈량을 일컬어 천하를 다스리는 재주와 신출귀몰하는 계책이 있는 당대의 기재라고 소개한다. 이때 하후돈(夏侯惇)이 경멸하는 어조로 자신이 당장 잡아오겠노라고 큰소리친다. 적이 이러할진대 유비 집단의 내부 역시 제갈량에 대해 일련의 인식과정이 필요하지 않을 수 없었다. 관우와 장비가 질투와 함께 은근히 비웃고 여러 장수들도 제갈량의 능력을 반신반의한다. 직접 삼고초려를 한 유비조차도 일말의 의혹을 떨쳐버리지 못하고 있는 실정이었다. 그러나 단 한 번의 박망파 전투로 관우와 장비는 서로 얼굴을 쳐다보며 제갈량이 참으로 영웅호걸임을 인정한다. 이는 진심으로 탄복한 칭찬이었다. 이로 말미암아 주위 모든 사람들이 제갈량에게 천하를 경영할 재주와 지혜가 있음을 신복하게 된다.

제40회
공융의 죽음

공융은 북해에서 태수를 지내면서
호협한 기개가 무지개를 꿰뚫었네.
자리에는 언제나 손님이 가득하고
술 단지 안에는 술이 비지 않았네.

문장이 빼어나 세인을 놀라게 하고
웃으며 하는 말로 왕공을 경멸했네.
사필에선 그를 충직하다 찬양하여
사관이 적기를 태중대부라 하였네.

孔融居北海　豪氣貫長虹
공융거북해　호기관장홍
座上客長滿　樽中酒不空
좌상객장만　준중주불공
文章驚世俗　談笑侮王公
문장경세속　담소모왕공
史筆褒忠直　存官紀太中
사필포충직　존관기태중

주

◆북해(北海) : 청주에 속하며 18개 현을 관할하였다. 지금의 산동성(山東省) 창라

현(昌樂縣) 서쪽이다. 공융(孔融)은 일찍이 북해태수를 역임하여 '공 북해'라 불렸다.　◆장홍(長虹) : 무지개를 의미한다.　◆사필(史筆) : 사관이 바른말로 역사를 기술하는 필법을 가리킨다.　◆존관(存官) : 존(存)은 보존(保存)의 뜻이다. 앞 구의 사필(史筆)에 대응하여 사관(史官)을 가리킨다.　◆태중(太中) : 건안 원년, 공융은 태중대부(太中大夫)에 임명되었다.

감상과 해설

공융은 『삼국지연의』에서 잠시 지나가는 인물로, 단지 두 장회(章回) 속에서만 등장한다. 그러나 이 짧은 시 안에서 공융의 지위와 성격, 인품 그리고 재기(才氣) 등을 비롯한 일생동안 일어난 모든 것을 개괄하고 있다.

공융은 공자(孔子)의 20세손이라는 명문의 후예에다 총명하고 박학다식했으며 강직한 성품에다 친구 사귀기를 좋아했다. 벼슬길에 나아갔을 때는 마침 동탁이 무소불위의 권력을 휘두르고 있었는데, 공융이 직언으로 간하다가 죄를 얻어 황건적의 소굴인 북해의 상(相)이 된다. 그곳에서 그는 군사를 일으켜 훈련을 강화하고, 성을 설치하여 학문을 일으키며, 명성과 재주를 바탕으로 난리통에서도 맡은 지역을 중흥시킨다. 훗날 그는 태중대부가 되었는데, 평소 사람됨이 관대하고 후덕하였으며 특히 재주를 아껴 후진을 장려하고 발탁하였기 때문에 날마다 빈객들이 문전성시(門前成市)를 이루었다. 그래서 일찍이 말하기를, "자리에는 언제나 손님들로 가득하고 술 단지의 술이 비지 않는다면, 내가 근심할 바가 없다."라고 했다.

공융의 학식과 재기, 명성은 확실히 당시 사람들의 희망에 부응했다고 할 수 있다. 그의 문장은 건안칠자(建安七子) 중에서도 독특한 풍격을 갖추고 있었다. 조비(曹丕)는 물론이요, 후일의 유협(劉勰)과 장부(張溥) 등도 칭찬을 아끼지 않았다. 문장이 바로 그 사람이라는 말이 있다.

그러나 공융은 건안칠자 중에서 유일하게 조조와 정치적 견해가 맞지 않았던 인물이었다. 사사건건 조조에게 직언과 능멸하는 말을 서슴지 않았는데, 이런 행동이 조조로부터 시기심과 원망을 자아내게 했다. 게다가 평소 공융에게 원한을 품고 있던 어사대부 치려(郗慮)의 모함이 합세되어 마침내 조조에게 죽임을 당한다.

공융이 죽자 경조(京兆)사람 지습(脂習)이 시신 위에 엎드려 울었다. 조조가 전해 듣고 당장 지습을 죽이려고 했지만 순욱이 말려 그만두었다. 지습은 공융의 강직함을 한탄하며 시신을 거두어 장사지내 주었다.

『삼국지연의』에서는 강직하여 아첨할 줄 모르며, 격렬하고 성급하여 온순하지 못한 공융의 성격을 매우 돋보이게 그리고 있다. 가정본과 모종강본에 나오는 이 시는 후반부 2연이 서로 다르다.

제40회
유표의 죽음

지난날 소문에 원소는 황하 이북을 차지하고
유표 또한 넓은 형주지역을 제패했다고 하네.
그러나 모두들 암탉이 울어 집안에 폐 끼치니
가련하구나 오래지 않아 깡그리 멸망당하네!

昔聞袁氏居河朔 又見劉君霸漢陽
석 문 원 씨 거 하 삭   우 견 유 군 패 한 양
總爲牝晨致家累 可憐不久盡銷亡
총 위 빈 신 치 가 루   가 련 불 구 진 소 망

주

◆하삭(河朔) : 원소가 점거하고 있던 청주, 유주, 병주, 기주 등지의 황하 이북을 말한다. 오늘날의 산서(山西)와 하북 및 하남과 산동 일부 지역이다. ◆한양(漢陽) : 삼국시대엔 없었던 지명으로, 수(隋)나라 이후에 무한(武漢)의 한양이 생겼다. 여기서는 유표가 관할하던 형주지역을 범칭한다. ◆빈신(牝晨) : 암탉이 울어 새벽을 알린다는 의미다. 즉 부인이 정치에 간섭하는 것을 뜻한다. ◆소(銷) : 완전히 소멸하다.

감상과 해설

이 시는 모종강이 가정본에 나오는 8구의 시를 칠언절구로 고친 것이다. 그중에서도 앞의 2구는 원래의 시에서 취하고, 후반 2구는 원래의 시를 조금 고쳤다. 그래서 시의 뜻이 소설 내용과 잘 합치될 뿐만 아니라 운치도 더욱 농후해졌다.

유표는 황족 출신으로 기개나 도량이 뛰어나 세인들이 그를 팔준(八俊)의 하나라고 불렀다. 형주자사를 맡고부터 8, 9년 동안 종실의 적을 평정하고 반역의 무리를 토벌하여 그 기반을 확대하였는데, 남으로는 오령(五嶺)과 이어지고 북으로는 한천(漢川)을 점거하여 땅이 사방 수천 리에 이르고 갑병도 10여 만이나 거느리게 되었다. 이로써 장강의 남북을 재패한, 실력이 막강한 대군벌을 형성하게 된다. 게다가 학교를 세우고 널리 선비를 구하여 문인과 묵객들이 구름처럼 찾아들었다. 유표의 이러한 문화적 업적과 군사상의 공적은 형주 백성들에게 상당 기간 안정된 생활을 보장해 주었다. 그러나 원대한 식견과 결단력이 부족하여 망설이기만 하다가 좋은 기회를 모조리 놓치고 만다. 이리하여 마침내 원소와 마찬가지로 조조에게 영토를 빼앗긴 채 무너진다.

유표 집단의 몰락에는 후사 문제가 한몫을 차지했다. 전처 소생인 유기는 사람됨이 어질었지만 지나치게 나약했고, 후처 채씨 소생인 유종은 몹시 총명했다. 유표 사후에 후처 채씨의 개입으로 후계자 다툼이 일어나고 결국 멸망으로 치닫는다. 이는 원소의 부인 유씨가 자신의 소생인 원상을 위해 자리다툼을 벌이다가 망한 일과 동일한 경우이다. 그래서 시에는 두 집안 모두 암탉이 울어 집안이 망했다고 표현한 것이다.

하지만 실제 역사상의 채씨는 유종의 생모가 아니라, 당시 유표의 총애를 기회로 조카사위인 유종의 편을 들었다고 한다. 그리고 원소의 자제들이 조조에게 죽음을 당한 일은 사실이지만, 유표의 두 아들 가운데 유기는 병으로 죽었고, 유종은 조조에게 살해당하지 않았다. 역사상의 유종은 장수들을 거느리고 조조에게 투항한 후, 청주자사에다 열후에 봉해졌다. 뿐만 아니라 후에는 간의대부(諫議大夫)가 되어 군사 일까지 참여하게 된다.

제40회
불타는 신야성

간사한 영웅 조조는 중원만 지킬 일이지
9월에는 남하하여 한수 유역을 침범하네.
바람신 풍백이 노하여 신야현에 나타나고
불신 축융도 날아와 하늘까지 불기둥일세.

奸雄曹操守中原　　九月南征到漢川
간웅조조수중원　　구월남정도한천
風伯怒臨新野縣　　祝融飛下焰摩天
풍백노림신야현　　축융비하염마천

주

◆한천(漢川) : 한수(漢水) 유역 일대를 가리킨다.　◆풍백(風伯) : 전설상의 바람의 신.　◆축융(祝融) : 전설속의 불의 신.　◆마천(摩天) : 하늘에 닿을 만큼 높음을 뜻한다.

감상과 해설

가정본에 8구로 되어있는 시를 모종강본에서는 앞의 4구만 독립시켜 칠언절구 1수로 개편했다. 앞의 2구는 조조가 강남을 공격하는 내용으로 전쟁의 서막을 이끌어내고, 뒤의 2구는 제갈량이 신야의 화공(火攻)으로 조조의 대군을 크게 물리치는 내용이다. 작품상의 전체 서사구조를 분석해보면 신야의 싸움은 적벽대전의 서막에 해당함을 알 수 있다.

박망파 전투에서 패한 조조군은 50만 대병을 다섯 부대로 나누어 양양으로 남진한다. 유표 사후, 형주를 지배하던 유종은 조조에게 항복을 청하기 위해 송충(宋忠)을 사자로 보냈는데, 하필이면 송충이 관우의 손에 사로잡힌다. 유비는 송충을 잡은 후에야 비로소 유표가 세상을 뜬 사실과 몰래 대를 이은 유종이 간웅 조조에게 형양 9개 군을 송두리째 바치려 한다는 사실을 알게 된다. 급변하는 정세와 조조군의 쇄도에 놀란 유비는 부랴부랴 번성(樊城)으로 피한다. 그러나 조조군의 제1진인 조인(曹仁)과 조홍(曹洪)이 10만 대병을 이끌고 숨 쉴 틈 없이 신야로 짓쳐든다. 그러나 제갈량은 교묘한 계책으로 신야를 불태우며 다시 한 번 더 조조군을 패퇴시킨다.

신야성의 전투에서 제갈량이 택한 전술 역시 화공이었다. 하지만 앞서 감행한 박망파 전투와는 좀 다른 면이 있었다. 그것은 제갈량이 화공을 펼침과 동시에 수공도 병행했기 때문이다. 명을 받은 관우는 백하(白河) 상류로 가서 모래 포대로 강물을 막고 있었다. 신야에서 불길이 일어나고 강 하류에서 사람 소리와 말 울음소리가 나는 것을 들은 관우는 서둘러 막은 물을 튼다. 하늘도 집어삼킬 듯한 거센 물결이 하류로 쏟아져 내려가고 물속에 빠져 죽은 자만도 그 수를 헤아리기 힘들었으니, 물과 불이 합해져 조군을 격파시킨 경우이다. 그렇다면 작가는 어째서 화공만을 위주로 시의를 표현했을까? 그것은 제갈량의 지모를 최대한 부각시키는데 목적이 있다고 볼 수 있다. 설사 동일한 전술인 화공을 택했다 할지라도 '박망소둔'은 산길이 좁고 수림이 우거져 복잡한 지세를 이용한데 반해 신야의 화공은 불화살로 불길을 일으키고 광풍이 그 불길을 도와주었다는데 그 특색을 찾을 수 있다.

화공은 『손자병법(孫子兵法)·화공편』에서도 그 살상효과를 강조하고 있는 것처럼 고대의 전술에서 자주 등장한다. 그리고 삼국시대에 이르러 더욱 상용(常用)하는 전법이 되었을 뿐만 아니라 그중에서도 가장 화공을 잘 쓴 사람이 바로 제갈량이었다. 초려를 나와 처음 공을 이룬 것이 바로 이 두 차례의 화공이었다. 두 차례의 화공은 곧바로 적벽대전으로 이어졌고, 조조의 간담을 서늘해지도록 하여 감히 다시는 장강을 넘보지 못하는 계기가 된다.

제41회
백성들을 거느리고 강을 건너다

난리 통에도 어진 마음으로 백성 사랑하느라
배에 올라서도 눈물 뿌리니 삼군이 감동하네.
오늘날도 양강 어귀에서는 위령제를 지내며
동네 어른들은 여전히 유사군을 그리워하네.

臨難仁心存百姓　登舟揮淚動三軍
임 난 인 심 존 백 성　등 주 휘 루 동 삼 군
至今憑弔襄江口　父老猶然憶使君
지 금 빙 조 양 강 구　부 로 유 연 억 사 군

주

◆존(存) : 사랑하고 어루만지다. ◆양강(襄江) : 한수의 일부분. 양양 남쪽을 거쳐 장강으로 흘러든다. ◆빙조(憑弔) : 유적. 분묘 앞에서 고인이나 옛일을 추모하다. 위령제를 지내다. ◆부로(父老) : 늙은 사람에 대한 존칭이다.

감상과 해설

유비는 8로로 나누어 쳐들어오는 조조군을 피해 번성을 버리고 양양성으로 간다. 그러나 유종군의 반대에 부딪쳐 양양성에는 들어가지도 못하고 다시 강릉(江陵)으로 향하는데, 수만 명의 백성들이 유비를 따라나선다. 조조군이 코

앞에 닥쳤는데 수많은 백성들과 함께 움직이려니 하루에 고작 10여 리 정도밖에 이동할 수 없었다. 여러 장수들이 백성들을 버리고 가는 것이 상책이라고 건의했다. 그러자 유비는 소리 내어 울면서, "큰일을 할 사람은 반드시 백성을 근본으로 삼는다고 했다. 이제 백성들이 나를 따르고 있는데 어떻게 차마 버리고 간단 말인가!"라고 했다. 이를 기리는 시다.

유비가 백성들을 데리고 강을 건넌 일은 역사적 사실이다. 신야에서 번성으로 철수한 그는 고립된 성에서 오래 버틸 수가 없음을 알고 떠나기로 한다. 이 사실을 백성들에게 알리고 원하는 사람은 함께 강을 건너자고 했다. 두 현(縣)의 백성들이 모두 나서서 함께 따라가기를 원했다. 노인은 부축하고 어린애는 손을 잡고, 남녀노소 피난민들이 강을 건너는데, 양쪽 언덕에는 서로를 찾는 울음소리가 끊이지 않고 이어졌다. 배 위에서 그 광경을 지켜보던 유비는 가슴이 저려 참을 수가 없었다. "나 하나로 인해 백성들이 이토록 큰 재난을 겪고 있으니, 내 어찌 살아있을 수 있단 말인가!"라고 하며 몇 번이나 강물에 뛰어들어 자진하려고 했다. 이 말을 전해들은 병졸과 백성들은 감동하지 않는 이가 없었다.

이렇듯 시가에는 구구절절이 백성과 동고동락하는 유비의 애민(愛民)정신이 스며있다. 그리고 애민정신의 기본이 바로 어진 마음임을 지적하고 있다. 『삼국지연의』에서 유비는 어진 임금의 전형적 형상으로 묘사되고 있다. 그의 어진 마음을 나타낸 경우는 다양하다. 서주를 세 번 사양한 예절과 양보심, 여포를 받아들인 관용, 군대를 빌려서까지 상대를 구해주는 신의, 형주를 빼앗지 않은 인덕, 백성을 이끌고 강을 건너는 애민 등 이루 말할 수 없다.

유비는 일찍이 방통(龐統)에게 이렇게 말한 적이 있다. "지금 나와 상극인 자는 조조요. 조조는 급하나 나는 느긋하고, 조조는 포악하나 나는 어질고, 조조는 간교하지만 나는 충성스러우니, 이런 것들이 서로 상반되어야 성공할 수가 있지요. 만약 작은 이익을 위해 천하의 신의를 잃는다면 나는 참을 수가 없소이다." 이것이 바로 유비의 전형적 성격의 핵심이다.

모종강본에서는 가정본에 나오는 내용을 일부 고침으로써 유비가 어진 군주라는 이상적인 색채를 더욱 강화시켰다.

제41회
미 부인의 죽음

조운은 오로지 말 힘으로 공을 세웠지만
도보로 어떻게 어린 주인을 보호했을꼬?
죽음의 길 택하면서 유씨 후사 살렸으니
용감한 결단력은 도리어 여장부가 나았네.

戰將全憑馬力多　步行怎把幼君扶
전 장 전 빙 마 력 다　보 행 즘 파 유 군 부
拚將一死存劉嗣　勇決還虧女丈夫
변 장 일 사 존 유 사　용 결 환 휴 여 장 부

주

◆ 전장(戰將) : 조운을 지칭한다.　◆ 다(多) : 전공(戰功)을 뜻한다.　◆ 유군(幼君) : 나이 어린 군주. 즉 유비의 아들 유선을 가리킨다.

감상과 해설

조조군에게 쫓겨 유비의 가족들이 뿔뿔이 흩어진 상황이었다. 아두(유선의 아명)를 품에 안은 미 부인(糜夫人, 유비의 아내)은 다리에 부상을 입은 채 허물어진 담장 옆 우물가에서 울고 있었다. 겹겹이 싸인 포위망을 뚫고 나타난 조운이 미 부인을 발견했지만 자신이 짐만 될 것을 짐작한 미 부인은 스스로 희생을 각오한다. 조운이 두 번 세 번 말에 오를 것을 권했지만 끝내 거부한 그녀는 아두를 부탁한 뒤 스스로 우물에 몸을 던져 자살한다.
봉건 종법사회에서 적장자에 대한 관념은 너무나 견고하여 깨뜨릴 수가 없었다. 하물며 아두는 유비의 후사이자 대업을 이을 어린 주군이 아니던가. 미 부인이 택한 깊고 밝은 도리는 그녀가 목숨을 바쳐 유비의 후사를 지킨다는 것이었다. 그래서 정통관념에 입각한 모종강은 칭찬을 아끼지 않았다. '사람들은 조운이 목숨을 걸고 그 주인을 보호한 것만 알고, 미 부인이 목숨을 아끼지 않고 그 자식을 보호한 일은 모른다. 조운이 참으로 뛰어난 남자라면 미 부인 역시 뛰어난 여인이다.' 그래서 '용감한 결단력은 도리어 여장부가 나왔네.'라고 노래한 것이다.
가정본에는 존재하지 않았고 모종강이 『삼국지연의』를 수정하며 증보했다.

제41회
주인을 구한 조운

붉은 빛 몸을 감싸 곤한 용이 날아오르니
전마는 장판파의 포위망을 뚫고 내닫누나.
마흔두 해 나라 다스릴 천명 받은 군주라
조 장군은 그 때문에 신의 위력 드러내네.

紅光罩體困龍飛　征馬衝開長坂圍
홍 광 조 체 곤 룡 비　정 마 충 개 장 판 위
四十二年眞命主　將軍因得顯神威
사 십 이 년 진 명 주　장 군 인 득 현 신 위

주

◆홍광조체(紅光罩體) : 임금이 될 사람 주위에 붉은 빛이 둘러싸고 있는 모양을 가리킨다.　◆곤룡(困龍) : 포위된 군주를 비유한다.　◆장판(長坂) : 지금의 호북성 당양(當陽) 동북쪽 35Km 지점을 말한다.　◆사십이년(四十二年) : 아두는 촉한의 황제가 되어 42년간(서기 223년~263년) 재위한다.　◆진명주(眞命主) : 하늘의 뜻으로 결정된 한 나라의 임금을 뜻한다.

감상과 해설

조운은 아두를 품에 안고 사방의 포위망을 뚫으며 탈출을 결행한다. 앞을 가로막는 조조군의 여러 장수를 베어 넘기지만, 함정 속에 빠져 죽을 위기에 처한다. 적장의 창이 그들을 향해 내리 찌르는 찰나, 붉은 빛이 하늘로 뻗쳐오름과 동시에 타고 있던 말이 공중으로 솟아오르며 목숨을 구한다. 이것은 조운이 안고 있는 아이, 즉 아두가 장차 천자가 될 몸이기 때문에 하늘의 보우가 있었다는 암시이다. 그래서 모종강은 '조운이 아두를 보호했다기보다는 오히려 아두가 조운을 보호한 것이다.'라고 평할 정도였다.

당시 조운이 품에 안았던 아기가 바로 유선이다. 유선은 건안 12년(서기 207년)에 태어났고, 이 사건이 발생한 시기는 건안 13년으로, 그때 겨우 2살이었다. 그 후 15년이 지나자 유선은 유비의 자리를 이어 42년 동안이나 촉한의 황제 자리를 지킨다.

비록 후인들이 무능한 천자라거나 변변치 못한 군주라고들 비방하지만 삼국시대의 군주들을 훑어보노라면 그래도 그는 황제 재위 기간이 가장 길었던 인물 중 하나였으니, 진정한 군주라고 칭해도 이상할 것은 없다. 작가가 무능한 천자에 대해 이토록 마음을 기울인 이유는 작가의 천명관(天命觀) 반영과 함께 삼국시대의 황태자로는 오직 유선만을 부각시키려 했기 때문으로 파악된다.

제41회
조운이 장판파에서 크게 싸우다

전포를 물들인 피 갑옷까지 붉게 파고드노니
당양 싸움에서 뉘 감히 조운의 적수가 되리오!
예부터 전장에서 위기에 처한 주인 구한 이는
오로지 상산 땅의 조자룡 한 사람밖에 없다네.

血染征袍透甲紅　當陽誰敢與爭鋒
혈 염 정 포 투 갑 홍　당 양 수 감 여 쟁 봉
古來衝陣扶危主　只有常山趙子龍
고 래 충 진 부 위 주　지 유 상 산 조 자 룡

주

◆당양(當陽) : 형주 남군(南郡)에 속한 현(縣)의 이름.　◆위주(危主) : 위난에 처한 유비를 뜻한다.　◆상산(常山) : 군국(郡國) 이름으로 조운의 고향이다. 지금의 하북성 당하(唐河) 이남으로 내구(內丘) 이북 및 정정(正定), 석가장(石家庄) 이서(以西)에 걸친 지역이다. 그 소재지는 지금의 하북성 원씨현(元氏縣)이다.

감상과 해설

작가는 조운의 충성과 용맹을 가슴 가득 끓어오르는 열정으로 칭송한다. 앞 연에서는 용맹성을 드러내고 뒤 연에서는 충성심을 찬양했다.

조운은 촉나라의 오호장(五虎將, 관우, 장비, 마초, 황충, 조운) 중 한 사람으로, 그의 용감무쌍함이 유감없이 펼쳐지는 첫 장면이 바로 장판파 전투이다. 천지를 진동시키며 노도같이 몰려드는 조조군의 세력을 당해낼 수가 없었던 유비의 부하들은 추풍낙엽처럼 흩어진다. 유비의 가솔을 호위하는 책임을 졌던 조운은 4경(四更, 새벽 1시~3시)부터 시작하여 날이 밝을 때까지 혈전을 벌이지만, 유비는 물론이고 호위하고 있던 유비의 가족마저 잃어버린다. 곧장 장판교로 말을 달려간 그는 그곳에서 감 부인(甘夫人, 유선의 어머니)과 미축(糜竺)을 구한다. 적군의 말을 빼앗아 두 사람을 장비에게 인계하고는 다시 오던 길을 되돌아간다. 겹겹이 둘러싼 포위망을 뚫고 들어가 적장을 베고 적을 쳐부수며 좌충우돌한다. 조수처럼 밀려드는 적군의 한가운데를 무인지경처럼 내달리며 목을 친 적장만도 50여 명, 마침내 어린 주군을 찾아서 품에 안고 돌아와 주군에게 바친다.

이토록 위풍당당한 조운을 찬미하며, 전투에서 피에 물든 전포는 갑옷에까지 배어 시뻘겋고, 어느 누구도 감히 그와 맞서 싸울 상대가 없었다고 노래한다.

제42회
아들을 내던지는 유비

조조군의 포위를 비호처럼 뚫고 나오는데
조운의 품속엔 작은 용이 곤히 잠들었네.
충신의 붉은 마음 위로할 길이 따로 없자
일부러 친아들을 말 앞으로 내던지누나.

曹操軍中飛虎出　趙雲懷內小龍眼
조 조 군 중 비 호 출　조 운 회 내 소 룡 안
無由撫慰忠臣意　故把親兒擲馬前
무 유 무 위 충 신 의　고 파 친 아 척 마 전

주

◆비호(飛虎) : 조운의 활약상을 비유하는 말이다.　◆소룡(小龍) : 어린 아두를 비유한 말이다.　◆무유(無由) : 아무런 방법이 없다. 어쩔 도리가 없다.

감상과 해설

조운은 밀려드는 적군 속에서 무사히 아두를 구해 유비에게 바친다. 그러자 유비는 아두를 땅에 내던지며, "네 따위 어린놈 때문에 대장 하나를 죽일 뻔했구나!"라고 한다. 조운이 황급히 아두를 땅바닥에서 안아 일으킨 뒤 절하며, "(주군의 은혜는) 제가 비록 간(肝)과 뇌(腦)를 (터뜨려) 땅에 발라도 갚을 수 없나이다."라고 했다.

이 시에서는 죽음을 불사하고 주인을 구한 행위에 대한 칭송 외에도 유비가 아들을 던진 일을 노래하고 있다. 유비의 이런 행위에 대해 예부터 많은 사람들이 인심을 사기 위한 술책이라고 보았다. 헐후어(歇後語)에는 다음과 같은 말이 있다. '유비가 아두를 던지다 …… 인심을 매수하다.' 그리고 모종강도 다음과 같이 평했다. '원소는 어린 자식을 가련하게 여겨 전풍의 간언을 거절하고, 현덕은 어린 아들을 던져서 조운의 마음을 잡았다. 지혜롭고 어리석기가 하늘과 땅 차이다.' 하지만 이런 논법은 모두가 단편적이고 주관적인 판단이 아닐 수 없다. 즉 유비의 전형적 성격과도 어긋날 뿐만 아니라 전통적 윤리 관념에 얽매인 평가를 벗어나지 못하고 있다. 이 때문에 유학자는 유학적이고 도학자는 도학적인 시각으로만 재단하는 편파성이 있는 것이다.

유비의 전형적 성격은 이중성을 갖추고 있으니, 그것은 인의와 공리(功利)가 대응하는 모순성의 체현이다. 그의 목표는 천하를 쟁패하는 군주가 되는 것으로, 봉건적 공리와 합치되는 권모술수를 쓰지 않을 수가 없었다. 하지만 다른 한편으로는 도덕과 신의로 자신을 표방하며 천하에 호소한다. 이런 모순은 일정한 역사적 조건 하에서는 일시적으로 합치될 수 있을지 모르지만 근본적으로는 결코 조화될 수가 없는 성질이다. 그러나 유비에게 있어서 이런 모순성은 뚜렷이 드러나지 않을 뿐만 아니라 오히려 너그럽고 어질며 신의가 있는 성격이 부각되어 널리 인재를 끌어들이는데 도움이 되고 그 호소력으로 사람들의 마음을 얻는다. 그러나 봉건 도덕 자체는 허위를 내재하고 있으므로 때로는 너그럽고 인자한 가운데 양보하면 할수록 사람을 속이는 경우가 있다. 유비가 아들을 내던진 행위는 바로 이런 경우의 전형적인 표현이라고 볼 수 있다.

제42회
장비가 장판파를 위엄으로 진동시키네

장판교 다리목에 무서운 살기 피어오르니
긴 창 비껴든 채 말세우고 고리눈 부릅뜨네.
한바탕 고함소리 천둥이 지축을 뒤흔드는 듯
혼자서 조조의 백만 대병을 가볍게 물리치네.

長坂橋頭殺氣生　橫槍立馬眼圓睜
장 판 교 두 살 기 생　횡 창 입 마 안 원 정
一聲好似轟雷震　獨退曹家百萬兵
일 성 호 사 굉 뢰 진　독 퇴 조 가 백 만 병

주

◆ 살기(殺氣) : 흉악한 기운을 뜻한다.

감상과 해설

장비는 『삼국지연의』의 등장인물 중에서 매우 성공적인 인물 전형이다. 그의 성격은 마치 밝은 불과 같아서 한번 등장했다하면 독자들은 그의 거칠고 호방한 말투와 꾸밈없이 소박한 행동거지에 매료되기 일쑤이다. 특히 발군의 용맹성은 더더욱 그의 특징을 선명하게 한다. 장비의 외모 묘사는 수십만 자의 책 속에서 지극히 간단명료하다. 평소에는 '키가 8척이요, 표범 머리에 고리눈,

제비턱에 호랑이 수염'이지만 한 번 화가 솟구쳤다 하면, '고리눈을 부릅뜨고, 어금니를 바드득바드득 갈며', '고함은 천둥이 치는 것과 같고, 힘은 내닫는 말과 같다.'고 하였다. 간결하면서도 생생한 묘사에 독자들의 마음이 움직이는 것이다.

조조군이 조운을 쫓아서 장판교에 이르니, 장비가 호랑이 수염을 치켜세우고 고리눈을 부릅뜬 채 장팔사모를 비껴들고 말에 올라 다리 위를 굳건히 버티고 있었다. 다리의 동쪽 숲에는 쉴 새 없이 먼지가 일어 복병이 숨어있을 듯한 광경이었다. 조조군은 몇 차례나 제갈량의 책략에 당한 경험이 있기 때문에 말을 세운 채 감히 앞으로 나아가질 못했다. 이때 장비가 온몸의 정기를 모아 큰소리로 외쳤다. "나는 연인(燕人) 장익덕(張翼德)이다! 뉘 감히 나와 목숨을 걸고 겨뤄보겠느냐?" 고함소리는 마치 거대한 천둥이 지축을 흔드는 것만 같았다. 그 소리를 들은 조조군은 겁에 질려 다리를 덜덜 떨었다.

장비가 지른 세 번의 고함소리에 대한 특색을 살펴보면 다음과 같다. 첫 번째 고함소리엔 적군이 다리를 덜덜 떨며 오금이 저릴 지경이 된다. 두 번째 고함 소리가 나자 조조는 퇴각하고 싶은 마음이 생기고, 대열의 후미가 약간 허물어진다. 세 번째 고함소리엔 조조 곁에 있던 하후걸(夏侯杰)이란 장수가 간담이 파열되어 말 아래로 굴러 떨어져 죽는다. 이에 조조는 저도 모르게 슬금슬금 말머리를 돌리더니 줄행랑을 친다. 저절로 웃음이 나오는 장면이 아닐 수 없다. 과장도 이쯤 되면 예술적 경지가 아닐까. 이것이 바로 '장비가 혼자서 조조의 백만 대군을 물리치다.'라는 신나는 이야기다.

제44회
동작대부

영명하신 부왕 따라 즐겁게 노님이여
층층으로 이어진 누대 오르니 상쾌하도다.
웅장하고 넓게 트인 대궐의 모습이여
부왕께서 성덕으로 지으신 건물이로다.
높은 문루 우뚝우뚝 세웠음이여
양 옆의 쌍궐은 하늘에 둥둥 떠 있구나.
하늘을 찌르는 화려한 영봉관이여
허공에 걸친 비각은 서쪽 성루로 이어졌네.
길고 긴 장수 물결 동작대 뚫고 흐르고
싱그럽게 자란 화원의 과수 굽어보노라.

한 쌍의 누대 좌우에 세움이여
바로 옥룡대와 금봉대로구나.
대교와 소교를 강남에서 데려옴이여
아침저녁으로 그들과 함께 즐기리로다.
넓고도 화려한 황제의 도읍 굽어봄이여
구름과 노을 서리어 꿈틀거리네.
천하의 인재 모여들어 기뻐함이여
주 문왕 길몽 꾸고 현신 얻은 일이로다.
다사로운 봄바람 불기를 기다림이여

온갖 새들 고운 울음 듣고자 함이로다.
하늘이 내린 왕업 이미 크게 세움이여
조씨 집안 숙원이 신속히 이루어짐이로다.
천하에 어진 교화를 펼치심이여
만백성 도읍 향해 엄숙히 공경하리라.
제 환공 진 문공의 융성함이여
어찌 우리 부왕 성덕에 견줄 수 있으리오?

훌륭하도다!
아름답도다!
부왕의 은택이 멀리까지 드날리누나.
우리 황실을 보좌함이여
저 천하를 안정케 함이로다.
우주의 운행과 같은 공덕이시여
일월의 광휘와 더불어 나란히 빛나누나.
영원히 존귀하여 끝없음이여
부왕의 수명은 천황대제와 같으시리라.
용 깃발 꽂힌 어가 타고 유유히 노님이여
봉황 수레 몰아 천하를 두루 살피시도다.
은택이 널리 사해에 미침이여
물화 넉넉하고 백성 편함 기뻐하시네.
이 동작대 길이길이 견고하기 바라노니
이 즐거움도 영원하여 다함이 없으라!

從明后以嬉游兮　　登層臺以娛情
종명후이희유혜　　등층대이오정
見太府之廣開兮　　觀聖德之所營
견태부지광개혜　　관성덕지소영
建高門之嵯峨兮　　浮雙闕乎太淸
건고문지차아혜　　부쌍궐호태청
立中天之華觀兮　　連飛閣乎西城
입중천지화관혜　　연비각호서성
臨漳水之長流兮　　望園果之滋榮
임장수지장류혜　　망원과지자영
立雙臺於左右兮　　有玉龍與金鳳
입쌍대어좌우혜　　유옥룡여금봉
攬二喬於東南兮　　樂朝夕之與共
남이교어동남혜　　낙조석지여공
俯皇都之宏麗兮　　瞰雲霞之浮動
부황도지굉려혜　　감운하지부동
欣群才之來萃兮　　協飛熊之吉夢
흔군재지내췌혜　　협비웅지길몽
仰春風之和穆兮　　聽百鳥之悲鳴
앙춘풍지화목혜　　청백조지비명
天雲垣其旣立兮　　家愿得乎雙逞
천운원기기립혜　　가원득호쌍영
揚仁化於宇宙兮　　盡肅恭於上京
양인화어우주혜　　진숙공어상경
惟桓文之爲盛兮　　豈足方乎聖明
유환문지위성혜　　기족방호성명
休矣　美矣　惠澤遠揚
휴의　미의　혜택원양
翼佐我皇家兮　　寧彼四方
익좌아황가혜　　영피사방
同天地之規量兮　　齊日月之輝光
동천지지규량혜　　제일월지휘광
永貴尊而無極兮　　等君壽於東皇
영귀존이무극혜　　등군수어동황
御龍旗以遨游兮　　回鸞駕而周章
어룡기이오유혜　　회란가이주장
恩化及乎四海兮　　嘉物阜而民康
은화급호사해혜　　가물부이민강
愿斯臺之永固兮　　樂終古而未央
원사대지영고혜　　낙종고이미앙

주

◆명후(明后) : 영명한 군주. 후(后)란 고대 천자와 제후를 일컫는다. 여기서는 조조를 뜻한다. ◆희유(嬉遊) : 즐겁게 놀다. ◆층대(層臺) : 층계가 많아서 높다는 뜻이다. ◆태부(太府) : 원래는 조세 수입 및 재물 저장을 맡아본 관청 이름이었으나, 후에는 조정의 재물을 저장하는 창고를 지칭하는 말로 바뀌었다. 대부(大府). 궁부(宮府). ◆성(聖) : 조조를 지칭한다. ◆영(營) : 설(建設). 건조(建造). ◆고문(高門) : 『업중기(鄴中記)』를 보면, '업궁에는 남쪽을 향해 3개의 문이 있는데, 서쪽 봉양문(鳳陽門)은 높이가 25길이나 되고, 위쪽 6층은 네 귀퉁이가 번쩍 들린 비첨(飛檐)으로 되어있다. 아래 2문은 남향으로 열려있는데, 멀리 7, 8리 떨어진 곳에서 이곳을 바라본다.'는 내용이 있다. ◆차아(嵯峨) : 산세가 험준하고 우뚝한 모양. 여기서는 궁전의 모습을 비유한다. ◆쌍궐(雙闕) : 고대 궁전이나 사당 또는 능묘 앞에 세우는 높은 건축물을 말한다. 일반적으로 좌우에 각각 하나씩 높은 대(臺)를 세우고, 대 위에는 다시 누관(樓觀)을 지었다. 두 개의 궐(闕, 문[門]의 뜻) 사이에 공간이 있기 때문에 쌍궐이라 한다. ◆태청(太淸) : 하늘을 의미한다. ◆화관(華觀) : 영봉관(迎鳳觀). 업도(鄴都)에 있었던 관(觀)의 이름이다. 관(觀)이란 누각이나 망루의 일종을 말한다. ◆비각(飛閣) : 공중에 걸쳐서 지은 복도. 잔도(棧道). ◆서성(西城) : 동작대는 업도 북성(北城)의 서북쪽 모퉁이에 있었으므로 서성이라 일컬었다. 아울러 성(城) 서북의 누각과 서로 접했으므로 비각이 서성에 이어졌다고 표현한 것이다. ◆장수(漳水) : 『수경주(水經注)·곡수(穀水)』 편에는 다음과 같은 내용이 있다. '무제(武帝, 조조)가 장수의 물줄기를 업성의 서쪽으로부터 동작대 아래로 끌어들이니, 그 흐름이 성으로 들어왔다가 동으로 빠져나가, 이름을 장명구(長明洵)라 불렀다.' ◆자영(滋榮) : 무성하다는 의미다. ◆이교(二喬) : 강남의 두 미녀를 말한다. 즉 손책의 부인인 대교(大喬)와 주유의 부인인 소교(小喬)를 가리킨다. ◆부(俯) : 머리를 숙이거나, 아래로 내려다본다. ◆감(瞰) : 먼 곳을 바라본다. ◆내췌(來萃) : 거두어 모음. 취집(聚集). ◆협비웅지길몽(協飛熊之吉夢) : 협(協)은 돕다, 보좌하다라는 뜻이다. 비웅(飛熊)은 주나라 문왕이 날아가는 곰의 꿈을 꾸고 강태공을 만났다는 전설을 가리킨다. 고대에는 이로써 제왕이 현신을 만나는 징조로 삼았다. ◆천운원(天雲垣) : 운(雲)은 공(功)의 오자로 보인다. 왜냐하면 천공(天功)이라야 가원(家愿)과 대(對)가 되기 때문이다. 공(功)의 뜻은 왕업(王業)이다. 원(垣)도 탄(坦)의 오자로 의심된다. 탄(坦)의 뜻은 대(大)이다. ◆가원(家愿) : 조조 가문의 숙원을 말한다. ◆영(逞) : 여기서는 어서 빨리의 뜻으

로 쓰였다. ◆양(揚) : 파양(播揚). 즉 말을 하여 널리 퍼뜨리다. 선전하다. ◆인화(仁化) : 인은(仁恩). 즉 자애(慈愛)와 은혜. ◆숙공(肅恭) : 엄숙 공경. ◆상경(上京) : 도성. 여기서는 허창을 가리킨다. ◆환문(桓文) : 제나라 환공과 진나라 문공(晉文公)을 가리킨다. ◆방(方) : 비교하다. ◆성명(聖明) : 조조를 지칭한다. ◆휴(休) : 경사. 기쁨. 훌륭하다. 아름답다. ◆익좌(翼佐) : 보좌하다. ◆영(寧) : 안정. ◆규량(規量) : 도량(度量). 자연은 사사로움이 없음을 의미한다. ◆동황(東皇) : 동황태일(東皇太一). 천황대제. 천신 중에서도 가장 존귀한 신을 가리킨다. ◆어룡기(御龍旗) : 용을 그려 장식한 기가 꽂혀있는 수레를 가리킨다. ◆주장(周章) : 두루 돌아다니며 유람함을 의미한다. ◆은화(恩化) : 은택. ◆물부(物阜) : 물자가 풍부함. 부(阜)는 풍부하다는 뜻이다. ◆사(斯) : 이것. ◆미앙(未央) : 미진(未盡)하다는 의미이다.

감상과 해설

부(賦)란 『시경』을 대표로 한 황하 문화와 『초사(楚辭)』를 대표로 한 장강 문화가 장기간 교류하며 상호 영향을 주고받아 융합한 산물이다. 『삼국지연의』 중에는 단지 2편의 부가 나타날 뿐이기에 상당한 가치를 지닌다.
「동작대부(銅雀臺賦)」는 조식이 지은 「등대부(登臺賦)」의 기초 위에 수식을 가해 만든 것으로, 그 중 2단락 16구는 본래 원문에는 없었던 것이다. 조식의 「등대부」는 건안 17년(서기 212년)에 지은 것이나 작가가 그것을 적벽대전의 줄거리 속에 빌려다 썼으니, 시간상으로 말하자면 5년이나 앞당긴 셈이다. 「동작대부」는 서경과 서정의 3개 층으로 나누어진다. 앞 10구까지가 첫 번째 층으로 동작대의 경치를 노래한다. 시인의 시선에 따라 가까운 곳에서 먼 곳으로, 낮은 곳에서 높은 곳으로 옮겨가며 동작대 전체의 풍격을 펼치는데, 우뚝 솟아있는 문루, 구름 속까지 들어간 쌍궐, 하늘을 찌르는 화각과 허공을 가로지른 비각 게다가 흐르는 물은 주변을 감싸 돌며 수목을 거꾸로 비춘다. 가운데 16구는 두 번째 층으로 시인의 감회를 서술한다. 조식은 부왕의 패업이 성공하고 인재가 모여들기를 충심으로 바란다. 작가는 이 단계에서 교묘하게 8구를 집어넣어 조조가 '두 교씨(대교와 소교)'를 탈취해 오겠다고 맹서(盟

誓)한 내용을 꾸몄다. 이 부분이야말로 이 시가를 배치한 핵심이 아닐 수 없다. 뒤쪽 15구는 세 번째 층으로 논리의 펼침이다. 조식은 '우리 황실을 보좌함이여', '용 깃발 꽂힌 어가', '봉황 수레 몰아 천하를 두루 살피시도다' 등의 문자 행간마다 자신의 부왕 조조에게 천자의 기세가 있음을 과장하고 있다. 맨 마지막 6구는 작가가 덧보탠 것으로, 황은이 넓고 끝이 없으며 그 은택이 사해에 미친다는 의미를 나타내고 있다.

주유는 소교의 남편이자 손책의 의형제로, 동오의 군사 통수권자에다 오주(吳主) 손권과는 지극히 가까운 사이였다. 다시 말해 적벽대전이란 정책 결정에 있어서 결정권을 행사할 수 있는 주요한 위치에 있었던 것이다. 때마침 동오에서는 문신들은 조조에게 항복할 것을 주장하고 무신들은 전쟁을 주장하며 팽팽하게 맞서고 있던 중이었다. 손권은 이 두 가지 주장 사이에서 이러지도 저러지도 못하고 결정을 주저하는 상황이었다.

주유의 본심이 주전(主戰)편에 있음을 파악한 제갈량은 자제력이 약하여 쉽게 충동되며 감정적으로 일을 처리하는 주유의 약점을 겨냥하여 격분시키는 전략을 취하기로 한다. 용의주도한 제갈량은 주유를 격분시키기 위해, 세 가지 복선을 깐다. 그 하나는 동오가 조조에게 항복해야할 이유를 들려주며 오히려 동오를 무시하는 말로 격분시킨 것이고, 두 번째는 항복하면 좋은 점을 들어 업신여기는 말로 주유의 자존심을 자극시키며, 세 번째는 조조가 사랑하는 아내 소교를 뺏으려 한다고 꾸며 인격적인 모욕을 줌으로써 주유의 분노를 격발시키는 것이었다. 여기서 「동작대부」는 독특한 작용을 발휘하여, 조조가 천자의 자리에 오름이 합당하고, 강동 이교를 취할 것을 맹세한 내용의 증명이 된다. 마침내 주유는 조조에게 대항하기로 결심을 굳히고, 제갈량은 동오의 결사항전을 이끌어내게 된다.

「동작대부」의 작용은 본 장회에서의 예술적 사명이 분명할 뿐만 아니라 다섯 개의 장회를 뛰어넘어, '장강의 연회에서 조조가 시를 짓는데'까지 연결되고 있다. 조조는 여러 장수들에게 말했다. "내 나이 금년 쉰넷이라, 강남을 얻는다면 은근히 기뻐할 일이 또 하나 있다. 옛날 교공(喬公)과 나는 절친한 사이였는데 그의 두 딸이 모두 경국지색임을 알았다. 그러나 훗날 뜻밖에도 손책과 주유의 아내가 되었다. 내 새로이 장수(漳水) 위에다 동작대를 지었으니, 만약 강남을 얻는 날이면 마땅히 두 교씨를 맞아들여 누대 위에 두고 만년을 즐기리라. 그리하여 나의 소원을 이루리라!"

이 때문에 소설 속의 시가와 사부(詞賦)란, 일단 이야기 속에 들어가기만 하면 독립적인 의의가 소멸되고, 소설 내용의 유기적인 요소가 되어 소설 속 인물이나 내용을 위한 부수적 역할을 하게 되는 것이다. 마치 소설 전체에 뻗혀있는 신경선과도 같아, 하나를 건드리면 백 가지에 영향을 미치는 것이다.

제45회
주유의 노래

장부가 세상을 살아감이여 공명을 세울 것이요
공명을 세움이여 평생을 위안하기 위해서로다.
평생을 위안함이여 나 이제 취할 것이요
내 이제 취함이여 미친 듯이 노래 부르리라!

丈夫處世兮立功名　立功名兮慰平生
장 부 처 세 혜 입 공 명　입 공 명 혜 위 평 생
慰平生兮吾將醉　吾將醉兮發狂吟
위 평 생 혜 오 장 취　오 장 취 혜 발 광 음

주

◆ 위(慰) : 위안하다. 위로하다.　◆ 광음(狂吟) : 마음껏 노래하다.

감상과 해설

조조의 대군과 주유가 이끄는 동오의 대군이 적벽을 경계로 대치하던 중이었다. 조조의 막빈(幕賓)인 장간(蔣幹)이 세객(說客)으로 주유를 찾아온다. 장간은 주유와는 어릴 적부터 동창이었다. 주유는 그가 세객으로 왔다는 사실을 알아차리고 이를 역이용할 계획을 세운다. 주유는 술자리를 마련하여 강동의 호걸들을 불러 모아 군영회(群英會)를 연다. 그리고는 태사자(太史慈)에게 자신이 차고 있던 칼을 풀어주며 이 자리에서 군사상의 문제를 제기하는 사람이 있으면 가차 없이 목을 치라고 명한다. 이어서 칼춤을 추며 노래를 지어 부르는데, 바로 위의 노래이다.

중국 고대 지식인들의 최대 목표는 정치에 뛰어들어 명군을 만나 공업을 세움으로써 임금의 은혜에 보답하고 평생토록 영화를 얻는 것이었다. 삼국시대 전체 인물들 중에서 주유처럼 젊은 나이에 그만큼 성공한 인물은 많지 않다. 나이 30세에 이미 문무를 겸비하여 풍류와 학문을 동시에 갖추고 동오를 삼국의 하나로 정립시키는 위대한 업적을 세웠다. 또한 동오의 군주 손권도 주유를 깊이 이해하고 모든 것을 믿고 의지하였으므로 더욱 확고한 충성심과 굳은 의지로 득의만만한 기색이 넘쳐났다. 그래서 장간을 향해, "대장부로 세상에 태어나서 자기를 알아주는 주인을 만났으면, 밖으로는 군신의 의를 받들고 안으로는 부모형제 같은 정을 맺어, 명은 반드시 수행하고 계획은 반드시 이행하여 화복(禍福)을 함께 해야 할 것이다. 설사 소진(蘇秦)과 장의(張儀), 육가(陸賈)와 역생(酈生)이 다시 살아나서 훌륭한 말을 폭포수처럼 쏟아내고 비수처럼 날카로운 논리를 편다한들 어찌 나의 마음을 움직일 수 있겠는가!"라고 큰소리 칠 수 있었던 것이다. 그야말로 한 나라의 군사통수권을 한손에 쥐고 있는 패기만만한 청년 장수를 눈앞에 대하는 것만 같다.

주유가 부른 노래가사는 그 한 편만 단독적으로 평가한다면 그다지 예술적 가치를 논할 수 없을 것이다. 그러나 『삼국지연의』 이야기 중 하나의 요소로 충당되었을 때, 강을 사이에 둔 지혜대결에서 나름대로의 충분한 역할을 수행한다. 즉 조조의 명을 받은 세작 장간이 주유의 기밀이 적힌 편지(주유는 조조군의 장수들 중에서 수전에 능한 채모와 장윤(張允)을 걱정하여 그들을 죽일 계책을 세우고 바로 장간을 이용한다. 채모와 장윤이 자신과 내통하고 있다는 거짓 편지를 작성해 장간이 볼 수 있도록 꾸민 것이다.)를 훔치도록 유도하고, 다시 조조의 칼을 빌려 채모와 장윤을 죽여 적군의 실력을 약화시키고, 마침내 지혜대결에서 승리를 쟁취하는 복선이 깔려 있는 것이다.

제45회

장간이 계책에 빠지다

조조의 간교함은 당할 사람이 없다더니
일시에 주랑이 친 속임수에 빠져버렸네.
채모와 장윤 주인 팔아 영화를 구하더니만
뉘 알았으랴 오늘 아침 칼 아래 죽을 줄을!

曹操奸雄不可當　一時詭計中周郎
조조간웅불가당　일시궤계중주랑
蔡張賣主求生計　誰料今朝劍下亡
채장매주구생계　수료금조검하망

주

◆당(當) : 동사로 쓰임. 당하다.　◆중(中) : 동사로 쓰임. 합치되다. …… 에 맞다. 입다. 당하다. 압운 때문에 도치된 경우로 원래대로라면 '일시중궤계주랑(一時中詭計周郎)'으로 봐야할 것이다.　◆채장(蔡張) : 채모와 장윤을 가리킨다.

감상과 해설

조조는 일세를 진동시킨 간웅으로 다양한 궤계(詭計)를 구사한 인물이다. 주유가 펼친 반간계(反間計)는 잔재주를 과신한 어리석은 장간쯤은 속여 넘길지 몰라도 노련하고 주도면밀한 조조를 속여 넘기기란 결코 쉬운 일이 아니었다.

하지만 왜 일시에 그토록 허무하게 주랑(주유)의 속임수에 빠지고 말았단 말인가? 거기에는 다음과 같은 세 가지 원인을 찾아볼 수 있다. 첫째, 채모와 장윤은 본래 형주를 다스리던 유표의 수하였으므로 의심이 많은 조조는 그들을 진심으로 믿지 못했다. 둘째, 이 두 사람은 조조의 관점에서 보면 단지 일시적인 이용물에 불과했다고 할 수 있다. 즉 수전에 익숙하지 못한 북군들을 훈련시키기 위해 부득이하게 중용하는 척 했을 뿐이다. 셋째, 당시 조조는 이미 채모와 장윤 두 사람이 수군 훈련을 태만히 함으로써 그 능력이 신통치 못함에 불만을 가지고 있었다. 그 직접적 원인이 바로 삼강구(三江口) 수전의 패배였다. 이러한 여건 속에서 장간이 훔쳐온 주유의 편지를 접했고, 조조는 그대로 화를 촉발하기에 이른 것이다. 결국 채모와 장윤은 참수된다. 그러나 그들의 머리가 장하에 바쳐졌을 때, 조조는 즉각 자신의 실수를 깨닫게 된다.

이 이야기는 조조가 비록 주유의 반간계에 어이없이 빠지긴 했지만 치밀한 심리과정 묘사를 통하여 독자들에게 믿음을 주고 있다. 즉 조조의 지능이 한 수 낮은 게 아니라, 의심과 시기하는 감정이 일시 심안을 가렸기 때문이라는 것이다. 그래서 금방 자신의 잘못을 깨달을 수 있었다는 말이다.

이 시의 후반 2구는 채모와 장윤 두 사람이 주인을 팔아 목숨을 구했으니 사람 같지 않다고 폄하하고 있다. 그래서 두 사람이 오해로 참수당한 비극도 동정심을 불러일으키지 못하고 냉랭한 조소만 받고 있는 것이다. 채모와 장윤은 본래 유비와 조조가 대립하고 있는 사이에서 유비를 버리고 조조에게로 투항했다. 이것은 존유폄조를 표방하는 『삼국지연의』에서 충분히 매도될 여지를 함유하고 있었던 것이다.

이 시는 주정헌의 작품으로, 가정본에는 보이지 않고 이탁오본에 나오는데 모종강이 수정할 때 첨가하였다. 이로써 우리는 위의 내용이 중국인의 전통적 문화 관념에서 나온 것이지, 작가 개인의 감정 토로가 아님을 알 수 있다.

제46회

거대한 안개 장강에 드리우니

거대하도다 장강이여!
서로는 민산과 아미산을 품은 파촉과 이어지고
남으로는 오군과 오홍 단양 등의 강동 땅을 누르고
북으로는 황하 하류의 큰 지역을 띠처럼 두르고 있구나.
수백 갈래의 온갖 시냇물 모아 바다로 들어가서
만고의 세월 거치며 파도를 일키누나.
용의 신과 바다의 신 그리고 강의 신과 냇물의 신에서부터
천 길이나 되는 거대한 고래와 아홉 머리를 가진 천오와
괴기하고 이상한 것들 모두 모아 간직하고 있구나.
대저 온갖 귀신들이 깃을 들이고
영웅들이 싸우고 지키는 곳이로다.

지금은 바로 음기와 양기가 혼란을 빚어
밝음과 어둠이 나누어지지 않은 때로다.
멀리 하늘의 한빛을 맞으려는 찰나
홀연 거대한 안개 사방으로 들이차누나.
수레에 높이 매단 장작더미라 할지라도 눈에 보이지 않고
오직 징소리와 북소리만 귓전에 들릴 뿐이로다.
처음에는 어슴푸레 하여
겨우 종남산의 표범 정도나 숨길만 하더니

차츰 가득히 채워져
북해의 곤조차 방향을 잃는다네.
위로는 높은 하늘에 닿고
아래로는 두텁게 땅까지 드리우니
아득히 멀어 창망하고
가없이 넓어 끝이 없어라.
숫 고래와 암 고래가 물위로 나와 파도를 일으키고
교룡은 깊은 바닥에 엎드려 기를 토하누나.
마치 여름철 장맛비가 무더위를 거둬들이고
봄날 흐릿한 음기가 차가운 기운을 내뿜는 듯
어슴푸레하고 희미하며
성대하고도 가득히 늠실대누나.
동쪽으로는 시상 기슭도 잃어버리고
남쪽으로는 하구의 산들도 사라졌도다.
일천 척이나 되는 전선들은
모조리 바위 골짜기로 침몰해버리고
한 조각 고깃배만
놀란 파도 속으로 들락거리누나.
더욱 심해진 안개에 하늘빛은 사라지고
찬란한 아침 해도 빛을 잃어
대낮이 도리어 황혼으로 바뀌고
붉은 산이 푸른 물로 변해버리니
비록 대우의 지혜라 해도
그 깊고 얕음을 측량할 수가 없고
이루의 밝은 시력이라 할지라도
어찌 지척을 분간할 수 있으리오?

이윽고 용왕 풍이가 물결을 잠재우고
바람의 신 병예도 위력을 거둬들이니
물고기와 자라가 몸을 숨기고
길짐승과 날짐승도 자취를 감추네.
신선이 산다는 봉래섬 가는 길도 끊어버리고
천상의 자미성 궁문마저 캄캄하게 덮어버리네.
황홀하고도 빠르게 치솟는 안개여
마치 소낙비처럼 쏟아져 내리다가
또다시 어지러이 뒤엉기면서
차가운 구름처럼 몰려드누나.
독사가 그 속에 숨어 있어서
그것이 무서운 풍토병을 뿜어내고
요사스런 도깨비가 몸을 감추고 있어
그것이 화를 부르는 작란을 일으키나니
인간 세상에 질병과 재앙을 내리고
변방에는 전쟁을 일으키누나.
서민이 만나면 요절하거나 몸을 다치고
대인이 그것을 보면 탄식한다네.
이것은 아마도 천지의 기운을 태고로 되돌려
하늘과 땅을 한 덩어리로 만들려는 것이리라.

大哉長江 西接岷峨 南控三吳 北帶九河 匯百川而入海 歷萬古以揚波 至若龍
대 재장강 서접민아 남공삼오 북대구하 회백천이입해 역만고이양파 지약용
伯海若 江妃水母 長鯨千丈 天蜈九首 鬼怪異類 咸集而有 蓋夫鬼神之所憑依
백해약 강비수모 장경천장 천오구수 귀괴이류 함집이유 개부귀신지소빙의
英雄之所戰守也
영웅지소전수야

時也陰陽旣亂 昧爽不分 訝長空之一色 忽大霧之四屯 雖輿薪而莫睹 惟金鼓
시야음양기란 매상불분 아장공지일색 홀대무지사둔 수여신이막도 유금고
之可聞 初若溟濛 纔隱南山之豹 漸而充塞 欲迷北海之鯤 然后上接高天 下垂
지가문 초약명몽 재은남산지표 점이충새 욕미북해지곤 연후상접고천 하수
厚地 渺乎蒼茫 浩乎無際 鯨鯢出水而騰波 蛟龍潛淵而吐氣 又如梅霖收潦 春
후지 묘호창망 호호무제 경예출수이등파 교룡잠연이토기 우여매림수요 춘
陰釀寒 溟溟漠漠 浩浩漫漫 東失柴桑之岸 南無夏口之山 戰船千艘 俱沈淪於
음양한 명명막막 호호만만 동실시상지안 남무하구지산 전선천소 구침륜어
巖壑 漁舟一葉 驚出沒於波瀾 甚則穹昊無光 朝陽失色 返白晝爲昏黃 變丹山
암학 어주일엽 경출몰어파란 심즉궁호무광 조양실색 반백주위혼황 변단산
爲水碧 雖大禹之智 不能測其淺深 離婁之明 焉能辨乎咫尺
위수벽 수대우지지 불능측기천심 이루지명 언능변호지척
於是馮夷息浪 屛翳收功 魚鱉遁迹 鳥獸潛踪 隔斷蓬萊之島 暗圍閶闔之宮 怳
어시풍이식랑 병예수공 어별둔적 조수잠종 격단봉래지도 암위창합지궁 황
惚奔騰 如驟雨之將至 紛紅雜沓 若寒雲之欲同 乃能中隱毒蛇 因之而爲瘴癘
홀분등 여취우지장지 분운잡답 약한운지욕동 내능중은독사 인지이위장려
內藏妖魅 憑之而爲禍害 降疾厄於人間 起風塵於塞外 小民遇之夭傷 大人觀
내장요매 빙지이위화해 강질액어인간 기풍진어새외 소민우지요상 대인관
之感慨 蓋將返元氣於洪荒 混天地爲大塊
지감개 개장반원기어홍황 혼천지위대괴

주

◆민아(岷峨) : 장강 서부의 민산(岷山)과 아미산(峨眉山)을 가리킨다. 여기서는 파촉(巴蜀)을 뜻한다.　◆삼오(三吳) : 옛 지명. 일반적으로 오군(吳郡)과 오흥(吳興), 단양(丹陽)을 삼오로 본다. 장강 남부 동오의 소재지를 가리킨다.　◆구하(九河) : 일반적으로 황하 하류의 수많은 지류를 총칭하는 말이다.　◆용백(龍伯) 해약(海若) 강비(江妃) 수모(水母) : 용과 바다, 강과 물의 신을 가리킨다.　◆천오(天蜈) : 천오(天吳). 수백(水伯). 수신(水神).『산해경(山海經)·해외동경(海外東經)』을 보면 천오는 머리 8개에 사람 얼굴을 하고 있다고 한다.　◆매상(昧爽) : 어둠과 밝음.　◆아(訝) : 맞이하다.　◆사둔(四屯) : 둔(屯)은 모으다의 뜻으로 사방에서 끌어 모으다 라는 의미이다.　◆여신(輿薪) : 수레에 높이 실은 땔나무를 가리킨다. 크고 보이기 쉬운 물건이란 의미이다.　◆도(睹) : 보다.　◆명몽(溟濛) : 모호하여 분명하지 않고 맑지 못한 모양을 말한다. 안개가 자욱한 모양을 뜻한다.　◆남산지표(南山之豹) : 몸을 감추고 숨어서 화를 피하는 것. 여기서는 안개를 형용한다.　◆북해지

곤(北海之鯤) : 장자(莊子)의 우언(寓言)에 나오는 큰 물고기를 말한다. 흔히 곤(鯤)이라 한다. ◆경예(鯨鯢) : 암수 고래를 말한다. ◆매림수욕(梅霖收溽) : 매림(梅林)은 매우(梅雨, 매실이 익을 무렵에 내리는 장맛비)이다. 욕(溽)은 무더위, 수욕(收溽)은 무더위를 거둬들인다는 의미이다. ◆춘음(春陰) : 흐린 봄날 공중의 음기를 말한다. ◆양한(釀寒) : 점점 차가와지는 공기를 말한다. ◆명명막막(溟溟漠漠) : 어슴푸레하고 희미하다. ◆호호(浩浩) : 물의 위력이 성대한 모양을 말한다. ◆만만(漫漫) : 넓고 크고 끝이 없는 모양을 말한다. ◆시상(柴桑) : 옛날 현 이름. 지금의 강서성(江西省) 구강시(九江市) 서남쪽 6Km 지점이다. 제갈량이 이곳에서 손권을 만났다. ◆하구(夏口) : 일명 한구(漢口). 한수가 장강으로 들어가는 곳으로 지금의 한구와 한양 사이다. ◆궁호(穹昊) : 하늘을 뜻한다. ◆대우(大禹) : 순(舜)의 신하. 하(夏)씨 부락의 영수로 홍수를 다스리는 큰 공을 세워 후인들이 하우를 대우라고 칭했다. ◆이루(離婁) : 전설상의 인물로 시력이 너무 좋아서 100걸음 밖의 털끝을 볼 수 있었다고 한다. ◆풍이(馮夷) : 물의 신. ◆병예(屛翳) : 『산해경』에서는 비의 신, 『초사』에서는 구름의 신, 『문선(文選)』에서는 바람의 신으로 나온다. ◆봉래(蓬萊) : 바다 가운데 신선이 산다는 삼신산(三神山) 중의 하나이다. ◆창합(閶闔) : 신화 속에 나오는 하늘의 문으로 천상계 자미단(紫微壇)의 남문을 말한다. 장려(瘴癘) : 남쪽지방 산림 중에서 나오는 습열한 공기가 일으키는 질병을 가리킨다. ◆요매(妖魅) : 요사스런 도깨비. ◆질액(疾厄) : 병환과 고난. ◆소민(小民) : 일반 백성. ◆대인(大人) : 출세하여 높은 지위에 오르는 것을 의미한다. ◆원기(元氣) : 자연의 생명력. ◆홍황(洪荒) : 혼돈하고 어두운 상태. 즉 태고 시대를 뜻한다. ◆대괴(大塊) : 대자연.

감상과 해설

주유는 제갈량에게 부족한 화살을 구해달라고 한다. 제갈량은 약속한 10만 개의 화살을 마련하기 위해 노숙(盧肅)과 함께 20척의 배를 긴 밧줄로 연결한 다음 북쪽을 향하여 떠난다. 이날 밤은 안개가 짙게 깔렸는데, 장강의 안개는 더욱 심하여 지척에 있는 물건도 구분할 수 없을 정도였다. 그러나 제갈량이 이끄는 선단은 짙은 안개를 헤치며 앞으로 나아간다. 옛사람은 이 광경을 놓고 「대무수강부(大霧垂江賦)」를 지어 노래했다.

『삼국지연의』에 나오는 2편의 부(賦)는 모두 적벽대전 속에 집중적으로 배치되어 있다. 하지만 문체의 형식은 동일하나 소설 속 예술적 효능은 서로 다르다. 즉 「동작대부」는 등장인물의 언어로써 줄거리 구성을 촉진하는데 필수불가결한 유기적 요소가 되는 반면, 「대무수강부」는 경물 묘사를 강화시켜 줄거리의 분위기를 고조시키는 예술적 효능을 시도했다. 이러한 표현수법은 그 성공여부를 차치하고 장편소설의 예술적 표현수법에 새로운 경지를 열었다고 할 수 있다. 그래서 뒤이어 나온『수호전(水滸傳)』이나『금병매(金甁梅)』등에서도 이를 계승하여 중국 고전소설의 시사(詩詞) 운용수법을 풍부하게 했다.

「대무수강부」는 전체적으로 세 부분으로 나뉜다. 첫째 부분에서는 장강의 지리개황과 신화전설을, 둘째 부분에서는 안개 낀 장강의 풍경을, 셋째 부분에서는 안개라는 거대한 자연의 힘과 그것이 인간에게 미치는 재난 등을 묘사하고 있다. 이 세 부분은 각기 다른 내용으로 말미암아 서로 다른 예술적 구조를 취하고 있다. 그것을 3개 항으로 나누어 살펴보면 다음과 같다.

① 거칠고 난폭한 필치에 의한 거시적 개술과 더불어 클로즈업된 구체적 묘사가 서로 결합되어 있다. 첫째 부분에선 장강의 개략적 모습과 신화전설을 묘사했는데, 거시적인 안목과 거칠고 난폭한 필치로 거대한 중국 대륙을 종횡으로 가르며 천촉(川蜀)과 강남을 관통하는 장강의 위용을 개술한다. 그리고 귀신과 괴물, 기이한 금수(禽獸)까지 함께 포용한다. 둘째 부분으로 바뀌면 객관적이면서도 다양한 각도로 구체적인 경치를 묘사한다. 자욱한 안개가 형성되는 과정을 시간적 순서대로 나열한다. 첫 안개가 모이기 시작하더니 차츰차츰 짙어지며 산을 감추고 바다를 가린 후 마침내 모든 공간을 막아버린다. 그리고 안개의 형상과 운치 등 안개의 세계를 집중적으로 묘사하고 있다.

② 경물의 부각과 분위기의 선명함이 특색이다. 안개 빛의 모임과 소용돌이를 묘사하고 엄청나게 조성된 안개의 위력과 분위기를 노래한다.

③ 경물 묘사와 서정에 대한 이론이 유기적인 통일을 이룬다. 안개 낀 세계를 최대한 충실히 그린 뒤에 이론으로 방향을 바꾼다. 이러한 자연현상을 태고의 생명력으로 반회시킨 것이 바로 대자연의 통합임을 설명한다. 아울러 짙은 안개가 인간 세상에 주는 재난에 대해서 묘사했는데, 독사가 장려를 토하고 요매가 재앙을 일으키는 바람에 변방에서는 전쟁이 발발한다고 노래하고 있다.

제46회
풀 배로 화살을 빌리다

온 하늘 짙은 안개 장강을 가득 채우니
원근도 알 수 없고 강물마저 아득하네.
화살이 소낙비처럼 전함으로 날아드니
공명이 오늘에야 주유를 굴복시키도다.

一天濃霧滿長江　遠近難分水渺茫
일천농무만장강　원근난분수묘망
驟雨飛蝗來戰艦　孔明今日伏周郞
취우비황래전함　공명금일복주랑

주

◆묘망(渺茫) : 아득히 멀어 시야가 흐릿하여 맑지 못함을 가리킨다. ◆취우비황(驟雨飛蝗) : 화살을 쏘는 밀도가 매우 커서, 소낙비 같고 메뚜기떼 같음을 비유한 말이다. ◆복(伏) : 굴복, 항복의 뜻이다.

감상과 해설

조조는 짙은 안개로 인해 적의 수를 알지 못했다. 제갈량이 이끄는 20척의 풀 배를 적의 기습으로 착각하여 사정없이 활을 퍼부었는데, 제갈량은 목표한 10만 개의 화살을 얻고는 배를 돌려 동오로 돌아온다. 결국 조조가 제갈량의 계책에 속은 것이다. 이 광경을 지켜본 노숙은 감탄하며 이를 주유에게 알렸다. 화살을 마련한 이야기를 들은 주유는 개연히 탄식하며, "공명의 지략은 귀신 같아서 나로서는 도저히 따라가지 못하겠소이다."라고 했다. 이를 기리는 시이다.

앞 2구는 안개 낀 장강의 경치를 묘사했다. 짙고 엄청난 안개가 드리우자 모든 산은 종적이 사라지고, 날짐승과 길짐승도 자취를 감추니, 수면은 아득하여 끝이 없다는 내용이다. 후반 2구는 서사(敍事)에다 이론을 더했다. 서사는 두 가지 각도로 나누어 서술하였는데, 그 하나는 주유가 화살이 필요하다는 핑계로 제갈량을 해치고자 음모를 꾸민 것이고, 다른 하나는 제갈량이 이 사실을 알고도 모르는 체 하고는 신기묘산을 발휘하여 조조로부터 10만 개의 화살을 얻는다는 내용이다.

적벽대전은 『삼국지연의』의 3대 전쟁 중 하나로, 조조·유비·손권의 걸출한 인재가 다 모여 정치·외교·군사 방면의 국가적 명운을 걸고 치열한 지략싸움을 벌인 한 편의 드라마이다.

엄청난 기세와 수없이 많은 인재, 웅장하면서도 방대한 전쟁 규모, 복잡다단한 두뇌 경쟁을 통하여 조조·유비·손권 세 집단이 연관되어 겨루는데, 그 중추적 역할은 단연코 주유라 할 수 있다. 적벽대전에서 그의 천재적 전쟁 지휘 능력이 유감없이 발휘된다. 하지만 작가가 의도한 무게 중심은 오히려 제갈량에게 있다. 주유는 결국 제갈량을 받쳐주는 역할만 할 뿐이다. 주유의 재략은 백전노장인 조조마저 우롱하지만 제갈량을 만나기만 하면 번번이 한 수 아래로 처지고 만다. 바로 이런 총체적 예술구상은 '풀 배로 화살을 빌리다'는 줄거리에 초점을 맞추고 있다. 신출귀몰하는 제갈량의 재주를 접한 주유는 마침내 진심으로 굴복하지 않을 수 없게 된다. 따라서 이 시의 시안(詩眼)은 '복(伏)'자에 있음을 알 수가 있다. 하지만 이 시를 고립시켜 감상한다면 별반 특색이 없는 평범한 시가 되고 말 것이다. 이 시가 빛을 발하는 까닭은 『삼국지연의』 상의 이야기 흐름과 서로 잘 어울리기 때문이다.

제47회
방통의 연환계

적벽강 격전에서 화공책 쓴다는 건
공명과 주유 둘 다 계산이 같았네.
허나 만일 방통의 연환계 없었던들
주유 어찌 큰 공 세울 수 있었으리.

赤壁鏖兵用火功　運籌決策盡皆同
적벽오병용화공　운주결책진개동
若非龐統連環計　公瑾安能立大功
약비방통연환계　공근안능입대공

주

◆오(鏖) : 오전(鏖戰). 즉 격렬한 전투를 가리킨다.　◆운주(運籌) : 작전이나 책략을 결정하다. 여기서 둘째 구의 주어는 생략되었는데, 바로 주유와 제갈량이다.
◆연환계(連環計) : 방통이 쇠사슬로 조조군의 전선을 연결시킨 계책을 지칭한다.

감상과 해설

적벽대전에서 주유와 제갈량이 취한 전술은 화공이었다. 화공의 실현을 위해서는 일정한 조건하에 일련의 계책을 전개해야 했는데, 그것이 바로 '제갈량이 풀 배로 얻은 10만 개의 화살', '황개(黃蓋)의 고육계(苦肉計)', '감택(闞澤)의

사항계(詐降計)', '방통의 연환계', '제갈량이 빈 동풍' 등이다. 가정본에서는 칠언율시 속에 이상으로 열거한 여러 가지 계책들을 모두 개술해 놓았다. 그러나 모종강본에서는 그중의 4구를 삭제한 뒤 칠언절구로 바꾸어 적벽전의 핵심은 화공임을 부각시켰다.

화공을 위한 전체 전술을 둘러싸고 펼쳐진 일련의 계책 중 방통의 연환계는 가장 중요한 관건의 하나가 되었다. 조조의 전선 1천 척이 장강을 가득 메우고 산재되어있었다. 이런 상황 하에서 화공 실행은 곤란하였고, 부득이 넓은 면적을 염두에 두고 공격을 감행하지 않을 수가 없었다. 방통의 연환계는 전선을 30척에서 50척씩 쇠사슬로 연결시켜 두는 것으로, 이렇게 했을 경우 어느 쪽 전함이든 일단 불이 붙기 시작하면 여타 다른 배는 쇠고리로 묶여 있어 달아날 방법이 없다는 계산이었다. 이것은 보통 사람이라면 감히 생각하기 어려운 절묘한 계책이 아닐 수 없었다. 따라서 적벽강을 온통 불사른 승리는 어느 한 영웅의 공로가 아니고 또한 어떤 한 가지 계책의 특별함 때문도 아니라 여러 가지 계책이 밀접하게 융합되어 한꺼번에 효력을 발휘한 결과였던 것이다. 그러나 적벽대전에서 감행된 모든 전략과 전술을 감안한다 할지라도 만약 방통의 연환계가 아니었다면, 주유가 어찌 불세출의 공을 세울 수 있었겠는가 라고 강조할 가치는 충분하다 할 것이다.

제48회
봉추의 한마디가 서서를 구하다

남쪽 정벌 나선 조조 날마다 걱정한 건
마등과 한수가 전쟁 일으킬 일이었다네.
봉추가 한마디 서서 위해 가르쳐 주자
물고기처럼 유유히 낚시 바늘 벗어나네.

曹操征南日日憂　馬騰韓遂起戈矛
조조정남일일우　마등한수기과모
鳳雛一語敎徐庶　正似遊魚脫釣鉤
봉추일어교서서　정사유어탈조구

주

◆정남(征南) : 조조의 강동 정벌을 가리킨다. ◆과모(戈矛) : 전쟁을 가리킨다. ◆봉추(鳳雛) : 방통의 아호(雅號)이다.

감상과 해설

조조를 비롯한 모든 장수들이 방통의 연환계를 받아들인다. 하지만 유일하게 서서만이 그것이 함정임을 알아차린다. 방통은 서서에게 연환계에 의한 화공의 위기에서 빠져나갈 비책을 일러준다. 그것은 제갈량이 유기를 구한 방법처럼 내부의 화를 피해 외부로 나가기를 청하라는 것이었다. 이 두 가지 경우에서 다른 것이 있다면, 하나는 사실이고 다른 하나는 거짓이라는 점이다. 방통이 서서에게 일러준 내용은 서량(西凉)의 한수와 마등이 모반하여 허도로 쳐들어오고 있다는 유언비어를 퍼뜨리라는 것이었다. 이 소문을 들은 조조는 크게 놀란다. 기회를 틈탄 서서는 산관(散關)으로 가서 요충지를 지키겠노라고 청한다. 서서는 조조의 비준을 얻자 곧바로 밤을 도와 적벽의 전장을 떠난다. 이로써 서서는 연환계에 의한 화공의 위험에서 벗어나게 된다.

서서는 구름같이 많은 『삼국연지의』 속의 모사들 중에서도 특이한 내력과 선명한 개성을 가진 인물이다. 조조의 제약을 받은 그는 평생토록 자신의 포부를 펼칠 재간을 발휘할 수 없었다. 원래 유비의 모사였으나, 조조의 계책에 빠졌기 때문이다. 서서는 효성이 지극하였기에 노모가 인질이 되었다는 위조 편지에 속아 조조에게로 오게 된다. 그러나 유비를 버리고 허도로 온 아들을 대한 노모는 탁자를 치며 대노하여 나무란다. 말을 마친 서서의 모친은 내실로 들어가 스스로 목을 매 자진한다. 이에 한을 품게 된 서서는 조조를 위하여 평생토록 한 가지 계책도 쓰지 않겠노라고 맹세한다. 그래서 방통의 계책을 알아챘음에도 자신만이 그 위기에서 벗어난 것이다. 이런 서서를 두고 중국 속담에, '서서가 조조의 영채로 들어간다. …… 한마디도 하지 않는다.'는 말이 있다. 작가는 적벽대전의 긴장된 분위기 속에서도 서서의 개성을 살리며 독자들로 하여금 옹유폄조 사상에 깊숙이 빠져들도록 하고 있다.

제48회
적벽

부러진 창 모래에 묻힌 채 아직 삭지 않아
주워들고 닦아보니 옛 왕조 것임을 알겠네.
동풍이 만약 주랑 편을 들어주지 않았다면
봄 깊은 동작대에 대교와 소교는 갇혔으리.

折戟沈沙鐵未銷　自將磨洗認前朝
절극침사철미소　자장마세인전조
東風不與周郎便　銅雀春深銷二喬
동풍불여주랑편　동작춘심소이교

주

◆절극(折戟) : 부러진 쇠창을 말한다.　◆장(將) : 손으로 들다.　◆이교(二喬) : 교현(橋玄)의 두 딸을 말한다. 큰 딸 대교는 손책에게, 작은 딸 소교는 주유에게 시집갔다.

감상과 해설

이 시는 당대의 시인 두목(杜牧)이 지은 이름난 영사시로, 그 선명한 특색은 기발하고도 독창적인 풍격을 이루고 있다. 특히 역사 속 인물과 사건에 대한 새로운 평가를 통하여 선인들의 전통 관념과는 다른, 전혀 새로운 의미를 부여하고 있다. 구체적인 면에서는 적벽대전의 역사 유적을 언급하면서도 추상적인 면에서는 동풍이 주유를 위해 불어주지 않았더라면 쌍방의 승패는 뒤바뀌었을 거라고 표현한다. 그래서 만약 조조가 승리자가 되었다면 대교와 소교는 동작대에 갇히는 신세가 되었을 것이니, 패망한 나라의 여인이 승전한 나라의 궁 앞에 와서 춤을 추는 국면이 되었을 것이란 말이다. 더군다나 사직의 존망에 대한 표현은 단 한마디도 사용하지 않으면서 오직 두 여인에 대한 표현만으로 조조가 내뱉은 말과 합치시키고, 특수한 지위에 위치한 여인들의 변화를 통하여 국가의 흥망을 선명하게 부각시키고 있다.

두 교씨, 즉 대교와 소교의 신분은 군주와 군사통수권자의 아내로서 오나라 정권의 존엄을 나타내고 있다. 그들의 지위 변화는 결국 오나라의 생사존망과 불가분의 관계를 가진다. 그래서 더욱 해학적인 정취를 느낄 수 있는 것이다.

제48회
단가행

술 대하고 노래하나니
우리 인생 얼마나 되랴.
비유컨대 아침 이슬
가버린 날이 너무도 많네.

노래 소리 높여보지만
근심 걱정 못 잊겠네.
무엇으로 시름 풀거나
오직 술이 있을 뿐이로다.

푸르고 푸른 선비들 옷깃
느긋해지는 나의 마음.
오직 그대 위하는 까닭에
지금도 나직이 읊조리네.

유유하며 우는 사슴
들판의 쑥을 뜯는구나.
훌륭하신 손님이 와서
비파 뜯고 생황 부노라.

희고 밝은 달과 같아
어느 때나 그칠 건가.
근심이 찾아오면
끊어버릴 수가 없네.

논길 넘고 밭길 건너
서로 만나 인사하네.
오랜만에 회포 풀며
옛정을 마음에 그리네.

달은 밝고 별 드문데
까막까치 남으로 나네.
나무둘레 세 바퀴 돌아도
앉을만한 가지가 없네.

산은 높기를 마다 않고
바다는 깊기를 싫다 않네.
주공처럼 인재 대하면
천하의 인심 돌아오리.

對酒當歌　人生幾何
대 주 당 가　인 생 기 하
譬如朝露　去日若多
비 여 조 로　거 일 약 다
慨當以慷　憂思難忘
개 당 이 강　우 사 난 망
何以解憂　惟有杜康
하 이 해 우　유 유 두 강

青青子衿　悠悠我心
청청자금　유유아심
但爲君故　沈吟至今
단위군고　침음지금
呦呦鹿鳴　食野之苹
유유녹명　식야지평
我有嘉賓　鼓瑟吹笙
아유가빈　고슬취생
皎皎如月　何時可輟
교교여월　하시가철
憂從中來　不可斷絶
우종중래　불가단절
越陌度阡　枉用相存
월맥도천　왕용상존
契闊談宴　心念舊恩
계활담연　심념구은
月明星稀　烏鵲南飛
월명성희　오작남비
繞樹三匝　無枝可依
요수삼잡　무지가의
山不厭高　水不厭深
산불염고　수불염심
周公吐哺　天下歸心
주공토포　천하귀심

주

◆개당이강(慨當以慷) : 강개(慷慨) 두 자를 띄워 쓰는 간격법(間隔法)이다. 노래 소리가 고조됨을 형용한다. ◆하이(何以) : 이(以)는 용(用)의 뜻이다. 즉 용하(用何)를 가리킨다. ◆두강(杜康) : 전설에 따르면 최초로 술을 만든 사람이다. ◆청청자금(靑靑子衿) : 푸른색의 옷깃을 말한다. 자금(子衿)은 주나라 때의 옷을 가리키는데, 주나라 때 선비들이 청색 깃이 달린 옷을 입은데 근거한다. 여기서는 어질고 재주 있는 선비들을 지칭한다. ◆침음(沈吟) : 낮게 읊조리다. ◆유유(呦呦) : 사슴의 울음소리를 말한다. ◆유유녹명(呦呦鹿鳴) 식야지평(食野之苹) 아유가빈(我有嘉賓) 고슬취생(鼓瑟吹笙) : 이상 2구는 『시경·소아·녹명』에 나오는 시이다. 녹명은 본래 손님에게 연회를 베푸는 시이다. 여기서는 인재를 갈망하는 절박한 심

정을 가리킨다. ◆철(輟) : 멈추다. 여기 2구절은 밝은 달이 언제 운행을 멈추는가 하는 뜻이다. ◆월맥도천(越陌度阡) : 맥천(陌阡)이란 밭 사이에 난 작은 길을 뜻한다. 여기서는 손님을 위해 먼 길을 가는 것을 의미한다. ◆왕용상존(枉用相存) : 왕(枉)은 왕림(枉臨)을 가리키고, 존(存)은 안부를 묻는 것을 가리킨다. 서로 찾아뵙는 것을 뜻한다. ◆계활(契闊) : 오랫동안 헤어지다. ◆담연(談讌) : 연회 중에 술을 마시며 마음을 터놓고 이야기한다는 뜻이다. 즉 환락의 연회 가운데 이별 후의 그리운 정을 술회한다는 의미이다. ◆잡(匝) : 양사로 쓰임. 바퀴의 뜻이다. 여기서는 어지러운 난세를 맞은 인재가 의지할 곳이 없다는 말이다. ◆의(依) : 깃들다. 머물다. ◆산불염고(山不厭高) 수불염심(水不厭深) : 인재는 많을수록 좋다는 뜻이다. ◆주공토포(周公吐哺) : 주공이 손님을 맞기 위해 입에 든 음식을 뱉었다는 고사에서 유래한 말이다. 여기서는 조조가 인재를 갈망하는 마음을 표현한다. ◆귀심(歸心) : 민심이 돌아오는 것을 말한다.

감상과 해설

조조의 대군과 주유가 이끄는 동오군이 팽팽하게 대치하고 있는 적벽에 일촉즉발의 전운이 감돈다. 피바람과 비린내가 진동할 엄청난 전투를 앞두고 긴 창을 빗겨든 조조가 연회 중에 시를 읊조리는 이야기가 전개된다.
화광이 충천하고 피와 살이 튀는 적벽의 격전을 묘사하는 가운데 조용하면서도 수려하고 시적인 정취와 그림 같은 정경이 펼쳐지는 장면은 그다지 중요한 내용으로 인식되지 않을 수 있다. 하지만 사실은 그렇지가 않다. 전쟁 자체는 물론이요 조조가 지닌 성격의 전형성을 묘사함에 있어서도 극히 중요한 작용을 하고 있을 뿐만 아니라 전쟁소설의 서사구조를 감안할 때도 필수불가결한 요소가 아닐 수 없다.
조조가 끊임없이 전쟁을 일으키며 인재를 끌어 모은 목적은 패업 달성과 천하통일에 있었다. 이 때문에 눈앞에 닥친 적벽대전이야말로 그의 웅심을 실현하는 문제와 매우 중대한 관계를 가진다. 이미 나이 쉰을 넘긴 조조로서는 대업을 앞당기려는 일종의 긴박감도 있었을 것이다. 「단가행(短歌行)」의 첫머리에는 이러한 그의 심사를 숨김없이 토로하고 있다.

조조가 군사를 일으킨 뒤 관도대전의 승리를 얻기까지는 수많은 좌절의 연속이었다. 그러나 모든 추세는 이미 그의 일생 중 상승단계에 들어서고 있었다. 이것은 그가 인재를 끌어 모으고 실력을 확충한 노력과 불가분의 관계를 가진다. 그래서 「단가행」에서는 그가 세운 공업이나 인재 모집에 대한 갈망을 집중적으로 반영하고 있는 것이다. 그와 동시에 짧은 인생에 대한 개탄, 적절한 행락이나 막바지에 이른 고난에 대한 감상을 무의식중에 표출하고 있다. 그래서 적벽대전 이야기 가운데 조조의 시를 삽입한 구성은 조조 반생의 정벌생활과 밀접한 관계가 있는 것이다.

이 시는 조조가 어느 시기에 지은 것인지 확인되지 않았다. 이야기 구성과 등장인물의 성격 창조를 위한 필요성 때문에 작가는 이상의 허구를 적벽 결전의 전야에 삽입한 것으로 보인다.

제49회

동풍을 빌다

칠성단 위로 와룡선생 올라가자
온밤 내 동풍이 강물을 일으키네.
공명이 묘계를 베풀지 않았다면
주랑이 어떻게 재능을 뽐냈을꼬?

七星壇上臥龍登　一夜東風江水騰
칠성단상와룡등　일야동풍강수등
不是孔明施妙計　周郎安得逞才能
불시공명시묘계　주랑안득영재능

주

◆ 칠성단(七星壇) : 제갈량이 동풍을 빌기 위해 남병산(南屛山)에 설치한 제단이다.
◆ 주랑(周郞) : 주유가 일찍이 동오의 건위중랑장(健威中郎將)을 지냈으므로 붙여진 이름이다.

감상과 해설

적벽대전의 주 무대는 장강이며 모든 전술은 화공을 둘러싸고 진행된다. 하지만 성패의 관건은 동풍에 달려있었다. 동풍에 대해서는 이미 조조의 가슴속에 나름대로 셈이 있었으니, 자못 식견이 놀랍다고 할 수 있다. 방통의 연환계를 받아들였을 때 모사인 정욱이 진언하기를, 배가 모두 연결되어 있으면 화공을 막을 수가 없다고 했다. 이때 조조는 크게 웃으면서 엄동지절이라 서북풍만 있을 뿐 동남풍이 있을 리 없다고 대답한다. 동풍이 불기 시작하자, 그는 또 웃으며 동지는 음양이 바뀌는 시기이므로 간혹 동남풍이 불 수도 있다고 한다. 이상의 대화로 미루어보건대 조조의 총명과 지혜는 범인을 뛰어넘어 주유보다 훨씬 주의 깊고 치밀하다고 평가할 수 있다. 즉 주유는 화공책만 생각했을 뿐 겨울에 동남풍이 불지 않는다는 중대한 문제를 생각지도 못했던 것이다. 그래서 여러 장수들과 강북의 전선(戰船)을 관찰하던 도중 서북풍에 의한 깃발 세례를 받고서야 비로소 번쩍 정신이 든다. 그리고 오직 동남풍에 대한 근심 하나 때문에 병석에 쓰러진다.

제갈량은 조조와 비교해도 몇 수 높았고, 주유와 비교하면 그 차이를 헤아릴 수 없었다. 그래서 주유는 제갈량을 천지조화를 부리고, 귀신도 예측하지 못할 술법을 가진 자라고 말했다. 결국 '동풍 이야기(동풍 때문에 주유가 병이 들자, 제갈량은 칠성단을 쌓아 제를 올리면 하늘에 동풍을 빌 수 있다고 했다. 결국 제갈량은 자연의 이치를 헤아릴 뿐만 아니라 심지어는 이를 역행할 수도 있었다.)'로 제갈량은 신격화되기에 이른다. 이 때문에 소설 속 제갈량과 역사상의 제갈량은 사뭇 거리가 멀어지기도 했다. 제갈량은 고상하면서도 기품 있는 현신(賢臣)이기도 하고, 도가의 신선과도 같이 초인적인 사람이기도 하다. 그래서 중국문화에서 지모(智謀)의 화신으로 숭앙받고 있다.

제50회
불타는 적벽

위와 오가 한판 붙어 자웅을 가르는데
적벽에 가득하던 전선 일시에 소탕되네.
불길이 순식간에 하늘과 강에 가득하니
주랑이 옛적 이곳에서 조조를 무찔렀네.

魏吳爭鬪決雌雄　赤壁樓船一掃空
위오쟁투결자웅　　적벽누선일소공
烈火初張照雲海　周郎曾此破曹公
열화초장조운해　　주랑증차파조공

주

◆누선(樓船) : 높고 큰 전선의 일종이다. ◆초장(初張) : 초(初)는 금방의 뜻이고, 장(張)은 충만을 가리킨다. ◆운해(雲海) : 여기서는 하늘과 강물을 가리킨다.

감상과 해설

이 시가는 이백의 「적벽가송별(赤壁歌送別)」에서 따왔는데, 단지 14개의 글자만으로 불타는 적벽의 장관을 선명하게 보여주고 있다.
조조의 군사는 100만 정병이었고, 전선(戰船)은 1,000여 척이나 되었으며, 깃발은 하늘을 덮고 숲을 이룰 정도였으니, 가히 그 호대한 기세를 짐작할 수 있을 것이다. 그러나 주유는 단지 한 뭉치의 불덩이로 적벽강에 가득히 떠있던 적선을 깡그리 소탕해버리니, 맹렬한 불길은 하늘과 강을 가득히 뒤덮었다. 가장 전형적인 상징물, 즉 거대한 전선과 맹렬한 불길만으로 장대하고도 숨막히는 전쟁장면을 적절히 묘사하고 있다. 그 모략과 그 기세, 그 얼마나 호기스러운가! 치밀하고 빼어난 시구는 소설 내용의 분위기와 역사적 정취를 한층 더 강화시켜주고 있다.

제50회
동풍은 뜻이 있어 주랑 편을 들었네

산은 높고 달은 작고 강은 넓어 아득한데
옛 왕조 군웅의 다툼 생각하며 탄식하누나.
강남 사람들 조조를 받아들일 마음이 없자
동풍도 그걸 알았는지 주랑 편을 들었다네.

山高月小水茫茫　追嘆前朝割據忙
산고월소수망망　추탄전조할거망
南士無心迎魏武　東風有意便周郞
남사무심영위무　동풍유의편주랑

주

◆ 전조(前朝) : 후인들이 삼국시대를 일컫는 말이다.　◆ 남사(南士) : 강남 지역의 인재들을 지칭하는 말이다.

감상과 해설

『삼국지연의』 속의 인물 찬양시나 사건 비평시는 모두가 전지적 관점에서 포폄(褒貶)과 비평을 가하고 있으며, 작가의 애증은 물론 정치적 경향이나 철학, 도덕관념을 표현하고 있다. 이것이 모종강본 시사 개편에서 볼 수 있는 하나의 준칙이다.

이 시는 시 자체로만 본다면, 그저 평범한 작품으로 전혀 빼어난 곳이 없다. 그런데 모종강이 구차히 남겨둔 이유는 사람의 마음과 하늘의 뜻이 서로 합해진 천인감응(天人感應)의 철학관을 사회범주에 반영하기 위한 것으로 보인다. 우리는 이미 수많은 시가 속에서 이러한 경험을 했다. 작가나 개편자가 다채로운 예술형상과 복잡다단한 역사적 사건을 통하여 삼국사의 발전과정은 물론 등장인물의 운명적 결과를 주로 천명(天命)의 제약에 따라 이루어지도록 유도하고 있다. 무릇 역사상 작위적인 일일지라도 그 모두가 하늘의 뜻에 따라 발휘된 작용으로 몰아가는 것이다.

또 하나, '동풍도 그걸 알았는지 주랑 편을 들었다네'란 구절에서 동풍은 제갈량이 빌려온 것인데, 어찌 하늘의 뜻이라고 말한 것일까? 이 문제는『삼국지연의』가 1,000여 년에 달하는 긴 세월을 통하여 성숙되고 발전되어온 과정이 있었음을 나타내고 있다. 즉 앞에 나온 이백의「적벽가송별」과 주정헌이 지은 이 작품 그리고 제48회에 나온 적이 있는 두목의「적벽」등에서는 하나같이 주유가 적벽을 불태운 공적만을 인정했을 뿐, 제갈량이 동풍을 빌린 일에 관해선 전혀 언급하지 않았다. 이것은 바로 송원시대 이전에는 동풍과 제갈량의 상관관계를 설명하는 어떠한 자료도 없었다는 사실을 설명하는 것이다. 송원대에 이르자 저자거리의 이야기꾼들이 이야기 대본을 꾸미느라 동풍을 빌린 공로를 제갈량에게로 돌린 것이다.『삼국지연의』판본의 진화는 시가에 내포된 함의와 매우 깊은 관련성이 있다.

제50회
관우가 조조를 놓아주다

조만이 싸움에 지고 화용도로 달아나다
좁은 길에서 정통으로 관공과 마주쳤네.
다만 지난날의 은혜와 의리를 중히 여겨
무쇠 자물쇠 열어 교룡을 놓아 보내네.

曹瞞兵敗走華容　正與關公狹路逢
조만병패주화용　정여관공협로봉
只爲當初恩義重　放開金鎖走蛟龍
지위당초은의중　방개금소주교룡

주

◆조만(曹瞞) : 조조의 어렸을 때 이름으로, 거짓말을 좋아하였기 때문에 아만(阿瞞)이라 불렀다. ◆화용(華容) : 현(縣)의 이름이다. 호북성 잠강(潛江) 서남쪽 40Km 지점이다. ◆당초은의중(當初恩義重) : 일찍이 관우가 조조에게 항복했을 때, 조조는 상빈의 예로 극진히 대접했다. 금은보화를 내리고 사흘마다 작은 잔치, 닷새마다 큰 잔치를 베풀고, 비단 전포와 적토마를 선물했으며 후작에 봉했다.

감상과 해설

적벽에서 대패한 조조는 화용도(華容道)로 달아나다가 관우와 맞닥뜨린다. 관우는 지난날 받은 은혜와 다섯 관문을 지나며 여섯 장수의 목을 벤 일 등을 생각하며 조조를 놓아준다. 이를 두고 지은 시다.

이 시는 일목요연하여 전혀 이해하기 어려운 곳이 없다. 예술적인 면에서도 아무런 특색이 없다. 단지 조조가 패하여 달아나는데, 관우가 의리 때문에 조조를 놓아준다는 내용의 개괄뿐이다. 그런데 작가가 찬미한 의(義)는 바로 윤리도덕(지난날 조조에게 받았던 은혜에 대한 의리)과 법률 정신(적장으로 만나 적을 공격해야하는 군령) 사이의 모순을 나타내고 있다. 관우는 이 두 가지 가운데 하나를 선택하지 않으면 안 될 진퇴양난에 빠지자 하는 수 없이 자신의 목숨을 담보로 두 모순이 일치하는 조화를 이루게 된다.

여기서 문제가 되는 것은 관우의 태도가 아니라 어째서 이런 경우가 발생할 수 있는가 하는 것이다. 그 해법은 고대 중국 정치문화의 특징인 예(禮)와 법(法)의 관계에서 찾아볼 수 있다. 고대 중국의 법은 처음부터 끝까지 윤리의 종속물이었다. 그 이유를 찾아보면, 우선 인치(人治)가 법치(法治)에 앞선 경우를 들 수 있다. 법률은 공정을 원칙으로 해야 함에도 불구하고 늘 양심이나 감정의 혼입을 피할 수 없었다. 법치주의자인 제갈량이 관우에게 군령장을 받은 이유도 여기에 있었다. 그러나 군령을 어긴 관우의 목을 베려하자 유비가 나서서 삼형제의 결의와 생사를 함께 하기로 한 맹세를 이유로 사면을 청한다. 두 번째로는 윤리 관념과 법률 정신 사이의 괴리인데, 등급 관념과 황권지상주의, 남존여비 관념 등등이 법치에 영향을 미쳐 마침내 법이 굽어지고 변형되게 된 것이다. 세 번째로는 윤리적 기준인 선과 악이 법률적 판단을 대체하는 경우이다. 동일한 살인 약탈일지라도, 만약 가난한 자가 부자를 죽일 경우엔 빈민구제가 되어 바로 의협으로 인식된다. 하지만 평민을 죽였다면 바로 강도가 된다. 이런 식으로 합법이나 위법을 구분하는 엄격한 한계가 없었던 것이다.

관우가 조조를 놓아준 이야기가 사람들의 입에서 입으로 전해지면서 찬양을 받는 까닭도 바로 이런 의리가 중국 윤리문화의 토양 속에 깊이 뿌리를 박고 있기 때문이다.

제53회
황충 찬송

장군의 기개는 하늘의 별처럼 높았으나
백발이 되도록 장사 땅에서 고생만 했네.
죽음도 달게 받으며 원망할 줄 모르더니
항복할 때는 머리 숙이며 부끄러워하네.

번뜩이는 서릿발 보도 신의 무용 뽐내고
바람 가르는 철마는 격전을 생각게 하네.
천고에 높은 이름 응당 없어지지 않으리니
외로운 저 달 따라 길이 상강을 비추리라.

將軍氣槪與天參　　白髮猶然困漢南
장군기개여천삼　　백발유연곤한남
至死甘心無怨望　　臨降低首尙懷慚
지사감심무원망　　임항저수상회참
寶刀燦雪彰神勇　　鐵騎臨風憶戰酣
보도찬설창신용　　철기임풍억전감
千古高名應不泯　　長隨孤月照湘潭
천고고명응불민　　장수고월조상담

주

◆ 삼(參) : 별의 이름. 하늘의 별처럼 높다는 뜻이다. ◆ 한남(漢南) : 강한평원(江漢

平原)의 남부지역으로 장사(長沙)를 가리킨다. ◆전감(戰酣) : 전투가 격렬함을 뜻
한다. ◆민(泯) : 소멸. 소실. 불민(不泯)은 불멸을 뜻한다. ◆상담(湘潭) : 호남성
장사시 남쪽에 있다. 여기서는 상강담수(湘江潭水)의 뜻으로, 장사를 가리킨다.

감상과 해설

황충은 촉한에서 다섯 손가락 안에 들어가는 무장의 한 사람이다. 장사태수 한현(韓玄)의 수하였는데, 일만 명의 장정을 당해낼 만한 용기를 가졌고, 두 섬을 들 완력을 요하는 이석궁(二石弓)을 당겨 백발백중하는 명사수였다고 한다. 하지만 나이 예순이 가까워오도록 그저 외진 군현에 소속된 이름 없는 무장이었을 뿐 아직 천하에 이름을 날리지 못했다. 그의 이름은 유비를 주군으로 모시면서 천하에 퍼지게 된다. 훗날 효정전투(猇亭戰鬪)에 참전하여 오장 마충(馬忠)의 화살을 맞고 군영에서 죽을 때의 나이가 75세로 추정되는데, 그의 일생 중 가장 화려한 시기는 바로 유비를 만나 종사하는 60세에서 75세까지의 기간이 된다.

황충의 젊은 시절을 보면, 참다운 주군을 만나지 못하고 그저 하루하루가 헛된 일생이었다. 그러나 그는 바로 이런 어려운 생활 속에서도 충의와 무예 그리고 명절(名節, 명예와 절조)을 단련함으로써 마침내 한 세대를 풍미하는 영웅호걸이 된다.

자신을 모함하고 급기야 죽음을 내리려는 태수 한현을 향해 화를 내지 않고 오히려 한현을 죽이려는 위연(魏延)의 거동을 저지했으니 이것은 충이다. 관우가 만나기를 청했지만 병을 핑계로 나오지 않았고, 유비가 직접 방문하자 한현을 편안히 장사지내달라고 청했으니 이것은 바로 의다. 그래서 그는 충으로 신하의 도리를 다하고, 의로서 군주를 섬겼던 것이다. 이야말로 봉건시대의 고상한 풍격과 밝은 절개를 체현한 일이다. 그리고 관우와의 대진에서는 100여 합을 싸웠지만 조금도 빈틈이 없어 자부심 강한 관우조차도 탄복을 할 정도였다. 당시 관우는 40대의 장년인데 반해 황충은 거의 20여 세나 더 많은 노인이었음을 생각해보라. 탁월한 무예에다 세상을 덮을만한 용맹을 떨치던

관우조차 승부를 가릴 수 없을 정도였다면, 가히 황충의 무예를 짐작하고도 남을 것이다. 지금 이 순간에도 우리의 눈앞에는 허연 백발을 휘날리는 노장이 번쩍이는 보도를 휘두르는 모습과 어지러이 내달리는 기병의 말발굽 소리가 귓전에 들리지 않은가……

『삼국지연의』를 보면, 등장인물에 대한 칭송은 그다지 많지가 않다. 설령 관우와 장비, 조운을 칭송하는 시편들이 많다고 하더라도 거저 한 가지 일에 한 가지 칭찬하는 식으로 끝날 뿐이지 전반적인 칭송의 경우는 드물다. 따라서 이와 같이 극찬하는 시구로 전면적 평가를 가하고, 칠언율시의 형식으로 고도의 찬상을 아끼지 않은 인물은 황충이 첫손가락에 꼽힌다.

황충이 유비에게 투항한 이후 서천으로 들어가서는 두 번 다시 과거에 살던 지방으로 돌아오지 않았다. 그래서 그의 빼어난 이름은 천고에 길이 빛나며, 영원히 상담(湘潭) 백성들의 가슴속에 살아남아 있는 것이다. 이로써 황충에 대한 작가의 경모하는 마음이 가없음을 짐작할 수가 있다.

제53회
태사자의 죽음

오직 충효를 지향할 맹세를 하니
동래 땅에서 태어난 태사자로다.
성과 이름을 먼 변방까지 드날리고
궁술과 마술은 웅병도 떨게 했네.

북해에선 공융의 은혜를 갚았고
신정에선 손책과 백열전 벌였지.
죽음 앞에서도 장한 뜻을 말하니
천고가 흘러도 다함께 찬탄하네.

矢志全忠孝　東萊太史慈
시지전충효　동래태사자
姓名昭遠塞　弓馬震雄師
성명소원새　궁마진웅사
北海酬恩日　神亭酣戰時
북해수은일　신정감전시
臨終言壯志　千古共嗟咨
임종언장지　천고공차자

주

◆ 시지(矢志) : 시(矢)는 맹세하다의 의미이고, 지(志)는 지향하다의 의미이다. ◆

동래(東萊) : 군명(郡名). 지금의 산동성 동부 연해지역을 가리킨다. ◆소(昭) : 드러나다. ◆원새(遠塞) : 아주 먼 변방을 가리킨다. ◆차자(嗟咨) : 찬탄. 압운을 맞추려고 이렇게 사용하였다.

감상과 해설

태사자는 조조군과의 싸움에서 화살을 맞는 중상을 입는다. 육손(陸遜)과 동습(董襲)이 급히 달려와 구했지만 결국 군영에 돌아와 죽고 만다. 이 시는 태사자의 업적과 활약을 기리고 있다.

양주자사(揚州刺史) 유요(劉繇)를 섬기던 태사자는 후에 손책에게 투항하여 동오의 이름난 장령이 된다.『삼국지연의』속 그의 역할은 대의지효(大孝至義)의 형상이다.

공융이 북해상으로 있을 때였다. 일찍이 황건적에 둘러싸여 어려움을 겪고 있는데, 하루는 모친의 명을 받은 태사자가 말을 달려와 구해준다. 이는 그가 효자라는 사실을 입증하는 일이다. 이어서 공융의 부탁을 받고 유비에게 구원을 청하러 갔는데, 이때 진정에서 우러나온 말은 그의 의로움을 대변한다. 북해의 포위가 풀리고 이별을 고하자 공융이 금과 비단으로 보답하려 한다. 하지만 그는 받지 않았다. 작가는 첫 출연에서부터 이렇게 하나하나 세밀한 내용을 첨가하여 지극한 충과 효의 이미지를 아름답게 그리고 있다.

또 손책에게 귀순한 후에는 유요의 옛 부하들을 항복시켜 다음날 정오까지 돌아오기로 약속한다. 이에 손책의 부하들은 이구동성으로 달아난 것이라고 말했지만, 손책만은 틀림없을 그의 신의를 믿는다. 과연 태사자는 다음날 정오에 1천여 명의 무리를 이끌고 돌아온다. 그래서 시편 첫머리부터 충과 효를 노래한 것이다.

태사자는 무용이 절륜했다. 특히 궁술과 마술은 전군을 떨게 할 정도였다. 북해에서 공융의 명으로 구원병을 청하러 갈 때였다. 적병 수백 기가 에워싸자 활을 잡은 그는 팔방을 향하여 화살을 쏘아댔다. 시위소리 울리는 곳마다 적군이 추풍낙엽처럼 떨어졌다. 이에 겁을 집어먹은 적들은 감히 추격하는 자가 없었다. 더욱 유명한 것은 손책과의 백열전이다. 유요를 정벌하러 간 손책과 신정(神亭)에서 맞닥뜨린다. 조금도 두려움 없이 말을 달려 나간 그는 손책과 맞붙어 50합을 싸우지만 승부를 가리지 못한다. 둘은 줄곧 싸우면서 평천(平川) 땅까지 이르러 다시 50합을 싸운다. 쌍방은 각기 상대방의 무기를 잡고 당기다가 한꺼번에 말에서 굴러 떨어진다. 결국 무기를 버린 두 사람은 서로 맞부딪혀 육탄전을 벌인다. 전포가 찢겨 산산조각이 난 두 사람은 상호 단창과 투구를 빼앗는다. 한 치의 양보도 없이 치고 박던 두 사람은 쌍방의 구원병이 당도하고 나서야 겨우 싸움을 멈춘다. 이로부터 태사자는 소패왕 손책을 상대로 격전을 벌였다고 해서 크게 명성을 드날리게 된다. 애석한 일은 이토록 충성스럽고 용맹한 장수가 한창 나이에 전사한 것이다.

제54회
시검석

보검이 떨어지자 산중의 큰 돌이 갈라지고
칼자루 고리 울리는 곳에선 불꽃이 튕기네.
두 조정 왕성한 기운 모두가 하늘의 운이니
이로부터 천하는 솥발처럼 셋으로 나뉘었네.

寶劍落時山石斷　金環響處火光生
보검 낙 시 산 석 단　금 환 향 처 화 광 생
兩朝旺氣皆天數　從此乾坤鼎足成
양 조 왕 기 개 천 수　종 차 건 곤 정 족 성

주

◆금환(金環): 도검 자루에 붙은 금속으로 된 고리를 가리킨다.　◆양조(兩朝): 촉
과 오의 두 정권을 의미한다.　◆건곤(乾坤): 여기서는 천하를 가리킨다.

감상과 해설

주유와 손권의 미인계에 빠진 유비는 동오에 와서 위험을 느낀다. 유비는 칼을 뽑아들고 하늘을 우러러 축원한다. "만일 형주로 돌아가 왕업을 이루게 된다면 단칼에 돌이 두 조각이 나고, 이곳에서 죽을 운이라면 쪼개지지 말게 하소서!" 그리고는 칼을 내리치자 큰 돌이 두 쪽으로 갈라졌다. 이에 손권도 형

주를 빼앗고 동오를 번성시킬 수 있다면 두 쪽으로 쪼개지라고 축원하면서 칼을 내려치니 돌이 갈라졌다. 그래서 지금도 감로사(甘露寺)에는 십자 무늬의 시검석(試劍石, 일명 한석[恨石])이 있는데, 후인들이 이 고적을 보고 시를 지어 기렸다.

『삼국지연의』에 나오는 시사의 절대 다수는 인물 찬송시와 사건 비평시이다. 그리고 이런 시는 대개가 거시적 안목으로 대국적인 내용에 붓을 대고 있는데 반해 「시검석」은 미세하고도 국부적인 사건에 손을 대고 있다. 이런 식의 이론시(理論詩)는 비교적 보기 드물다. 하지만 이는 결코 예술적 함량이 미흡한 것이 아니라 미세한 내용을 근거로 오히려 형주를 둘러싼 뺏고 뺏기는 대사건을 효과적으로 표현하고 있다. 그래서 이 시를 읊노라면 풍부한 예술적 매력과 함께 금방 세인들의 입에 회자되고 있는 형주쟁탈의 이야기를 연상시킨다. 유비와 손권은 둘 다 돌을 갈라 점을 쳤는데, 이런 행동은 옛사람들에게 있어서 습관처럼 되어있었다. 옛사람들은 수시로 점을 쳤는데, 귀갑(龜甲)이나 서초(筮草)를 이용하는 건 큰 점이요, 평상시에는 저저 편한대로 동전이나 기타 물건 등으로 점을 치기도 했다. 여기서 중요한 것은 사용한 물건의 종류가 아니라 물건의 형상으로 운명을 판단했다는 점이다. 유비와 손권의 판단 기준은 큰 돌이 두 조각으로 갈라지는 것이었다. 이들 두 사람의 목적은 형주쟁취에 있었고, 아울러 각자의 성패를 위하여 점을 쳤다. 공교롭게도 유비와 손권 두 사람은 모두 돌을 쪼갤 수 있었으니, 이는 유비가 서천을 취한 후 형주 남쪽의 세 군을 동오에 돌려준 상황과 우연히 일치한다. 이로부터 형주는 하나가 나뉘어 둘이 되었으며, 유비와 손권이 각각 나누어진 지역을 통치하게 된다. 이 사건 역시 천명결정론(天命決定論)의 색채가 충만하다. 이것은 『삼국지연의』 작품 전체를 관통하는 작가의 기본사상이기도 하다.

제54회
감로사 경승

강산에 비 개고 푸른 봉우리 둘러서니
평화로운 경계에 즐거움이 가득하네.
지난날 영웅들이 눈길을 보내던 자리
강 물결 예와 같이 절벽에 부딪치네.

江山雨霽擁青螺　境界無憂樂最多
강산우제옹청라　경계무우낙최다
昔日英雄凝目處　巖崖依舊抵風波
석일영웅응목처　암애의구저풍파

주

◆우제(雨霽) : 비가 그친 뒤 운무가 흩어지고 하늘이 개는 것을 뜻한다. ◆청라(青螺) : 청라계(青螺髻)란 고대 여인네의 머리위에 튼 나선형의 낭자(상투)를 가리킨다. 흔히 멀리보이는 푸른 산봉우리를 형용한다. ◆경계(境界) : 본래는 불교용어로 여섯 가지 감각기관이 펼치는 활동 대상을 의미한다. 후에는 사상이나 예술 또는 심미 능력이 도달한 경지를 가리킨다. ◆응목(凝目) : 주시(注視)의 의미이다. ◆저(抵) : 부딪다. 밀어젖히다. 맞닥뜨리다. 이 시구는 '풍파의구저암애(風波依舊抵巖崖)'가 도치된 상태이다.

감상과 해설

유비와 손권은 십자 무늬의 시금석을 만든 후, 칼을 버리고 서로 손을 잡은 채 자리로 돌아와 술을 마신다. 몇 순배를 마신 유비가 더 이상 술을 이기지 못하겠다며 물러나오자, 손권이 절 앞까지 나와 전송한다. 두 사람이 강산의 경치를 감상하는데, 유비가 "천하제일의 강산이오!"라며 감탄한다. 지금도 감로사 비석에는 '천하제일강산(天下第一江山)'이란 글이 새겨져 있어 후인이 시를 지어 기렸다.

이렇게 천하제일강산으로 이름난 북고산(北固山)은 강소성(江蘇省) 진강시(鎭江市) 장강 남안에 자리 잡고 있다. 산 위에는 유명한 고찰 감로사가 북고산 주봉의 꼭대기에 웅거하고 있는데, 전설에는 삼국시대 오나라 감로(甘露) 연간에 지었다고 하여 붙여진 이름이다. 북고산는 삼국시대와 연관된 고적과 전설이 아주 많다. 이 때문에 역대 시인묵객들이 삼국유적을 찾아오는 그리움의 장소가 되었다. 이 시는 후인이 회고한 작품으로, 작가가 『삼국지연의』 속에 차용한 것이다.

제54회
주마파

용마 내달리며 저마다 기개 뽐내더니
두 영걸 고삐 나란히 산하를 바라보네.
동오와 서촉에서 왕자의 패업 이루니
천 년 세월 아직도 주마파는 남아있네.

馳驟龍駒氣槪多　　二人幷轡望山河
치 취 용 구 기 개 다　　이 인 병 비 망 산 하
東吳西蜀成王霸　　千古猶存駐馬坡
동 오 서 촉 성 왕 패　　천 고 유 존 주 마 파

주

◆병비(幷轡) : 비(轡)란 말고삐를 가리킨다. 여기서는 유비와 손권이 나란히 말을 몰아 패업을 성취한 것을 가리킨다. ◆주마파(駐馬坡) : 강소성 남경시(南京市) 청량산(淸凉山) 오룡담(烏龍潭) 동쪽을 가리킨다. 시상에서 손권을 설복시킨 제갈량이 경구(京口)로 가는 길에 건업(建業)을 지나며 이곳에서 말을 멈추고 제왕의 집이 들어설만한 산천경개라며 감탄을 금치 못했다고 한다. 이에 연유된 지명이다.

감상과 해설

유비와 손권이 감로사의 절경을 감상하고 있을 때였다. 갑자기 강 위에 일엽편

주(一葉片舟)가 나타나더니 파도 사이를 마치 평지처럼 헤쳐 나가고 있었다. 감탄한 유비가 "남쪽 사람들은 배를 잘 몰고 북쪽 사람들은 말을 잘 탄다더니 그게 사실인 것 같소."라고 했다. 그러자 손권이 즉시 좌우에게 말을 끌고 오라 명하더니 질풍같이 산 아래로 말을 내달렸다. 그리고 손권은 "남쪽 사람들이라고 말을 탈 줄 모르는 줄 아시오?"라고 말했다. 이 말을 들은 유비도 즉각 말위로 뛰어올라 나는 듯이 산을 내려갔다. 언덕 위에서 말을 세운 두 사람은 채찍을 휘두르며 크게 웃음을 터뜨렸다.

이 시는 작은 것으로 큰 것을 비유하였으며 외면적인 동작과 언어로 내면적인 심리를 표현하고 있다. 유비와 손권은 둘 다 왕패지재(王霸之才)로 대등한 세력과 첨예한 대립으로 형주쟁탈전을 벌인다. 말을 달리는 장면은 서로가 상대에게 불복하는 심중과 함께 자신들의 재능이나 기량을 과시하는 것이다. 그리고 말머리를 나란히 함으로써 천하삼분에 어깨를 나란히 함을 상징한다.

천하삼분의 형성과정이야말로 『삼국지연의』 전체 서사구조의 핵심이라고 할 수 있다. 제35회에서 제85회까지 총 50개의 장회에 걸쳐 모두 9개 단원의 줄거리를 이루고 있다. 그것은 삼고초려, 유비의 전전(轉戰), 적벽대전, 삼기(三氣) 주유, 서천탈취, 한중(漢中)쟁탈, 관우의 죽음, 조비의 찬탈, 이릉대전 등이다. 그 중 주유의 화를 돋운 일은 삼분고사(三分故事)의 클라이맥스로, 그 내용은 형주 귀속 문제를 둘러싸고 전개된 손·유간의 쟁탈전이다. 조·유·손 세 집단 중에서도 가장 먼저 형주를 전략목표로 지향한 사람은 유비였다. 그는 한실의 종친이란 혈연관계를 이용하여 형주에 몸을 의탁하고 이곳을 발붙일 근거지로 삼았던 것이다. 당시 조조는 북벌 때문에 형주를 돌아볼 여가가 없었고, 손권은 동남지방 전쟁이 끝나지 않아 형주를 빼앗을 힘이 없었다. 그 뒤 북방을 평정한 조조가 강남을 공격하여 형주를 손아귀에 넣었지만 적벽의 일전에서 패해 물러날 수밖에 없었다. 이로부터 손·유 양 진영의 형주쟁탈전이 시작되고, 세 번 주유의 화를 돋운 이야기로 클라이맥스를 형성한다.

형주라는 단서는 조·유·손 세 집단의 역사적 인물들을 하나로 연결시켜 주는 고리역할을 한다. 갖은 모순과 충돌을 이곳에다 집중시켜 펼쳐 보이며 삼국이야기의 절정을 이룬다. 이러한 역사 진행은 삼국이 제각기 발전하는 시기이자 천하삼분이 형성되는 과정이기도하다.

제55회
유랑포구의 눈물

오와 촉 유랑포구에서 혼례식을 올릴 땐
옥구슬 장막에다 황금지붕 수레를 탔었지.
뉘 알았으랴 한 여자 천하를 가벼이 여겨
유비의 천하삼분 웅지를 바꾸려 했을 줄.

吳蜀成婚此水潯　明珠步障屋黃金
오촉성혼차수심　명주보장옥황금
誰知一女輕天下　欲易劉郞鼎峙心
수지일녀경천하　욕역유랑정치심

주

◆심(潯) : 물가. 즉 장강변인 유랑포구(劉郞浦口)를 가리킨다.　◆보장(步障) : 옛날 귀족들이 출행할 때 바람이나 먼지를 피하기 위하여 치는 장막을 말한다.　◆옥(屋) : 유악(帷幄). 즉 수레의 덮개를 말한다. 이 구절은 호화롭고 고급스러운 수레, 즉 보배로운 구슬로 엮은 장막과 황금으로 장식한 수레덮개를 묘사하고 있다.　◆수지(誰知) : 원시에는 '수장(誰將)'으로 되어 있다. '누가 여자를 이용하여 유비의 마음을 바꾸려 했는가?'의 뜻이다.　◆정치(鼎峙) : 마치 솥발처럼 셋으로 나뉘어 대치하는 것을 말한다. 위·촉·오의 대치를 말한다.

감상과 해설

주유가 미인계를 꾸며 손권의 여동생을 유비에게 시집보내려 한다. 그 목적은 유비가 혼인을 위해 동오에 오기만 하면 인질로 잡아 형주와 맞바꾸려는 데 있었다. 그러나 이미 제갈량에게 간파되어 오히려 역으로 당하게 된다. 유비를 인질로 삼고자 하는 계략은 풍비박산이 나고 결국 유비는 손권의 여동생과 화려한 혼례식을 치르게 된다. 뒷날 손 부인(孫夫人)을 대동하고 귀환 길에 오른 유비는 동오에서의 화려했던 날들을 떠올리며 눈물을 흘린다.

이 작품은 당대의 시인 여온(呂溫)의 영사시로, 유랑포(劉郎浦)를 지나다 유적 앞에서 옛일을 추모하며 읊은 시를 작가가 『삼국지연의』 속에 빌려 썼다. 지금의 호북성 석수현(石首縣) 사보(沙步)에서 손 부인이 혼인했기 때문에 후인들은 그곳을 유랑포라고 불렀다. 유비와 손 부인이 혼인할 당시의 호화로운 장면을 생각하면 일반인들에게 비할 바가 아니었을 것이다. 손 부인이 사용한 휘장은 옥구슬로 엮어 만들었고, 수레는 황금으로 덮개를 장식했다. 그러나 호화로움이 극치에 달할수록 손권이 누이를 미인계에 이용했다는 사실이 더욱 부각되고 있다. 따사로운 정감이 넘쳐흐르는 면사포와 화려하고 장엄한 의식 속엔 형주를 탈취하려는 교묘한 정치적 술수가 숨어있었다는 말이다.

하지만 『삼국지연의』의 이야기가 시의 내용처럼 그렇게 단순한 건 아니다. 비록 완곡하고 우아하며 진한 맛을 풍기긴 하지만 그것으로 소설상의 내용을 완벽하게 함축시켰다고 할 수는 없다. 한 인간의 성격구조는 매우 복잡한 것으로, 유비가 형주를 도모하려한 전략이 한 여인으로 인해 순식간에 뒤바뀔 리가 없는 것이다. 그러나 유비도 육신과 감정을 가진 인간으로서 반생을 유랑생활에 휩쓸려 안정을 모르다가 번화하고 고급스런 생활 속에서 어찌 행복과 사랑의 감정을 드러내지 않았겠는가? 하물며 당시 49세였던 유비는 손권의 누이보다 30세나 많았으니, 아리따운 아내에게 갖은 애정을 다 쏟았을 것이다. 『삼국지연의』의 시가 속에는 묘사에 불과한 단순성을 뛰어넘어 유비 성격의 다양성과 복잡성을 잘 설명해주고 있다. 이 때문에 작가는 원시의 '수장(誰將)'을 '수지(誰知)'로 고친 것이다. '뉘 알았으랴?'란 어기는 모호하면서도 함축적인 예술적 매력을 시사하고 있다.

제56회
일생의 진실과 허위 뉘라서 알았으랴

주공도 유언비어 두려워한 날 있었고
왕망도 겸손히 선비 공경한 때 있었지.
만일 그 당시에 몸이 바로 죽었더라면
일생의 진실과 허위 뉘라서 알았으랴!

周公恐懼流言日　王莽謙恭下士時
주공공구류언일　왕망겸공하사시
假使當年身便死　一生眞僞有誰知
가사당년신편사　일생진위유수지

주

◆주공(周公) : 성은 희(姬)씨이고 이름은 단(旦)이다. 무왕 발(發)의 아우로, 성왕(成王)의 숙부이다. 무왕이 죽자 어린 성왕을 보좌하여 섭정을 한다. 그러자 주공의 세 동생인 관(管)과 채(蔡), 곽(霍) 등이 질투를 하여 그가 왕이 되려한다는 말을 꾸며 비방한다. 어찌할 방법이 없었던 그는 동쪽으로 피신을 한다. 후에 성왕이 뉘우치고 그를 영접하자 겁에 질린 세 아우가 모반을 한다. 주공은 그들을 정벌하고 주나라를 반석 위에 올린다. 부지런하고 어진 정치로, '손님이 방문하면 감던 머리를 움켜쥔 채 서둘러 영접하고, 먹던 음식을 내뱉고 손님을 맞이했다.'는 고사가 생길 정도로 인재를 구하기 위해 애썼다고 한다. ◆왕망(王莽) : 자는 거군(巨君)이다. 한 말 효원황후(孝元皇后)의 조카로 대사마가 되어 조정을 관장했다. 애제가 죽자 평제(平帝)를 옹립하여 자신의 딸을 황후로 세운다. 오래지 않아 평

제를 죽이고 유자(孺子) 영(嬰)을 세운 뒤, 자칭 가황제(假皇帝)라 했다. 뒤이어 황위를 빼앗고 자립하여 황제가 된 뒤 국호를 '신(新)'이라 했다. 처음 권력을 잡았을 때는 겸양과 공경으로 인심을 주무르며 크게 인망을 얻었다.

감상과 해설

동작대 연회에서 문관들이 조조를 칭송하는 글을 지어 올리며 황제가 되기를 권한다. 조조가 그럴 마음이 없다고 하자 모든 관원이 일어나 절하며 말한다. "비록 이윤(伊尹)과 주공(周公)일지라도 승상에 미치지는 못할 것이옵니다." 이 장면에 이어 나오는 시이다.

이 시는 백거이(白居易)의 「방언오수(放言五首)」 세 번째 시의 후반부 네 구절에서 취한 것으로, 극히 일부를 빼곤 거의 동일하다. 백거이는 당나라 헌종(憲宗) 원화(元和) 10년(서기 815년)에 강주사마(江州司馬)로 부임하면서 이 시를 지었다. 주공이 성왕을 보좌할 때 찬탈의 야심이 있다고 유언비어를 퍼뜨린 사람이 있었지만, 역사는 그에게 두 마음이 없었음을 증명했다. 『한서(漢書)』 본전에는, 왕망이 권력을 찬탈하기 전에는 '벼슬이 높아질수록 절조가 있고 겸손하여' 어진 이를 예와 겸양으로 대했다고 적혀있다. 그러나 겸손은 거짓이고 권력찬탈이 진실이었다. 백거이는 주공과 왕망이라는 두 명의 역사인물을 통하여 독자들에게 상상력을 요구한다. 만약 주공에 대한 유언비어가 떠돌고 왕망이 겸손을 가장하고 있을 때 갑자기 그들이 죽었다면 이들의 진실과 거짓은 물론 만고의 충신과 절세의 간인을 누가 알았겠는가 하는 말이다.

조조에 대한 역대의 평가는 일치하지 않으며 비난이 칭찬보다 많은 편이다. 비난의 주요 원인은 건안 원년(서기 196년) 9월에 허도에다 도읍을 정한 뒤, 천자를 끼고 제후를 호령하며 약 25년 동안 조정 대권을 장악한 일이다. 그의 관작은 장군 → 제후 → 승상 → 위공(魏公) → 위왕(魏王)에 이르렀다.

모종강은 제104회에서 조조와 제갈량을 평했는데, '둘 다 승상에 올라 조정을 총괄했고 병권을 장악했으며 전술에 능했다. 하지만 제갈량이 충성을 다한 반면 조조는 권력 찬탈을 도모했고, 제갈량이 공적인 반면 조조는 사적이었고, 제갈량이 자손을 위해 대책을 세우지 않은 반면 조조는 자손을 위한 대책을 세웠다. 그래서 제갈량은 어진 승상인 반면 조조는 간사한 승상이다.'라고 했다. 모종강의 말은 전통적 인식을 대표하는 것으로 대가다운 평가라 할 만하다.

그러나 조조는 한 말의 극심한 혼란기에 봉건시대 어떤 정치가나 군사가보다 성공적으로 황제의 기능을 통괄하여 주군(州郡)을 떨게 하고 백성들의 응집력과 감화력을 강화시킨 인물이다. 군사면에 있어서는 건안 원년 10월에 양봉(楊奉) 정벌을 필두로, 원술을 제거하고, 여포를 무찌르고, 유비를 치고, 원소를 멸하고, 오환을 정벌하여 장장 13년에 걸쳐 북방 통일을 성취한다. 경제면에 있어서는 둔전(屯田)을 실행하고 조세제를 반포하여 권세가들의 겸병을 두절시킨다. 동시에 크게 수리시설을 일으키고 넓게 운하를 파는 한편 생산 활동을 회복시켜 강병과 풍족한 식량에 대한 기초를 견실히 한다. 인재등용 면에 있어서도 새로운 기풍을 연다. 출신에 관계없이 재능과 논공행상으로 등용의 원칙을 삼으니 수많은 현인들이 모여들었다. 결국 천자를 모시고 허도로 도읍한 엄청난 일은 바로 이상의 성공을 발판으로 그의 경국지략이 실현된 것이라 할 수 있다. 이는 조조의 역사적 공헌이다.

조조가 조정과 병권을 장악하여 잔혹한 수단으로 동승을 죽이고 복 황후(伏皇后)를 시해했으며 황실을 둘러싼 모든 정치세력을 일소하고 국가 권력을 독단하여 군주를 기만한 일 또한 사실이다. 하지만 어떤 식으로 조조를 평가할지라도 그는 시종 황제의 자리만큼은 찬탈하지 않았다. 건안 24년(서기 219년)에 손권이 조조에게 황제가 되라는 서신을 올렸지만, "이 아이가 나를 뜨거운 화로 위로 올리려 하는구나!"라고 말하며 거절했다. 당시 그의 막강한 권력을 감안할 때 용포를 걸치는 일쯤은 손바닥 뒤집기보다 쉬웠을 것이다. 그러나 조조는 수명이 다하여 세상을 등질 때까지 신하로 남아 거저 황권을 이용만 했을 따름이다. 조비가 황위를 찬탈하자 황후(조조의 딸, 조비의 누이)가 크게 나무라며, "우리 부친께서는 공이 나라를 뒤덮고 위세가 천하를 울릴 정도였으나 감히 황위를 찬탈하지는 않았소"라고 말할 정도였다. 그러면 조조의 진심은 과연 무엇이었을까? 감히 행하지 못한 것인가 아니면 행하지 않은 것인가? 후인들로서는 그 진실을 알 길이 없다. 그래서 '만일 그 당시에 몸이 바로 죽었더라면 일생의 진실과 허위 뉘라서 알았으랴!'라고 말한 구절이 더욱 절묘하게 다가온다.

제56회

형주를 뺏을 주유의 계책

주유가 계책을 꾸며 형주를 뺏으려 하자
제갈량이 먼저 알고 더 높은 수를 놓네.
주유는 장강에 드리운 미끼만 가리키나
그 속에 낚싯바늘 감춘 줄 알지 못하네.

周瑜決策取荊州　　諸葛先知第一籌
주 유 결 책 취 형 주　　제 갈 선 지 제 일 주
指望長江香餌穩　　不知暗裏釣魚鉤
지 망 장 강 향 이 온　　부 지 암 리 조 어 구

주

◆주(籌) : 꾀. 계획(기획)하다.　◆향이(香餌) : 낚시용 미끼를 가리킨다.

감상과 해설

중국 속담에 이런 말이 있다. '주유가 묘계로 천하를 안정시키니 …… 부인을 손해보고 군사마저 꺾이다.' 여기서 '부인을 손해보다'라는 건 손권의 누이를 시집보낸 미인계를 말함이고, '군사마저 꺾이다'라는 내용은 주유가 서천을 취한다며 형주를 치려던 계책을 가리킨다. 이 두 가지 이야기는 바로 인구에 회자되는 두 번째 주유의 화를 돋운 일과 세 번째 주유의 화를 돋운 일이다.

첫 2구에선 서천을 취한다며 길을 빌리는 계책이 한눈에 간파당하는 내용을 개괄하고 있다.『삼국지연의』에서는 주유를 초인적 지모의 제갈량을 받쳐주기 위한 조연으로 이용하고 있지만, 사실상 주유는 조·유·손이라는 세 집단이 형주 문제를 둘러싸고 충돌과 견제를 반복하던 시기의 비극적 연기자라 할만하다.

누이를 시집보내면서까지 형주를 돌려받으려고 애쓰던 손권은 재주를 피우려다 일을 망치는 꼴을 당하자 태도를 돌변한다. 유비를 형주목으로 천거한 후 조조와 유비의 충돌을 불러일으켜 어부지리를 얻으려 한다. 그러나 정욱의 계책을 받아들인 조조는 주유를 남군태수로, 정보(程普)를 강하태수로 삼는 한편 사신으로 온 화흠(華歆)을 조정에 두고 중용한다. 이리하여 조조가 찬 공이 주유에게로 되돌아온다. 남군태수가 된 주유는 무력으로 형주를 탈취하는 선봉을 맡으니, 이것은 바로 조조의 의도였다. 그러나 조조의 계획은 주유 정도는 속일 수 있을지언정 제갈량은 속여 넘길 수가 없었다. 여기서 우리는 주유의 전략적 안목이 제갈량은 물론이요 조조보다도 떨어진다는 사실을 알 수 있다. 제3구에서는 주유의 능력을, 마지막 구에서는 제갈량의 계책을 표현하고 있다. 이렇게 손·유 두 집단이 형주쟁탈에 여념이 없을 때, 어둠 속에서 움직이는 또 다른 낚시꾼이 있었으니, 그는 바로 조조였던 것이다. 하지만 주유는 이 일을 까맣게 모르고 있었다.

제57회

주유의 죽음

적벽에 웅재와 매운 의지 남기니
젊은 나이에 빼어난 이름 날렸네.
음악을 들으면 상대의 뜻 알았고
한 잔 술로 장간을 벗으로 대했네.

일찍이 군량미 삼천 석을 구했고
언제나 십만 군사 몰고 다녔네.
파구 땅 마지막 숨을 거둔 자리
가신 님 조상하니 가슴 아프구려.

赤壁遺雄烈　靑年有俊聲
적벽유웅렬　청년유준성
弦歌知雅意　杯酒謝良朋
현가지아의　배주사양붕
曾謁三千斛　常驅十萬兵
증알삼천곡　상구십만병
巴丘終命處　憑弔欲傷情
파구종명처　빙조욕상정

주

◆ 웅렬(雄烈) : 웅대한 재주와 매운 의지를 가리킨다.　◆ 준성(俊聲) : 빼어난 명성

을 뜻한다. ◆현가(弦歌) : 거문고 소리와 노랫소리를 가리킨다. 여기서는 음악을 의미한다. ◆지아의(知雅意) : 당신의 뜻을 알겠다는 의미이다. 아(雅)는 상대에 대한 경칭이다. ◆알(謁) : 방문하다는 의미이다. ◆파구(巴丘) : 산 이름으로 호남성 악양 남쪽에 위치한다.

감상과 해설

서천을 친다며 형주의 유비군에게 길을 빌린 주유는 제갈량이 드디어 자신의 계략에 속았다고 기뻐한다. 서천을 친다는 것은 단지 방해받지 않고 형주에 들이닥치려는 기도일 뿐, 사실은 형주 공략에 그 의중이 있었다. 그러나 뜻밖에 유비군의 공격이 쏟아진다. 네 길로 쏟아져 나오는 군마들이 일제히 주유를 사로잡으라고 외쳐대자 치밀어 오르는 노기로 가슴이 막힌 그는 말에서 굴러 떨어진다. 대군을 이끌고 서쪽으로 가다가 마침내 파구에 이르러 죽으니, 당시 나이 불과 36세였다.

주유는 문무겸전에다 풍채가 우아한 청년 통수권자였다. 걷잡을 수 없이 혼란한 시대적 소용돌이에 처했던 그는 천하 강호들의 경쟁 속으로 몸을 던졌다. 곧바로 동오의 기업을 개창한 손책의 중용을 받았고, 뒤이어 오주 손권의 도독이 되어 전군을 통솔하기에 이른다. 이로써 나이 30여 세에 이미 세상에 이름을 떨치는 위풍당당한 영웅이 된다. 작가는 주유가 지휘한 적벽대전에 진력을 다했다. 따라서 주유의 뛰어난 재능과 원대한 계략을 적벽대전 이야기 속에 충분히 묘사하고 있다.

『삼국지연의』에서는 오로지 제갈량을 부각시킬 의도 아래 주유를 마음이 협소하고 남을 포용할 줄 모르는 인물로 폄하시켜 화가 치밀어 죽는 모습으로 그리고 있다. 하지만 이 시는 후인의 작품으로 소설 속의 이야기 묘사 보다는 사서 등 기타 매체를 통한 인식을 피력하고 있다. 때문에 소설에 나오는 주유의 이미지와는 일정한 거리가 있으니, 제갈량을 높이고 주유를 폄하하는 경향을 찾아보기가 어렵다.

특히 제2연에서는 주유가 소설에서처럼 마음이 좁거나 안목이 짧은 사람이 아니었을 뿐만 아니라 도량이 넓고 낙관적이며 겸양으로 사람을 대한 인물이었다는 점을 표현하고 있다.

주유는 어릴 적부터 음악을 좋아하여 술에 취한 뒤라도 악곡의 오류를 정확히 밝혀낼 정도였다고 한다. 그래서 강동에는 '곡조가 틀리면 주랑이 돌아보네.'라는 노래가 유행할 정도였다. 특히 고아한 정취와 넓은 아량, 훌륭한 벗을 천거하고 인재를 아낀 미담들이 전해져 내려온다. 대표적인 사례가 노숙을 천거한 일과 정보를 존경한 일 등인데, 이러한 일들은 『삼국지연의』에서도 빼놓을 수 없었던 모양인지 그대로 소개하고 있다.

제3연에서는 특별히 노숙을 언급했다. 주유가 거소현(居巢縣) 현장으로 있을 때였다. 한 번은 군사를 이끌고 동성(東城)을 지나다가 노숙을 방문하고 군량미를 도와달라고 했다. 당시 노숙은 식량을 각각 3천 석씩 저장한 큰 곡물창고를 2개나 가지고 있었는데, 서슴없이 그 중 한 창고를 열어 3천 석을 내주었다. 이를 계기로 두 사람은 참된 벗이 되었고 주유는 노숙을 손권에게 추천했다. 이로써 노숙은 강동을 기반으로 천하를 삼분하는 전략을 수립하고, 손·유 동맹을 재촉하여 적벽대전을 승리로 이끄는 중임을 담당했다. 적벽대전의 승리에 있어 군사 지휘의 수훈이 주유에게 있다면 전략 결정의 수훈은 노숙에게 있다고 할 수 있다. 그래서 죽음을 맞이한 주유는 노숙을 동오의 총사령관으로 천거하기에 이른다.

주유가 한창 나이에 세상을 떠나자 슬픔을 이기지 못한 손권이 말했다. "공근은 제왕을 보필할 인재인데 이렇게 갑자기 죽으니 나는 누구를 의지해야 좋겠소?" 또 황제가 된 손권은 20년 세월이 지난 후에도 역시 주유를 잊을 수 없었다. "주 공근이 아니었다면 짐은 황제의 자리에 오르지 못했을 것이다!" 이처럼 주유는 한 세대를 풍미한 영걸로 후인들이 존경하고 우러러보는 인물이었다.

제57회
주유를 위해 곡하다

와룡이 남양에서 아직 잠자고 있을 때
또 다른 큰 별 하나 서성으로 내려왔네.
푸른 하늘이 기왕에 공근을 낸 바에야
이 세상에 어찌 다시 공명을 보냈던고!

臥龍南陽睡未醒　又添列曜下舒城
와룡남양수미성　우첨열요하서성
蒼天旣已生公瑾　塵世何須出孔明
창천기이생공근　진세하수출공명

주

◆열요(列曜) : 하늘의 항성(恒星). 걸출한 인재를 비유한다.　◆서성(舒城) : 주유의 출생지인 서현(舒縣)을 가리킨다. 안휘성 여강(廬江) 서남에 위치한다.　◆진세(塵世) : 인간 세상을 의미한다.

감상과 해설

이 시는 가정본에 칠언율시로 되어있으나 모종강이 수정하면서 앞의 4구만을 취했다. 내용면으로 볼 때 이중적인 의미를 전달하고 있다. 주유는 마치 하늘의 별이 인간 세상에 하강한 것과도 같은 걸출한 인물이다. 나아가 제갈량과 주유 모두 천재였다. 그렇다면 하늘은 어찌하여 주유를 세상에 내어놓고 다시 제갈량을 내었단 말인가? 즉 두 천재를 대립시켜 다루면서 주유의 죽음을 탄식하고 있는 것이다.

『삼국지연의』에서 묘사한 역사 진행과정으로 본다면 주유의 죽음은 천하삼분에 이익 되는 사건으로 분석된다. 주유가 만약 죽지 않고 손·유 양 집단이 조급하게 싸웠다면, 이는 조조의 권토중래 조성에 도움이 되었을 것이다. 노숙과 제갈량의 공동 노력 하에 손·유 동맹이 안정된 국면을 나타내게 되고 이것이 삼국정립으로 발전한건 주유가 죽고 난 뒤의 일이었다.

역사의 진행과정은 어떤 영수(領袖)나 대표의 의지로 변천되는 것이 아니라 서로 다른 정치세력들 간의 상호 견제와 제약으로 말미암아 형성되는 것이다. 『삼국지연의』의 전체적 서사구조는 융중대(隆中對)를 역사진행 과정으로 삼고 제갈량이란 인물의 전형성을 예술 구성의 실마리로 삼았다고 볼 수 있다. 하지만 결국 제갈량은 최종 전략목표인 한실부흥을 실현시키지 못하니, 이것이 바로 『삼국지연의』가 체현해낸 역사 현실주의의 역량과 정신인 셈이다.

제57회
마등의 죽음

부자가 나란히 매운 향기 뿜으니
충성과 절의가 한 가문을 빛내네.
목숨 버리며 국난을 구하려 했고
죽음을 맹세하며 군은에 보답했네.

피로써 맹세한 말 아직도 생생하며
간적을 죽이려던 연판장이 남았네.
서량에서 떠받드는 무장의 후예여
복파장군 후손으로 부끄럽지 않구려!

父子齊芳烈　忠貞著一門
부자제방렬　충정저일문
捐生圖國難　誓死答君恩
연생도국난　서사답군은
嚼血盟言在　誅奸義狀存
작혈맹언재　주간의장존
西凉推世胄　不愧伏波孫
서량추세주　불괴복파손

주

◆ 방렬(芳烈) : 방(芳)은 아름다운 이름을 뜻하고, 열(烈)은 사업이나 일을 가리킨

다. ◆연생(捐生) : 목숨을 버린다는 의미이다. ◆세주(世胄) : 세가(世家)의 뜻을 가리킨다. 주(胄)는 후예의 뜻이다. ◆복파(伏波) : 동한 초의 마원(馬援)을 가리킨다. 우부풍(右扶風) 무릉(茂陵) 사람으로 자는 문연(文淵)이다. 광무제 건무(建武) 17년(서기 41년)에 복파장군으로 임명되었다.

감상과 해설

호시탐탐 서량을 노리고 있던 조조는 원소를 치고 강남을 정벌하느라 그곳을 돌아볼 엄두가 나지 않았다. 그래서 우선 마등과 한수를 어루만지는 척 하다가 훗날 기회를 봐서 도모하는 책략을 택한다. 때마침 유비와 손권이 힘을 합쳐 북벌하려는 기미를 포착된다. 모사들을 모아놓고 남정을 상의하던 조조가 마등의 허도 습격을 염려하자 순유(荀攸)가 나서서 계책을 올린다. 즉 마등을 정남장군(征南將軍)으로 삼아 경도로 유인한 뒤 제거하자는 계책이었다. 조서를 받든 마등이 장자인 마초(馬超)를 불러 상의하니, 이 기회에 경도로 가서 적당히 조조를 도모하라고 권한다. 조조가 마등에게 관직을 내린 건 우환을 제거하자는데 목적이 있었고, 마등이 조서를 받들고 경도로 간 건 품은 뜻을 이루는데 목적이 있었던 것이다. 그리하여 아들 마휴(馬休)와 마철(馬鐵)을 대동한 마등은 허도로 향한다. 조조의 사자 황규(黃奎)를 만났는데 뜻밖에도 그 역시 조조를 미워하고 있었다. 술이 거나하게 오른 두 사람은 진심을 토로하기에 이르고 마침내 역적을 제거하기로 마음먹는다. 그러나 황규가 자신의 첩 이춘향(李春香)에게 비밀을 흘리게 되고, 춘향의 정부인 묘택(苗澤)이 조조에게 밀고를 한다. 그리하여 마침내 마등 부자 세 사람은 모조리 피살된다.

마등의 죽음은 제20회에서 동국구(동승)가 밀조를 받은 줄거리와 30여 회나 멀리 떨어진 채 서로 호응하고 있다. 이렇게 끊어질듯 이어지는 실마리의 주체는 바로 역적을 죽여 나라에 보답하기로 서약한 연판장 때문이다. 『삼국지연의』 속 마등에 대한 묘사는 겨우 두 번에 걸친 줄거리뿐이지만 그 정의와 충성심에 빛나는 강렬한 성정은 눈부시도록 선명하다.

대대로 무장을 배출한 집안에서 태어난 마등은 동한 초의 명장인 마원을 선조로 한다. 광무제를 섬기며 농우(隴右)와 교지(交趾)를 평정하여 복파장군에 임명된 마원은 사후에 '충성(忠成)'이란 시호까지 받는다. 마등의 몸에는 이러한 조상의 피가 전해져 부끄럽지 않은 일생을 보낸 것이다.

이 시는 가정본엔 보이지 않고 모종강이 수정할 때 증보한 것으로, 정통 윤리 도덕인 충의를 선명히 표현하고 있다.

제57회
묘택을 참수하다

묘택이 사욕 때문에 충신을 해치다가
춘향도 얻지 못한 채 목숨만 잃었네.
간웅 역시 그자를 용서하지 않으니
쓸데없이 스스로 못된 놈만 되었구나.

苗澤因私害藎臣　春香未得反傷身
묘 택 인 사 해 신 신　춘 향 미 득 반 상 신
奸雄亦不相容恕　枉自圖謀作小人
간 웅 역 불 상 용 서　왕 자 도 모 작 소 인

주

◆묘택(苗澤) : 문하시랑(門下侍郞) 황규의 처남으로 마등과 황규의 모의를 조조에게 고한다.　◆신신(藎臣) : 충신을 뜻한다.　◆춘향(春香) : 황규의 첩.　◆왕(枉) : 헛되이. 쓸데없이.

감상과 해설

묘택은 『삼국지연의』상의 이야기 흐름을 촉진시키기 위해 설정된 인물로 파악된다. 겨우 몇 백자의 글 속에 언급되었을 뿐이다. 그럼에도 불구하고 작가는 또 한 수의 비평시로 세인들에게 경고한다.

묘택은 음흉하고 악랄했을 뿐만 아니라 간웅에게조차도 멸시받는 소인배였다. 모종강은 회평에서 다음과 같이 이야기했다. '소인은 군자에게 용납되지 못할 뿐만 아니라 소인에게도 결코 용납되지 못한다. 소인은 소인을 도모할 뿐만 아니라 소인을 용납하지 못한다. 설사 소인이 소인을 도울지라도 결코 소인에게 용납되지 못하는 것이다. 이 부분을 읽으면 소인이 삼가야 할 일을 알 수 있다.'

이처럼 묘택이란 인물은 음험하고 악독했다. 자형의 첩과 사통하면서 자형을 해치고난 후 그 첩과 혼인하려고 생각했다. 그러나 묘택은 결국 남을 해치고 자신을 해치는 행위를 하고 말았다. 비록 동일한 죽음일지라도 황규는 국적을 모살하려했기 때문에 충신이 되었고 묘택은 간사한 밀고로 인해 극악한 소인이 되었다.

충과 불충은 서로 상대성을 갖추고 있다. 왜냐하면 이쪽에 대한 충이 저쪽에 대해서는 불충으로 각기 그 주인을 위한 것이니 결코 일률적인 잣대로 평가할 수가 없는 것이다. 심지어 조조는 죽음을 앞에 두고도 자신의 주인을 생각하는 충을 크게 칭송해마지 않았던 사람이다. 그러나 의와 불의는 하나의 도덕 윤리로 표준을 삼는다. 그러니 무릇 불의에 속하는 모든 행위는 일률적인 배척을 받는 것이다. 하물며 묘택 따위의 염치라고는 눈을 씻고도 찾아볼 수 없는 인간에 있어 서랴……. 당연히 조조는 일말의 망설임도 없이 그를 죽여 버린다.

제58회

마초가 동관에서 크게 싸우다

동관전투 대패하고 얼굴만 봐도 달아날 때
조맹덕은 허둥지둥 비단 전포 벗어 던지네.
칼 뽑아 수염 자를 땐 간담이 떨어졌을 터
마초의 이름값이 하늘 덮을 듯 높아졌도다.

潼關戰敗望風逃　孟德倉皇脫錦袍
동 관 전 패 망 풍 도　맹 덕 창 황 탈 금 포
劍割髭髯應喪膽　馬超聲價蓋天高
검 할 자 염 응 상 담　마 초 성 가 개 천 고

주

◆동관(潼關): 지금의 섬서성 동관현 북쪽에 있었던 요새이다. 섬서·하남·산서의 요충지였다. ◆자염(髭髯): 수염을 가리킨다. 자(髭)는 입 위쪽에 난 수염을 가리키고, 염(髯)은 양쪽 볼에 난 수염을 가리킨다. ◆성가(聲價): 성망과 사회적 지위를 말한다.

감상과 해설

조조가 서량의 마초에게 쫓겨 수염도 자르고 전포도 벗어던진 채 달아나는 모습을 후세 사람이 시를 지어 놀린 작품이다.

마초는 효용이 절륜한 일세의 호걸이었으니, 전선에 나타난 그의 모습을 처음 친견한 조조가 자신도 모르게 탄성을 지를 정도였다. 『삼국지연의』에서 처음으로 마초의 형상을 두드러지게 각인시킨 것은 바로 그가 품은 뜻을 이루지 못하고 조조에게 처참하게 죽은 부친 마등과 형제들의 한을 풀기위해 군대를 일으켜 동관에서 크게 싸운 부분이다.

친히 서량의 20만 대군을 거느린 마초는 관중(關中)으로 달려 나가 장안을 탈취하고 동관을 빼앗는데, 그 세가 너무나 거세어 조조군 전체를 뒤흔들어 놓는다. 부득불 대군을 인솔한 조조가 직접 동관으로 나아가 마초와 결전을 벌인다. 그러나 첫 싸움에서 조조군은 크게 패한다. 난군 중에 몸을 피하는 조조의 귀에는 서량군의 함성소리만 들릴 뿐이다. "붉은 전포를 입은 놈이 조조다!" 그 소리를 들은 조조는 황급히 붉은 전포를 벗어 던진다. 그러자 이번에는 "수염 긴 놈이 조조다!"라는 함성이 들린다. 놀라고 당황한 조조는 차고 있던 칼로 자신의 수염을 잘라버린다. 함성소리가 바뀐다. "수염 짧은 놈이 조조다!" 이 소리를 들은 조조는 곧바로 깃발을 찢어 목을 싸매고 달아난다. 한편은 쫓고 한편은 달아나고, 한편이 고함치면 다른 한편은 모습을 바꾸며 마치 활에 놀란 새처럼 조조가 살기위해 달아나는 장면이다.

『삼국지연의』에서 이런 종류의 시가는 결코 최상급에 속하는 작품이 아니다. 하지만 이런 작품이 유지되어 내려온 까닭은 『삼국지연의』가 책으로 만들어지는 과정 중의 '설삼분(說三分)'과 매우 밀접한 관계가 있다. 즉 시정의 이야기꾼이 중국 고대의 광대한 청중을 앞에 두고 그들의 마음을 움직이기 위하여 시도한 고도의 예술적 장치로 사용된 것이다. 앞에 나온 「묘택을 참수하다」라는 시가 하층 민초들의 윤리도덕관을 반영했다면 이 작품은 조조를 폄하하려는 역사적 정서가 두드러진다.

제60회
서천 땅의 재사

울퉁불퉁 생겼으나 용모가 기이하고
고결한 마음이지만 체구는 변변찮네.
입을 열면 삼협의 물처럼 도도하고
글을 읽으면 열 줄을 한눈에 보네.

꿈쩍 않는 담보는 서촉에서 으뜸이요
빼어난 그 문장은 하늘을 꿰뚫는구나.
제자와 백가를 아울러 모두 통달하니
한 번 훑으면 더 이상 볼 것이 없네.

古怪形容異　清高體貌疏
고 괴 형 용 이　청 고 체 모 소
語傾三峽水　目視十行書
어 경 삼 협 수　목 시 십 행 서
膽量魁西蜀　文章貫太虛
담 량 괴 서 촉　문 장 관 태 허
百家幷諸子　一覽更無餘
백 가 병 제 자　일 람 갱 무 여

주

◆ 소(疏) : 거칠다. 추하다. 준수하지 못하다.　◆ 경(傾) : 말이 쏟아져 나오는 것을

의미한다.　◆십행서(十行書) : 한눈에 열 줄을 본다는 의미이다. 글 읽는 속도가 매우 빠른 것을 형용한다.　◆괴(魁) : 으뜸. 우두머리를 뜻한다.　◆태허(太虛) : 하늘을 가리킨다.　◆백가(百家) : 학술상의 각종 유파를 가리킨다.　◆제자(諸子) : 선진에서 한나라 초기까지의 여러 학자나 그 저작을 말한다.

감상과 해설

장송(張松)은 『삼국지연의』 속 이야기 흐름의 발전을 추진시키는 주요 인물 중 하나이다. 작가는 꽃을 피워내는 미묘한 필치로 장송의 기민함과 총명함 그리고 박학다재(博學多才)와 초인적인 담대함을 묘사했다. 조조의 수하이며 당대 제일의 기재였던 양수(楊修)조차도 천하의 기재라며 감탄을 연발할 정도였다. 장송의 형상은 외부적 기괴한 형상과 내재적 천재성이 강렬한 대비를 이룬다. 이마는 튀어나오고 머리는 뾰족하며 들창코에다 뻐드렁니 그리고 5척 단구에 체격마저 왜소하다. 뛰어난 인재라면 가리지 않는 조조마저도 이렇게 추한 모습을 대하자 달갑지 않았다. 게다가 말투마저 비위를 긁어놓는 바람에 소매를 떨치고 나가버린다. 그러나 장송은 직언으로 조조에게 맞서며 외교관으로서의 존엄성을 유지한다. 최고의 변론가로 이름난 양수가 맞붙지만 조조가 지은 『맹덕신서(孟德新書)』를 한 번 보고 몽땅 외워버리는 천재성 앞에선 그 역시 굴복하고야 만다. 이 일이 조조에게 알려지자 더욱 기분이 상한 조조는 곧바로 책(맹덕신서, 조조가 집필한 전략서)을 불태워버린다. 뒤이어 장송을 군대의 위용으로 제압하려 하지만 그 또한 초개처럼 여긴다. 조조의 문치나 무공 등이 장송 앞에서는 하등의 의미도 가지지 못한다.

작가는 이러한 장송의 담력과 식견을 통하여 조조와 유비의 심리 및 전략적 득실까지 하나로 꿰뚫는다. 이것이 바로 이 이야기에서 요구되는 장송의 역할이다. 이 때문에 작가는 잠시 출현하는 인물에게 무려 2수의 시를 배치하여 그 의의를 강조하고 있다. 이 시가의 여운을 깊이 음미해보면 정직으로 인격을 유지하고 당당한 자세로 맡은바 사명을 다하는 장송의 고결함을 통하여 고대 중국 지식인들의 전통적 심리현상을 발견할 수 있을 것이다.

제60회
왕루의 죽음

성문에 거꾸로 매달려 간언문을 받들고
서슴없이 목숨 버려 유장에게 보답하네.
이빨 부러진 황권마저 유비에 항복하니
바르고 곧은 절개 어찌 왕루에 견주랴!

倒挂城門捧諫章　拚將一死報劉璋
도괘성문봉간장　변장일사보유장
黃權折齒終降備　矢節何如王累剛
황권절치종강비　시절하여왕루강

주

◆간장(諫章) : 비평 성향이 강한 건의서. 군주의 잘못을 지적하여 고치기 위해 올리는 글이다.　◆유장(劉璋) : 익주목(益州牧). 유언의 아들로 자는 계옥(季玉)이다.
◆황권(黃權) : 유장의 주부(主簿)이다.　◆시절(矢節) : 화살처럼 바르고 곧은 절개를 뜻한다.

감상과 해설

장송은 유장에게 장로(張魯)의 위협 속에서 서천을 구할 사람은 유비가 유일하다고 건의한다. 장송의 건의를 받아들인 유장은 유비를 서천으로 받아들일 준비를 한다. 이 결정은 즉시 서천의 정가를 뒤흔들어 놓는다. 지지하는 사람, 반대하는 사람, 관망하는 사람, 애매모호한 태도의 기회주의자 등등. 그 중에서 주부 황권과 종사(從事) 왕루(王累)의 행동은 가장 충직하고 독실했다. 황권은 머리를 찧어 피를 흘리면서 다가가 입으로 유장의 옷자락을 물고 늘어지며 간한다. 대노한 유장이 옷을 떨치고 일어서니 앞니 2개가 부러진다. 이 광경을 목격한 왕루는 죽음으로 간할 결심을 다진다. 그래서 스스로 새끼줄로 몸을 묶고 성문 위에 거꾸로 매달린다. 한 손에는 간소(諫疏, 간하는 상소)를 들고 다른 손에는 칼을 든 채 만약 간하는 말을 따르지 않을 경우 새끼줄을 끊고 떨어져 죽겠노라고 한다. 결과는 스스로 줄을 끊고 바닥에 떨어져 죽는다.

『삼국지연의』 중 문사간(文死諫, 죽음으로 간한 문신)의 이미지는 심심치 않게 출현한다. 유가학설과 삼강오륜(三綱五倫)의 울타리 안에서 수많은 선비들은 군신부자(君臣父子)로 엮어진 인위의 틀을 벗어날 방법이 없었다. 하지만 그 중에는 군주의 오판을 직언으로 간하고 죽음으로 막아보려는 봉건 관료정치의 표준 배역도 있는 법이다. 왕루는 바로 이러한 인물의 전형으로, 간언문을 받들고 성문에서 떨어져 아낌없이 목숨을 버린다.

제61회
아두를 뺏어온 조자룡

지난날엔 당양에서 주인을 구하더니
오늘은 장강 향해 온몸을 날리누나.
배 위의 동오 병사들 놀라 자빠지니
조자룡의 영용함 세상에 짝이 없네.

昔年救主在當陽　今日飛身向大江
석년구주재당양　금일비신향대강
船上吳兵皆膽裂　子龍英勇世無雙
선상오병개담렬　자룡영용세무쌍

주

◆ 대강(大江) : 장강을 가리킨다.

감상과 해설

유비가 한창 서천을 취하느라 정신이 없을 때였다. 동오에서는 형주를 뺏을 새로운 계책을 논의한다. 장소(張昭)의 건의에 의하여 5백 명의 병사를 5척의 배에 나누어 상인으로 위장시킨다. 형주로 잠입하여 손 부인과 아두를 데리고 오도록 하니, 이는 단 하나뿐인 유비의 자식을 인질로 삼으려는 계획이었다. 어머니 오 국태(吳國太)가 병이 위중하여 밤낮으로 손 부인을 찾는다는 말에 그만 손 부인은 아두를 품에 안고 대기하고 있던 배에 올라 동오로 향한다. 급보를 전해 받은 조운은 말을 몰고 강변을 따라 추격하여 마침내 아두를 빼앗아온다. 손 부인은 결국 혼자서 돌아가고 장소의 계책은 보기 좋게 실패한다. 이 쾌거를 기리는 시이다.

모종강이 『삼국지연의』를 수정하면서 옛 판본에 나오는 시가 가운데 속되고 천한 작품은 모조리 삭제해버렸다. 그럼에도 불구하고 이와 같이 평범한 작품을 남겨둔 까닭은 무엇일까? 그것은 아마도 아두가 서천의 황제자리에 40년 동안이나 군림했으니, 서천을 손에 넣은 일과 함께 아두를 뺏어온 일이 유씨 집단 발전의 최대 관건이기 때문일 것이다. 손권이 도성을 말릉(秣陵)으로 옮긴 일은 손씨 집단 발전의 관건이요, 조조가 위공이 된 일은 조씨 집단 발전의 관건이다. 이상 3대 이야기가 『삼국지연의』 전반부의 핵심이다. 특히 이 시가는 전체 내용의 클라이맥스에 해당되는데, 모종강이 좀 더 예술적 손질을 가하지 않은 게 유감이다.

제61회
뱃길을 가로막고 아두를 뺏은 장비

지난날엔 장판교에서 노기가 등등하여
범처럼 포효하며 조조 대군 물리쳤지.
오늘은 강 위에서 위기의 주인 구하니
청사에 실린 이름 만세에 전해지리라.

長坂橋邊怒氣騰　一聲虎嘯退曹兵
장 판 교 변 노 기 등　일 성 호 소 퇴 조 병
今朝江上扶危主　青史應傳萬載名
금 조 강 상 부 위 주　청 사 응 전 만 재 명

주

◆호소(虎嘯) : 호랑이가 울부짖는 소리를 말한다.　◆청사(青史) : 고대에는 죽간에다 사건을 기재했기 때문에 사서(史書)를 청사라 한다.　◆재(載) : 년(年)이나 해(歲)를 뜻한다. 하(夏)대에는 세(歲), 상(商)대에는 사(祀), 당우(唐虞) 양대에는 재(載)라고 불렀다.

감상과 해설

조운이 손 부인으로부터 아두를 돌려받아 품에 안고 보니, 배는 이미 강 한복판으로 나아가 있었다. 조운은 배를 옮겨 타고 싶었지만 방법이 없었다. 그때 홀연 강 하류로부터 10여 척의 배가 몰려오더니 한 일자로 벌여 선다. 뱃전에 웬 대장이 나타나서는 벽력같은 고함을 지른다. "형수님은 조카를 남겨두고 가시오!" 급보를 받은 장비가 달려와 뱃길을 가로막은 것이다. 조운이 당양에서 아두를 구할 때도 장비가 도와준 적이 있었는데, 그때와 같은 상황이다. 조운과 아두를 받아들인 장비는 손 부인과 5척의 배만 놓아준다. 평범하면서도 개성이 없는 작품이다.

제61회
순욱의 자살

순욱의 빼어난 재주 천하가 다 아는 일인데
가여워라 발을 잘못 옮겨 권세가에 빠졌구나.
후인들이여 멋대로 장량에 비유하지 마시라
죽음에 이르러 한나라 황제 뵐 면목 없으리.

文若才華天下聞　可憐失足在權門
문약재화천하문　가련실족재권문
後人休把留侯比　臨沒無顔見漢君
후인휴파유후비　임몰무안견한군

주

◆문약(文若) : 순욱의 자(字)이다. ◆실족(失足) : 타락하거나 심각한 잘못을 저지르는 것을 비유한다. ◆유후(留侯) : 장량(張良)을 말한다. 한 고조 유방이 그를 유후에 봉했다.

감상과 해설

장사 동소(董昭)가 조조에게 위공이 되어 구석(九錫)을 받아야 한다고 하자 시중이었던 순욱이 반대를 한다. 이에 조조는 얼굴색이 변한다. 그리고 얼마 후, 마침내 조조가 위공이 되고 구석을 받을 표를 올리자 순욱이 탄식한다. "내 오늘날 이런 꼴을 보게 될 줄은 몰랐구나!" 이 말을 들은 조조는 순욱이 자기를 도와주지 않는 걸 미워한다. 건안 17년(서기 212년) 겨울, 강남을 치기 위해 군사를 일으키자 순욱은 병을 핑계로 수춘에 머무른다. 조조가 사람을 시켜 찬합(饌盒)을 하나 보내왔는데, 열어보니 빈 그릇이었다. 이에 조조의 뜻을 짐작한 순욱은 스스로 독약을 마시고 죽는다. 당시 그의 나이 50세였다. 이를 한탄하는 시이다.

순욱은 영천(潁川) 영음(潁陰, 지금의 하남성 허창)사람으로, 조조의 유수한 모사 중에서도 첫손가락에 꼽히는 꾀주머니였다. 조조는 항상 그를 '나의 장자방'이라고 불렀다. 조조가 그를 장량에 비유한 건 결코 지나친 말이 아니었다. 건안 원년(서기 196년), 헌제가 낙양으로 돌아오자 순욱이 조조에게 허창으로 천도하자는 건의를 한다. 이는 고단수의 정치적 전략이었다. 조조는 이를 계기로 고지에서 아래를 굽어볼 유리한 위치를 확보하였고, 천자를 끼고 제후를 호령하며 자못 풍성한 정치적 업적을 수립하기 시작한다. 관도의 결전을 눈앞에 둔 시기였다. 군량과 말먹이가 동이 나고 군사들은 피로에 지친데다 후방마저 불안정했다. 힘에 부치는 적군과 장기간 대치하고 있던 조조는 군사를 거두어 허창으로 돌아가고 싶은 마음이 간절했다. 이때 순욱에게 자문을 구했다. 순욱은 즉시 답신을 보냈는데, 당시의 형세를 철저히 분석한 명확한 답안이었다. 편지를 읽고 크게 깨우친 조조는 마침내 오소의 군량저장고를 기습하여 막강하던 원소의 대군을 일거에 궤멸시킨다. 건안 13년(서기 208년)에는 대대적인 남진을 결정한 조조가 역시 순욱의 계책대로 일을 진행한 결과 피 한 방울 흘리지 않고 형주를 손에 넣는다. 이렇게 순욱은 29세부터 20여 년 동안이나 매번 범인들이 미치지 못하는 기발한 계책으로 조조 집단의 사업을 반석 위에 올려놓는 공을 세운다. 하지만 이런 훌륭한 공신이 마침내 조조의 핍박 아래 독약을 마시고 죽게 되는 것이다.

시어 중에서 순욱이 실족(失足)했다는 표현이 나오는데, 이것은 사서의 기록이나 소설 묘사 중에서 무언가 이해 부족이 있는 듯하다. 순욱은 영천의 권문세족 가문에서 태어나 어릴 때부터 충분한 교육여건 속에서 자라 최고의 지적수준과 정통 유가관념을 구비하게 된다. 그가 조조의 정벌전쟁을 보좌한 이유는 하루빨리 나라의 혼란을 마무리 짓고 한실을 부흥하기 위함이었지 결코 개인적 이익이나 부귀영화를 도모하기 위한 것이 아니었다. 그는 봉건시대 지식인 중에서도 찾아보기 힘든 지조를 보여주었다. 그 한 가지는 원소와의 관계이다. 한복(韓馥)을 밀어낸 원소가 순욱을 상빈으로 대접했다. 하지만 일단의 관찰 결과 원소가 큰 그릇이 아님을 간파한 그는 의연히 원소의 곁을 떠나 조조에게 의탁한다. 즉 자신이 섬길 주인은 상대의 예우나 신임을 기준으로 하는 것이 아니라 자신의 주관적 판단과 의지로 결정한다는 것이다. 이는 당시 보편적이던 피동적이고 의타적인 지식인들과는 비교가 되지 않는 행동이 아닐 수 없다. 또 하나는 조조와의 친분관계이다. 두 사람은 오랜 세월 공생공사하며 털끝만한 간격도 없이 밀착된 사이였다. 그래서 아들딸까지 혼인시켰는데, 장자 순운(荀惲)은 조조의 딸 안양공주(安陽公主)를 아내로 맞았다. 그러나 조조가 조정의 권력을 농단하며 황실을 핍박하고 임금을 속이는 행위가 날로 노골화됨을 계기로 두 사람의 생각에는 차츰 간격이 생기기 시작한다. 이것이 조조가 위공이 되는데 반대한 근본 원인이며, 친분과 은의를 떠나 감히 직언할 수 있었던 용기의 출처이다.

이렇게 순욱의 정통관념과 사상적 취향은 조조와 차이가 있었다. 조조란 인물의 인간성을 너무나 깊이 이해하고 있었기에 차라리 영예롭게 죽을지언정 비굴하게 목숨을 보전하는 방법을 택하지 않았다. 순욱의 죽음은 조조가 황실을 핍박하는 야심을 바꾸기에 역부족이었다. 이 사실을 누구보다 분명히 알고 있었기에 순욱의 마음은 더욱 고통스러웠을 것이다.

제62회
장송의 죽음

한 번 보곤 잊지 않는 재주 세상에 드문데
보낸 서신 누설될 줄이야 누가 알았으랴.
현덕이 왕업 이루는 일 보지도 못하고서
성도에서 먼저 잡혀 피로 옷깃 물들이네.

一覽無遺世所稀　誰知書信泄天機
일람무유세소희　수지서신설천기
未觀玄德興王業　先向成都血染衣
미관현덕흥왕업　선향성도혈염의

주

◆ 일람무유(一覽無遺) : 한 번 보기만하면 기억하지 못하는 것이 없다는 의미이다.
◆ 희(稀) : 드물다. 적다.　◆ 천기(天機) : 하늘의 기밀이나 사람의 능력으로는 알 수 없는 일이란 뜻이다. 여기서는 유비와 장송 사이의 정보를 말한다.

감상과 해설

장송은 유비를 성도(成都)를 맞아들일 밀서를 작성한다. 그러나 하필이면 이 밀서를 광한태수(廣漢太守) 장숙(張肅)이 습득한다. 장숙은 장송의 형이었는데, 화를 두려워하여 밀서를 유장에게 바친다. 격노한 유장은 장송의 전 가족을 저자거리에 참수한다. 장송은 제59회에 가서야 비로소 출현하고 제62회에 참수형을 당한다. 그의 말과 행동에 관한 내용은 겨우 수백 자에 불과하지만 마치 살아 움직이는 듯 생생하게 묘사되었다.

서천을 나선 장송은 처음엔 조조를 찾아갔다. 그러나 때마침 마초와 싸워 이긴 조조는 교만에 빠진데다 추한 몰골의 장송이 나타나 불손한 말을 내뱉자 마치 몽둥이로 두들겨 내쫓는 식으로 홀대한다. 하지만 익주를 취할 생각으로 호시탐탐 서천을 노리고 있던 유비는 갖은 예우를 다하며 장송을 대접한다. 사흘간 주연을 베풀면서 서천에 대한 말이라곤 일언반구도 꺼내지 않자, 이에 감격한 장송이 스스로 '서천도(西川圖)'를 건넨다. 비록 총명하고 영특하기가 비할 데 없었던 장송이었지만 권모술수에는 능하지 못했던 것이다.

장송은 변혁을 두려워하지 않고 지혜와 능력을 발휘할 줄 아는 용감한 선비였다. 그의 주관적 판단과 행위는 역사적 변화와 맞물려 유비가 계획한 '융중노선(隆中路線)'을 펼치는 탄탄대로가 된다. 사실 유비가 형주를 얻은 뒤 익주를 취하고 서천으로 나아갈 꿈을 꾸고 있다는 건 이미 공공연한 사실이었다. 당시 익주는 수많은 이리들이 먹이를 다투는 고깃덩어리 같은 처지였다. 조조는 한중을 취하여 서천으로 내려갈 욕심을 부리고 있었고, 손권도 형주를 도모한 뒤 서천을 취하려는 야심을 품고 있었으며, 장로도 스스로 왕이라고 칭하면서 수시로 서천을 침범하고 있었다. 그러나 유비가 최후의 성공을 이룬다.

유비는 스스로 익주목이 되고 뒤이어 촉한의 황제가 된다. 하지만 장송은 유비가 왕업을 일으키려는 야심의 소유자라는 것을 간파하지 못했다. 생각해보라, 만약 유비가 장송을 만나자마자 서천을 취할 방도를 물었다거나 혹은 주연석에서 술이 서너 순배 돌고나서 곧바로 서천지도를 요구했다면 그의 이미지는 어떠했을까? 장송의 눈앞에서 유비는 그만 관인애사(寬仁愛士)의 빛을 잃고 말았을 것이다. 정치적 안목이 있는 통치자라면 마음으로 굴복시키는 기술을 가져야 힘으로 굴복시키는 책략은 버려야하는 법이다. 유비는 그러한 오의(奧義)를 깊이 깨닫고 있는 인물이었다. 지식인은 결코 술수가의 적수가 될 수 없는 법인데, 하물며 도광양회(韜光養晦)와 이유극강(以柔克剛)의 달인인 유비의 면전에 있어서랴! 정말 기가 막히는 노릇이다. 한 번 본 책은 통째로 외워버리는 천재 장송은 결국 정치투쟁의 희생물이 되고 말았다.

제63회
방통의 죽음

고향땅 현산엔 우거진 녹음 이어졌는데
방사원의 옛집은 산모롱이 곁에 있었네.
이웃집 아이들은 멍청이라고 불렀지만
마을에선 일찍이 빼어난 재주 소문났네.

삼분천하 계획하여 급히 군공 세우려고
만 리 먼 길 말을 달려 혼자서 헤맸네.
뉘 알았으랴 낙봉파에 천구성 떨어져서
장군이 공 세워 금의환향 못하게 할 줄.

古峴相連紫翠堆　士元有宅傍山隈
고현상련자취퇴　사원유택방산외
兒童慣識呼鳩曲　閭巷曾聞展驥才
아동관식호구곡　여항증문전기재
預計三分平刻削　長驅萬里獨徘徊
예계삼분평각삭　장구만리독배회
誰知天狗流星墜　不使將軍衣錦回
수지천구유성추　불사장군의금회

주

◆ 현(峴) : 현산(峴山). 양양성 남쪽 3.5Km 지점에 있는 산이다. 방통이 양양 출신

이므로 이렇게 표현했다. ◆사원(士元) : 방통의 자이다. ◆산외(山隈) : 산굽이 진 곳. 산모롱이를 가리킨다. ◆구곡(鳩曲) : 출처는 『시경·소남(召南)·작소(鵲巢)』이다. 『방언(方言)』에서 설명하기를, '촉나라에선 비둘기를 우둔한 새 즉 졸조(拙鳥)라고 부르는데, 이유는 둥지 짓는 게 서투르기 때문이다. 하지만 비둘기 둥지를 조사해보면 졸렬하지만 매우 안전하다.'라고 했다. 이에 후인들은 우둔한 것 같지만 대하기 쉽고 편안한 사람을 일러 '구졸(鳩拙)'이라고 표현했다. ◆여항(閭巷) : 마을을 뜻한다. ◆기재(驥才) : 기(驥)는 천리마를 뜻한다. 걸출한 인재에 비유하는 말이다. ◆평각삭(平刻削) : 각삭(刻削)은 삭탈(削奪)의 뜻이다. 부성(涪城)의 연회가 있기 전날, 방통이 유비에게 권하기를 도부수를 숨겼다가 유장을 죽여 버리면 간단히 서천을 얻을 수 있다고 권했다. 이를 함축적으로 풍자한 구절이다. ◆천구(天狗) : 유성의 한 가지로 떨어질 때 소리를 낸다. 고대 점성가들은 유성이 떨어지면 군사 손실을 보거나 장수가 죽을 징조로 여겼다. ◆의금회(衣錦回) : 금의환향의 뜻이다. 즉 높은 벼슬과 많은 녹을 얻어 고향으로 돌아감으로서 영광을 나타내는 것이다.

감상과 해설

이 시는 칠언율시로 방통의 짧은 일생을 개괄했다. 전반 4구는 방통의 평민시절 고향과 가정형편 그리고 성격과 명성을 형상화하였다. 후반 4구는 방통이 군사가 된 시기의 두 가지 사건을 썼으니, 군대를 따라 서천으로 들어간 일과 낙봉파에서 목숨을 잃은 사건이다.

방통은 자가 사원이며 양양사람으로 현산 남쪽에 살았다. 벼슬하기 전에는 밭 갈고 책 읽는 일로 업을 삼았다. 소년시절에는 지나치게 순박하고 재주를 드러내지 않았기 때문에 마을 아이들은 그를 멍청이나 우둔하다고 불렀는데, 이것으로 미루어 어릴 때는 장상(將相)의 포부가 없었다는 사실을 짐작할 수 있다. 18세가 되던 해, 그의 숙부가 당시 유명했던 학자 사마휘(司馬徽)를 찾아가 배움을 청하라고 했다. 때마침 사마휘는 나무위에서 뽕을 따고 있었다. 방통은 나무아래 앉아 사마휘와 이야기를 나누는데 갈수록 의기가 투합하여 낮부터 저녁까지 계속되었다. 이에 사마휘는 방통을 일러 남군에서 으뜸가는 선비라고 불렀다.

이 시는 청춘에 요절한 방통을 한탄하고 애석해 하고 있다. 비록 시 가운데는 방통이 군공 세우기에 급급하고 자신을 드러내는 약점이 있음을 완곡하게 표현했지만 역시 방통의 죽음이 천명임을 암시한다. 방통이 죽었을 때 그의 나이 겨우 36세였으니 영웅들로 하여금 길이 눈물로 옷깃을 적시게 한다.

제63회
엄안 찬양

백발이 되도록 서촉에 살면서
깨끗한 이름 온 나라를 울렸네.
충성심은 마치 밝은 달빛 같고
호탕한 기개는 장강을 휘감네.

차라리 목이 잘려 죽을지언정
어찌 무릎 꿇고 항복을 하리.
파군의 나이 많은 노장군은
천하에 더 이상 짝이 없으리.

白髮居西蜀　淸名震大邦
백 발 거 서 촉　청 명 진 대 방
忠心如皎月　浩氣卷長江
충 심 여 교 월　호 기 권 장 강
寧可斷頭死　安能屈膝降
영 가 단 두 사　안 능 굴 슬 항
巴州年老將　天下更無雙
파 주 연 로 장　천 하 갱 무 쌍

주

◆ 방(邦) : 국가. 대방이란 서촉에 상대되는 전체국가를 의미한다.　◆ 교월(皎月) :

밝은 달을 의미한다.　◆호기(浩氣) : 바르고 크며 단단하고 곧은 기운을 뜻한다.
◆파주(巴州) : 파군(巴郡). 오늘날의 사천성(四川省) 중경(重慶) 지역을 가리킨다.

감상과 해설

엄안(嚴顔)은 서촉의 저명한 노장이다. 『삼국지연의』에서는 인품이 고상하고 무예가 높기가 마치 노장 황충에 버금간다고 묘사하고 있다. 이 시는 씩씩하고 격정적인 내용으로 이러한 엄안을 찬양하고 있다.

파군은 익주자사 유장이 관할하고 있는 세 군 중 하나이다. 파군태수가 된 엄안은 강주(江州, 지금의 중경)를 지키고 있었는데, 이곳은 장강에 웅거하여 지세가 험준한 요새로 지키기는 쉬우나 공격하기는 어려운 곳이었다. 장비가 군사를 이끌고 끊임없이 공격을 했지만 번번이 실패했다. 그러나 장비의 계책에 빠진 엄안은 아쉽게 패배한다. 엄안은 사로잡힌 후에도 무릎을 꿇지 않았다. 장비가 목을 치려고 했지만 조금도 두려운 기색 없이 도리어 크게 나무란다. "이곳에는 머리 잘린 장군은 있을지라도 항복하는 장군은 없을 것이다!" 결국에는 장비의 사과를 받고 항복하게 되지만 보기 드문 충의지사임이 분명하다. 『삼국지연의』에서 충의는 전서를 꿰뚫는 소설의 영혼이라 할 수 있다. 작가가 등장인물을 평가하는 가장 기본적인 표준이 바로 충의이다.

제63회
파군을 빼앗은 장비

산채로 엄안을 잡으니 용맹이 절륜하고
의기 하나로 군사와 백성을 감복시켰네.
지금도 사당과 신상이 파촉에 남아 있어
술과 안주로 제사지내니 날마다 봄일세.

生獲嚴顔勇絕倫　　惟憑義氣服軍民
생 획 엄 안 용 절 륜　　유 빙 의 기 복 군 민
至今廟貌留巴蜀　　社酒鷄豚日日春
지 금 묘 모 유 파 촉　　사 주 계 돈 일 일 춘

주

◆ 절륜(絕倫) : 매우 뛰어나다. 유일무이해서 비교할 수 없다.　◆ 묘모(廟貌) : 사당과 신상을 가리킨다.　◆ 사주계돈(社酒鷄豚) : 사당에서 제사지내고 향을 피우고 제물을 바치고 흠향하는 것을 말한다. 옛날에는 춘사일(春社日)과 추사일(秋社日)이 있었고, 민간에서는 당일에 신께 제사지내고 술을 마셨다. 사(社)는 토지신을 가리키고, 돈(豚)은 어린 돼지를 말한다.

감상과 해설

이 시는 장비가 지혜로 파군을 빼앗고 의리로 엄안을 석방한 역사적 사실에서 나온 영사시이다.

장비의 전형성은 용맹과 호쾌함 그리고 거칠고 정직함이며 그래서 사나운 장비(猛張飛)란 이름을 얻게 되었다. 하지만 실제 장비에 대한 묘사는 약간 복잡하다. 장비에게도 교활한 면이 있어 때로는 꼼수를 펼쳐 가끔 의외의 승리를 거두기도 한다. 지혜로 파군을 취하고 의리로 엄안을 풀어준 일이 바로 좋은 예이다. 그리고 와구(瓦口)에서 술을 마시고 적을 유인하여 장합을 패배시킨 일도 칭찬받을만하다. 그래서 제갈량도 말하기를, "익덕은 본래 억세고 거칠지만 지난번 서천을 거둬들일 때 의로써 엄안을 놓아준 일은 한낱 용부(勇夫)가 할 수 있는 일이 아닙니다."라고 하였다. 파군을 점령한 장비는 백성들을 안심시키는 방을 내다 붙이고 군사들을 단속하여 양민에게 해가 되는 일이 없도록 하였다.

장비가 죽자 이곳 백성들은 장비의 사당을 짓고 소상(塑像)을 빚은 뒤, 향을 피우며 제사를 끊이지 않았다.

제64회
장임의 순절

열사가 어찌 두 주인 섬기기 좋아하랴
장임의 충용은 죽어서 오히려 빛나네.
고매하고 광명함은 하늘의 달과 같아
밤마다 빛을 뿌리며 낙성을 비춰주네.

烈士豈甘從二主　張君忠勇死猶生
열 사 기 감 종 이 주　장 군 충 용 사 유 생
高明正似天邊月　夜夜流光照雒城
고 명 정 사 천 변 월　야 야 유 광 조 낙 성

주

◆낙성(雒城) : 익주 광한군(廣漢郡) 군 소재지. 지금의 사천성 광한현이다.

감상과 해설

장임(張任)은 서촉에서 이름난 대장은 아니었다. 다만 계책으로 방통을 쏘아 죽이고, 유비의 진군을 막았으며, 한 때 유비의 전략부서를 교란시킴으로서 그 명성을 천하에 떨친 인물이다.
작가가 인용한 이 시는 장임의 재략에 대해서는 언급하지 않고 단지 인품과 덕성만을 찬양했다. 장임은 생포된 이후 삶을 선택할 기회가 있었다. 뿐만 아니라 유비도 그를 살려 부하로 거두어들이려 했다. 그러나 끝까지 항복을 거부하며 목청을 돋우어 욕을 해대자 부득불 참수한다. 장임을 참수한 유비는 의를 중히 여기고 목숨을 초개같이 버리는 장임에게 감탄해 마지않는다. 그리하여 시신을 거두어 금안교(金雁橋) 곁에 장사지내주며 그의 충성심을 기렸다. 조조는 저수를 죽이고 그를 위해 무덤을 꾸미고 비를 세워주었고, 유비는 장임을 죽이고 무덤을 꾸미고 비를 세워주었다. 두 사람은 약속이나 한 듯 동일한 행동을 했다. 통치계급이란 누구라 할 것 없이 모두가 이토록 신하들에게 충성이 미덕임을 제창하는 것이다.

제66회
한 자루 대도만 들고 연회에 나아가다

오나라 대신들을 마치 어린애처럼 깔보며
칼 한 자루로 연회에 나가 적을 제압하네.
그때 그 시기 관우가 취한 영웅다운 기개
민지회에 있었던 인상여보다 훨씬 낫구려.

藐視吳臣若小兒　單刀赴會敢平欺
막시오신약소아　단도부회감평기
當年一段英雄氣　尤勝相如在澠池
당년일단영웅기　우승상여재민지

주

◆막시(藐視) : 경멸하다. 깔보다.　◆평기(平欺) : 평(平)은 인신되어 멋대로, 마음대로의 뜻으로 쓰였다. 기(欺)는 깔보다, 업신여기다 또는 무력으로 제압하다, 쳐서 평정하다(討平)로 해석하기도 한다.　◆우(尤) : 경(更, 더욱)이나 유(猶, …… 와 같다)의 뜻이다.　◆상여재민지(相如在澠池) : 인상여(藺相如)는 전국시대 조(趙)나라의 대신이다. 조나라 혜문왕(惠文王)이 화씨벽(和氏璧, 변화[卞和]가 초나라 여왕[楚厲王]에게 바친 옥으로 훗날 진시황이 이것으로 전국옥새를 만들었다.)을 얻자 진나라 소왕(昭王)이 15개의 성과 그 보물과 교환하자고 하여 인상여가 그것을 가지고 진으로 향했다. 그러나 진왕은 성을 내 줄 의사가 없었다. 이에 인상여는 이치를 따지고 기지를 발휘해 보물을 안전하게 가지고 돌아왔다. 후에 진나라와 조나라의 두 왕이 민지(澠池)에서 회합을 가졌다. 진왕이 조왕을 욕보이려 하자 인

상여가 지혜와 용기를 발휘해 조왕에게 굴욕이 돌아가지 않도록 했다. 이것이 유명한 민지의 회맹(會盟)이다.

감상과 해설

유비가 서촉을 정벌하자, 동오에서는 약속대로 형주를 돌려달라며 제갈근(諸葛瑾)을 보냈다. 이에 제갈량과 유비는 술수를 쓴다. 마땅히 돌려줘야 한다면서 관우에게로 가서 우선 3군을 돌려받으라고 한다. 그러나 정작 관우는 일언지하(一言之下)에 거절한다. 국가적 대사가 실패로 돌아가자 동오에서는 노숙의 계략을 채택한다. 즉 연회를 열고 관우를 청한 뒤 말을 듣지 않으면 살해하자는 계획이다. 관우는 분명 위험을 느끼면서도 한 자루 대도만 갖고 적진에서 준비해둔 연회장소로 나아간다. 그리고 영웅적인 기개로 동오의 장령들을 제압하고 무사히 되돌아오니 노숙의 계책은 보기 좋게 실패한다.

'단도부회(單刀赴會)'에 나타난 영웅적 기개는 관우의 전형성에 엄청난 광채를 더하고 있다. 즉 영웅적 기개에 고상한 운치와 상대를 위압하는 신령스런 풍채가 함께한다는 것이다. 게다가 이 영웅적 기개는 관우의 심리적 저변에 내재되어 있는 긍정적·부정적 요소라는 이중성을 관통하여 흐르고 있다. 또한 이 두 요소가 함께 맞물리면서 확정적이기도 하고 불확정적이기도 한 복잡한 양태를 나타낸다. 그래서 이것이 일단 외부환경과 접촉할 경우, 화웅을 베고, 문추(文醜)를 죽이고, 7군을 수몰시키고, 낙양을 위엄으로 누르는 장거를 보이는가 하면 때로는 처참하게 맥성(麥城)으로 도주하는 경우도 초래될 수 있는 것이다. 단도부회에서는 긍정적인 요소가 주도적 위치를 차지했으니 부정적인 요소는 이면으로 잠복된 것으로 파악된다. 따라서 그의 영웅적 기개는 동오에서 마련한 주연(酒宴) 전 과정을 장악하여 노숙을 마음대로 주무르게 되는 것이다.

단도부회에 나타난 관우의 형상은 우아하면서도 거리낌 없고, 의젓하면서도 대범하다. 하지만 그의 영웅적 기개에서 표출된 강기와 오기는 내부에 깊숙이 뿌리박고 있는 비극적인 요소, 즉 고질적인 자긍심과 허명에 경도되는 허욕을 예시하고 있다. 이런 요소들은 다만 결정적인 작용을 못한 채 영웅적 기개에 엄폐되어 있으므로, 독자들이 감지하기에는 불명확한 것이다.

제66회
화흠을 비웃다

화흠은 그날을 맞아 흉악한 꾀 뽐내며
벽을 부수고 강제로 황후를 끌어내네.
역적 도와 하루아침에 범이 날개 다니
욕된 이름 천 년 두고 용머리라 비웃네.

華歆當日逞兇謀　破壁生將母后收
화흠당일영흉모　파벽생장모후수
助虐一朝添虎翼　罵名千載笑龍頭
조학일조첨호익　매명천재소용두

주

◆파벽(破壁) : 벽을 부수고 들어가다. ◆조학(助虐) : 학(虐)은 난폭한 행동을 뜻한다. 악인을 도와 나쁜 일을 하는 것을 가리킨다. ◆호익(虎翼) : 범이 날개를 단 것을 비유한다. ◆용두(龍頭) : 화흠의 별명.

감상과 해설

화흠은 병원(邴原), 관녕(管寧) 등과 친구로 지냈다. 사람들은 이들 세 사람을 한 마리의 용이라 보고, 화흠은 용의 머리(龍頭), 병원은 용의 몸통(龍腹), 관녕은 용의 꼬리(龍尾)라 불렀다. 그러나 화흠과 함께 지내본 관녕은 화흠의 행동이 비루한 것을 목격하고는 벗으로 여기지 않았다. 화흠은 처음에 손권을 섬기다가 나중에는 조조를 받들게 되었는데, 복 황후를 잡아들이는 일에 발 벗고 나섰다. 이에 후세사람이 시를 지어 한탄했다.

조조를 위왕으로 추대하는 일이 긴박하게 진행됨에 따라 조조의 행동은 날로 횡포해진다. 황위를 찬탈하고 폐하는 일은 시간문제일 뿐이었다. 조조가 칼을 차고 입궁하면, 복 황후는 황망히 몸을 일으키고 황제는 온몸을 부들부들 떨었다. 군신관계가 심각하게 어그러진 상황을 견디다 못한 복 황후는 조조를 도모할 계획을 세운다. 그러나 아비 복완(伏完)에게 보낸 밀조가 발각되면서 복완과 목순(穆順)의 구족은 모조리 하옥된다.

상서령이 된 화흠이 궁으로 들어가 복 황후를 잡는 행동은 너무나 무도하여 사람이라면 누구나 침을 뱉으며 욕을 할 정도였다. 화흠과 치려(郗慮)는 같은 신하로 같은 명을 받고 궁으로 들어간다. 하지만 두 사람의 행동은 너무나 판이했다. 치려의 행동은 시종 신하의 도리를 잃지 않았다. 그러나 권세를 믿고 기고만장한 화흠은 흉포하고 잔인한 행동으로 그 악랄한 성격을 드러낸다. 일이 실패한 것을 안 복 황후가 벽 사이에 몸을 숨겼다. 갑병을 이끌고 온 화흠이 문을 열고 찾았으나 보이지 않았다. 신하된 자라면 마땅히 위공의 명이라고 하고 황후가 스스로 나오도록 해야 도리일 것이다. 그러나 화흠은 벽을 부수어 찾아내게 하였으니, 황후의 궁전을 여염집처럼 보고 제멋대로 군것이다. 더욱이 참을 수 없는 일은 화흠이 직접 제 손으로 황후의 머리채를 틀어쥐고 끄집어낸 것이다. 조조의 위엄을 빌려 국모를 천인같이 대하고 제멋대로 흉포한 일을 자행한 것이다.

이것은 봉건사회의 윤리를 위배한 것으로, 조금만 교양을 갖춘 사람이라면 결코 할 수가 없는 짓이다. 본래는 뛰어난 재주로 용의 머리에 비유될 만큼 명성을 날리던 화흠이었지만, 결국 상전의 세력을 등에 업고 남을 괴롭히는 비열한 인간으로 전락하고 말았다.

제66회
관녕 찬양

요동 땅에 있었다고 전해지는 관녕루는
사람도 누각도 사라지고 이름만 남았네.
우스워 죽겠네 화흠이 부귀 탐하는 꼴
어찌 흰 관 쓴 관녕의 풍류에 견주리오.

遼東傳有管寧樓　人去樓空名獨留
요동전유관녕루　　인거누공명독류
笑殺子魚貪富貴　豈如白帽自風流
소살자어탐부귀　　기여백모자풍류

주

◆자어(子魚) : 화흠의 자.　◆백모(白帽) : 관녕은 요동에 피해 살며 늘 흰 관을 썼다. 항상 누각 위에 기거하며 땅을 밟지 않았고, 평생토록 벼슬을 하지 않았다.

감상과 해설

'할석분좌(割席分坐, 깔고 앉은 자리를 잘라 나누어 앉음. 친구 사이의 절교를 뜻한다.)'는 화흠과 관녕의 소년시절 이야기로 남조 송나라의 유의경(劉義慶)이 지은 『세설신어(世說新語)』에 나온다. 모종강은 이 내용을 『삼국지연의』를 개편할 때, 화흠이 복 황후를 끌어내는 줄거리 속에 삽입시켰다.

모종강은 '될성부른 나무는 떡잎부터 알아본다.'면서 화흠이 악인을 도와 잔학한 짓을 하고 권세를 부린 건 천성이 부귀영화와 이익을 좋아했기 때문이라고 했다. 당시 사람들은 화흠과 관녕을 용의 머리와 용의 꼬리라 불렀다. 하지만 두 사람의 포부와 지조는 전혀 달랐다. 모종강은 관녕이 평생 동안 위나라에 벼슬하지 않았으므로 용의 꼬리란 별명이 부끄럽지 않지만, 화흠을 용의 머리라 할 수 없다고 하였다. 그래서 다음과 같이 비웃는다. '지금 보면 꼬리는 있지만 머리는 없는 셈이다. 화흠이 행한 흉악성으로 친다면 호랑이 머리나 표범 머리 정도이며, 조조의 주구노릇을 한 걸로 친다면 간교한 개 대가리나 말 대가리일 따름이다.'

화흠과 관녕은 상당히 비교되는 성격에다 역사상의 관련도 있다. 이 때문에 관녕이란 인물을 소설 속에 끼워 넣어 화흠과 대비시킨 것으로 보인다. 모종강본 이전의 판본에는 이 내용이 없는 것으로 보아 모종강의 의도를 짐작할 수 있다.

동한 중평 연간, 황건적이 일어나 세상이 어지러워지자 관녕은 전란과 재앙을 피해 바다를 건너 요동으로 갔다. 거기서 30여 년을 머물렀는데, 전설에 의하면 요동에 이른 관녕은 흰 모자를 쓰고 누각에서 지내며 땅을 밟지 않았다고 한다. 땅을 밟지 않은 이유는 위나라의 땅이 되었으므로 조위와 한패가 되어 더러워지지 않겠다는 의미였다. 훗날 관녕은 비록 요동을 떠났지만 이로 말미암아 깨끗한 이름이 전해져 동한 사대부들의 추앙을 받게 된다.

화흠은 부귀영화를 위하여 갖은 악랄한 짓을 다 한 반면, 관녕은 평생토록 벼슬길에 나가지 않았다. 조조가 사공이 되면서부터 관녕을 부르기 시작했지만 당시 그는 요동에 피해 있으면서 돌아오지 않았다. 그가 고향으로 돌아온 위 문제(魏文帝) 황초(黃初)로부터 위 명제(魏明帝) 청룡(青龍) 년간까지 장장 20여 년에 걸쳐 조정에서는 지속적으로 관녕을 징집하는 조칙을 내렸다. 그러나 끝내 이유를 대어 단 한 번도 응하지 않았다. 하지만 그가 벼슬을 마다하면 할수록 공경대부들은 더욱 관녕을 천거했다. 나중에는 태위 자리에 있던 화흠조차도 스스로 자리를 물려주마고 했다.

명제는 조칙을 내려 이르기를, '심장에는 도덕을 품고, 가슴에는 육예(六藝)를 간직했다. 맑고 바른 수양은 옛 성현들에 견줄만하며, 청렴결백함은 당세에 이름날만하다.'고 하였다.

정시(正始) 2년(서기 241년), 관녕은 이미 84세가 되었다. 조정대신들은 여전히 관녕을 천거했다. 그를 일러, '소박한 자질은 아름다운 꽃무늬를 머금었고, 찬 얼음 같은 지조와 깊은 연못같이 맑고 서늘한 성정을 지녔다. 금석처럼 영롱한 소리와 옥구슬 같이 촉촉한 광택으로 시간이 흐를수록 더욱 뚜렷이 드러난다.'라고 찬양했다. 그리하여 조정에선 특별히 부들로 바퀴를 감싼 수레를 몰고 비단과 옥으로 예를 갖추어 관녕을 초빙하러 갔다. 그러나 바로 그 시각 관녕은 병사한다. 벼슬을 마다할수록 청명한 이름이 높아지고 죽음에 이르러서도 만인의 추앙을 받은 인물이다.

제66회
조조의 복 황후 시해

조조처럼 흉포한 놈 세상에 다시없으니
복완이 충의만으로 무슨 일을 했겠는가.
가엾다 황제와 황후 이별하는 처지보소
여염집 남편과 아내만도 훨씬 못하구려!

曹瞞兇殘世所無　伏完忠義欲何如
조 만 흉 잔 세 소 무 　복 완 충 의 욕 하 여
可憐帝后分離處　不及民間婦與夫
가 련 제 후 분 리 처 　불 급 민 간 부 여 부

주

◆복완(伏完): 복 황후의 부친. 복 황후가 그에게 조조를 참하라는 밀서를 주었고, 그 회답이 조조에게 발각되어 처참한 최후를 맞이했다.　◆제(帝): 한 헌제.

감상과 해설

화흠이 복 황후를 끌고 오자 조조는 좌우에 명하여 몽둥이로 때려죽이고 복 황후가 낳은 두 자식마저 독살한다. 그날 저녁 복완과 목순의 일가 2백여 명이 참형을 당하니, 조야에서 두려워 떨지 않는 사람이 없었다.

조조가 복 황후와 그 가족을 죽인 내용을 둘러싸고 모종강은 연이어 3수의 시를 더했다. 앞의 2수는 화흠의 행동을 통하여 조조의 흉악함을 강조한 반면, 이 시는 조조의 흉악무도함을 정면으로 나무라고 있다. 조조는 한 사람의 신하로서 제멋대로 황후와 그 자식을 처벌했을 뿐만 아니라 수단도 그렇게 잔인할 수가 없었다. 이는 봉건시대 정통관념으로 본다면 대역무도한 행위이다. 복 황후 한 사람의 일로 구족(九族)을 연루시켰으며, 밀조는 유비와 손권에게 전해지지도 못했다. 더욱 심한 것은 복 황후 소생의 두 아들, 즉 황자의 신분임에도 불구하고 이 일에 연좌시켜 독살해 버렸으니 너무나 흉포하고 잔인하지 않을 수 없다.

화흠이 복 황후를 끌고 외전으로 나오자 헌제는 전상에서 내려와 황후를 끌어안고 통곡을 한다. 화흠이 이르기를, "위공의 명이라 속히 가야합니다!"라고 한다. 생사의 이별을 할 때조차 조금도 자유가 없었다. 그래서 시에서는 이렇게 표현했다. '가엾다 황제와 황후 이별하는 처지보소! 여염집 남편과 아내만도 훨씬 못하구려!'

제67회
양송의 죽음

어진 이 해치고 주인 팔아 공을 뽐내더니
긁어모은 금은보화 모두가 헛것이 되네.
부귀영화 누리기 전 목이 먼저 달아나니
천 년 뒤의 사람들까지 양송을 비웃누나!

妨賢賣主逞奇功　積得金銀總是空
방 현 매 주 영 기 공　적 득 금 은 총 시 공
家未榮華身受戮　令人千載笑楊松
가 미 영 화 신 수 륙　영 인 천 재 소 양 송

주

◆방현매주(妨賢賣主) : 어진 이를 해치고 주인을 팔아먹다.　◆적득(積得) : 축적하고 획득하다.　◆수륙(受戮) : 피살되다.　◆천재(千載) : 천 년을 가리킨다.

감상과 해설

장로 수하의 모사인 양송(楊松)은 지나치게 재물을 탐하고 뇌물을 좋아해 더러운 이름이 널리 알려진 인물이다. 그는 세 차례나 주인을 팔아 영화를 구한다. 장로가 마초를 보내어 익주로 진격할 때의 일이다. 가맹관(葭萌關)의 싸움에서 마초의 무용에 반한 유비는 마초를 끌어들이고 싶었다. 제갈량의 건의에 따라 양송에게 뇌물을 전하니, 이를 받은 양송은 과연 크게 기뻐하며 장로와 마초 사이를 이간질시킨다. 견디다 못한 마초는 결국 유비에게 귀순한다. 그 다음은 조조가 한중을 공략할 때이다. 장로 수하의 명장 방덕(龐德)에게 좌절을 맛본 조조는 방덕의 무예와 말 타는 솜씨를 탐낸다. 방덕의 투항을 논의하는데, 가후가 계책을 내놓았다. 역시 양송을 매수하자는 것이었다. 조조는 양송에게 금으로 만든 엄심갑(掩心甲) 한 벌과 밀서를 보냈다. 뇌물을 받은 양송은 크게 기뻐하며 조조의 계책에 협조한다. 양송은 즉시 장로를 만나 방덕을 헐뜯었고 이에 크게 노한 장로는 방덕을 불러 질책하며 베어 죽이려고까지 했다. 겨우 죽음을 면한 방덕은 이튿날 출전에서 계략에 걸려 사로잡힌다. 이에 조조가 직접 방덕의 결박을 풀어주고 자기 사람으로 만들게 된다. 대세가 기울어진 것을 직감한 장로는 남정(南鄭)을 버리고 파중(巴中)으로 달아났다. 남정을 차지한 조조는 파중으로 진격해 들어갔다. 이때 양송은 다시 조조와 밀서를 교환하며 안팎에서 협공하기로 했다. 장로는 성문을 굳게 닫고 지키려고 했지만 양송이 나가 싸우도록 종용했다. 양송의 말을 들은 장로가 성을 나와 싸움을 걸었다. 조군이 싸우지도 않고 달아나니, 장로는 급히 성으로 퇴각했다. 그러나 이게 웬일인가! 양송이 성문을 굳게 닫고 열어주지 않았다. 달아날 길이 없어진 장로는 하는 수없이 조조에게 항복을 했다.

일반적인 논리에 따르면 양송은 한중 평정에 있어 절대적인 역할을 한 공신이었다. 그러나 조조는 뇌물을 받고 간사한 일을 하였으며, 주인을 팔아 영화를 구한 더러운 인간이라고 경멸하며 양송의 목을 베어 저자거리에 효수한다. 제57회에서 묘택은 정부를 차지하기 위해 밀고로 자형의 전 가족을 죽음으로 몰아넣었다. 묘택의 밀고는 조조에게 보면 매우 유리한 행동이었다. 하지만 그 동기가 비열했으므로 조조는 이 불의한 소인배를 죽였다. 양송 역시 조조를 위해 두 가지 큰일을 했지만 그 동기가 멸시를 받아 마땅한 행동이었다. 그래서 조조는 재물을 탐하여 불충을 저지른 이 소인배를 죽였던 것이다.

작가는 이런 불충불의한 소인배를 죽인 조조를 직접 찬양하지는 않았지만, 조조가 소인배를 죽일 때마다 한 수의 작은 시를 삽입하여 공감을 나타낸다. 이것은 누구를 막론하고 불충불의한 사람에 대해서는 관용을 베풀 수 없다는 『삼국지연의』의 기본적 정치윤리 강령이라고 할 수 있다.

제67회
손권이 말을 몰아 소요진을 건너다

유비의 적로가 그날 단계를 뛰어 건너더니
손권이 또한 합비에서 패하여 쫓기고 있네.
뒤로 물러섰다 채찍을 치며 준마를 달리니
소요진 위로 옥룡이 날아가듯 훌쩍 건너네.

的盧當日跳檀溪　又見吳侯敗合肥
적로당일도단계　우견오후패합비
退後着鞭馳駿騎　逍遙津上玉龍飛
퇴후착편치준기　소요진상옥룡비

주

◆ 적로(的盧) : 유비가 타던 준마의 이름.　◆ 준기(駿騎) : 훌륭한 말을 가리킨다.

감상과 해설

말은 사람의 성품을 통해 주인이 위난에 처하면 더욱 그 능력을 드러낸다. 『삼국지연의』 제34회의 이야기다. 유비가 적로마를 타고 채모의 추격병을 피해 달아나다 시내에 이르렀다. 절체절명의 위급한 순간이 되자 적로마는 3장이나 되는 단계를 뛰어 건너 주인을 살렸다.

건안 20년(서기 215년), 조조가 한중 공략에 정신을 팔고 있는 사이에 손권은

10만 대병을 인솔하여 합비(合肥)를 포위한다. 그러나 소요진(逍遙津)에서 장료(張遼)를 만난 손권은 대패한다. 장료가 이끄는 2천여 기병에 쫓긴 손권은 말을 놓아 소사교(小師橋)란 다리로 올라섰다. 그러나 다리의 남쪽은 이미 한 길 남짓 끊겨 있었고 널빤지는 한 장도 남아있지 않았다. 아장(牙將) 곡리(谷利)가 소리쳤다. "주공께선 말을 잠시 뒤로 물렸다가 다시 뛰어 건너가소서!" 손권은 세 길 남짓 말을 뒤로 물렸다가 고삐를 늦춰 주며 채찍을 내리쳤다. 손권이 탄 말은 날개를 단 듯 훌쩍 뛰더니 다리 남쪽으로 건너갔다.

일반적으로 말에 대한 인격화나 신격화가 이루어지는 것은 말을 탄 주인의 신격화와 합치하는 경우이다. 보마(寶馬)는 귀인과 함께 그들의 운명이 비범함을 암시한다. '국가가 장차 흥하려고 하면 반드시 상서로움이 있고, 국가가 장차 망하려고 하면 반드시 괴이하고 불길한 징조가 있다.'는 말이 있다. 유비가 양양에서 위험에 처했을 때 보마가 주인을 구하고, 조조가 꿈속에서 본 세 개의 태양이 광채를 다툰 일은 삼국이 정립한다는 암시이다. 이와 마찬가지로 손권의 보마가 소요진 위를 옥룡처럼 난 일도 곧 그가 크게 발전하여 장차 동남을 차지하는 오나라의 대제가 될 것을 미리 암시하는 것이다.

제68회
백 개의 깃털이 영채를 꿰뚫다

북소리 고함소리 지축을 흔들며 울려오자
동오 군사 이르는 곳 귀신조차 슬피 우네.
흰 깃 꽂은 일백 용사 조군 영채 꿰뚫으니
다 함께 감녕을 호랑이 같은 장수라 하네.

鼙鼓聲喧震地來　吳師到處鬼神哀
비 고 성 훤 진 지 래　오 사 도 처 귀 신 애
百翎直貫曹家寨　盡說甘寧虎將才
백 령 직 관 조 가 채　진 설 감 녕 호 장 재

주

◆비고(鼙鼓) : 소고(小鼓). 고대 군중에서 상용하던 작전용 진군 북을 가리킨다. ◆오사(吳師) : 오나라의 군대. 사(師)는 고대 군대의 통칭이다. ◆귀신애(鬼神哀) : 놀람과 두려움으로 슬퍼하는 모습을 비유한다. ◆백령(百翎) : 새 깃털. 고대 무장들이 머리에 꽂던 장식물이다. 여기서는 100명의 무장한 용사를 비유한다. ◆진설(盡說) : 진(盡)은 전(全)의 뜻으로, 모두가 말하다라는 의미이다.

감상과 해설

손권이 이끄는 동오군의 침입을 알자, 한중에 있던 조조는 친히 40만 대군을 이끌고 신속히 움직여 곧바로 손권이 진을 치고 있는 유수구(濡須口)로 쇄도했다. 이에 오나라 장군 감녕(甘寧)은 능통(凌統)과 출전을 다투며 단지 100여 기의 병사들만 거느리고 조조군의 영채를 야습하겠다고 나선다. 이 시는 먼저 낮추었다 뒤에 찬양하는 대비법을 사용하여 100여 기의 병사들만으로 조조의 영채를 습격한 감녕의 용맹과 담략을 부각시키고 있다.

조조의 40만 대군이 밀어닥쳐 압박을 가하자 양군의 역량에는 큰 차이가 벌어진다. 너무나 엄청난 조조군의 기세 앞에서 오나라 병사들은 겁에 질려 벌벌 떨었다. 절대적으로 불리한 형세였다. 조조군의 예기를 꺾어놓지 않으면 아군의 사기를 북돋울 방법이 없었다. 능통이 나서서 3,000명으로 적을 치겠다고 했다. 그러자 감녕은 100명의 기병이면 충분하다고 말했다. 비록 혈기를 앞세운 젊은 장수들의 경쟁이었지만 영웅적인 기개만큼은 분위기를 일신하기에 충분했다. 하물며 수십 만의 적군을 앞에 둔 상황이니, 분명 호랑이를 보고도 산으로 가겠다는 말이 아니던가! 게다가 주위를 더욱 놀라게 한 것은 감녕의 제의였다. 단지 100명만으로 습격을 감행하되, "만약 군사 하나, 말 한 마리라도 손상된다면 공을 세운 것으로 치지 않겠습니다!"라고 한다.

과연 감녕은 호랑이 같은 장수였다. 몸소 앞장서서 목숨을 아끼지 않고 싸웠다. 100명의 군사들을 앞에 두고 명을 받들어 돌격한다는 말을 마치자, 병사들은 서로 얼굴만 쳐다보며 난색을 표했다. 이에 감녕은 즉시 칼을 빼들고 노하여 꾸짖었다. "나는 상장(上將)임에도 불구하고 목숨을 아끼지 않는데, 네놈들이 어찌 망설인단 말이냐!" 감녕의 격려에 병사들은 일제히 외쳤다. "죽을힘을 다해 싸우겠습니다." 이윽고 밤이 깊어지자 감녕은 흰 고니 깃털 100개를 가져와 투구에 나누어 꽂았다. 갑옷을 입고 말에 올라 크게 한 번 고함치는 것을 군호로 삼아, 100개의 하얀 깃털이 조조의 영채를 향해 유성처럼 내달렸다. 종횡무진 치달려 닥치는 대로 베니, 조조군은 자중지란에 빠져 감히 막고 나서는 자가 없었다. 최후에는 과연 사람 하나, 말 한 마리 상하지 않고 승리해서 돌아왔다.

제69회
조조를 희롱한 좌자

구름 위로 날아올라 천하를 돌아다니며
둔갑술로 몸을 감추고 유유히 자적하네.
신선이 쓰는 술법들을 예사로이 펼치며
조조를 깨우치지만 생각을 돌리지 않네.

飛步凌雲遍九州　獨憑遁甲自遨游
비 보 능 운 편 구 주　독 빙 둔 갑 자 오 유
等閒施設神仙術　點悟曹瞞不轉頭
등 한 시 설 신 선 술　점 오 조 만 부 전 두

주

◆능운(凌雲): 곧바로 하늘 끝까지 올라간다는 의미이다. ◆구주(九州): 전국을 지칭한다. ◆둔갑(遁甲): 술수의 일종. 십간(十干) 중 갑(甲)은 가장 존귀하면서도 나타나지 않는다는 뜻이다. 육갑(六甲)은 소위 육의(六儀)라는 무(戊)·기(己)·경(庚)·신(辛)·임(壬)·계(癸) 안에 숨겨져 있다. 육의는 구궁(九宮) 중에 분포되어 있지만 갑은 어느 한 궁(宮)도 독점하지 않는다. 이 때문에 둔갑(遁甲)이라고 부른다. 둔(遁)이란 형체를 숨기는 것이다. 여기서는 좌자(左慈)가 천서(天書) 세 권을 얻어 그것을 『둔갑천서(遁甲天書)』라 이름 붙인 것을 가리킨다. ◆등한(等閒): 예사로이. 쉽게. ◆시설(施設): 여기서는 가지고 놀다, 주무르다, 펼치다 등의 뜻으로 쓰였다. ◆점오(點悟): 고대 방사(方士)의 점화술(點化術). 즉 사물을 변화시키는 술법을 가리킨다.

감상과 해설

조조는 위왕이 되어 새로이 왕궁을 지었다. 손권이 경하의 뜻으로 온주(溫州)에서 나는 귤을 진상했다. 귤을 운반하던 짐꾼들이 우연히 애꾸눈 도사인 좌자(左慈)를 만났는데 스스로 위왕의 고향 친구라고 소개했다. 좌자는 한 번씩 돌아가며 대신 짐을 져주었는데, 그가 지고나면 짐이 가벼워졌다. 나중에 조조가 확인해 보니, 귤의 속살이 없어지고 빈껍데기만 남아있을 따름이었다.

좌자는 역사상의 실존 인물이다. 『후한서·방술전(方術傳)』에 의하면, '좌자의 자는 원방(元放)이며 여강(廬江) 사람이다. 젊어서 신비한 도술을 가졌다.'고 하였다. 『삼국지연의』에서는 사서에 나오는 몇 가지 신기하고 이상스러운 일을 흡수했을 뿐만 아니라 『수신기(搜神記)』에 나오는 좌자의 신비한 줄거리도 융합시켰다. 나아가 좌자를 하나의 신선으로 만들어 선명한 정치색까지 가미시키고 있다.

좌자는 구름을 타고 하늘을 날 수 있으며 산을 뚫고 돌을 통과할 수 있었다. 또한 몸을 감추거나 변화시킬 수도 있는 신비한 능력의 소유자였다. 어느 날 조조의 왕궁에서 대연회가 열렸는데 조조가 용의 간을 먹고 싶다고 했다. 좌자는 즉시 벽에 용 한 마리를 그리고는 그 가운데서 용의 간을 끄집어냈는데 선혈이 뚝뚝 떨어졌다. 또 연못 속에서 송강(松江)의 농어를 낚아 올리고, 금쟁반 위에서 자아강(紫芽薑)을 구하기도 했다. 신묘한 도술로 자기의 재주를 보인 좌자는 이번엔 정치적인 문제를 끄집어냈다. 조조에게 권하기를, 스스로 은퇴하여 유비에게 양위하라고 말했다. 이에 대노한 조조가 옥졸에게 명하여 그를 잡아다 칼을 씌우고 쇠사슬을 채워 감옥에 가두라고 했다. 7일 동안이나 가두면서 마실 것과 먹을 것을 주지 않았다. 하지만 정작 쓰러져야할 좌자는 단정하게 앉아있고 혈색은 오히려 생기가 돌았다. 조조는 더 이상 어쩔 도리가 없었다.

이렇게 좌자가 조조를 희롱하는 장면은 백성들의 애증과 정치이상을 표현하는 것이다. 좌자의 화상을 그려 잡아들이라고 명하자 똑같은 좌자가 무려 3, 4백 명이나 잡혀왔다. 그들의 목을 치니 각각의 목에서 한 줄기 푸른 기운이 뻗쳐올라 한 덩어리로 합쳐지더니 한 사람의 좌자로 변했다. 하늘에서 백학

한 마리를 불러온 좌자는 학 위에 올라타고 손뼉을 치고 웃으면서 말했다. "흙쥐(土鼠)가 쇠범(金虎)을 따르면 간웅도 하루아침에 끝이 나리라!" 이에 조조가 여러 장수에게 활을 쏘라고 명령하자 갑자기 광풍이 크게 일어나더니 돌과 모래가 날고 목 잘린 시체들이 일어나 각각 자신의 머리를 들고 연무청(演武廳)으로 뛰어올라 조조를 후려쳤다. 조조는 그 순간 기절했는데 이윽고 광풍이 사라지자 좌자도 시체들도 보이질 않았다.

좌자는 정의의 화신으로, 죽여도 죽지 않을 뿐 아니라 간웅 조조의 말로를 공언했다. '흙쥐가 쇠범을 따르면'이란 뜻은 경자년(庚子年), 즉 건안 25년(서기 220년) 정월에 조조가 죽을 것이라는 예언이었다. 작가가 조조의 죽음 앞에 좌자라는 형상을 삽입한 의도는 좌자의 재주를 빌려 조조를 응징하고 싶었기 때문이다. 그럼으로써 정의를 신장하고 간사함을 징벌하며 존유폄조의 정치적 감정을 털어놓기 위함이다.

제69회
천기를 안 관로

평원 땅의 귀신같은 점술가 관 공명은
하늘의 별을 보고 점을 칠 줄 알았네.
팔괘의 미묘한 이치로 귀신세계 통하고
육효의 오묘한 이치로 천기를 헤아렸네.

어린 소년의 관상 보고 단명함을 알았고
마음의 근원 신령함을 스스로 깨달았네.
애석하다 당시에 행한 기이한 술법들을
후세 사람 더 이상 물려받을 수 없다니.

平原神卜管公明　能算南辰北斗星
평원신복관공명　능산남진북두성
八卦幽微通鬼竅　六爻玄奧究天庭
팔괘유미통귀규　육효현오구천정
預知相法應無壽　自覺心源極有靈
예지상법응무수　자각심원극유령
可惜當年奇異術　後人無復授遺經
가석당년기이술　후인무부수유경

주

◆평원(平原) : 군 이름. 지금의 산동성 평원(平原)·능현(陵縣)·우성(禹城)·제하(齊

河)·임평(荏平)·요성(聊城)·상하(商河)·오교(吳橋) 등지를 가리킨다. ◆공명(公明): 관로(管輅)의 자. ◆남진북두(南辰北斗): 남두성과 북두성을 뜻한다. 여기서는 관로가 천문에 통달한 것을 의미한다. ◆팔괘(八卦):『역경(易經)』중 건(乾)·감(坎)·간(艮)·진(震)·손(巽)·이(離)·곤(坤)·태(兌) 등 8개의 삼효괘(三爻卦)를 뜻한다. ◆유미(幽微): 은밀하고 미묘하다. ◆귀규(鬼窺): 귀신세계의 비밀을 의미한다. ◆육효(六爻): 주역의 기본 관념과 도구인 음양의 개념이다. 음의 부호(--)와 양의 부호(-)가 바로 효(爻)이다. 효란 교착(交錯)이나 변화의 의미이다. 8괘의 괘는 3개의 효로 조성되며, 64괘의 괘는 6개의 효로 이루어진다. ◆상법(相法): 관상술을 지칭한다. ◆유경(遺經): 전해오는 경전. 여기서는 관로의 점성술과 관상술을 지칭한다.

감상과 해설

좌자에게 희롱당한 조조는 병을 얻는데, 약을 먹어도 낫지를 않았다. 태사승(太史丞) 허지(許芝)가 점술가인 관로를 추천하니, 크게 기뻐한 조조는 관로에게 사람을 보냈다.

관로는 평원사람으로 자가 공명이다. 그는 신인(神人)으로 추앙받을 정도로 생사의 비밀을 훤하게 짚어냈다. 관로가 점친 내용은 선인들이 흔히 채용한 몇 가지 방법이었다. 즉 일월성신을 이용한 천문점(天文占), 제비알·벌집·거미 등 세 가지 물건을 알아맞힌 사복점(射覆占), 관상을 보고 알아맞힌 상술점(相術占) 등이다. 이렇게 물고기 비늘이나 새의 깃털 따위를 소재로 생활의 길흉을 귀신같이 예측하는 행적이나 사유(思惟)는 당시의 민속 및 사변(思辨)과 철리(哲理)를 깨닫게 한다. 관로가 8괘(八卦)와 6효(六爻)를 이용해 자유자재로 점을 친 행위는 일종의 중국적 특색의 문화현상이라 할 수 있다.

『주역(周易)』은 고대의 복서(卜筮)활동이 고도의 단계까지 발전되어 탄생한 것으로, 점치는 법과 괘상(卦象) 속에 이미 깊은 사변과 철리가 함축되어있다. 비록 그것이 동양의 신비주의적인 색채를 띠고 있다 할지라도 64괘의 원시적 정서는 오히려 중화민족문화의 침전물이라 할 수 있다.

역사상 점의 기록에 의하면 은주시대(殷周時代)에는 국가의 엄숙한 제도에 속했다. 대부분 군사나 국정의 대사를 위해 점을 쳤는데, 전문적인 담당 관리가 규정에 따라 행사를 진행했다. 춘추시대에 이르러 점술은 점점 민간에 전해졌다. 하층 민중의 생로병사, 첩을 두거나 아이를 낳는 일, 집이나 무덤을 만드는 일 등 생활영역에까지 깊숙이 보급되었다. 이로 말미암아 사회 일각에서는 직업적이거나 여가를 이용한 점술가들이 나타나게 되었다. 한대에 이르러 점술의 가치는 현저히 떨어졌다. 조정의 관심에서 밀려나게 되자 대부분의 점술가들은 시정(市井)이나 산야를 떠돌게 된다.

조조의 병은 좌자의 희롱을 받고 놀라서 얻은 것으로, 마음이 균형을 잃은 상태였다. 두렵고, 떨리고, 번민으로 가득했는데, 관로의 위로를 받고나자 차츰 마음이 가라앉고 병에 차도가 생겼다. 이 내용은 산처럼 육중한 위엄을 부리는 조조의 본질이 실제로는 허약하다는 사실을 심도 있게 묘사한 부분이다. 관로에 대해선 이밖에도 좀 더 내면적 형상을 묘사한 부분이 있는데, 의외로 모종강이 『삼국지연의』를 수정할 때 삭제해버리고 말았다. 그 이유는 관로를 단순한 점술가로 조정하기 위한 의도로 보인다. 가정본과 이탁오본에는 보이지만 모종강본에서 삭제된 부분은 조조와 관로가 벌인 『주역·건괘(乾卦)』에 대한, 즉 '구름은 용을 쫓고, 바람은 범을 쫓는다.'는 내용의 토론이다. 조조는 용과 범 그리고 구름과 바람에 대한 분리된 인식을 피력한 반면, 관로는 조조 인식의 편파성을 지적한다. 즉 영웅이 가진 내재적인 소질과 풍운의 시기가 보유한 외재적인 기회는 서로 교감하며 피차 상대를 요구한다. 구름은 용을 따라서 모이거나 흩어지고, 바람은 범을 따라 움직인다. 이것은 모든 사물이 각자의 도리를 따라 같은 종류의 성질을 쫓아서 모이는 이치와 같기 때문이다. 이상의 대화와 토론은 점술에도 구별이 있고, 『주역』이 형이상학적 철리임을 설명한다. 『주역』은 그것이 발전하는 과정 중에 형이상학적인 것과 형이하학적인 것을 모두 한자리에 합류시켜 놓았다. 이는 중국 고대문화의 뚜렷한 특징 중 하나이다. 이렇게 관로는 점에 능했을 뿐만 아니라 역리(易理)를 변론할 줄도 알았다. 그런데 무슨 마음으로 모종강은 이 부분을 잘라버렸을까?

조조가 태사에 임명하려 했지만 관로는 극구 사양했다. 명(命)이 짧고 상(相)이 궁(窮)하다는 이유였다. 그래서 그런지 그는 48세를 넘기지 못하고 죽었다.

제69회
죽음으로 절개 지킨 다섯 충신

경기와 위황은 충성스럽고 현명했지만
저마다 빈손으로 하늘을 받치려 했구나.
한나라가 왕조 다할 줄을 뉘 알았으랴
가슴 가득 한만 품고 저승으로 떠났네.

耿紀精忠韋晃賢　各持空手欲扶天
경 기 정 충 위 황 현　각 지 공 수 욕 부 천
誰知漢祚相將盡　恨滿心胸喪九泉
수 지 한 조 상 장 진　한 만 심 흉 상 구 천

주

◆경기(耿紀) : 자는 계행(季行)이다. 낙양사람으로 관직이 시중소부(侍中少府)에 이르렀다. ◆위황(韋晃) : 동한 말의 문신(文臣)으로 벼슬은 사직(司直)을 지냈다. ◆부천(扶天) : 한나라 정권을 보호하는 것을 가리킨다. 천(天)은 천자, 즉 헌제를 가리킨다. ◆한조(漢祚) : 조(祚)는 제위(帝位)를 뜻한다. ◆상장(相將) : 막 …… 하려 하다. ◆구천(九泉) : 황천. 즉 저승을 가리킨다.

감상과 해설

관로가 예언하기를, "봄이 오면 허도에 반드시 화재가 있을 것이다."라고 하였다. 조조는 여러 번 영험 있는 말을 들었기 때문에 하후돈에게 군사 3만 명을 주어 허도를 순찰하며 불의의 재난을 막도록 했다.

경기와 위황은 친하게 지내는 친구였다. 두 사람은 조조가 위왕이 되어 조정을 출입하면서 권세와 위풍이 하늘을 찌르고, 출입할 때는 천자와 같은 복장과 수레를 갖추어 거들먹거리는 꼴을 보고는 매우 분개해했다. 그리하여 심복 김의(金禕)와 길평의 두 아들 등 모두 다섯 사람이 역적을 살해하기로 맹세했다. 정월 대보름 야간에 대대적으로 등불을 밝히고 원소절(元宵節, 대보름)을 축하하고 있을 때, 가동(家童) 수백 명을 모아 승상장(丞相長) 왕필(王必)의 영채에 불을 지르는 것을 계기로 큰일을 도모하자고 약속했다. 그러나 이 거사는 하후돈의 군대에 의해 신속하게 평정되고 만다.

실패한 원인은 매우 간단했다. 시에서 지적한 것처럼 빈손으로 하늘을 받치려고 했기 때문이다. 경기와 위황이 거느리고 있던 하인이 3, 4백 명이나 되었고 길씨 형제도 3백 명을 모아, 인원은 모두 6, 7백 명이나 되었다. 그러나 훈련되지 않은 오합지졸들이었기에 불을 지르고는 거저 하늘이 떠나갈 듯 함성만 질러댈 뿐, 작전능력이라곤 조금도 없었다. 경기와 위황은 혼전을 벌이며 날이 밝을 때까지 싸웠지만 마침내 사로잡힌다. 조조는 전령을 보내어 다섯 집안의 일족을 모조리 저자거리에 끌어내어 목 베어 죽이라고 명했다. 이를 탄식하는 시다.

제71회
황충이 하후연을 베다

연로한 나이에 큰 적을 맞이하여
백발 흩날리며 신위를 과시하네.
빼어난 용력으로 강궁을 당기고
눈바람 가르는 칼날을 휘두르네.

우렁찬 목소리는 범의 포효 같고
날랜 말은 마치 용이 나르는 듯.
적장 베어 바치니 공훈이 중한데
강토를 넓히어 황제의 땅 펼치네.

蒼頭臨大敵　皓首逞神威
창두임대적　호수영신위
力趁雕弓發　風迎雪刃揮
역진조궁발　풍영설인휘
雄聲如虎吼　駿馬似龍飛
웅성여호후　준마사용비
獻馘功勳重　開疆展帝畿
헌괵공훈중　개강전제기

주

◆ 창두(蒼頭) : 흰머리를 의미한다. 창(蒼)은 회백색.　◆ 호수(皓首) : 백발을 형용한

다. ◆조궁(雕弓) : 활등에 무늬를 새긴 활을 가리킨다. ◆헌괵(獻馘) : 고대의 전쟁에서는 적의 왼쪽 귀를 잘라서 공의 고저를 계산했는데, 이를 가리킨다. ◆개강(開疆) : 개벽강토. 즉 국가를 위해 영토를 넓힌다. ◆제기(帝畿) : 수도 부근의 지방, 즉 경기(京畿)를 말한다. 여기서는 황제가 통괄하는 강역을 의미한다.

감상과 해설

유비는 동오에 형주 3군을 돌려주며 손·유 연합을 굳건히 한다. 손권은 조조가 한중을 공략하는 사이, 합비로 진군한다. 이에 조조는 황급히 대군을 이끌고 합비로 향하여 유수지전(濡須之戰)을 벌인다. 이에 기회를 엿보던 유비는 한중으로 진격한다. 이 전쟁에서 노장 황충은 두 차례나 큰 공을 세운다. 하나는 가맹관에서 조조군을 대패시키고 조조군의 군량저장고인 천탕산(天蕩山)을 탈취한 공이고, 다른 하나는 정군산(定軍山)에서 대승하고 적장 하후연(夏侯淵)의 목을 벤 공이다.

황충이 전투에 나가려고 자원하자 제갈량은 늙음을 빗대며 황충을 충동시킨다. "한승(漢升, 황충의 자)이 비록 용감하지만 연로하니 어쩌겠소? 아마 장합의 적수는 되지 못할 것이오." 이 말을 들은 황충은 흰 수염을 곤추세우며, "제가 비록 늙긴 했지만 두 팔에는 아직 삼석궁(三石弓)을 당기고 몸으로는 천근을 들 만한 힘이 있는데 어찌 장합 같은 필부를 대적하지 못하겠소!"라고 말한다. 두 번째로 정군산 공격을 청하니 제갈량이 다시 제지한다. "정군산의 수장 하후연은 장합에 비할 바가 아니오. 그는 도략에 정통하고 전투 중 임기응변에 능하므로 오직 형주의 관우만이 그를 대적할 수 있소." 이에 황충은 분연히 웃으며 대답했다. "옛적 염파(廉頗)는 나이 80세에 한 말의 밥과 열 근의 고기를 먹어치워 제후들이 그의 용맹을 두려워해서 감히 조나라 땅을 침범하지 못했소이다. 하물며 이 황충은 나이 70세도 되지 않았소이다. 군사께서 늙었다고 하시면 저는 지금 부장을 쓰지 않고 수하의 병사 3천 명만 데리고 가서 즉시 하후연의 수급을 따서 휘하에 바치오리다."

한중대전에서 황충은 싸울수록 용감해지니, 그 용맹은 누구도 감히 막을 수가 없었다. 가맹관에서 조조군을 대파하고, 천탕산을 탈취하고, 정군산을 지혜로 빼앗으니, 조조군의 명장 장합은 패하여 물러나고, 하후연은 죽음을 당했다. 황충의 용맹을 가장 잘 드러낸 싸움은 바로 조조군의 용장 하후연을 쳐부순 전투이다. 조조군은 맞은편 산을 에워싸고 크게 욕설을 퍼부으며 싸움을 걸었다. 법정(法正)이 산 위에서 흰 깃발을 흔들자, 황충은 하후연의 갖은 욕설에도 꿈쩍 않고 기다렸다. 오시(午時)가 지나자 조조군 측에서는 몸이 나른해지고 사기가 떨어져 많은 병사들이 말에서 내려 쉬고 있었다. 이 광경을 본 법정은 즉시 홍기를 흔들었다. 북과 피리소리가 일제히 울려 퍼지고 함성이 천지를 진동하더니, 황충의 말이 맨 앞에 서서 산을 내려오기 시작했다. 하늘이 무너지고 땅이 꺼지는 듯한 기세였다. 당황한 하후연이 손을 쓸 시간도 없는 사이 황충은 이미 대장기 밑으로 달려들어 벽력같은 고함을 내지른다. 눈 깜짝할 사이에 황충의 칼은 하후연의 머리와 어깨를 내리쳐 두 동강을 낸다.

황충이 한중을 탈취하여 승리의 기초를 다지자, 촉군은 한수를 차지하고 남정을 얻는다. 조조는 결국 양평관(陽平關)을 버리고 야곡(斜谷)으로 물러나더니 군대를 철수하여 돌아갔다. 이로서 유비는 파촉과 한중 그리고 형주 3군을 차지하여 융중의 천하삼분 계획을 이루게 된다. 황충은 비록 늙었지만 촉한의 판도를 확장하는데 세운 공적은 뭇 장수들을 능가했다.

제71회
자룡의 몸은 온통 담덩어리

지난날 장판교에서 떨친 용맹
그 위풍 여전히 줄지 않았네.
적진을 뚫어 영웅성 과시하고
포위를 당해도 용맹을 떨치네.

귀신이 소리를 내어 울부짖고
하늘과 땅도 놀라 어두워지네.
상산의 용감한 장수 조자룡은
온 몸이 온통 담덩어리로구나.

昔日戰長坂　威風猶未減
석일전장판　위풍유미감
突陣顯英雄　被圍施勇敢
돌진현영웅　피위시용감
鬼哭與神號　天驚幷地慘
귀곡여신호　천경병지참
常山趙子龍　一身都是膽
상산조자룡　일신도시담

주

◆돌진(突陣) : 포위를 돌파하다.　◆지참(地慘) : 참(慘)은 연한 청흑색을 가리킨다. 색채가 어두움을 뜻한다.

감상과 해설

조조가 하후연의 원수를 갚는다며 직접 20만 대군을 이끌고 한중으로 몰려왔다. 그러나 전면적인 공격도 하기 전에 촉군에게 예기를 꺾이어 남정으로 물러났다. 이 싸움에서 조운은 장판교의 위세를 다시 떨쳐 황충을 구하고, 한수에서 조조군을 맞아 대패시킨다. 이 시에서는 이렇듯 조운의 두 가지 공훈을 언급했는데, 앞의 4구는 황충의 일을, 뒤의 4구는 한수에서의 일을 찬양했다. 황충과 조운은 제갈량의 전술에 따라 적진의 양초(糧草)에 불을 지르기로 했다. 황충이 먼저 가서 양초를 빼앗되, 정오까지 돌아오지 않으면 조운이 지원하기로 했다. 그러나 황충은 적진에서 불을 지르다가 장합의 군사를 맞았다. 급기야 서황도 들이닥치니 황충은 큰 위험에 처해 위태로웠다. 한편 정오가 지나도 황충이 돌아오지 않자 조운이 갑옷을 걸치고 곧바로 전장으로 말을 달렸다. 겹겹의 포위망을 뚫고 좌충우돌하며 무인지경으로 짓쳐 들어갔는데, 조운이 휘두르는 창은 마치 하얀 배꽃이 춤을 추고 서설(瑞雪)이 분분히 흩날리는 듯 했다. 장합과 서황은 놀라고 무서워 감히 맞서 싸울 엄두가 나지 않았다. 황충을 구한 조운이 싸우고 달아나기를 반복하니 감히 앞을 막는 자가 없었다. 높은 곳에서 내려다보던 조조가 여러 장수들에게 물었다. "저 장수가 누구냐?" 아는 자가 대답했다. "저 사람이 바로 상산의 조자룡입니다."

조운이 황충을 구출하자 조조는 분통이 터졌다. 좌우의 군사들을 이끌고 직접 뒤쫓았다. 조조군이 뽀얗게 먼지를 일으키며 몰려오는데, 공영계(空營計)를 쓴 조운이 단창필마로 영채 문밖에 서있었다. 그 모습에 조조군은 감히 공격하지 못했다. 이윽고 조운이 창을 들어 신호를 하자, 참호 속에서 활과 쇠뇌가 일제히 쏟아졌다. 그러나 조조군은 날이 어두워 촉군의 수를 알 수 없었다. 함성소리가 천지를 진동하고 북소리와 나발소리가 일제히 울리며 촉병이 쫓아 나왔다. 조조군은 자기네끼리 짓밟고 밟히면서 한수가로 모여들었는데, 물에 빠져 죽은 자가 부지기수였다.

전승 후 유비가 부하들에게 물었다. "자룡이 어떻게 싸우더냐?" 병사는 황충을 구하고 한수에서 싸우던 조운의 무용담을 자세히 이야기했다. 유비는 크게 기뻐하며 말했다. "자룡의 몸은 온통 담덩어리로다!" 이를 찬양한 시다.

제72회
양수의 죽음

총명하고 뛰어난 재주꾼 양덕조는
대대로 고관 지낸 명문의 후예라네.
붓을 들면 용이 내달리는 듯하고
흉중의 문체는 비단처럼 화려했네.

입만 떼면 재담으로 좌중이 놀라고
기발한 응구첩대 영재 중 으뜸일세.
재주를 잘못 부려 죽어 간 것이지
철군하려던 일과는 관련이 없다네.

聰明楊德祖　世代繼簪纓
총명양덕조　세대계잠영
筆下龍蛇走　胸中錦繡成
필하용사주　흉중금수성
開談驚四座　捷對冠群英
개담경사좌　첩대관군영
身死因才誤　非關欲退兵
신사인재오　비관욕퇴병

주

◆ 계잠영(繼簪纓) : 잠영(簪纓)은 귀족의 관장식, 관리를 지칭. 명문의 후예를 말한

다. ◆용사(龍蛇) : 서예의 필치를 비유하는 말이다. 필치가 거침없음을 의미한다. ◆금수(錦繡) : 본래는 정교하고 화려한 자수품을 말한다. 여기서는 아름다운 구상과 화려한 문채를 말한다. ◆경사좌(驚四座) : 등왕각(滕王閣) 준공 때 겨우 14세의 왕발(王勃)이 뛰어난 서문을 지어 참석자들을 모두 놀라게 한데서 유래된 말이다. 재주가 출중하거나 언사가 뛰어난 것을 가리킨다. ◆첩대(捷對) : 민첩한 응답능력. 옛사람들은 대련구(對聯句)의 속도를 기준으로 재주와 총명을 판단했다. ◆비관(非關) : 무관(無關).

감상과 해설

조조는 유비와의 한중대전에서 연이은 패배로 진퇴유곡에 빠진다. 우울한 심정으로 복잡한 생각을 하고 있는 차에 당일의 군호를 정해야 했다. 그 와중에 무의식중에서 튀어나온 말이 "계륵(鷄肋)!"이었다. 군호를 전해들은 양수는 즉각 조조의 뜻을 알아채고 군사들에게 명하여 철군할 행장을 꾸리게 했다. 하후돈이 이를 의아해하자 양수가 설명하기를, "닭의 갈비라는 것은 먹자니 살은 없고 버리자니 아까운 것이지요." 이에 하후돈은 감탄했다. 다음날 자리에서 일어난 조조는 군사들이 철군할 준비를 갖춘 것을 알자 대노하며, 군심을 문란케 했다는 죄목으로 양수를 죽여 버린다.

양수는 명문가 출신으로, 태위 양진(楊震)의 현손이다. 『후한서』에 '진(震)부터 표(彪)까지 4대에 걸쳐 태위를 지냈다.'는 기록이 있는데, 양씨 문중은 서한 초에 양희(楊喜)가 적천후(赤泉侯)를 제수 받은 이래로 양수에 이르기까지 8대를 거치면서 대대로 직위와 명성이 높았다. 특히 양수는 총명이 보통사람들과는 달랐고 재학이 비범해서 그 명성이 자자했다.

『삼국지연의』에선 '조조가 문희(文姬)를 방문하다'는 줄거리 속에 양수의 지혜가 돋보이는 단락을 끼워 넣었다. 그 내용은 채옹이 쓴 「조아비(曹娥碑)」 뒤편의 여덟 글자(황견유부 외손제구[黃絹幼婦 外孫齏臼])의 뜻을 알아맞히는 이야기다. 양수는 시가를 보는 즉시 그 뜻을 알아챈다. 그러나 조조는 말 위에 올라 3리쯤 가서야 홀연히 깨닫는다. 그래서 모든 사람들이 양수의 번뜩이는 재주와 학식을 감탄하며 부러워했다.

『삼국지연의』에선 조조가 행군주부 양수를 죽인 내용을 복잡하지만 완정한 줄거리를 통하여 양수의 성격적 특징과 조조의 전형성을 선명하게 부각시켰다. 나관중은 탁월한 총명에다 거리낌 없이 활달한 양수의 성격을 하나하나의 단락에서 각기 다른 각도와 층차 그리고 장소를 통하여, 때로는 생활 속 자의(字意) 풀이로, 때로는 정치사건과의 연루로, 때로는 군국대사에 관한 일로, 마치 여러 갈래의 스포트라이트를 특정한 부분에 집중시키듯 비추고 있다. 이상의 여러 단락은 층차를 이루어 유기적인 관계를 형성하였고, 특히 '계륵'사건은 구슬을 꿰는 실이 되어 이상의 각 단락을 연결시키고 있다. 계륵사건으로 인하여 양수는 죽게 되지만 또 계륵사건 발생 후 조조군은 패하게 된다. 조조는 양수의 말을 상기하며 시신을 거두어 후히 장사지내 주라고 하고는 곧바로 대군을 철수시킨다. 이렇게 처음과 끝이 둥근 원처럼 이어져 혼연일체가 되었다. 여기서 계륵사건은 전체를 꿰뚫는 관통작용을 할 뿐만 아니라 양수의 독특한 개성을 확실하게 표현했다고 할 수 있다.

여러 단락에서 일치하는 내용은 조조가 양수를 죽인 실질적 원인이 바로 조조 자신의 근본적 이익 유지 때문이라는 것이다. 어떤 이는 양수의 죽음을 조조의 재능 있는 사람을 시기하는 성격 때문이라고 했다. 하지만 이 말은 옳지 않다. 그러면 조조는 왜 인재를 대함에 있어 수시로 변덕을 부렸을까? 왜 아끼고, 싫어하고, 죽였단 말인가? 조조는 지주계급 출신의 정치가로 극단적인 이기주의자였다. 그래서 자기를 따르는 자는 창성할 것이고, 자기를 거스르는 자는 멸망시키리라 했다. 무릇 재능도 자신을 위해 쓰일 경우엔 아꼈지만 그렇지 않으면 싫어했으며, 더욱이 그 재능이 자신의 이익에 위배된다고 여겨지면 가차 없이 죽음을 내렸다. 양수는 빼어난 재주로 질투를 야기 시켰고, 지나치게 재능을 뽐내다가 미움을 받았다. 그래서 마침내 총명 때문에 해를 입는 결과를 낳고 말았다. 일리 있는 말이다. 하지만 이것은 겉으로 드러난 표면적인 현상일 뿐이다.

당초를 생각하면 양수는 원로중신에다 명망이 높은 아버지 양표(楊彪)를 배경으로, 조조가 아끼는 아들 조식과도 가까운 친구사이였다. 따라서 그들 부자는 조조의 신임을 듬뿍 받았다. 그러나 양수가 조씨네 집안일이자 국가대사와 직결되는 후계구도에 깊이 관여함으로써 문제가 발생한다. 원소가 장자를 폐하고 마음에 드는 아들을 세우는 바람에 형제들이 후계자 문제로 잔혹한 살인을 저지르는 광경을 지켜본 조조였다. 여기서 크게 교훈을 얻은 조조는 장남 조비의 왕세자 자리를 공고히 하기위하여 조식파의 중요인물인 양수를 맨 먼저 잘라내지 않을 수 없었던 것이다. 양수가 죽은 원인은 바로 이런 각도에서 보아야지, 결코 조조가 지닌 성격상의, 무슨 재능 있는 자를 시기하거나 질투한 것으로 보아서는 안 된다. 하물며 양수는 조조의 정적인 원술의 생질이 아니었던가!

가정본의 시와 모종강본은 약간 다른 점이 있다. 전체 구도로 볼 때 역시 모종강본이 총괄적이고 급소를 찌르는 면에서 한 수 위라고 할 수 있다.

제74회

칠 군을 물에 빠뜨리다

한밤의 북소리 하늘과 땅 진동시키니
번성 주위의 평지가 깊은 연못 되었네.
관공의 신기묘산 누가 감히 당해내리
중원을 뒤흔든 명성 만고에 전하누나.

夜半征鼙響震天　襄樊平地作深淵
야 반 정 비 향 진 천　양 번 평 지 작 심 연
關公神算誰能及　華夏威名萬古傳
관 공 신 산 수 능 급　화 하 위 명 만 고 전

주

◆정비(征鼙) : 군사작전 때 사용하는 작은 북이다. 비(鼙)는 기병(騎兵)들이 사용하는 마상고(馬上鼓)를 가리킨다. ◆양번(襄樊) : 호북성 서북부 강한(江漢) 중류에 위치했다. 동한시대 양양군은 오늘날의 호북성 양양·남장(南漳)·의성(宜城)·당양·원안(遠安) 등지이다. 그러나 삼국시대엔 양번이란 지명이 없었다. ◆화하(華夏) : 중국의 옛 명칭이다.

감상과 해설

관우가 번성을 공격하자 성을 수비하던 조인이 급보를 올렸다. 조조는 우금(于

禁)과 방덕에게 7군을 일으켜 번성의 포위를 구원토록 했다. 관우가 방덕과의 교전에서 왼팔에 화살을 맞자, 전투는 대치상태로 바뀌었다. 우금과 방덕은 번성 북쪽 10리쯤 되는 산골짜기에 영채를 세웠는데, 우중의 시찰에서 조조군이 증구천(罾口川)의 험지에 주둔한 사실을 안 관우는 곧바로 양강(襄江) 상류의 각 수원지를 막고 물을 모으게 했다. 바로 홍수가 범람할 시기를 기다려 수공으로 조조군을 쓸어버릴 계획이었다.

관우가 7군을 수장시킨 것은 자연의 조건과 힘을 성공적으로 이용했기 때문이다. 관우는 조조의 군대가 번성 북쪽에 영채를 세우자 높은 언덕으로 올라가 관찰했다. 번성의 깃발은 가지런하지 못하고, 성 북쪽 10리쯤에 위치한 계곡에는 군마가 주둔하고 있었으며, 양강의 물살은 매우 급하게 흐르고 있었다. 때는 8월 가을로 폭우가 며칠째 계속 내렸다. 관우는 배와 뗏목을 미리 준비하고 물에서 사용할 도구를 챙기라 명했다. 관우는 천시를 얻은 데다 지리까지 이용했다. 조조군의 통수권자인 우금의 방덕에 대한 질투와 압력도 큰 도움을 주었다. 방덕은 관우가 상처를 치료하는 기간을 틈타 여러 차례 출전을 건의했다. 그러나 우금은 이를 번번이 가로막았다. 우금은 방덕에게 공을 빼앗길까 두려워한 것이다. 그래서 7군을 산골짜기로 몰아넣고 주둔시키는 고집을 부려가며 방덕에게 공격의 기회를 주지 않았다. 이런 속 좁은 질투심은 우금의 이성을 마비시켰다. 일찍이 독장(督將) 성하(成何)가 당시의 군영 배치가 위험하다는 사실을 일깨운 적이 있었다. 하지만 우금은 도리어 군심을 현혹시킨다며 화를 냈다. 방덕은 성하의 견해를 듣고, "그대의 생각이 옳다. 만약 우금 장군이 동의하지 않는다면, 나 혼자라도 부대를 옮기겠다."라며 동의했다. 그러나 바로 그날 밤 관우는 수공을 실시했고, 7군을 수장되고 만다.

7군을 수장시킨 관우는 우금을 사로잡고 방덕을 베어 그 위엄이 중원 전역을 진동시켰다. 너무나 놀란 조조는 관우의 예봉을 피하기 위해 수도의 이전까지 고려했을 정도였다.

제75회
뼈를 깎아 독을 치료하다

병 치료는 반드시 내과 외과로 나뉘지만
세상에는 신묘한 의술 진실로 많지 않네.
신의 위엄으로는 관운장 따를 자 드물고
성스러운 의술로는 명의 화타를 말하네.

治病須分內外科　世間妙藝苦無多
치병수분내외과　세간묘예고무다
神威罕及惟關將　聖手能醫說華佗
신위한급유관장　성수능의설화타

주

◆고무다(苦無多) : 고(苦)는 …… 에 괴롭다(고생스럽다)는 뜻이고, 무다(無多)는 부다(不多)를 의미한다.　◆한(罕) : 적다. 드물다.　◆성수(聖手) : 고수.

감상과 해설

화타(華佗)는 전설적 색채가 강한 중국 역사상 최고의 명의이다. 이 시는 손만 대면 완쾌되는 절묘한 의술의 화타를 찬양하고 있다. 역대 한의는 모두『황제내경(皇帝內經)』의 이론을 기본으로 병을 치료하고 진단했다. 하지만 진정 오묘한 의도(醫道)의 이치를 터득하여 자유자재로 진단하고 처방할 줄 아는 의원은 드물었다. 화타는 지닌 의술이 너무나 능수능란하여 늘 특수한 방법으로 특이한 병을 치료하였고 특별한 효과를 거둠으로써 민간에 널리 알려졌다. 『삼국지연의』에선 화타가 절륜한 의술을 가진 명의임을 묘사하는데 그치지 않고 뼈를 깎아 독을 치료하는 과정을 통하여 관우의 영웅적 기개와 놀라운 인내력을 눈부실 정도로 부각시키고 있다.

화타는 관우에게 화살을 맞은 상처를 치료하는 방법을 설명했다. 우선 조용한 곳에 기둥을 세우고 기둥에다 큰 고리를 하나 박고 환자의 팔을 고리에 끼워 끈으로 동여맨 뒤 얼굴을 가리게 한다. 이런 준비과정을 거친 뒤에야 비로소 예리한 칼로 피부와 살을 갈라 뼈가 드러나도록 한다. 그리고는 뼛속에 침투한 화살 독을 긁어낸 뒤 약을 바르고 수술 부위를 봉합함으로써 상처를 치료한다는 것이다. 말을 끝낸 화타는 관우에게 두 번이나 물었다. "다만 군후께서 두려워하지나 않을까 그게 걱정입니다." 이에 관우는 웃으며 대답했다. "그까짓 일에 기둥과 고리 따위가 무슨 소용이오?" 명쾌하고 간단하면서도 기백이 넘치는 말이 아닐 수 없다. 수술용 칼을 집어 든 화타는 또 한 차례 일깨웠다. "제가 손을 쓸 테니 군후께선 놀라지 마소서." 관우가 대답했다. "이미 치료를 맡겼는데, 내 어찌 필부처럼 통증을 두려워하겠소!" 관우는 술을 마시면서 마량(馬良)과 바둑을 두기 시작했다. 그리고는 아픈 팔을 화타에게 맡겨 피부를 절개하도록 했다. 뼈가 드러나자 독소가 침투한 부위는 이미 푸르게 변해있었는데, 칼날을 움직이자 사각사각 뼈 깎는 소리가 났다. 군막 아래위에서 구경하고 있던 사람들이 기겁을 하고 얼굴을 가렸지만 정작 관우는 술을 마시고 고기를 씹는 한편 웃고 이야기하며 바둑을 둘 뿐이었다. 주위 사람들의 긴장되고 두려워하는 분위기를 통해 관우의 태연자약한 모습을 부각시키고 있다. 잠시 만에 흐르는 피가 그릇에 가득 찼다. 독을 다 긁어낸 화타가 약을 바르고 실로 수술부위를 꿰매고 나자, 마침내 관우는 크게 웃으며 일어났다. 그리고는 여러 장수들을 향해 말했다. "이 팔을 전처럼 굽혔다 폈다 할 수 있고 통증도 없어졌소이다." 화타가 탄복하여 한마디 했다. "제가 평생 의원 노릇을 했지만 아직 이런 분은 보지 못했습니다. 군후께선 참으로 천신이십니다!" 이 이야기는 화타의 의술이 신의 경지라는 내용을 통하여 관우의 영웅적 기질을 부각시키는 일석이조의 효과를 거두고 있다.

제77회
관우의 죽음

한 말에 그 재주 당할 사람 없어
관운장이 영웅들 중 뛰어났다네.
신 같은 위엄으로 무용을 떨쳤고
의젓한 태도에 학문까지 겸했네.

태양처럼 밝은 마음 거울 같았고
춘추의 의리는 구름까지 닿았네.
빛나는 그 모습 만고에 드리우니
삼국시기만 으뜸간 게 아니라네.

漢末才無敵　雲長獨出群
한 말 재 무 적　운 장 독 출 군
神威能奮武　儒雅更知文
신 위 능 분 무　유 아 경 지 문
天日心如鏡　春秋義薄雲
천 일 심 여 경　춘 추 의 박 운
昭然垂萬古　不止冠三分
소 연 수 만 고　부 지 관 삼 분

주

◆분무(奮武): 무예를 떨친다는 뜻이다.　◆유아(儒雅): 학문이 깊고 태도가 온화

함을 가리킨다. ◆춘추(春秋) : 편년체 사서(史書). 노(魯)나라 사관이 편찬한 『춘추』를 공자가 수정하고 정리하여 완성한 책이다. 한대 이후 유가학파의 경전이 된 저작으로, 공자의 정치윤리와 도덕관념인 '군군(君君), 신신(臣臣), 부부(父父), 자자(子子)'가 체현된 책이다. 후에 동중서(董仲舒)에 의해 삼강오상(三綱五常)으로 발전하고 그 중 의(義)는 공자와 맹자의 사상을 계승하여 더욱 발전한다. 이러한 윤리도덕을 관우라는 인물 형상을 내세워 체현시키고 있다. ◆박(薄) : 여기서는 접근의 뜻이다. ◆운(雲) : 운천(雲天). 즉 하늘을 뜻한다. ◆소연(昭然) : 아주 분명한 모양을 말한다. ◆관삼분(冠三分) : 삼국 중에 으뜸을 뜻한다.

감상과 해설

관우가 대군을 이끌고 양양을 함락하고 번성을 공략하자 형주의 수비에 틈이 생겼다. 이 기회를 놓치지 않고 동오의 장수 여몽(呂蒙)이 계략을 짜냈다. 이에 감쪽같이 속은 관우는 동오군의 기습을 알지 못하고 마침내 전투에 패해 쫓기는 신세가 되었다. 관우는 맥성으로 달아나 유봉(劉封)에게 구원을 청했지만 외면당한다. 할 수 없이 단기필마로 포위망을 뚫으려 했으나 그만 마충(馬忠)에게 사로잡히고 말았다. 아들 관평(關平)이 급히 달려와 구하려 했지만 그마저도 사로잡혔다. 손권이 항복을 권했지만 관우는 끝내 거절했다. 손권은 관원들에게 계속 예를 다해 대접하면서 귀순을 권하는 게 어떠냐고 물었다. 이때 주부 좌함(左咸)이 지난날 조조와 관우의 관계를 상기시키며 후환을 남기지 말라고 권했다. 마침내 관우 부자는 함께 목숨을 잃었는데, 그때 나이 58세였다. 후세 사람이 시를 지어 탄식했다.

『삼국지연의』에서 관우는 영용한 무예와 신과도 같은 위엄을 떨친 전형적인 인물이다. 작가가 그에게 기울인 붓끝은 어느 한 곳도 신기의 색상을 가하지 않은 곳이 없을 정도였다. 관우의 형상 중에서도 가장 중요한 것은 시종일관 변치 않는 충의(忠義)라 할 수 있는데, 이는 관우 내면의 심층심리일 뿐만 아니라 관우 성격의 기조를 이루는 요소이다. 하지만 단순한 윤리 범주가 아니라 복합적인 윤리도덕의 조합과 융합임을 알아야 한다. 여기에는 평민층의 건달성 의리는 물론, 봉건시대 지식층의 지기(知己)를 위한 의와 주군을 위해 충성을 다하는 군신의 의가 포함되어 있다. 이는 관우의 충의가 다양한 계층의 감탄과 지지를 받는 이유라고 할 수 있다. 관우의 충의가 더욱 귀한 것은 가려진 곳 없이 안팎이 투명하여 공명정대하다는 점이다.

조조로부터 받은 후대에 대해 반드시 공을 세워 은혜를 갚은 연후에 떠나려고 애를 섰다. 그래서 안량(顔良)을 베고 문추를 죽여 백마(白馬)의 포위를 풀었다. 다섯 관문을 지나며 여섯 장수를 참할 때도 조조가 자기를 난처하게 하지 않자, 이별을 앞에 두고 말한다. "아직 못다 갚은 은혜는 다음날 죽어서라도 갚게 되기를 바랍니다." 그리고 화용도에서 조조를 놓아준 일은 바로 이 언약을 실행한 셈이다. 하지만 이것은 그가 군령장을 세워 조조를 죽이겠다고 맹세한 일과는 모순되며, 이 양자택일의 어려운 상황에서 군법을 감수하는 쪽을 택하게 된다. 이렇게 몸으로 체현하는 충의는 추상적인 윤리도덕을 뛰어넘어 직접적이면서도 강렬한 감염력으로 다가온다.

관우는 한 시대 뿐만 아니라 전체 중국 전통의 도덕적 풍모와 재능을 갖춘 위인이다. 역대 왕조마다 절개 곧은 선비, 현명한 신하, 용감무쌍한 장수들이 기라성처럼 나타났다. 하지만 이들은 한때 세상에 모르는 사람이 없을 정도로 그 이름을 알렸지만 흐르는 세월과 함께 흔적도 없이 사라져갔다. 그러나 유독 관우의 형상만은 만고에 이름이 드리워져 천추에 변함없이 푸르다.

제77회
사람들 다투어 관운장을 숭배하네

인걸이라면 오직 옛 해량 땅을 추종하니
사람들 다투어 한나라 관운장을 숭배하네.
복숭아밭에서 하루아침 맺은 형과 아우가
천세토록 제사 받는 황제와 왕이 되었네.

기개는 바람과 우레 같아 맞설 사람 없고
지조는 해와 달처럼 환하게 빛을 뿌리네.
지금도 사당과 신상은 천하에 가득한데
고목의 까마귀 몇 차례 석양에 우짖는가.

人傑惟追古解良　士民爭拜漢雲長
인걸유추고해량　사민쟁배한운장
桃園一日兄和弟　俎豆千秋帝與王
도원일일형화제　조두천추제여왕
氣挾風雷無匹敵　志垂日月有光芒
기협풍뢰무필적　지수일월유광망
至今廟貌盈天下　古木寒鴉幾夕陽
지금묘모영천하　고목한아기석양

주
◆인걸(人傑): 걸출한 인물을 뜻한다.　◆해량(解良): 관우의 고향인 하동(河東) 해

현(지금의 산서 운성[運城])을 가리킨다. 춘추시대 해현은 진나라에 있었으며 해량성(解梁城)이라 불렸다. ◆조두(俎豆) : 조(俎)와 두(豆)는 모두 제사지낼 때 소와 양 등의 제물을 담는 그릇이다. 후에 예의(禮儀)의 전고가 되었다. ◆제여왕(帝與王) : 유비는 먼저 한중왕(漢中王)이었다가 뒤에 촉한의 황제가 되었다. 관우는 한수정후에 봉해졌지만 후인들이 관제(關帝)로 삼아 신격화했다. 이 말은 유비와 관우 둘 다 오랜 세월 사람들이 제왕으로 모시고 제사지내며 숭배하고 경모하였음을 말한다. ◆협(挾) : 팔에 끼다. ◆묘모(廟貌) : 묘(廟)는 사당을 뜻하고, 모(貌)는 화상(畫像)이나 소상(塑像)을 가리키는 말이다. ◆영(盈) : 가득 참.

감상과 해설

관우 사후, 그의 인격은 차츰 높은 단계로 승화되고 그의 형상은 신성화되기에 이른다. 처음엔 관공(關公)으로 불리다가 나중엔 왕이 되더니 마침내 황제(관제)라고 칭하게 된다. 관제묘가 온 나라에 널리 퍼지니, '사당과 신상은 천하에 가득한데'라고 표현한 것이다. 일개 신하에서 가장 존귀한 자리까지 오른 인물은 오직 관우 한 사람뿐이다. 관우의 거대하고 심원한 영향은 『삼국지연의』에 이르기까지 1,000여 년이라는 조성과정을 거쳐 비로소 완벽한 결과를 보이게 된다. 그 예술적인 매력은 여러 세대를 거쳐 광대한 독자층을 끌어들였으며, 그 인물형상의 함축적 이미지는 제왕에서부터 평민에 이르기까지 관대제(關大帝) 앞에 무릎을 꿇고 이익을 구하거나 보호를 요청하기에 이른다. 관우는 충의의 화신으로, 위엄과 무예로 외면을 삼고 높은 절개로 내면을 삼은 윤리도덕의 전형적 본보기라 할 수 있다. 바로 이 점이 후세 사람들이 높은 산처럼 추앙하고 역대 통치계급이 청사에 길이 빛나는 존재로 숭앙하는 근거이다.

훗날 후주(後主) 유선은 그에게 장목후(壯繆侯)라는 시호를 내렸다. 송대의 황제들은 그를 충혜공(忠惠公)·무안왕(武安王)·의용무안왕(義勇武安王)·장무의용왕(壯武義勇王)·영제왕(英濟王) 등으로 봉했다. 원대의 황제는 거기다 더하여 현령의용무안영제왕(顯靈義勇武安英濟王)에 봉했다. 명대의 황제에 이르러 처음으로 그에게 황제의 작위를 내렸는데, 이후 청대의 황제는 여러 차례에 걸쳐 충의신무관성대제(忠義神武關聖大帝)라든가 충의신무령우관성대제(忠義神武靈佑關聖大帝) 등으로 봉하게 된다. 그 뒤로 다시 한 걸음 한 걸음 나아가 결국 신의 지위에 오르게 되었다. 중국이란 거대한 공간에서 관제의 숭고함은 민족적 응집력과 자신감을 강화시키고 나아가 민중의 심미적 욕구와 정신적 지주 역할을 함으로써 결코 과소평가할 수 없는 문화적 의의를 갖추고 있다. 신성화된 관우에게는 도덕적으로 완전무결한 사람에다 신통력의 상징이라는 새로운 심미적 가치가 부여된다. 장비와 같이 거칠면서도 단순하다거나, 『수호전』의 이규(李逵)처럼 무모하면서도 속됨과 달리, 선비처럼 우아한 가운데 신비한 위력과 숭고미까지 갖추고 있다. 그래서 중화민족 최고의 성인인 공자의 '문묘(文廟)'와 나란히 '무묘(武廟)'의 주인공으로 추앙받기에 이른 것이다.

제78회
화타의 죽음

화타의 뛰어난 의술 장상군과 견주리니
신묘한 진찰 담 너머 물건도 볼 정도라.
슬프구나 사람이 죽자 책마저 없어지니
후세 사람들 다시는 청낭을 볼 수 없네.

華佗仙術比長桑　神識如窺垣一方
화타선술비장상　신식여규원일방
惆悵人亡書亦絶　後人無復見靑囊
추창인망서역절　후인무부견청낭

주

◆장상(長桑) : 장상군(長桑君). 전국시대 명의인 편작(扁鵲)의 스승이다. ◆신식(神識) : 귀신같은 식견을 뜻한다. ◆원일방(垣一方) : 담장의 반대편. 『사기(史記)·편작』에 나오는 말로, 장상군이 준 약을 한 달 동안 음용하자, 편작은 담장 반대편에 있는 사람도 볼 수 있었다고 한다. 그래서 오장육부에 생긴 병을 훤히 꿰뚫어보고 진맥을 했다는 데서 나온 말이다. ◆추창(惆悵) : 실망으로 인해 슬퍼한다는 뜻이다. ◆청낭(靑囊) : 화타가 지은 의서(醫書)를 가리킨다.

감상과 해설

꿈속에서 병을 얻은 조조는 참기 어려운 두통을 앓게 된다. 화흠이 조조에게 신의 화타를 추천하며 신기에 가까운 그의 의술을 소개한다. 조조의 병을 진맥한 화타는 병의 근원이 뇌수(腦髓)에 스며든 풍기(風氣) 때문임을 알고, 그것을 제거하려면 마폐탕(麻肺湯)을 마시고 난 후 날카로운 도끼로 두개골을 열어 치료해야 한다고 설명한다. 이 말을 들은 조조는 크게 노하며 화타가 자신을 죽이지나 않을까 의심한다. 이에 화타는 뼈를 깎아 독을 제거한 관우의 예를 소개하였고, 더욱 의심한 조조는 마침내 화타를 하옥시켜 고문을 하게 한다. 관우의 경우에는 청하지도 않은 화타가 스스로 찾아왔을 뿐만 아니라 의심 없이 팔을 맡겨 치료토록 했다. 그러나 조조는 화타를 청해놓고는 도리어 자신을 해치려 한다고 의심하여 그를 살해했다. 이렇게 화타를 통하여 관우의 영웅적 기질과 함께 간사하고 잔혹한 조조의 형상을 동시에 표현하고 있다.

한 세대를 풍미한 명의 화타의 선술은 전설상의 장상군과 비슷하였다. 하지만 병은 치료할 수 있어도 사람의 간사함까지는 치료할 수 없었다. 병의 치료는 커녕 오히려 조조에게 해를 당하고 만다. 죽음이 다가오자 화타는 자신이 저술한 의서 『청낭』을 자신을 돌봐주던 선량한 옥졸에게 주었다. 그런데 누가 생각이나 했겠는가! 옥졸의 아내가 그것을 불태워 없애고 말았다. 그 이유는 매우 간단했으니, "설령 화타와 같이 신묘한 의술을 익힐지라도 결국엔 옥에 갇혀 죽을 따름인데 그따위를 무엇에다 쓸 거요?"라고 내뱉었다.

이 얼마나 통쾌 무비한 현실비평인가! 이로써 중국 고대에 명멸한 수많은 의학자·발명가·예술가들에 대한 권력층의 잘못된 시각을 짐작할 수 있는 것이다. 화타가 조조의 손에 죽은 일은 비록 우연일지는 몰라도, 이것은 오히려 봉건사회의 보편적 현상을 반영한 것이라 할 수 있다.

제78회
세 말이 한 구유에 모이다

세 말이 한 구유에 모였으니 의심할 일이거늘
어느새 진나라 뿌리를 심어놓은 줄 몰랐구나.
조조가 부질없이 간웅의 책략을 가졌다지만
제 어찌 조정에 숨어있는 사마사를 알아보랴.

三馬同槽事可疑　不知已植晋根基
삼 마 동 조 사 가 의　부 지 이 식 진 근 기
曹瞞空有奸雄略　豈識朝中司馬師
조 만 공 유 간 웅 략　기 식 조 중 사 마 사

주

◆삼마(三馬) : 사마의(司馬懿), 사마사(司馬師), 사마소(司馬昭) 부자를 가리킨다. ◆
이식(已植) : 이미 심다.

감상과 해설

세 마리의 말이 한 구유에 모인 꿈을 두 차례나 꾼 조조가 가후에게 그 꿈의 연유를 물었다. "지난날 세 마리의 말이 한 구유에서 함께 먹이를 먹는 꿈을 꾼 적이 있는데, 그때는 마등 부자에게 화를 입지나 않을까 염려했소. 그러나 지금은 마등이 이미 죽고 없는데도 어젯밤 다시 같은 꿈을 꾸게 되었구려."

그리고 심중의 의혹을 떨치지 못한다. 이에 가후는 해몽법상 녹마(祿馬)는 길몽이라며 위안한다.

여기서 세 말(三馬)이란 사마의 부자 세 사람을 말하며, '동조(同槽)'의 조(槽)란 조(曹)와 같은 음이고, 동(同)이란 이들 부자가 함께 권력을 장악한다는 의미이다. 이는 꿈의 형식을 빌려 훗날 사마씨가 권력을 농단하고 조씨 집안을 집어삼킬 복선을 깔아놓은 것이다. 즉 제107회에 나오는 사마씨 부자의 전권 장악을 위해 이미 제80회에서 이 같은 징조를 예시하고 있는 것이다.

조조가 임종 시에 부른 고명대신은 조홍과 진군(陳群), 가후 그리고 사마의였다. 당시 사마의는 신출내기 대신으로, 전혀 위협의 대상으로 보이지 않았다. 하지만 실제로는 나머지 고명대신들과 비교도 할 수 없는 특수한 조건을 갖추고 있었다. 조홍은 이들 중 가장 중요한 인물이었지만 조조의 후계자인 조비와의 관계가 좋지 못했다. 어린 시절 조비와 함께 지낸 조홍은 엄청난 갑부이면서도 지나치게 인색했다. 이 때문에 조비와 척을 지게 되었고 결국 한을 품은 조비는 황제가 되자마자 식객이 저지른 죄를 조홍에게 연루시켜 사형을 집행하려 했다. 다행히 변 태후(卞太后)의 도움으로 목숨은 부지했지만 결국 그는 삭탈관직이 되고 만다. 진군과 가후는 사마의보다 연장자일 뿐만 아니라 군사 지휘능력이 없는 문관들에 불과했다. 특히 당시 가후의 나이는 75세로, 2년 후에는 조조의 뒤를 따라 세상을 하직하고 만다. 그러나 사마의는 당시 42세로 한창 원기왕성하게 도략과 경륜을 펼칠 시기였다. 게다가 그는 조비를 태자로 옹립하는데 큰 공을 세워 조비로부터 막중한 신임까지 받고 있는 터였다. 이렇듯 사마의는 권력을 잡을 수 있는 최고의 조건을 갖추고 있었.

조조 사후 45년이 되자 사마의의 손자였던 사마염(司馬炎)이 위를 대신하여 진(晋)을 건립하니, 이는 조조의 꿈이 현실로 나타난 것이 아니었겠는가.

제78회
업중가

땅은 곧 업성이요 물은 장수이니
이인이 예서 일어나도록 정해졌다네.
웅대한 지략에다 시문을 겸했으니
군신에다 형제인 조조 삼부자로세.
영웅의 가슴엔 속된 마음이 없으니
나오고 물러감에 어찌 낮은 안목 따르리?
공 세우고 죄 지은 자 다른 사람 아니며
악명도 미명도 본디 한 몸에서 나왔네.
문장은 입신지경 패업은 기걸 차니
어찌 가벼이 잡된 무리와 섞이리?
강을 질러 누대 쌓고 태항산과 마주하니
뻗은 처마 솟은 땅 기세를 다투누나.
이 사람 어찌 역적질 안했을까 마는
누린 권세 크건 작건 황제 되진 못했잖소?
패왕 운세 끝날 즈음 자식 정이 앞서지만
어찌해 볼 방도 없어 가슴만 답답했으리.
처첩들 장막에 들러 이익 된 일 밝혀주고
향을 나눠 염려하니 무정타곤 할 수 없네.
아아 옛 사람 한 일은 대소사 가릴 것 없이
적막하건 호화롭건 모두 다 뜻이 있네.

서생들은 무턱대고 죽은 사람 헐뜯지만
무덤 속 조조는 너희들 객기 비웃으리.

鄴則鄴城水漳水　定有異人從此起
업즉업성수장수　정유이인종차기
雄謀韻事與文心　君臣兄弟而父子
웅모운사여문심　군신형제이부자
英雄未有俗胸中　出沒豈隨人眼底
영웅미유속흉중　출몰기수인안저
功首罪魁非兩人　遺臭流芳本一身
공수죄괴비양인　유취유방본일신
文章有神覇有氣　豈能苟爾化爲群
문장유신패유기　기능구이화위군
橫流築臺距太行　氣與理勢相低昂
횡류축대거태항　기여이세상저앙
安有斯人不作逆　小不爲覇大不王
안유사인부작역　소불위패대불왕
覇王降作兒女鳴　無可奈何中不平
패왕강작아여명　무가내하중불평
向帳明知非有益　分香未可謂無情
향장명지비유익　분향미가위무정
嗚呼 古人作事無巨細　寂寞豪華皆有意
명호 고인작사무거세　적막호화개유의
書生輕議塚中人　塚中笑爾書生氣
서생경의총중인　총중소이서생기

주

◆업성(鄴城) : 업현(鄴縣). 조조가 도성(都城)으로 삼은 곳이다. ◆장수(漳水) : 위하(衛河)의 지류로, 하남성과 하북성의 경계지역에 위치한다. 장수의 흐름이 업성을 지나감을 뜻한다. ◆이인(異人) : 기이한 사람. 즉 평범하지 않은 사람을 뜻한다. ◆웅모(雄謀) : 웅장하고 뛰어난 모략을 뜻하는 말로 여기서는 조조의 무공을 가리킨다. ◆운사(韻事) : 고상하고 멋있는 일을 뜻하며, 여기서는 조조의 시적 재능을 가리킨다. ◆문심(文心) : 문사(文思)와 문채를 뜻한다. 이 구절 전체의 뜻은

문무겸전을 말한다. ◆군신형제이부자(君臣兄弟而父子) : 조조, 조비, 조식 3인의 관계를 가리킨다. ◆안저(眼底) : 안중(眼中). 즉 다른 사람의 견해를 뜻한다. ◆공수(功首) : 공로가 가장 큰 사람을 말한다. ◆죄괴(罪魁) : 죄악이 가장 많은 사람을 가리킨다. ◆유취(遺臭) : 죽은 후 내려오는 나쁜 명성을 의미한다. ◆유방(流芳) : 죽은 후 전해지는 좋은 명성을 의미한다. 이 구절의 의미는 공과(功過)가 한 몸에 있다는 뜻이다. ◆구이(苟爾) : 잠시 잠깐. 마음대로. 이(爾)는 접미사로 뜻이 없다. ◆횡류(橫流) : 횡(橫)은 가로 지르다. 류(流)는 장수의 흐름을 뜻한다. ◆거(距) : 대치(對峙)하다. ◆기여이세상저앙(氣與理勢相低昻) : 기(氣)는 누각의 기세. 이(理)는 지형의 형세. 저앙(低昻)은 일어났다 누웠다 하는 기복(起伏)의 변화를 뜻한다. ◆작역(作逆) : 반역. 즉 조조가 권력을 독점하고 헌제를 꼭두각시로 만든 일을 가리킨다. ◆소(小)・대(大) : 권세의 크고 작음. ◆패(覇)・왕(王) : 천자의 일을 가리킨다. 이 구절의 뜻은 권세가 크건 작건 왕패(王覇)의 일을 하지 못한다는 것이다. 즉 조조가 결국 황제가 되지 못한 것을 이르는 말이다. ◆아녀명(兒女鳴) : 명(鳴)은 정감의 표시이다. 즉 아들딸에 대한 애정의 뜻을 말한다. ◆중불평(中不平) : 마음이 놓이지 않다. 중(中)은 마음을 가리킨다. ◆향장(向帳) : 장막 안으로 돌아간다는 의미이다. 즉 조조가 임종 전에 여러 처첩을 동작대로 부른 일을 가리킨다. ◆분향(分香) : 조조가 임종 전에 여러 부인을 불러 향을 나누어 준 일을 가리킨다. 이 단어는 임종을 맞은 사람이 처첩을 염려하는 전고로 사용되었다. ◆거세(巨細) : 대소(大小). ◆경의(輕議) : 가벼이(멋대로) 비평하다. ◆총중인(塚中人) : 조조를 지칭한다. 조조는 유언으로 가짜 무덤 72곳을 만들었다. ◆소이(笑爾) : 이(爾)는 상대방을 지칭한다. ◆서생기(書生氣) : 선비들의 습성을 말한다.

감상과 해설

조조가 대신들을 불러 후사를 부탁한 후 오래지 않아 세상을 하직하니, 당시 그의 나이는 66세였다.

『삼국지연의』에 나오는 조조는 매우 복잡한 성격을 가지고 있었다. 사모할만한 일은 동탁 암살 기도와 오랑캐 땅에 잡혀간 문희를 구한 점이고, 통탄할 일은 동 비와 복 황후를 시해한 사건이며, 탄복할만한 일은 곽가를 위해 통곡하고 전위(典韋)의 영전에 제사지낸 점이고, 모사와 장수들이 부끄러워할 일은 군량 감독관의 머리를 빌려 군심을 안정시킨 점 등이다. 조조는 명민한 기지와 전율할 잔혹성과 남을 기만하는 사기성이 있는 반면, 호매한 인격에다 우아한 풍류를 동시에 겸하고 있었으니, 일반인들이 도저히 가늠할 수 없는 인물이 아닐 수 없다.

원소를 격파한 조조는 업성을 도읍으로 삼았다. 업성은 조조가 위공에서부터 위왕이 되고 또 조비가 위의 황제가 된 근본이 아닐 수 없다. 조조는 호쾌한 성격과 능수능란한 기지로 수많은 인재를 받아들였으니, 조홍, 조인, 조휴(曹休), 조진(曹眞), 하후돈, 하후연, 하후상(夏侯尙) 등을 근간으로 하는 권문세가의 자제들을 중심으로, 무장에는 장료, 악진(樂進), 장합, 서황, 전위, 문빙(文聘), 방덕 등의 상장군을 호령했고, 문신에는 순욱, 곽가, 가후, 종요(鍾繇), 화흠, 왕랑(王朗), 유엽(劉曄) 등의 모신을 거느렸다. 그 외에도 재능이 뛰어난 건안문사들이 모여드니, 인재들이 넘쳐나 일월처럼 빛을 발했다. 이와 같은 인적 자산은 치열한 군웅들과의 쟁패 중에서 끊임없이 사업을 발전시켜 마침내 소수로 다수를 이기고, 약세를 강세로 바꾼 원동력이 되었다.

본 시가에서는 고도의 응축된 필치로 조조의 일생을 노래하고 있다. 전반부에선 조조의 기질과 성격 그리고 재능과 공적을 개괄하고, 후반부에선 갑자기 붓을 돌려 임종 전의 상황을 그리고 있다. 조조는 측근에게 명하여 평소 소중히 간직한 향을 가져와 여러 시첩들에게 나누어 준다. 그리고 분부하기를, "내가 죽고 나면 너희들은 여인들이 해야할 일을 부지런히 익혀라. 실로 신발을 짜서 그것을 내다 팔면 능히 자급자족할 수 있을 것이다."라고 하였다. 이렇게 전반부에선 영웅적인 기질과 간웅적인 행태를 그린 반면, 후반부에선 사사로운 애정을 통하여 죽음을 앞에 둔 보통사람의 행동거지를 표출하고 있다. 이 점에 대해선 후인들의 비평이 많지만 죽음을 앞에 둔 조조의 정감이 참인지 거짓인지, 아름다운 일인지 추한 일인지는 한마디로 구별하기가 어렵다. 왜냐하면 사람들은 늘 한 가지 기준으로 남을 평가하는 습성이 있기 때문인데, 실은 위인에게도 충분히 인간적인 면이 있는 것이다. 그래서 향을 나누어 주는 내용이야말로 간웅 조조의 자연스런 모습을 표현한 것이라 할 수 있다.

제79회
우금의 불충

삼십 년 동안 사귀어온 옛정으로 말하자면
어려움 당해 조씨에게 불충한 일 안타깝네.
사람을 안다하여 마음까지 아는 건 아니니
범을 그릴 땐 이제는 뼛속부터 그릴지라.

三十年來說舊交　可憐臨難不忠曹
삼십년래설구교　가련임란불충조
知人未向心中識　畫虎今從骨裏描
지인미향심중식　화호금종골리묘

주

◆구교(舊交) : 오래 사귄 정. 우금은 수십 년간 조조를 추종했다. ◆불충조(不忠曹) : 조조를 위해 충성을 다하지 않음. 우금이 양양의 수전 중에 관우에게 사로잡혀 항복한 것을 가리킨다.

감상과 해설

조비가 조조 능(陵)의 흰 벽에 우금을 모욕하는 그림을 그렸다는 이야기는 모종강이 『삼국지연의』를 개편할 때 『삼국지·우금전』의 기록을 근거로 첨가시킨 내용이다. 모종강은 아울러 1수의 시를 삽입하여 죽음이 두려워 비겁한 행동으로 불충을 저지른 우금을 풍자했다.

일찍이 초평(初平) 3년(서기 192년), 조조가 처음 연주목(兗州牧)이 되었을 때, 우금은 조조의 부대에서 망나니(都伯)를 맡고 있었다. 왕랑이 우금에게 장수의 재능이 있다고 추천하자, 조조는 그를 점군사마(點軍司馬)로 삼았다. 그로부터 우금은 조조를 따라 남정북벌하며 여러 차례 공을 세워 호위장군(虎威將軍)과 좌장군이 되었으며, 가절월(假節鉞)에 5백 호의 읍을 하사받았다. 그러나 건안 24년(서기 219년)에 번성을 구하러 간 우금은 전투에서 패해 포로가 되자 곧 투항한다. 이때 우금은 조조를 따라 다닌 지 이미 30년에 가까웠다. 촉군의 포로가 된 우금은 오래지않아 여몽이 관우를 습격하는 바람에 동오의 포로로 바뀐다. 그리고 조비가 왕위를 계승하자 스스로 신하가 되기를 청한 손권은 우금을 위나라로 송환한다.

조비는 전쟁에 패한 우금이 죽음으로 절조를 지키지 않고 적에게 항복했다가 다시 위나라로 복귀한 일이 몹시 못마땅했다. 그리하여 사람을 시켜 그림을 그리게 했으니, '관우가 엄숙한 표정으로 상좌에 앉아 있고, 방덕은 펄펄뛰며 굴하지 않는 반면, 우금은 땅에 엎드려 목숨을 구걸하는 모습'이었다. 뿐만 아니라 조비는 고의로 우금을 그림이 있는 장소에 보내 모욕을 주었다.

이에 사마광(司馬光)은 『자치통감(自治通鑑)』에서 이러한 조비의 행위를 두고 임금 된 자가 할 짓이 아니라고 비판했다. 바로 조비가 우금을 대우하는 문제에 대해 정치가의 기질과 도량이 부족하다는 점을 말하는 것이다.

이 시는 조비에 대해 비평을 가하지는 않았지만, 근 30년 동안이나 조조를 따라다닌 우금이 어려운 처지가 되자 충의를 버린 내용을 통하여 어떻게 사람을 알아보는가 하는 문제를 이끌어냈다.

제79회
칠보시

두 고깃덩이 나란히 길을 가는데
머리 위에는 凹자 뼈를 덮어썼네.
한 무더기 흙산 아래 서로 만나니
갑자기 부딪쳐 싸움이 일어나네.

두 놈이 다 같이 강할 수는 없어
한 덩이 고기는 토굴에 자빠지네.
힘이 모자라서 그런 것이 아니라
성한 기운을 다 쓰지 못함이라네.

兩肉齊道行　頭上帶凹骨
양 육 제 도 행　두 상 대 요 골
相遇塊山下　欻起相搪突
상 우 괴 산 하　홀 기 상 당 돌
二敵不俱剛　一肉臥土窟
이 적 불 구 강　일 육 와 토 굴
非是力不如　盛氣不泄畢
비 시 역 불 여　성 기 불 설 필

콩을 삶는데 콩깍지로 불을 때니
콩은 가마솥 속에서 울고 있구나.

본래 같은 뿌리에서 생겨났거늘
어찌 이다지도 급히 볶아대느뇨.

煮豆燃豆萁　豆在釜中泣
자두연두기　두재부중읍
本是同根生　相煎何太急
본시동근생　상전하태급

주

◆훌(欻) : 홀연히. 갑자기.　◆당돌(撞突) : 마구 부딪혀 충돌하다.　◆설필(泄畢) : 설(泄)은 인신되어 발휘하다는 뜻이고, 필(畢)은 완료의 뜻이다.　◆두기(豆萁) : 콩깍지를 말한다.　◆상전(相煎) : 핍박하다.

감상과 해설

『삼국지연의』 제79회에선 조비가 아우 조식을 핍박하여 시를 짓게 하는 장면이 나온다. 조조의 뒤를 이은 조비는 임금이 되자마자 형제들의 역모를 예방한다는 구실로 조창(曹彰)의 병권을 빼앗고, 뒤이어 조웅(曹熊)을 죽여 버린다. 그리고는 허저에게 3,000명의 군사를 이끌고 가서 임치(臨淄)에 거주하던 조식과 그의 심복 정의(丁儀), 정이(丁廙) 형제를 잡아오라고 명한다. 곧바로 정의 형제를 참한 조비는 화흠의 계책대로 조식에게 시를 짓도록 한다. 한 장의 '투우도(鬪牛圖)'를 걸어놓은 뒤 절대 투우라는 말을 넣지 말고 그림 속 광경을 묘사하되, 일곱 발짝 안에 완성하라는 것이다. 그렇지 않으면 중죄를 내리겠다고 했다. 이에 조식이 일곱 걸음을 걷는 동안 지은 시가 바로 앞의 시이다. 조식이 일곱 걸음 안에 시를 완성하자 조비가 다시 트집을 잡는데, 이번에는 시제(詩題)가 떨어지자마자 그 자리에서 바로 시를 지으라고 명한다. 즉 '형제'라는 단어를 사용하지 말고 형제 관계를 표현하는 시를 지으라는 것이다. 이에 조식은 조비의 말이 떨어지자마자 즉시 한 수의 시를 지어 바치는데, 그것이 바로 뒤에 나오는 시이다.

위 두 수의 시 가운데서 뒤에 나오는 시가 훨씬 유명하며, 「칠보시(七步詩)」로 명명되어 인구에 회자되고 있다. 작가는 이 「칠보시」를 통하여 조비의 음험한 성격과 조식의 천재성을 대비시키려고 하였다. 조조는 일생동안 천자를 끼고 제후들을 호령하면서 무소불위의 권력을 휘둘렀지만 감히 찬역을 시도하지는 않았다. 그러나 조비는 권력을 잡자마자 헌제에게 선양을 핍박하여 황위를 찬탈하고 말았다. 조조는 당년에 예형을 죽이고 싶은 마음이 굴뚝같았지만 명사를 죽였다는 비난을 두려워하여 황조의 손을 빌려 그를 죽이도록 했다. 하지만 조비는 조식을 죽이려고 친히 말을 타고 나섰으니, 이미 그에게는 형제의 정이나 인재를 중히 여기는 인군의 마음 따위는 손톱만큼도 찾아볼 수가 없었다. 조비는 음험하고 교활한 면에서 아버지 조조의 노련미를 따라갈 수 없었던 것이다.

제80회
조필의 충심

간악한 도적이 권세 휘둘러 한실을 망치니
선위를 사칭하여 요순을 본받는다고 하네.
만조백관 모두가 위왕만 우러러 받드는데
충신이라곤 겨우 부보랑 하나 밖에 없구나.

奸宄專權漢室亡　詐稱禪位效虞唐
간 구 전 권 한 실 망　사 칭 선 위 효 우 당
滿朝百辟皆尊魏　僅見忠臣符寶郎
만 조 백 벽 개 존 위　근 견 충 신 부 보 랑

주

◆간구(奸宄) : 법을 범하고 나라를 어지럽히는 나쁜 사람을 뜻한다. 안에서 일어나는 도적을 간(奸)이라 하고, 밖에서 일어나는 도적을 구(宄)라고 한다. ◆선위(禪位) : 황제자리를 다른 사람에게 양보하는 것을 말한다. ◆우당(虞唐) : 우순(虞舜)과 당요(唐堯)를 가리킨다. 고대사에 전하기를 요는 제곡(帝嚳)의 아들로 성은 이기(伊祁 또는 伊耆), 이름은 방훈(放勳)이다. 처음엔 도(陶)에, 후엔 당(唐)에 봉해져 도당(陶唐)씨라 불렸으므로 당요(唐堯)라고 한다. 우(虞)는 순(舜)을 가리킨다. 성은 요(姚), 이름은 중화(重華)로 우씨(虞氏)에 속했기 때문에 우순(虞舜)이라 한다. 전설에 의하면 요임금이 순임금에게 양위했다고 한다. ◆백벽(百辟) : 본래는 제후를 가리키나, 후에는 백관(百官)을 뜻하는 의미로 바뀌었다. ◆부보랑(符寶郎) : 관명. 황제의 여덟 가지 보물 및 부새(符璽)를 관장했다.

감상과 해설

화흠이 헌제를 위협하며 선위를 할 건지 말 건지 대답하라고 요구했다. 비록 나약하고 도와줄 사람 없는 헌제였지만 어찌 기꺼이 제위(帝位)를 내어주고 싶었겠는가? 헌제가 떨며 대답을 하지 못하자 조홍과 조휴가 칼을 빼들고 큰소리로 고함을 친다. "부보랑은 어디에 있느냐?"이때 조필(祖弼)이 앞으로 나서며, "부보랑은 여기 있소."라고 했다. 조홍이 옥새를 달라고 하자 조필은 "옥새는 천자의 보물인데, 어찌 멋대로 달라고 한단 말이요?"라고 되받았다. 이에 조홍은 무사들에게 명하여 조필을 끌어내어 목을 베라고 호통을 친다. 조필은 죽을 때까지 쉬지 않고 욕설을 퍼부었다.

조비가 선양을 받은 건 조씨 부자가 수십 년 동안 쌓아온 정치적 결과물이다. 철저한 내부정리를 통하여 만조백관 모두가 조씨네 심복으로 가득 찼다. 만조백관들이 헌제에게 몰려가 황제자리를 내놓으라고 하자 황제는 큰소리로 울면서 후궁으로 달아나버린다. 황제가 우는데 백관들이 킬킬거린다면 이들을 어찌 신하라 하겠는가? 그 와중에서 자신의 직분과 충성을 다한 사람은 오직 조필 한 명이 있을 따름이었다.

이 시는 한나라 황제에 대한 조필의 강직한 행동을 기리면서, 한없이 불쌍해진 헌제의 구슬픈 심정을 근견(僅見)이라는 두 자로 표현하고 있다.

제80회
수선대

전한과 후한 다스린 일들 자못 어려웠는데
하루아침에 옛 강산 모두 잃고 말았네.
조비는 요순의 선양을 배우려고 하지만
사마씨가 같은 짓 저지를 걸 보게 되리.

兩漢經營事頗難　一朝失却舊江山
양한경영사파난　일조실각구강산
黃初欲學唐虞事　司馬將來作樣看
황초욕학당우사　사마장래작양간

주

◆강산(江山) : 원래는 국토를 의미했지만, 습관적으로 정권을 가리킨다. ◆황초(黃初) : 위 문제 조비의 연호. ◆당우사(唐虞事) : 중국 고대의 요임금과 순임금은 후배에게 나라를 선양했다. ◆사마(司馬) : 훗날 사마염이 같은 선양의 방식으로 위를 찬탈하고 황제가 되어 위나라 함희(咸熙) 2년(서기 265년)을 진나라 태시(泰始) 원년으로 삼았다.

감상과 해설

퇴위를 강요당한 헌제는 어쩔 수 없이 나라를 선위하겠다는 조서를 지어 화흠으로 하여금 옥새와 함께 가지고 가서 바치게 한다. 화흠이 백관을 이끌고 위왕의 궁전에 이르러 헌납하니 크게 기뻐한 조비가 얼른 조서를 받는다. 이를 본 사마의가 겸손하게 표를 올려 사양하도록 권했다. 그러자 헌제는 다시 조서를 내려 옥새를 받들고 위왕의 궁전에 가도록 명한다. 이때 가후가 또 겸손히 사양하도록 간하면서 수선대(受禪臺)를 세우고 좋은 날을 택하여 백관을 모은 뒤, 천자가 친히 옥새를 받들고 와서 천하를 선양하게끔 하자고 건의했다. 헌제는 번양(繁陽)에 터를 잡고 3층으로 높은 대를 쌓고 10월 경오일 인시에 선양하기로 날을 받았다. 그날 헌제는 위왕 조비를 청해 대로 올라가 선위를 받게 했으며, 대 아래에는 4백여 명의 대소 관료를 비롯하여 30여만 명의 어림군(御林軍)과 호분군(虎賁軍), 금군(禁軍) 등이 집결해 있었다. 헌제가 손수 옥새를 받들어 조비에게 올리자 조비가 그것을 받았다. 조비는 즉시 천하에 대사령을 내리고 조조의 시호를 태조 무황제(太祖武皇帝)로 추증한 뒤, 헌제를 산양공(山陽公)에 봉하여 임지로 떠나도록 했다. 당시 대 아래서 보고 있던 군졸과 백성들은 슬퍼하지 않은 사람이 없었다.

역사의 흐름에는 놀랄 정도로 비슷한 일이 반복되기도 한다. 훗날 서기 265년에는 사마염이 황제 조환(曹奐) 앞에서, "폐하를 평가하건대, 문으로는 도를 논할 재주가 없고, 무로는 나라를 다스릴 능력이 없소이다. 그럼에도 불구하고 어찌 재주와 덕을 갖춘 사람에게 나라를 양보할 줄 모릅니까?"라고 하였다. 이에 조환은 수선대를 다시 세우고 한 헌제의 고사에 따라 사마염에게 선양할 수밖에 없었다.

제81회
장비의 죽음

일찍이 안희현에선 독우를 매질하더니
황건적을 소탕하여 한실을 보좌했다네.
호뢰관 싸움에선 앞장서서 용맹 떨치고
장판교 고함으로 강물조차 역류시켰네.

의로써 엄안 풀어 서촉 땅을 평정터니
지혜로 장합 속여 중원을 안정시켰네.
오나라 치기도 전에 몸이 먼저 죽으니
가을 풀 핀 낭중 땅에 수심만 남았구려.

安喜曾聞鞭督郵　黃巾掃盡佐炎劉
안희증문편독우　황건소진좌염유
虎牢關上聲先震　長坂橋邊水逆流
호뢰관상성선진　장판교변수역류
義釋嚴顏安蜀境　智欺張郃定中州
의석엄안안촉경　지기장합정중주
伐吳未克身先死　秋草長遺閬地愁
벌오미극신선사　추초장유낭지수

주

◆ 염유(炎劉) : 한 왕조를 가리킨다. 고대 술수가들은 오행의 상생(相生)과 상극(相

剋)으로 왕조의 교체를 해석했는데, 이것을 오덕설(五德說)이라 한다. 한나라를 세운 유방은 화덕으로 일어났기 때문에 염유라 칭하는 것이다. ◆낭지(閬地) : 낭중(閬中)을 가리킨다. 익주 파서군(巴西郡)의 소재지로 이곳에서 장비가 해를 당했다.

감상과 해설

유비는 관우의 복수를 위해 대군을 일으켜 오나라를 치려고 마음먹었다. 장비가 군중에 명하기를 사흘 안에 흰 깃발과 흰 갑옷을 만들라고 했는데, 전군이 상복을 입은 채 오군을 치러간다는 계획이었다. 하급 장교인 범강(范疆)과 장달(張達)이 깃발과 갑옷 제작기한을 늘려달라고 청했지만 일언지하에 거절당한다. 장비는 불같이 화를 내며 이 둘에게 50대씩 매질을 하고는, 이튿날까지 모든 일을 완비하라고 호통을 쳤다. 도저히 불가능한 일임을 아는 두 사람은 자신들이 처한 위기에서 벗어날 방도를 생각했다. 결국 살아남지 못할 바에야 장비를 죽이기로 하고 술에 취해 곯아떨어진 장비를 찔러 죽인다. 그리고는 장비의 목을 잘라 곧바로 동오에 투항한다. 이렇게 장비는 허무하게 죽었으니, 당시 그의 나이는 55세였다.

일찍이 유비가 여러 차례 장비에게 주의를 주기를, "경은 형벌을 적용함이 과하고 걸핏하면 부하들을 때릴 뿐만 아니라 그들을 또 의심 없이 곁에 두고 있으니, 이는 화근이 아닐 수 없소. 마땅히 고쳐야할 버릇일세."라고 했다. 그러나 유비의 조언을 예사로 여기던 장비는 끝내 유비의 예상을 벗어나지 못하게 된 것이다. 장비의 묘는 사천성 낭중에 있다.

이 시는 가정본에 나오는 작품으로, 모종강이 부분적인 손질을 가했다. 장비의 이름을 드날린 유명 전역을 소개하고 만부부당(萬夫不當)의 용맹과 출기불의(出其不意)의 전술을 통하여 솔직하고 대담하면서도 성급한 장비의 성격을 잘 나타내고 있다.

제83회
황충의 죽음

노장이라면 응당 황충을 이르노니
서천을 거두는 데 큰 공을 세웠네.
쇠사슬 갑옷 다시 한 번 떨쳐입고
양손에 한 자루씩 철태궁 당겼네.

담력과 기개는 하북을 놀라게 하고
위엄찬 그 이름 촉 땅을 진압했네.
죽을 즈음 머리가 백발이 되었지만
오히려 자진해 영웅의 모습 보였네.

老將說黃忠　收川立大功
노장설황충　수천립대공
重披金鎖甲　雙挽鐵胎弓
중피금쇄갑　쌍만철태궁
膽氣驚河北　威名鎭蜀中
담기경하북　위명진촉중
臨亡頭似雪　猶自顯英雄
임망두사설　유자현영웅

주

◆ 금쇄갑(金鎖甲) : 쇄자갑(鎖子甲, 쇠사슬로 만든 갑옷)의 일종. 고대 무사들이 입

던 갑옷의 일종이다. ◆철태궁(鐵胎弓) : 활등 내부에 쇠를 부착하여 강도를 높인 활이다.

감상과 해설

유비를 따라 오나라 정벌에 나선 황충은 늙었다는 말에 자극을 받아 자진해서 전장에 나선다. 적군을 맞아 30여 리를 추격하였는데, 그만 사방에서 쏟아지는 복병들에게 포위를 당한다. 서둘러 퇴각하던 황충은 마충이 이끄는 동오군의 화살에 어깨를 맞는다. 관흥(關興)과 장포(張苞)의 도움으로 간신히 본진으로 돌아오지만 이미 몸이 노쇠한 그는 병이 점점 위중해진다. 선주가 찾아와 황충의 등을 어루만지며 위로하자, "신은 단지 한 명의 무부일 따름입니다. 다행히 폐하와 같은 성군을 만났고, 금년 나이가 75세이니 살만큼 살았습니다. 바라옵건대 폐하께서는 옥체를 보존하시어 반드시 중원을 도모하소서."란 말을 남기고는 그날 밤 군영에서 숨을 거둔다.

황충은 『삼국지연의』에서 힘들여 빚어낸 노장의 전형이다. 청년이나 중년시절에 관한 언급이 전혀 없다가 유비를 처음 만날 때 이미 육순에 가까운 나이로 등장한다. 자원 출전은 『삼국지연의』에 3번 나오는데, 그 중 2번은 한중전투이고 마지막이 동오 정벌전이었다. 75세의 노장이 백설 같은 수염을 휘날리며 전쟁터에서 숨을 거두는 영웅적 모습을 찬양하고 있다.

제83회
감녕의 죽음

파군 땅 임강에서 태어난 감 흥패여
원래는 장강의 비단 돛 단 도둑이라.
자기를 알아 중용하신 군은을 갚고
우의에 보답하고 원수도 감화시켰네.

날랜 기병 거느리고 적채를 기습하고
군사들 몰아서 큰 사발로 술 마셨네.
신령스런 까마귀 죽은 혼령 알아보니
사당에 피운 향불 천추에 영원하리라.

巴郡甘興覇　長江錦幔舟
파군감흥패　장강금만주
酬君重知己　報友化仇讐
수군중지기　보우화구수
劫寨將輕騎　驅兵飮巨甌
겁채장경기　구병음거구
神鴉能顯聖　香火永千秋
신아능현성　향화영천추

주

◆구수(仇讐) : 적. 원수.　◆장(將) : 여기서는 동사인 거느리다로 쓰인다.　◆거구

(巨甌) : 구(甌)는 사발이므로, 인신되어 큰 술잔을 뜻한다. ◆신아(神鴉) : 제물을 쪼아 먹는 까마귀. 감녕이 죽자 수백 마리의 까마귀 떼가 그 시체를 에워쌌다고 한다. ◆현성(顯聖) : (신성한 인물이) 죽은 후 혼령으로 나타나는 것을 말한다.

감상과 해설

감녕은 동오의 걸출한 장령으로, 작가는 이 시를 통해 넓은 도량에 은혜를 잊지 않고 신의를 중히 여겼던 감녕의 장부다운 기질을 찬양하고 있다. 한마디로 이 시는 감녕의 이야기를 축소한 소형 서사시라고 할 수 있다.

감녕은 자가 흥패(興霸)로 파군 임강(臨江) 출신이었다. 젊은 시절 용력이 뛰어나고 협객을 좋아하여 일찍이 무리를 모아 강호를 떠돌았는데, 서천산 비단으로 돛을 달고 다녔기 때문에 당시 사람들은 그의 무리를 금범적(錦帆賊)이라 불렀다. 후일 개과천선하고 유표에게 의탁했지만 도적 출신임을 경멸한 유표가 중용을 꺼렸다. 그 후 황조에게로 자리를 옮겼으나 황조 역시 달갑게 여기지 않았다. 그러나 황조의 도독으로 있던 소비(蘇飛)가 감녕의 인물을 알아보고 물심양면으로 도와주며 손권에게 가도록 길을 터주었다. 감녕은 일찍이 오나라 장수 능조(凌操)를 쏘아 죽인 일이 있었는데, 투항하자마자 동오의 중신들은 이 문제를 거론했다. 그러나 손권이 이 문제를 불문에 붙이고는 그를 등용했다. 이에 감격한 감녕은 비 오듯 쏟아지는 화살을 무릅쓰고 황조군을 대파하고 강하를 빼앗아 그 은혜에 보답했다. 강하가 함락되자 소비는 포로가 되고 목숨이 경각에 달리게 되었다. 손권을 찾아간 감녕은 자신의 목숨을 담보로 소비를 살려냄으로써 지기(知己)의 우정에 보답했다. 한편 부친 능조의 원수를 갚겠다며 절치부심하던 능통은 감녕의 목숨을 노리고 있었다. 그러나 조조군과의 전투에서 말에서 떨어진 능통이 적장 악진에 의해 해를 입으려는 순간, 감녕이 활을 쏘아 악진을 명중시켰다. 구사일생으로 목숨을 건진 능통은 마침내 감녕과 화해하고 나아가 생사지교(生死之交)를 맺게 된다.

유비가 8로로 나눈 대병을 거느리고 동오를 공격하자 그 세력을 감당하기 어려웠다. 이때 감녕은 배 안에 누워 병을 치료하고 있었다. 촉군이 대거 몰려든다는 급보를 받은 그는 아픈 몸을 이끌고 급히 말에 올랐다. 그러나 공교롭게도 번왕(番王) 사마가(沙摩柯)가 쏜 화살에 정통으로 뒤통수를 맞았다. 화살이 박힌 채 달아나던 감녕은 부지(富池) 어귀의 큰 나무 밑에 이르러 앉은 채로 죽음을 맞이했는데, 나무 위에 있던 수백 마리의 까마귀가 시체를 에워쌌다. 이 소식을 전해들은 오왕 손권은 애통해 마지않으며 예를 갖춰 장례를 치르고 사당을 지어 제사지내게 했다.

제84회
육손의 병법

군막에서 병법 따라 작전계획 세우고
향기로운 미끼 놓아 큰 고기 낚으려네.
삼분천하 자칭하는 영웅호걸 많았지만
또다시 강남에선 육손 명성 높이 뜨네.

虎帳談兵按六韜　安排香餌釣鯨鰲
호 장 담 병 안 육 도　안 배 향 이 조 경 오
三分自是多英俊　又顯江南陸遜高
삼 분 자 시 다 영 준　우 현 강 남 육 손 고

주

◆호장(虎帳) : 장군의 막사를 가리킨다.　◆경오(鯨鰲) : 경은 고래, 오는 큰 자라를 뜻한다. 미끼를 놓아 큰 적을 잡는다는 뜻이다.　◆삼분(三分) : 셋으로 나뉜 천하.

감상과 해설

이릉대전을 앞둔 시기, 손권은 육손이라는 일개 서생을 강동 6군 81개 고을의 병마를 통솔하는 대도독으로 기용한다. 한당(韓當)과 주태(周泰) 등 역전의 노장들이 우려했지만, 촉한의 75만 대군이 노도와 같이 밀려오는 형세 앞에서도 육손은 군사들을 배치하여 요충지를 지키며 조용히 전투의 기회가 오기를 기다릴 뿐이었다. 서성(徐盛)과 정봉(丁奉)이 나서서 촉군을 무찌르게 해달라고 요청했지만, 육손은 사흘 뒤면 그들의 속임수를 알 수 있다며 말렸다. 서성이 물었다. "사흘이면 저들의 영채 이설이 완전히 끝날 터인데 어떻게 공격을 한단 말이오?" 그러자 육손은 "나는 저들이 영채를 완전히 옮기기를 바라고 있소."라고 대답했다. 과연 사흘 뒤 무장한 촉군들이 선주 유비를 옹위하며 지나갔다. 이에 육손은 열흘 안에 반드시 촉군을 무찌를 수 있을 것이라고 하였다. 이에 여러 장수들이 앞 다투어 말했다. "촉군은 초기에 무찔러야 했을 것입니다. 지금은 영채가 오륙백 리나 뻗쳐있고, 육칠 개월이란 시간이 경과되어 적의 진영이 모두 공고한 터에 어떻게 무찌른단 말입니까?" 육손이 대답했다. "여러분은 병법을 모르시오. 유비는 사납고 야심찬 영웅에다 지략까지 겸하고 있소. 그러나 그의 군사가 처음 올 때는 규율이 엄했지만, 지금은 싸우고 싶어도 싸우지 못하고 오랫동안 지키기만 하였으니, 피로에다 사기마저 떨어져 있소. 지금이 바로 무찌를 수 있는 좋은 기회요." 이 말을 들은 장수들은 모두 탄복했다. 마침내 육손은 화공을 써서 촉군 40여 영채를 불살라버리는 천재적 지휘능력을 발휘하여 주유, 노숙, 여몽의 뒤를 잇는 동오의 대들보가 된다.

제84회

불타는 칠백 리 영채

창 들고 불 지르며 칠백 리 영채 깨뜨리니
현덕은 궁지에 몰려 백제성으로 달아나네.
하루아침에 그 위명 촉과 위 놀라게 하니
오왕이 어떻게 서생을 공경하지 않으리오.

持矛擧火破連營　　玄德窮奔白帝城
지 모 거 화 파 연 영　　현 덕 궁 분 백 제 성
一旦威名驚蜀魏　　吳王寧不敬書生
일 단 위 명 경 촉 위　　오 왕 영 불 경 서 생

주

◆연영(連營) : 날씨가 찌는 듯 덥자, 유비는 수목이 울창한 숲속으로 군영을 옮겼는데, 서로 잇닿은 길이가 700여 리나 되었다.　◆궁분(窮奔) : 형세가 곤궁하여 달아나다.　◆백제성(白帝城) : 사천성 봉절현(奉節縣) 백제산 위에 있었던 성. 동한 초 공손술(公孫述)이 지어 백제성이라 불렀다. 높은 산에 의지한 성의 형세가 자못 험요했는데, 촉한이 동오를 방어하던 주요 진지였다.

감상과 해설

『삼국지연의』에 나오는 3대 전쟁은 관도대전, 적벽대전, 이릉대전이다. 이들 3

대 전쟁 전술의 공통점은 화공술(火攻術)로 축약된다. 관도대전은 평원에서 적의 양초를 태워 승리했고, 적벽대전은 강 가운데서 전선을 태워 승리한 반면, 이릉대전은 구릉에서 영채를 불태워 승리한다. 앞의 두 전쟁을 주도한 조조와 주유에 비해 육손에 대한 직접묘사가 부족한 것은 유촉(劉蜀) 정통관념을 견지하려는 의도로 보인다. 그러나 동오가 대승한 역사적 사실만큼은 객관적인 필치로 살려내고 있다.

이릉에서 촉군과 대치하며 6~7개월을 버티던 육손은 유비군이 피로에 지쳐 전의를 상실한 틈을 타 화공을 시작한다. 화공과 함께 바람이 불길을 도우니, 촉나라 40여 개 군영은 일제히 불길에 휩싸인다. 육손은 유비가 힘들여 구축한 700여 리 군영을 하룻밤 사이에 모두 불태워버리고, 이릉에서 완벽한 승리를 거둔다.

촉군의 진지가 불길에 휩싸이자 조운이 유비를 구해 백제성으로 달아난다. 이로써 일개 서생에 불과했던 육손은 천하에 이름을 떨치고 강동의 영웅호걸이 된다. 후세 사람이 육손을 기려 시를 읊었다.

제84회
부동 찬양

이릉에서 오와 촉이 큰 싸움 벌이는데
육손이 계략으로 불을 질러 다 태우네.
죽음 맞아 여전히 오나라 개라 욕하니
부동은 한나라 장수로 부끄럽지 않구나.

彝陵吳蜀大交兵　陸遜施謀用火焚
이릉오촉대교병　육손시모용화분
至死猶然罵吳狗　傅彤不愧漢將軍
지사유연매오구　부동불괴한장군

주

◆이릉(彝陵) : 즉 이릉(夷陵)을 뜻한다. 서한에서 설치한 현으로 호북성 의창시(宜昌市) 동남쪽에 위치한다. 청대에 이르러 오랑캐라 부르던 만주족이 황제가 되었기 때문에 '오랑캐 이(夷)'자를 '떳떳할 이(彝)'자로 고쳤다. ◆유연(猶然) : 여전히. ◆부동(傅彤) : 유비가 오를 칠 때 중군호위였던 촉의 장령이다.

감상과 해설

이릉대전에서 대패한 유비가 백제성으로 후퇴할 때였다. 관흥과 장포, 조운 등과 함께 퇴각의 짐을 꾸린 유비는 누가 후미를 막겠냐고 물었다. 부동이

나서며, "신이 죽기로써 뒤를 막겠습니다!"라고 했다.

부동은 뒤를 막고 있다가 오군에게 사방팔방으로 포위되었는데, 정봉이 크게 외쳤다. "서천의 병졸들은 다 죽고 항복한 자도 부지기수이다. 너의 주인 유비도 이미 사로잡혔는데, 너만 어찌 항복하지 않느냐?" 이에 부동이 호통을 쳤다. "나는 바로 한나라의 장수이다. 어찌 동오의 개들에게 항복을 한단 말인가?" 부동은 창을 뽑아들고 말을 놓아 촉군을 거느리고 죽을힘을 다해 싸웠다. 1백여 합을 좌충우돌했지만 마침내 포위를 뚫지 못하고 백사장에서 전사했다. 부동은 위난을 두려워 않고 견정한 의지로 철석같은 충심을 표시하고 있다. 비록 특별한 개성은 없지만 촉한정통론에 적합한 인물이다.

제84회
정기 찬양

대단하구나 촉나라의 정 좨주여
몸에 지닌 칼로 군왕에 보답했네.
위기에 처해도 평생의 뜻 안 바꾸니
향기로운 명성이 만고에 전해지네.

慷慨蜀中程祭酒　身留一劍答君王
강 개 촉 중 정 좨 주　신 류 일 검 답 군 왕
臨危不改平生志　博得聲名萬古香
임 위 불 개 평 생 지　박 득 성 명 만 고 향

주

◆좨주(祭酒) : 군사좨주의 간칭으로 승상부의 속관이다.　◆박득(博得) : 취득하다. 얻다.

감상과 해설

이릉대전에서 대패 후, 촉의 좨주 정기(程畿)가 강변으로 달려 나와 적과 결사의 일전을 벌이려고 했다. 그러나 오군이 쳐들어오자, 촉의 수군들은 사방으로 흩어져 달아났다. 정기의 부장도 정기를 향해 빨리 달아나라고 권했다. 정기는 노해서 소리치기를, "나는 주상을 따라 싸움터로 나온 이후 아직 한 번도 싸우기 전에 도망친 일이 없다!"라고 했다. 말이 끝나기 전에 오군이 사방팔방으로 몰려들었다. 진퇴양난에 빠진 그는 칼을 뽑아 스스로 목을 찔러 죽었다.

이 시는 모종강이 첨가한 시로, 가정본이나 이탁오본에는 보이지 않는다. 촉한이 무너져가는 상황 속에서 장사(將士)의 영웅본색을 첨가함으로써 어두운 분위기에 밝은 색조를 더하고 있다.

제84회
풍습과 장남 찬양

풍습만한 충신은 세상에 둘이 없고
장남 같은 의리도 짝을 찾기 어렵네.
전쟁터에서 싸우다 기꺼이 전사하니
청사에 나란히 꽃다운 이름 전하네.

馮習忠無二　張南義少雙
풍습충무이　장남의소쌍
沙場甘戰死　史冊共流芳
사장감전사　사책공유방

주

◆무이(無二), 소쌍(少雙) : 두 단어 모두 유일이나 제일이란 뜻이다.　◆사장(沙場) : 전장을 뜻한다.　◆사책(史冊) : 역사기록을 의미한다.

감상과 해설

이릉성을 에워싸 공략하던 장남(張南)과 풍습(馮習)은 선주 유비가 대패하여 몹시 위급하다는 전갈을 받았다. 급히 유비를 구원하려 가는데, 앞에서 동오군이 몰려오고 설상가상으로 뒤에서는 이릉성을 빠져나온 손환(孫桓)이 돌진하며 양쪽에서 협공을 한다. 장남과 풍습은 있는 힘을 다해 싸웠으나 끝내 적진을 벗어나지 못하고 전사한다.

이 시는 촉익 장령 풍습과 장남이 나라를 위해 순지한 아름다운 정신을 찬양했다. 그러나 『삼국지연의』 상의 묘사도 간략하고, 시 자체도 평탄하고 특색이 없다. 모종강이 첨가한 시로, 이릉대전에서 대패하는 촉군의 참담한 분위기를 조금이나마 살려보려는 의도가 엿보인다.

제84회
장강에 몸을 던진 손 부인

선주는 군사들과 백제성으로 돌아갔는데
부인은 조난 소식에 홀로 목숨을 끊었네.
지금도 강가에는 기리는 사당 남아있어
천추의 열녀라는 명성 여전히 드날리네.

先主兵歸白帝城　夫人聞難獨捐生
선 주 병 귀 백 제 성　부 인 문 난 독 연 생
至今江畔遺碑在　猶著千秋烈女名
지 금 강 반 유 비 재　유 저 천 추 열 녀 명

주

◆연생(捐生) : 숭고한 사업이나 고상한 절개를 위해 목숨을 바치는 것을 뜻한다.
◆유비(遺碑) : 손 부인을 위해 지은 사당. 즉 효희사(梟姬祠)를 뜻한다.

감상과 해설

'손 부인이 장강에 투신하다'는 줄거리는 모종강본에서 첨가된 이야기다. 비록 그녀는 정치적 목적을 위해 결혼했지만, 결혼 후에는 부부간의 애정이 매우 두터웠다. 특히 작가는 유비에 대한 손 부인 쪽의 애정을 더욱 부각시켰는데, 신혼 첫날밤 유비가 창검을 들고 도열한 시녀들을 보고 실색을 하자 웃으면서 좌우를 물린다거나, 형주로 돌아가려는 유비와 동행을 원하고, 중도에 추격하는 동오의 장령들을 향해 호통을 쳐 물리치는 장면 등이 그러하다. 그리고 훗날 두 사람은 양국의 형주쟁탈 문제로 인하여 헤어지게 되지만 손 부인의 애정은 끝내 변하지 않는다. 그래서 유비가 효정에서 대패하여 전장에서 죽었다는 와전된 소문을 들은 그녀는 수레를 몰고 강가로 나가 서쪽을 향해 곡을 한 후 스스로 몸을 던져 죽는다. 후세 사람들이 강가에 사당을 짓고 효희사라 불렀다.

제84회

팔진도

혁혁한 공적은 세 나라를 뒤덮고
높은 명성은 팔진도에서 이루었네.
강은 흘러도 돌무더기 변치 않으니
오를 삼키지 못한 일 한으로 남았네.

功蓋三分國　名成八陣圖
공개삼분국　명성팔진도
江流石不轉　遺恨失呑吳
강류석부전　유한실탄오

주

◆개(蓋): 압도하다.　◆팔진도(八陣圖): 기주(夔州) 서남쪽 영안궁(永安宮) 앞의 모래사장에는 돌무더기가 바둑돌처럼 흩어져있다. 여름에는 물이 차서 보이지 않지만 물이 빠진 겨울에 드러나는데, 제갈량이 만든 팔진도라고 전해진다.　◆석부전(石不轉): 돌무더기들이 수백 년 동안 강물의 영향을 받고도 유실되지 않았음을 비유한 말이다.　◆유한(遺恨): 갖은 노력을 다했지만 끝내 위를 멸하지 못한 일을 한탄하는 말이다.　◆실탄오(失呑吳): 오를 치려다 나라의 원기가 크게 손상된 일을 가리킨다. 제갈량이 융중에서 유비와 처음 만났을 때 내놓은 정책이 오와 연합해서 위를 치는 것이었다. 유비가 오를 친 것은 제갈량이 정해놓은 기본 전략을 깨뜨린 것이다.

감상과 해설

이 시는 당나라 시인 두보(杜甫)가 기주에 왔을 때 제갈량을 그리며 지은 시이다. 구당협(瞿塘峽)의 기문(夔門)은 사천으로 진입하는 목구멍과 같은 요도로서 전략상 매우 중요한 곳이다. 역도원(酈道元)의 『수경주(水經注)』나 왕응린(王應麟)의 『옥해(玉海)』 등의 내용을 근거로 하면, 팔진도는 제갈량 당년의 연병장이었을 가능성이 높다. 작가가 제갈량을 신격화시키는 과정에서 팔진도 역시 신비화가 된 것으로 보인다.

이릉대전에서 대승을 거둔 육손이 승세를 몰아 촉군을 추격하다가 팔진도에 빠진다. 육손이 벗어나지 못하고 헤매고 있을 때, 홀연히 한 노인이 나타나 길을 열어준다. 그 노인은 바로 제갈량의 장인 황승언이었다. 이에 육손은 자신이 제갈량에 미치지 못함을 알고 탄식하며 군사를 물렸다.

그러나 사서의 기록은 다르다. 유비가 백제성으로 물러나자 서성과 반장(潘璋), 송렴(宋廉) 등이 계속 추격할 것을 요구했다. 하지만 육손은 위나라의 침공을 걱정해 회군을 건의했고, 이에 손권이 군사들을 철수시키도록 명했다.

제85회
황권을 한탄하다

오에 항복할 수 없어 위에 항복하다니
충의의 신하로 어찌 두 임금 섬길 손가.
황권이 목숨 아낀 건 한탄스런 일이니
자양선생께서 가벼이 용서치 않으리라.

降吳不可却降曹　忠義安能事兩朝
항 오 불 가 각 항 조　충 의 안 능 사 양 조
堪嘆黃權惜一死　紫陽書法不輕饒
감 탄 황 권 석 일 사　자 양 서 법 불 경 요

주

◆감탄(堪嘆) : 감(堪)은 가(可)와 같다. 가탄(可嘆), 즉 한탄스럽다는 말이다. ◆자양서법(紫陽書法) : 자양(紫陽)은 남송의 이학가(理學家) 주희(朱熹)의 별호이다. 주희는 『통감강목(通鑑綱目)』에서 촉한정통론을 주장했다. 서법(書法)이란 고대 사관들이 사실과 인물에 대한 평가를 불편부당하고 엄격하게 하는 것을 뜻한다. 주희는 존유폄조의 사학가였으니, 위에 항복한 황권을 용서하지 않을 것이란 뜻이다.

감상과 해설

이 시는 촉장 황권(黃權)이 충신의 도리를 다하지 못하고 목숨이 두려워 위나라에 항복한 행위를 질책하고 있는 내용이다. 그러나 황권이 위에 항복한 일은 실로 부득이한 일이었다. 당초 유비가 동오로 진격할 때 황권이 간하기를, 강을 따라 진격하면 나아가기는 쉬워도 물러서기는 어려운즉, 자신이 선발대가 되고 유비가 후진이 되면 만전을 기하는 일이라 하였다. 그러나 이성보다 감정이 앞섰던 유비는 그 말을 무시하고 군대를 둘로 나누어 황권에게 강북에서 위군을 막으라고 명했다. 결국 유비가 이릉대전에서 대패하자 강북에 있던 황권도 위의 압박에 눌려 항복하기에 이른다. 황권이 항복하자 조비가 물었다. "경은 지금 진평이나 한신을 본받고 싶어서 항복한 것이냐?" 황권은 눈물을 흘리며 대답했다. "신은 서촉 황제의 과분한 은혜를 받아 강북의 군부대를 지휘하게 되었는데, 육손에게 길이 끊겨 촉으로 갈 길이 막혔습니다. 동오에는 항복할 수 없어 폐하께 항복한 것입니다. 패전지장이 어찌 감히 옛사람을 닮으려 하겠습니까?" 조비가 황권을 진남장군(鎭南將軍)으로 삼으려 했지만 그는 사양하고 받지 않았다. 서촉에서 온 염탐꾼이 촉주가 황권의 가족을 모두 죽였다고 했지만 황권은, "촉주는 신의 본심을 알 것이므로 반드시 신의 가족을 죽이지 않을 것입니다."라고 말했다. 과연 유비는 그의 가족을 죽이지 않고 봉록을 주어 부양케 했다.

모종강이 이 시를 첨가했으나 작품 속 내용과는 부합되지 않는다. 촉에 항복할 경우엔 옳다고 보고 위에 항복할 경우엔 틀렸다고 보는 편향된 시각으로 황권을 책망하고 있다.

제85회
유비의 죽음

촉 임금 오를 치러 삼협으로 향하더니
붕어하던 그해 역시 영안궁에 있었네.
황제깃발 상상하니 빈산 밖에 펄럭이고
옥 궁전 사라지고 험한 절간 들어섰네.

유비 사당 전나무엔 학이 둥지 틀고
해마다 복랍에는 촌 노인들 달려오네.
무후 사당 언제나 가까이 붙어 있어
군신이 한 몸으로 제사도 같이 받네.

蜀主窺吳向三峽　崩年亦在永安宮
촉 주 규 오 향 삼 협　붕 년 역 재 영 안 궁
翠華想象空山外　玉殿虛無野寺中
취 화 상 상 공 산 외　옥 전 허 무 야 사 중
古廟杉松巢水鶴　歲時伏臘走村翁
고 묘 삼 송 소 수 학　세 시 복 랍 주 촌 옹
武侯祠屋長隣近　一體君臣祭祀同
무 후 사 옥 장 인 근　일 체 군 신 제 사 동

주

◆ 규오(窺吳) : 오나라를 엿보다. 유비가 군사를 일으켜 동오 정벌에 나선 것을 뜻

한다. ◆향삼협(向三峽) : 유비군은 자귀(秭歸)로부터 군사를 일으켜 강을 따라 내려갔는데, 무협(巫峽)에서 이릉까지 장장 700여 리에 걸쳐 영채를 세웠다. 이 거리는 무협과 서릉협(西陵峽)만 해당되나 삼협 전체를 범칭했다. ◆역재(亦在) : 유비는 출정 때와 병으로 죽을 때, 두 번 모두 영안궁(永安宮)에 위치해 있었다. 그래서 '역(亦)'자를 사용했다. ◆취화(翠華) : 황제의 행장(行仗)을 뜻한다. 비취색 깃털로 깃대 위에 다는 장식이다. ◆옥전(玉殿) : 영안궁을 가리킨다. ◆세시(歲時) : 계절에 따라 지내는 제사를 의미한다. ◆고묘(古廟) : 소열묘(昭烈廟). 즉 유비의 사당을 가리킨다. ◆복랍(伏臘) : 고대의 제사 이름. 복(伏)은 여름(6월), 납(臘)은 겨울(12월)이다. ◆무후사(武侯祠) : 제갈량의 사당. 제갈량은 일찍이 무향후(武鄕侯)에 봉해졌다. 당대의 무후사는 유비(소열제)의 사당 서쪽에 건립되어 서로 이웃하고 있었다. 명초에는 무후사를 소열묘와 합치고 대문에다 '한소열묘(漢昭烈廟)'라는 현판을 걸었다. 그러나 오랜 습관으로 인해 지금도 사람들은 무후사라 부른다.

감상과 해설

관우의 원수를 갚기 위해 군사를 일으킨 유비가 연전연승을 거두며 파죽지세로 동오를 공략하니, 동오에선 크게 놀라며 두려워한다. 이에 손권이 사자를 급파하여 형주를 반환하고, 항복한 장수들을 귀환시키며, 손 부인을 돌려주는 조건으로 항구적인 관계를 맺어 공동으로 조위에 대항하자고 제의한다. 그러나 이 말을 들은 척도 않던 유비는 끝내 이릉전투에서 대패하여 절호의 기회를 놓치게 된다. 봉절(奉節)로 패퇴한 유비는 후회와 수치심 때문에 성도로 귀환하지 못하고 역관을 영안궁으로 개조한 뒤 그곳에 머문다. 영안궁에서 머물던 유비는 오래지않아 병을 얻었는데, 차츰 그 병세가 위중해지더니 이듬해 여름이 되자 결국 제갈량에게 자식을 부탁하고는 세상을 하직한다. 그때 유비의 나이 63세였다.

영안궁이 백제성인가 봉절성인가는 지금도 의문으로 남아있다. 그러나 봉절성과 백제성의 거리는 불과 10리도 되지 않은데다 영안궁터 역시 봉절현성의 동북, 즉 백제성 방위에 자리하고 있다.

이 시는 시성 두보가 기주(당송시대에 이르러 봉절을 기주로 고쳐 불렀다.)에 와서 지은 작품이다. 앞의 4구절에선 유비의 죽음을 애도하고, 뒤의 4구절에선 제갈량과 유비를 함께 추모하고 있다. 두보는 특히 제갈량을 숭배했는데, 제갈량을 찬미한 시를 당대 시인들 가운데 가장 많이 지은 편이다. 그 중에서도 「촉상(蜀相)」, 「무후묘(武侯廟)」, 「고백(古柏)」 등 7~8수는 뜨거운 가슴으로 읊은 절창이다.

제88회
노수

오월에 군사 이끌고 불모지로 들어가니
달 밝은 노수에는 장기가 피어오르네.
삼고초려 보답하는 웅략 세워 맹세하니
남만정벌 칠종칠금 어떻게 두려워하리.

五月驅兵入不毛　月明瀘水瘴煙高
오 월 구 병 입 불 모　월 명 노 수 장 연 고
誓將雄略酬三顧　豈憚征蠻七縱勞
서 장 웅 략 수 삼 고　기 탄 정 만 칠 종 로

주

◆불모(不毛) : 모(毛)란 지면에 생장하는 오곡(五穀)이나 초목을 뜻한다. 그래서 불모지란 황무지나 미개척지를 말한다.　◆노수(瀘水) : 금사강(金沙江)을 말한다.
◆장연(瘴煙) : 장기(瘴氣). 남방의 산림 사이로 습하고 더운 기운이 피어오르는데 사람에게 질병을 일으킨다.　◆수(酬) : 보답(報答).　◆탄(憚) : 두려워하다.

감상과 해설

유비가 죽고 후주 유선이 뒤를 잇는다. 이릉대전의 참패로 나라의 원기가 크게 손상되어 내실을 다지고 있을 때, 남중(南中)에서 반란이 일어난다. 승상 제갈량은 등지(鄧芝)를 동오에 파견하여 국교를 회복시키는 한편, 조위가 동오를 재침하는 기회를 노려 남정을 결단한다.

노수를 건너려는데, 날이 더우면 독기를 발산하고 마시면 죽는지라 그 물을 마실 수도 건널 수도 없었다. 현지인에게 물으니 서늘한 밤이면 독기를 뿜지 않는다고 했다. 마침내 제갈량은 한밤에 노수를 건너 반란을 일으킨 맹획(孟獲)을 일곱 번이나 사로잡고 놓아주며 진심으로 복종시킨다.

이 시는 당나라 때 호증이 제갈량을 기리면서 지은 시로, 남중 평정의 전 과정을 축약하여 칠금맹획(七擒孟獲)으로 부각시키고 있다. 칠금맹획 이야말로 제갈량이 시도한 소수민족 정책의 정수이다. 단순한 무력 진압이라면 상장 한 명을 골라 보내면 될 일이었다. 하지만 제갈량은 친히 불모의 땅으로 들어가 역질과 싸우며 반 년이란 세월을 전장에서 보냈다. 이는 그가 「출사표(出師表)」에서도 밝혔듯이 유비가 세 번이나 자기를 찾아준 은혜에 보답하는 행동이기도 했다.

호증의 영사시는 예술적 성취도 면에서 특별한 것은 아니지만 삼국을 제재로 한 시가 의외로 적지 않아, 『삼국지연의』에 인용된 작품만 해도 6수나 된다.

제89회
혹독한 더위

산천과 못이 말라 타들어가느라
불볕이 허공을 덮고 이글거리네.
이토록 뜨거운 하늘과 땅 밖에는
더위가 또 어떨지 알 수 없구나.

山澤欲焦枯　火光覆太虛
산 택 욕 초 고　화 광 복 태 허
不知天地外　暑氣更何如
부 지 천 지 외　서 기 경 하 여

주

◆산택(山澤) : 산림과 시내 그리고 연못을 뜻한다.　◆복(覆) : 덮다.

감상과 해설

이 시는 송나라 때 사마광(司馬光)이 지은 경물시(景物詩)이다. 제갈량에게 네 번째 잡혔다 풀려난 맹획은 아우 맹우(孟優)와 함께 독룡동(禿龍洞)에 틀어박혀 종일토록 타사대왕(朶思大王)과 연회를 벌일 뿐, 군대를 움직이지 않았다. 때는 마침 유월 염천으로 남국의 태양은 이글거리고 그 열기는 산천초목을 다 태울 지경이었다. 참다못한 장완(蔣琬)이 회군을 건의했지만 제갈량은 그게 바로 맹

367

획의 계책이라며 반대했다. 그리고는 불볕더위를 무릅쓰고 수원지(水源池)를 찾고, 지리에 밝은 현지인을 구하며, 숨어사는 선비를 배알하는 과정을 거쳐 마침내 남만 오지에서 만난 곤경을 벗어났다. 객관적 경물시를 삽입시켜 제갈량의 능력을 부각시킨 경우이다.

제89회
더위의 신이 권세를 떨치니

더위를 주재하는 신이 권세를 떨치니
비구름조차 감히 생겨나지 못하누나.
찌는 구름에 외로운 학이 헐떡이고
바닷물 뜨거워져 큰 자라도 놀라네.

시냇가에 앉아서 차마 떠나지 못하고
대숲을 거니는 맛 버리기 싫어지네.
어쩌랴 변방으로 출정한 장졸들이니
갑옷 입고 투구 쓰고 다시 나설밖에.

赤帝施權柄　陰雲不敢生
적 제 시 권 병　음 운 불 감 생
雲蒸孤鶴喘　海熱巨鰲驚
운 증 고 학 천　해 열 거 오 경
忍捨溪邊坐　慵抛竹裏行
인 사 계 변 좌　용 포 죽 리 행
如何沙塞客　擐甲復長征
여 하 사 새 객　환 갑 부 장 정

주

◆ 적제(赤帝) : 더위를 주관하는 신으로 염제라고도 불린다. 남방의 신으로 다섯

천제(天帝) 중의 하나이다. ◆권병(權柄) : 권력. ◆운증(雲蒸) : 증기. 즉 물기가 증발하는 것을 말한다. ◆용(慵) : 게으르다. 귀찮다. 싫어하다. ◆사새객(沙塞客) : 국경지대에서 작전하는 장졸을 가리킨다. 사새(沙塞)란 변경의 사막지대를 뜻한다. ◆환(擐) : (갑옷이나 투구 등을) 입다. 걸치다.

감상과 해설
이 시도 앞의 「혹독한 더위」와 같은 용도로 사용되었다. 뜨거운 태양과 숨조차 쉴 수 없는 남국의 열악한 기후 아래, 남정의 목적 달성을 위해 온갖 고난을 이겨나가는 과정을 담았다. 앞의 4구에서는 경물을 노래하고, 뒤의 4구에서는 사람들의 행위를 묘사하고 있다. 시냇가에서 쉬거나 대밭 속을 거니는 사람이 있는가 하면, 무더위를 무릅쓰고 투구 쓰고 갑옷 입고 다시 출정하는 장졸들도 있다.

제89회

맹절 찬양

고매한 선비 문 닫고 그윽이 살고 있는데
제갈무후 이곳에서 여러 만왕 깨뜨렸다네.
지금은 인적이 끊어지고 고목만 쓸쓸한데
아직도 찬 안개는 옛 산을 감싸고 있구나.

高士幽棲獨閉關　武侯曾此破諸蠻
고사유서독폐관　무후증차파제만
至今古木無人境　猶有寒烟鎖舊山
지금고목무인경　유유한연쇄구산

주

◆고사(高士) : 범속을 초탈한 선비. 여기에서는 맹절을 가리킨다. 맹절은 만안계곡(萬安溪谷)에 살아 만안은자라 불렸다. ◆유서(幽棲) : 심산유곡에 살다. ◆폐관(閉關) : 원래는 꽉 닫아 걸다는 뜻이나, 여기서는 외부세계와 내왕하지 않는다는 뜻으로 쓰였다. ◆제만(諸蠻) : 맹획과 맹우, 타사 등을 가리킨다. ◆한연(寒烟) : 늦가을 산이나 숲속에 피어오르는 운무를 뜻한다. ◆쇄(鎖) : 유폐(幽閉)하다. ◆구산(舊山) : 면모가 바뀌지 아니한 산을 말한다.

감상과 해설

중국 속담에 '산중 일을 알려거든 반드시 나무꾼에게 물어보라.'는 말이 있다. 군사들이 아천(啞泉)의 물을 마시고 벙어리가 되어 고통스러워하자, 제갈량은 우거진 덩굴을 헤치고 숲속에 은거하는 은자를 찾아 나선다. 마침내 은자를 만나 군사들의 병을 치료하는데, 그 은자는 다름 아닌 맹획의 형 맹절이었다. 제갈량이 그의 공을 천자께 아뢰고 만왕으로 삼으려하자, "부귀공명이 싫어 이곳에 숨어 살고 있는데, 어찌 다시 부귀를 탐하겠소이까?"라고 대답한다. 황금과 비단을 예물로 증정했지만 그것마저도 끝내 사양하고 받지 않는다.

이 시는 고요하고 그윽한 숲속의 경치를 통하여 속세를 버린 고사(高士)의 은거 분위기를 한층 심도 있게 묘사하고 있다.

제89회

물을 구하는 제갈량

나라 위해 남만 평정코자 대군을 통솔하니
마음속의 바른 도리 신명의 뜻과 합치했네.
후한 경공 우물에 절하자 단물이 났다더니
제갈량의 지극정성에 밤사이 물이 솟았네.

爲國平蠻統大兵　心存正道合神明
위 국 평 만 통 대 병　심 존 정 도 합 신 명
耿恭拜井甘泉出　諸葛虔誠水夜生
경 공 배 정 감 천 출　제 갈 건 성 수 야 생

주

◆신명(神明) : 천지간의 모든 신령을 총칭한다.　◆경공배정(耿恭拜井) : 동한의 장령 경공(耿恭)이 서역(西域)에 주둔할 때였다. 일찍이 소륵성(疏勒城)에서 흉노(匈奴)에게 포위당하여 물길이 끊긴 군사들이 목이 말라 죽을 지경이었다. 이에 경공이 우물에 절하자 물이 솟아났고 이로 말미암아 가까스로 포위를 뚫을 수 있었다.　◆건성(虔誠) : 삼가고 정성스러움.

감상과 해설

제갈량은 맹절의 말을 듣고 본부 영채로 돌아와 우물을 파도록 지시했다. 그러나 스무 길을 파내려가도 물 한 방울 비치지 않았다. 10여 곳을 파보았지만 똑같았다. 이에 제갈량은 야밤에 향을 사르며 하늘에 빌었다. "신은 재주가 없 사오나 대한(大漢)의 복운을 받들고자 만이를 평정하라는 명을 받았는데 도중 에 물이 떨어져 군사와 말들의 목이 타들어 가고 있으니 만약 상천(上天)께서 대한의 명맥을 끊으시려는 게 아니라면 감천(甘泉)을 내려주소서. 만약 운기가 다했다면 신 제갈량 등은 여기서 죽기를 바라옵니다." 이날 밤 기도를 끝내고 이튿날 새벽에 보니 우물마다 단물이 가득했다.

당시 물은 촉군에게 있어서 승패의 관건이라 할 수 있었다. 그래서 네 번째 잡혔다가 풀려난 맹획이 독룡동에 숨어서 오직 천험의 자연환경만 믿고 버텼 던 것이다. 특히 맹획은 독룡동으로 향하는 서북쪽 길에 산재한 네 곳의 독천 (毒泉)을 믿었다. 서북은 험한 산길이라 도로가 협소하며, 중간에 샛길이 있지 만 독사와 전갈이 우글거리고 해가 저물녘엔 연무까지 짙게 피어올랐다. 다음 날 사오 시(巳午時)나 되어야 걷히기 때문에 미·신·유(未申酉) 세 시간만 왕 래할 수 있었다. 특히 이곳에는 네 개의 독천이 있었는데, 그 첫째가 아천(啞 泉)으로 마시면 말을 못하다가 죽게 되고, 둘째는 멸천(滅泉)으로 몸을 씻으면 피부와 살이 타서 뼈만 남게 되고, 셋째는 흑천(黑泉)으로 몸에 묻기만 해도 새까맣게 타서 죽고, 넷째는 유천(柔泉)으로 얼음처럼 차가워 마시기만 하면 온기가 사라시고 온몸이 물먹은 솜처럼 늘어져 죽게 되니 이곳에는 벌레나 새 마저도 살 수 없다고 했다. 그러나 맹절의 도움으로 모든 난관을 극복하고 음 용수를 얻은 제갈량은 마침내 최후의 승리를 기약할 수 있게 된다.

제90회
맹획을 일곱 번 사로잡다

깃털부채에 푸른 관건 쓰고 수레 위에 앉아
일곱 번 사로잡는 묘책으로 맹획을 제압했네.
지금까지 남만 땅에선 위엄과 덕 전하려고
높은 언덕 골라 제갈량 사당을 세우는구나.

羽扇綸巾擁碧幢　七擒妙策制蠻王
우선관건옹벽당　　칠금묘책제만왕
至今溪洞傳威德　爲選高原立廟堂
지금계동전위덕　　위선고원입묘당

주

◆우선(羽扇) : 새의 깃털로 만든 부채를 말한다. ◆관건(綸巾) : 푸른 명주 따로 만든 두건을 말하는데, 일명 제갈건이라고 한다. '윤건'이란 두껍고 부드러운 비단으로 만든 두건이다. ◆벽당(碧幢) : 수레 앞에 친 녹색의 발. 여기서는 수레를 지칭한다. ◆제(制) : 제압하다. 마음을 굴복시키다. ◆계동(溪洞) : 묘족(苗族)이나 동족(侗族), 장족(壯族)들의 집단 거주지나 부락을 가리킨다. ◆위덕(威德) : 위력과 은덕. ◆고원(高原) : 높고 평평하고 확 트인 곳. ◆묘당(廟堂) : 여기서는 제갈량의 사당을 뜻한다.

감상과 해설

제갈량은 맹획을 일곱 번 사로잡아 일곱 번 놓아준 소위 칠종칠금(七縱七擒)을 통하여 심리전의 극치를 보여준다. 맹획은 본래 촉한정권에 적대감정을 품고 있었다. 제갈량이 묻기를, "선제께서 그대를 박대하지 않았는데, 어찌 감히 배반했단 말인고?"라고 하자, 맹획은 당당하게 대답한다. "양천(兩川)의 토지는 모두가 다른 사람의 땅이었는데, 너의 주인이 강제로 뺏어 자칭 황제라 하고 있지 않은가. 나는 조상대대로 이곳에 살아왔는데, 너희들이 먼저 침략하고선 어찌 배반이라 한단 말인가?" 맹획은 이러한 신념에다 병법과 용맹까지 겸비하여 죽음도 두려워하지 않은 인물로 수차에 걸쳐 사로잡히고도 굽힐 줄 몰랐다. 그러나 솔직담백한 맹획의 성격을 간파한 제갈량은 꾸준히 공심전술(攻心戰術)을 펼쳐나간다. 그리하여 무력으로 잡아 인의로 놓아주기를 일곱 차례, 마침내 맹획이 눈물을 흘리며 말한다. "일곱 번 사로잡았다가 일곱 번이나 놓아 준 일은 고금에 없었던 일입니다. 내 비록 벽촌 사람이지만 예의를 집작하는 바니 어찌 끝까지 염치를 모르겠습니까!" 그리고는 형제, 처자, 종족들을 거느리고 장하에 꿇어앉아 어깨를 드러낸 채 항복을 한다. "승상의 하늘같은 위엄 앞에 다시는 남쪽 사람들이 배반하지 않겠나이다."

남중을 평정한 제갈량은 회군하면서 소수민족 거주 지역에 중앙관리나 군대를 주둔시키지 않고 현지인들의 자치를 허용하니, 이것은 더욱 확실한 화무(和撫)정책이라 할 수 있다. 제갈량의 남정경로에는 후세에 제갈량을 기리는 많은 사당이 들어섰는데, 사천성 노현(瀘縣)의 충산(忠山), 합강(合江), 대상령(大相嶺), 영원부(寧遠府) 그리고 귀주성(貴州省)의 남명하(南明河) 등이 그곳이다.

제92회
일흔 살 조운이 뛰어난 공을 세우다

옛날 상산 조자룡의 무용을 회고하니
나이 일흔에도 뛰어난 공을 세웠네.
혼자 네 장수 베고서 적진을 들이치니
당양에서 주인 구할 때 그 모습일세.

憶昔常山趙子龍　年登七十建奇功
억 석 상 산 조 자 룡　연 등 칠 십 건 기 공
獨誅四將來衝陣　猶似當陽救主雄
독 주 사 장 내 충 진　유 사 당 양 구 주 웅

주

◆등(登) : 도달하다.　◆주(誅) : 죽이다. 베다.

감상과 해설

제갈량이 위나라를 치려고 북벌을 시작하면서 나이가 많다는 이유로 조운을 출전 장수로 뽑지 않았다. 이에 조운은 성난 목소리로 선봉으로 삼아달라고 청했다. 여러 번 말렸지만 끝내 고집을 꺾지 못한 제갈량은 조운을 선봉장으로 삼았다. 촉과 위 양편 군사들은 봉명산(鳳鳴山)에서 마주쳤는데, 위나라 선봉은 서량대장 한덕(韓德)이었다. 한덕은 개산대부(開山大斧)라는 큰 도끼를 잘 쓰는 용장이었는데, 무예에 정통하고 궁마에 뛰어난 아들 넷을 데리고 나왔다. 한덕이 진 앞에 말을 세우고 촉군을 욕하자 크게 노한 조운이 창을 들고 말을 놓아 달려 나왔다. 한덕의 맏아들 한영(韓瑛)이 마주 달려 나왔지만 어울려 싸운 지 세 합이 못되어 조운의 창에 찔려 말 아래 떨어졌다. 이를 본 둘째아들 한요(韓瑤)가 칼을 휘두르며 나오고 셋째아들 한경(韓瓊)도 방천극을 겨누며 나왔다. 심지어 넷째아들 한기(韓琪)마저도 두 자루 일월도를 춤추며 나와 조운을 에워싸고 공격을 했다. 조운은 정신을 바싹 차리고 싸워 둘을 죽이고 나머지 하나마저 생포했다. 이 광경을 지켜본 한덕은 어찌나 놀랐는지 간담이 내려앉아 진 안으로 달아나고 말았다. 적군을 크게 무찌르고 돌아오자 등지가 조운을 축하하며, "장군께선 연세가 칠순인데 영용하기가 조금도 변함없군요. 오늘 진 앞에서 네 장수를 죽인 일은 세상에서 보기 드문 일입니다."라고 했다. 이 장면에 나오는 시이다.

제93회
왕랑을 꾸짖어 죽이다

군마 이끌고 서진 땅 출정하여
걸출한 재주로 만 인을 대적하네.
예리한 세 치 혀 가볍게 움직여
늙은 간신 꾸짖어 죽게 만드네.

兵馬出西秦　雄才敵萬人
병마출서진　웅재적만인
輕搖三寸舌　罵死老奸臣
경요삼촌설　매사노간신

주

◆서진(西秦) : 16국 중 하나로 서진은 오늘날의 감숙성(甘肅省) 서남부 지역을 점거하고 있었다. ◆경요(輕搖) : 가볍게 움직인다는 뜻이다.

감상과 해설

제갈량이 위나라를 공격하여 연달아 3개의 군을 함락한다. 크게 놀란 위나라 조정에선 조진을 대도독으로, 왕랑을 군사로 삼아 구원군을 출전시켰다. 왕랑은 박학다재한데다 조위 새 조정의 원로대신으로, 나이가 이미 76세임에도 불구하고 자원 출정한다. 마침내 양쪽 군사들이 대진하자 말을 탄 왕랑이 앞으로 나아가 능란한 말솜씨로 제갈량에게 힐문한다. 먼저 자연의 이치와 역사적 사실을 열거하고 조위에 귀순하는 것이 천리(天理)에 순응하는 일이라고 역설한다. 그러나 제갈량은 코웃음을 치면서 칼날 같은 언변으로 반박한다. 종묘사직을 무너뜨리는 역도의 편에 빌붙어 불충 불효하는 난신적자로 몰아붙이며 장차 죽으면 지하에 있는 24명의 황제들을 무슨 낯으로 대할 것이냐고 공박하자 왕랑은 그만 기가 차고 가슴이 막혔다. 결국 외마디 비명을 지르고는 그대로 말 아래로 굴러 떨어져 죽는다. 비록 이 이야기는 허구에 속하지만 걸출한 제갈량의 언변과 지혜를 뚜렷이 부각시켰다.

제95회
공성계

석 자 길이 거문고로 대군을 이겨내니
제갈량이 서성에서 적을 물리칠 때라.
십오 만 군사가 말머리 돌리던 곳을
현지인들 지금도 손짓하며 의심하네.

瑤琴三尺勝雄師　諸葛西城退敵時
요금삼척승웅사　제갈서성퇴적시
十五萬人回馬處　土人指點到今疑
십오만인회마처　토인지점도금의

주

◆요금(瑤琴) : 옥으로 장식한 거문고. 고금(古琴)의 범칭이다. ◆웅사(雄師) : 사마의가 이끄는 위군을 가리킨다. ◆서성(西城) : 옛 현의 이름으로 서현(西縣)을 가리킨다. 오늘날의 감숙성 천수시(天水市) 서남쪽이다. ◆회마처(回馬處) : 말머리를 돌려 퇴각한 곳으로, 서성의 성문 아래를 가리킨다. ◆토인(土人) : 토착인. 그곳 사람들. ◆도금의(到今疑) : 제갈량의 공성계(空城計)는 허구이다. 그래서 당지인(當地人)들은 이 전고에 대해 의심을 하고 있다는 말이다.

381

감상과 해설

기산(祁山)으로 나아가 서량의 강병(羌兵)들을 깨뜨리고 하후무(夏侯楙)를 사로잡았으며 강유(姜維)를 귀순시키고 남안(南安)과 천수, 안정(安定) 등 세 군을 탈취하며 승승장구하던 제갈량은 예상치 못한 마속(馬謖)의 실수 하나로 전체 전황이 갑자기 역전되기에 이른다. 더 이상 만회하기 어려운 상황을 맞은 제갈량은 관흥과 장포에게 명하여 각기 3천 병마를 이끌고 무공산(武功山) 오솔길에 매복하게 하고, 장익(張翼)에게는 군사를 데리고 검각(劍閣)의 잔도(棧道)를 수리하라 명하고 강유와 마대(馬岱)에게는 뒤를 끊게 했다. 그리고 자신이 거느린 5천 명의 군사도 반으로 나누어 군량과 말먹이를 옮기게 하고 신변에는 오직 일반 문관과 2천 5백의 군사만 남겨 서성을 지켰다. 사마의의 대군 15만이 서성을 향해 벌떼처럼 몰려든다는 보고를 접하자 옆에 있던 관리들은 실색을 한다. 싸우려 해도 싸울 능력이 못되고 지키려 해도 지킬 형편이 아니었다. 성루로 올라가 바라보니 과연 위군이 일으키는 먼지가 하늘을 가득 덮고 있었다. 절체절명의 위기를 맞이한 제갈량은 군사들에게 깃발을 감추고 성위에 있는 각자의 방어구역을 잘 지키라고 이른 뒤, 성의 4개 대문을 활짝 열고 문마다 스무 명의 군사들로 하여금 백성으로 변장시켜 물을 뿌리며 길을 쓸되 위군이 오더라도 경거망동하지 말라고 당부했다. 이윽고 학창의(鶴氅衣)를 걸치고 관건을 쓴 제갈량은 두 명의 어린 동자를 데리고 거문고를 안고 성위의 적루(敵樓)로 올라가 난간에 기대어 향을 사르며 거문고를 타기 시작했다. 이를 본 사마의는 크게 의심이 일었다. 평소 신중을 기본으로 결코 모험을 하지 않는 제갈량이 성문을 활짝 열어놓고 있다는 건 반드시 매복을 설치했으리라 판단한 것이다. 결국 사마의는 대군을 물린다.

나중에야 사실의 내막을 알게 된 사마의는 뒤늦은 후회를 하게 되지만, 공성계(空城計)야말로 사마의의 성격과 사유방식을 완전히 파악한 제갈량의 절묘한 계책이었다. 결국 사마의가, "내 재주는 제갈량을 따라갈 수가 없구나!"라고 탄식을 하게함으로써 제갈량의 지모가 사마의를 훨씬 능가한다는 사실을 부각시키고 있다. 물론 공성계는 『삼국지연의』상의 허구이다. 그러나 이 이야기는 너무나 많은 사람들에게 알려져 역사상의 전고처럼 인식되고 있다.

제96회
울며 마속의 목을 베다

가정을 지키지 못한 죄 가볍지 아니하니
마속이 헛되이 떠벌인 병법 한탄스럽구나.
원문에서 머리 베어 엄한 군법 밝히더니
눈물 뿌리며 다시금 선제 밝음 생각하네.

失守街亭罪不輕　堪嗟馬謖枉談兵
실 수 가 정 죄 불 경　감 차 마 속 왕 담 병
轅門斬首嚴軍法　拭淚猶思先帝明
원 문 참 수 엄 군 법　식 루 유 사 선 제 명

주

◆가정(街亭) : 일명 가천정(街泉亭)이라고도 한다. 지금의 감숙성 장랑(庄浪) 동남쪽에 있었던 지명이다. ◆감차(堪嗟) : 탄식하다. 한탄하다. ◆왕(枉) : 헛되이. 공연히 ◆원문(轅門) : 병사를 거느린 장수의 영문(營門)을 가리킨다. ◆식루유사선제명(拭淚猶思先帝明) : 일찍이 유비가 제갈량에게, "마속은 말이 과장되어 사실과 맞지 않으니, 크게 써서는 안 되오."라고 주의를 준 적이 있었다. 제갈량은 마속을 죽이면서 유비가 했던 말을 기억하고는 눈물을 흘렸다. 식(拭)은 씻다, 닦다는 의미이다.

감상과 해설

마속이 가정을 잃게 된 사건은 제갈량의 첫 번째 북벌을 완전히 망치고 말았다. 제갈량은 마속을 무척 아꼈으나, 그를 죽이지 않고는 전군의 기강을 바로잡을 수가 없었다. 결국 제갈량은 눈물을 뿌리며 마속을 참수한다.

마속은 자(字)가 유상(幼常)으로, 양양 선성(宣城) 출신이었다. 형주 종사의 신분으로 유비를 따라 촉으로 들어왔으며, 현령과 태수 등을 역임했다. 재주가 뛰어나고 모략에 정통해, 제갈량이 큰 그릇이라 보고 매우 중하게 여기며 종종 군사일과 전법에 관한 토론으로 함께 밤을 새우곤 했다. 제갈량이 남으로 맹획을 칠 때, 무력을 이용한 점령보다는 마음으로 복종토록 하는 것이 진정한 승리라는 말을 한 것도 마속이요, 조예(曹叡)가 사마의의 병권을 삭탈토록 한 일도 마속의 머리에서 나온 이간계(離間計)였다. 하지만 그는 일개 서생에 불과했을 뿐 유능한 지휘관은 되지못했다. 병서에 통달하고 전법을 깊이 연구하여 이론으로는 당할 자가 없었지만 막상 실제 전장에서는 엄청난 과오를 저지르고 만 것이다.

마속을 참하는 과정에서 제갈량은 세 차례나 울게 된다. 첫 번째는 자식처럼 아끼던 마속을 형장으로 보내며 울고, 그 다음은 장완에게 마속을 죽이지 않으면 안 될 안타까운 이유를 설명하면서 운다. 마지막으로는 무사가 마속의 수급을 계단 아래에 바치자 대성통곡을 하는데, 이것은 선제 유비의 당부를 생각하고 뿌린 눈물이었다. 백제성에서 임종을 맞이한 유비는 신변 가까이 있는 마속을 물리치고 제갈량에게 물었다. "승상은 마속의 재주를 어떻게 생각하오?" 제갈량이 대답하기를, "그 사람은 당세에 보기 드문 영재입니다."라고 했다. 그러자 유비는, "그렇지 않소. 짐이 보건대 마속은 말이 행동보다 앞서니 크게 써서는 아니 될 인물이오."라고 했다. 백전노장인 유비는 이미 마속의 약점을 훤히 꿰뚫어보고 있었던 것이다. 그래서 제갈량은 자신의 뼈아픈 실수를 질책하며 그토록 통곡을 한 것이다.

제97회
조운의 죽음

상산 땅에 범 같은 장수가 있어
슬기와 용맹 관우 장비와 맞먹었네.
한수에서는 뛰어난 공훈을 남겼고
당양 땅에선 그 이름을 드날렸네.

두 차례나 나이 어린 주인 구하며
일념으로 선제 은혜에 보답했네.
절개와 충성심 청사에 기록되니
당연히 백세토록 그 향기 전하리.

常山有虎將　智勇匹關張
상 산 유 호 장　지 용 필 관 장
漢水功勳在　當陽姓字彰
한 수 공 훈 재　당 양 성 자 창
兩番扶幼主　一念答先皇
양 번 부 유 주　일 념 답 선 황
靑史書忠烈　應流百世芳
청 사 서 충 렬　응 유 백 세 방

주

◆필(匹) : 상당하다. 같다.　◆창(彰) : 드러내다. 드날리다.　◆양번(兩番) : 『삼국지

연의』 제41회에서 조운이 적진에서 좌충우돌하며 어린 주인(유선)을 구했고, 제 61회에서 강을 가로 질러 유선을 구한 일을 말한다. ◆일념(一念) : 한 가지 생각. ◆유백세방(流百世芳) : 압운 때문에 도치되었다. 유방백세(流芳百世)가 마땅하다.

감상과 해설

1차 북벌에 실패했던 제갈량이 재차 「출사표」를 올린 뒤 위를 칠 계책을 협의하고 있었다. 그런데 별안간 일진광풍이 불어오더니 마당에 있는 소나무 가지가 뚝 부러졌다. 잠시 후 조운의 아들 조통(趙統)과 조광(趙廣)이 달려와 조운의 부음을 알린다. 소식을 접한 제갈량이, "자룡이 죽었으니 나라에선 기둥을 잃고, 나로서는 한쪽 팔이 달아났구나!"하고 발을 구르며 울자, 여러 장수도 다 함께 눈물을 흘렸다.

『삼국지연의』 중에 조운에 대한 찬양 시가는 모두 5수가 나오는데, 그 중에서도 3수가 후주를 구하는 내용이다. 이 시도 조운이 세운 기타 여러 공훈은 제쳐두고 두 차례에 걸쳐 어린 주인을 구한 공적을 노래함으로써 충(忠)을 강조하고 있다.

조운은 『삼국지연의』에 출현하는 인물 중에서도 가장 완벽한 무장 중의 한 사람이다. 억세고 오만한 관우에 비하면 겸손하고 부드러우며, 거칠고 힘센 장비와 비교하면 순하면서 힘이 세다. 그리고 관우, 장비와 함께 유비를 추종하면서 생사를 초월한 충의를 보여주고 있다. 뿐만 아니라 관우와 장비를 능가하는 담력과 식견으로 정치상의 원모심려를 보여주기도 하는데, 열거하자면 네 가지이다. 그 첫째는 계양(桂陽)을 취한 후 조범(趙範)의 형수를 거절함으로써 사적인 일보다 공적인 일을 중시했다는 점이고, 둘째는 익주 진입 후 유비가 성 밖의 토지와 주택을 공신들에게 분배하고자 했을 때 앞장서서 반대한 일이며, 셋째로는 유비가 융중결책을 무시하고 사적인 원한에 눈이 멀어 동오 정벌을 감행했을 때 목숨을 걸고 간언한 일이다. 넷째로는 제1차 북벌 때 세운 공으로 받은 황금 50근과 비단 1만 필을 부고에 넣어두었다가 겨울이 되자 장졸들의 의복을 지어 입게 한 일이다. 그래서 무용과 담력, 식견에다 덕과 재주를 아우른 걸출한 무장이요, 정치가적 기질까지 겸한 인물로 묘사되어 있다. 이 때문에 제갈량은 긴급사항이 발생할 때마다 조운에게 특수임무를 부과했으니, 남병산에서 동풍을 빌 때, 유비가 동오로 건너가 혼인을 할 때, 제갈량이 주유의 영전에 나아가 문상을 할 때 모두 조운이 호위를 맡았다. 그래서 그런지 관우가 죽었다는 소식에는 별 반응을 보이지 않던 제갈량도 조운의 죽음 앞에서는 발을 구르며 대성통곡을 했던 것이다.

조운의 두 아들이 성도로 가서 상고(喪故)를 아뢰자, 후주 유선도 크게 울면서, "짐이 어렸을 적에 자룡이 아니었다면 난군 중에 죽었을 거요."라고 했다. 그리고는 즉시 조서를 내려 대장군에 추증하는 한편 순평후(順平侯)라는 시호를 내려 성도 금병산(錦屛山) 동쪽에 장사지내고 사당을 세워 계절마다 제사를 드리게 했다.

제98회
공명이 묘책으로 왕쌍을 베다

공명의 묘계 손빈과 방연을 능가하니
삼태의 주성처럼 밝게 촉한을 비추었지.
전진과 후퇴 전술 귀신조차 모르러니
진창길 어귀에서 왕쌍의 목을 베었네.

孔明妙算勝孫龐　　耿若長星照一方
공 명 묘 산 승 손 방　　경 약 장 성 조 일 방
進退行兵神莫測　　陳倉道口斬王雙
진 퇴 행 병 신 막 측　　진 창 도 구 참 왕 쌍

주

◆손방(孫龐) : 전국시대의 저명한 군사전략가 손빈(孫臏)과 방연(龐涓)을 뜻한다. 두 사람은 귀곡자(鬼谷子) 왕후(王珝)에게 병법을 배운 동문 사이였다. 먼저 출사하여 위나라의 장군이 된 방연은 손빈의 능력을 시기해 그를 함정에 빠트렸다. 그러나 앉은뱅이가 된 손빈은 탈출하여 제나라의 군사가 된다. 훗날 마릉(馬陵)전투에서 손빈의 함정에 빠진 방연은 비참한 최후를 맞이한다. ◆경(耿) : 밝다. ◆장성(長星) : 혜성의 별명으로 쓰기도 하고, 삼태성의 주성이기도 하다. 삼태성은 패(孛)와 혜(彗), 장(長)의 세 별로 이루어졌는데, 장성이 주성이고 패와 혜는 객성(客星)이다. 삼태는 삼공(三公)의 뜻으로도 쓰인다. 장성은 그 빛이 아득하며 크기도 하고 작기도 하는 등 변화막측하다. ◆진창(陳倉) : 옛 현의 이름으로 사례주(司隸州) 우부풍군(右扶風郡)에 속했으며, 섬서성 보계시(寶鷄市) 동쪽에 위치했다.

감상과 해설

제2차 북벌 시기였다. 제갈량은 위연을 전부선봉으로 삼아 진창(陳倉) 길목을 향하여 좁은 길로 달려가게 했다. 그러나 위장 학소(郝昭)가 선수를 쳐서 성을 쌓고 기다리고 있었다. 이 사실을 탐지한 촉군에서는 진창을 버리고 태백령(太白嶺) 산길을 타서 기산으로 진격하자는 건의가 있었다. 그러나 제갈량은 진창을 공략할 뜻을 굽히지 않았다. 촉군은 위군의 열 배가 넘는 대군으로 20여 일 동안이나 맹공을 퍼부었지만 성과가 없었다. 이때 위군 측에서 대장 왕쌍(王雙)을 보내어 접응케 하니, 하는 수 없이 제갈량은 야곡을 통하여 기산으로 진격하자는 강유의 건의를 받아들인다. 그러나 군량운반로인 진창길이 막힌 촉군은 끝내 한 달을 버티지 못하고 퇴군할 처지가 된다. 그런데 여러 부대 중에서도 진창에 남아 왕쌍과 대치하고 있던 위연의 안위가 문제였다. 이에 제갈량은 사람을 시켜 위연에게 은밀한 계책을 전했다. 즉 30여 기의 복병을 미리 왕쌍의 진영 옆에 매복시켜 놓았다가, 왕쌍이 군대를 일으켜 위연을 쫓아가면, 복병이 그 틈을 노려 위군 영채에 불을 지르게 하고, 왕쌍이 당황하거든 그 기회를 놓치지 말라는 것이었다. 제갈량의 계책을 받은 위연은 그날 밤 2경에 영채를 거두어 한중으로 돌아가는 척 연극을 꾸며 왕쌍을 유인한 뒤 지시대로 영채에 불을 놓아, 결국 왕쌍을 처치하는데 성공한다.

사실상 제2차 북벌에서 펼친 제갈량의 용병은 지극히 상식선에서 머물렀고, 조진, 사마의, 곽회(郭淮) 등의 전술에 말려들어 뾰족한 방법을 찾을 수 없었다. 그러나 작가는 왕쌍을 죽인 지엽적이고 작은 승리를 확대하여 제갈량의 형상을 부각시키고 있다. 원본의 시를 모종강이 좀 더 합리적으로 개편했다.

제99회
장포의 죽음

날래고 용맹한 장포 공을 세우려 했지만
가련하게도 하늘이 영웅을 돕지 않았구나.
제갈무후 서쪽 성도 향해 눈물 뿌리는 건
몸 바쳐 도와줄 인재 없음을 근심함일세.

悍勇張苞欲建功　可憐天不助英雄
한용장포욕건공　가련천부조영웅
武侯淚向西風灑　爲念無人佐鞠躬
무후누향서풍쇄　위념무인좌국궁

주

◆서풍(西風) : 한중에서 작전 중이던 제갈량은 장포가 성도에서 죽었다는 소식을 듣고는 서쪽을 향해 애도했다.　◆좌(佐) : 도우다.

감상과 해설

장포는 장비의 아들로 젊고 능력 있는, 마치 범과 같았던 장수였다. 제3차 북벌 때 달아나는 위장 곽회와 손례(孫禮)를 추격하다가 뜻밖에 말과 함께 계곡으로 굴러 떨어져 큰 부상을 입는다. 이때 얻은 병으로 성도로 귀환해 치료를 받았지만 오래지않아 죽고 만다.

『삼국지연의』에서는 유비가 동오정벌을 위해 출정할 때 처음으로 장포가 등장한다. 제3차 북벌 전에 오호대장이 다 죽자 촉한에는 그럴듯한 장수가 없어, '촉중에 대장이 없으니 요화(廖化)가 선봉이 된다.'라는 말이 유행할 지경이었다. 이러한 상황에 범과도 같은 장포가 얼마나 든든했겠는가. 출정 때마다 사륜거를 탄 제갈량을 중심으로 젊은 관흥과 장포가 좌우에서 호위를 했는데, 뜻밖에 장포의 죽음을 접하게 되니, 제갈량은 크게 슬퍼한다. 통곡하고 울다가 피를 토하며 땅바닥에 쓰러져 정신을 잃더니 이로 말미암아 병을 얻어 자리에 눕게 된다. 모든 장수는 제갈량이 그처럼이나 부하의 죽음을 애통해하는 것을 보고 감격하지 않는 사람이 없었다.

제101회
목문도

숨겨놓은 일만 쇠뇌 별처럼 날아들어
목문 길 위의 강병들을 쏘아 죽였네.
지금도 검각으로 지나가는 행인들은
예전의 제갈량 명성 여전히 들먹이네.

伏弩齊飛萬點星　木門道上射雄兵
복 노 제 비 만 점 성　목 문 도 상 사 웅 병
至今劍閣行人過　猶說軍師舊日名
지 금 검 각 행 인 과　유 설 군 사 구 일 명

주

◆노(弩) : 기계로 살을 쏘는 활의 일종으로, 힘이 강해 멀리까지 쏠 수 있으며 그 종류도 많다. 여기서는 화살에 불을 붙인 상태를 가리키는 것 같다. 복노(伏弩)란 숨어있는 쇠뇌 잡이를 뜻한다. ◆목문(木門) : 천수군 서현에 속한 옛 지명으로 지금의 감숙성 예현(禮縣) 동북에 있는 양수(漾水) 북쪽 언덕을 말한다. ◆검각(劍閣) : 검문도(劍門道)를 의미한다. 지금의 사천성 검각현 동북쪽 대검산(大劍山)과 소검산(小劍山) 사이에 위치한다. 제갈량이 수축하였다고 전해지는데, 사천성과 섬서성 사이의 주요통로이며 군사적 요충지이다. 『삼국지연의』 제101회에 검각목문도(劍閣木門道)라는 말이 나오는데, 검각은 사천성에 있고 목문은 감숙성에 위치해 있다. 그래서 학자에 따라선 작가의 오기라고 보기도 한다. 하지만 사실은 그렇지 아니하다. 예전의 검각도에 대한 개념은 단지 검문관 일대를 말했지

만, 후대로 내려오며 역사가들의 시각은 넓어졌다. 촉한 건흥(建興)년 사이 제갈량이 북벌을 위해 금우도(金牛道) 잔각(棧閣)을 대규모로 확장시켰는데 이 금우도를 검각도라고도 불렀다. 하흥명(何興明)의 『취운랑대관(翠雲廊大觀)』에 의하면, 이 공사를 진행하며 금우도 상부에 새로운 도로를 열었는데, 이 길은 소화현성(昭化縣城)을 출발하여 북으로 광원(廣元)과 조관(朝關)을 거치고 칠반관(七盤關)을 넘어 섬서성 영강현(寧强縣) 경계에 이르렀다가 다시 지금의 면현(勉縣)까지 도달한다고 하였다. 이상에서 언급한 도로를 널리 일러 검각목문도라고 한다. ◆군사(軍師) : 제갈량을 뜻한다.

감상과 해설

제5차 북벌 때였다. 초전에서 제갈량이 승리를 거두자 사마의는 성을 굳게 지키며 싸우지 않는 책략을 택한다. 여러 달을 대치했는데, 돌연 동오에서 촉을 공격하려는 기미가 보인다는 급보가 도착한다. 크게 놀란 제갈량은 서둘러 안전하게 퇴군할 방안을 세운다. 그 사실을 모르고 퇴군하는 촉군을 쫓던 장합은 제갈량이 설치한 목문도 함정에 걸려 결국 화살을 맞고 죽는다.

장합은 삼국시대의 명장이다. 조위 정권을 위해 목숨을 걸고 싸워 수많은 공을 세움으로써 조위 삼대에 걸쳐 크게 신임을 얻는다. 제갈량도 그의 뛰어난 장재를 인정하여 장비가 아니면 맞설 사람이 없다고 하였고, 유비도 하후연 따위와는 비교도 할 수 없는 명장이라고 평가했다.

퇴군한 촉군의 뒤를 추격하던 장합은, 위연의 유인책에 말려들어 목문 길 어귀에 도착한다. 날은 이미 저물어 사방은 캄캄한데, 돌연 일성 포향이 울리더니 산 위에서 불길이 하늘을 찌를 듯 솟구치고, 큰 돌과 통나무가 어지럽게 굴러내려 앞길을 막아버린다. 크게 놀란 장합이 계략에 빠진 것을 알고 급히 말머리를 돌리려 했으나 때는 이미 늦었다. 어느새 뒤편의 퇴로도 막혀있었고, 중간에 겨우 조그만 공지가 남아있을 뿐이었다. 양쪽의 산은 모두 깎아지른 절벽이라 진퇴양난에 빠졌는데, 갑자기 "쾅!"하고 포 소리가 울리더니 절벽 양편에서 1만 개의 쇠뇌가 일제히 쏟아졌다. 결국 장합은 1백이 넘는 부하들과 함께 목문 골짜기에서 비 오듯 날아드는 화살을 맞고 죽는다.

제102회
관흥의 죽음

태어나고 죽는다는 것은 인생의 철칙이니
하루살이와 같이 허망하기가 짝이 없구나.
오직 세상에 남길 것은 충효의 절개뿐이니
어찌 왕자교 적송자 같은 수명이 필요하랴!

生死人常理　蜉蝣一樣空
생사인상리　부유일양공
但存忠孝節　何必壽喬松
단존충효절　하필수교송

주

◆상리(常理) : 영원불변하는 이치를 뜻한다.　◆부유(蜉蝣) : 벌레 이름으로, 하루살이과의 잠자리처럼 작은 곤충이다. 여름과 가을에 물가에서 떼 지어 나는데 산란 후 몇 시간 안에 죽는다.　◆교송(喬松) : 왕자교(王子喬)와 적송자(赤松子)를 뜻한다. 이 둘은 전설에 나오는 불로불사(不老不死)의 선인이다.

감상과 해설

이 시에서는 관흥의 장재(將材)나 공적을 일체 언급하지 않았지만, 충효와 절의의 중함을 강조함으로써 간접적으로 관흥을 찬양하고 있다.

천문에 밝은 태사(太史) 초주가 하늘의 불길한 징조들을 보고 제갈량에게 수비만 해야 하며 함부로 움직여선 아니 된다고 하자, 제갈량이 대답한다. "나는 선제의 지중하신 부탁을 받았으니 힘을 다해 역적을 토벌해야 하오. 어찌 허망한 이변 때문에 국가대사를 그만둘 수 있겠소?" 그리고는 소열황제 사당에 태뢰제(太牢祭)를 올리도록 명한 뒤 눈물을 흘리며 절하고 제6차 북벌을 고했다. 제사를 마치자 제갈량은 후주에게 작별인사를 드리고 밤을 도와 한중으로 와서 출정을 협의하고 있는데, 돌연 관흥이 병으로 죽었다는 통보가 왔다. 크게 울다가 정신을 잃고 쓰러졌다가 한참 뒤에 깨어나자 여러 장수들이 재삼 몸을 돌보라고 권유한다. 제갈량이 탄식하며 말했다. "불쌍하구나! 충의로운 사람에게 하늘이 수(壽)를 주지 않으시니, 이번 출정에 또 한 명의 대장이 줄어들었구나!"

출정 전에 대장을 잃는 것은 하늘의 뜻으로, 하늘의 뜻을 거스르면 아무 것도 이룰 수 없다는 천명사상을 암시하고 있다.

제102회
목우유마

검문관 가파른 길에선 유마를 몰고
구불구불한 야곡엔 목우를 부리네.
후세에 만약 이 방법 쓸 수 있다면
물건수송 어찌 근심거리가 되리요?

劍關險峻驅流馬　　斜谷崎嶇駕木牛
검 관 험 준 구 유 마　　야 곡 기 구 가 목 우
後世若能行此法　　輸將安得使人愁
후 세 약 능 행 차 법　　수 장 안 득 사 인 수

주

◆검관(劍關) : 검문진(劍門鎭) 30Km 지점에 위치했다. 대검산의 깎아지른 절벽이 중간쯤에서 뚝 갈라지고, 양쪽 절벽 사이에 일부러 문을 낸 것처럼 공간이 뚫려 있었는데, 주위의 암벽 봉우리들이 마치 검(劍)을 세워놓은 것처럼 날카롭게 늘어서있어 검문관(劍門關)이라고도 불렀다. ◆목우, 유마(木牛流馬) : 운반도구의 일종이다. 전하는 바에 의하면 제갈량이 제작한 규격이 다른 두 종류의 수레이다. 목재로 제작하여 사람이 밀거나 당겼는데, 촉군은 이를 이용하여 양초를 운반했다. ◆야곡(斜谷) : 섬서성 종남산(終南山)의 북쪽 골짜기 입구를 말한다. 남쪽 입구는 포곡(褒谷)이라고도 한다. 즉 포야도(褒斜道)로 관중과 한중간의 요로로서 제갈량의 육출기산(六出祁山)은 이 길을 따라 북상하게 된다. ◆수(輸) : 수송(輸送). 여기서는 공급(供給)을 의미한다.

감상과 해설

제갈량의 북벌로엔 진령(秦嶺)산맥이 가로막고 있어, 가장 난처한 문제는 군량과 말먹이 풀의 운반이었다. 군량이 떨어지면 자연히 퇴각하게 되므로, 여러 차례 결행된 북벌에서 사마의는 번번이 수성을 기본으로 하는 장기전을 펼치곤 했다. 고대 전투에선 군량조달이 가장 중요한 문제였으므로 제6차 북벌 때는 제갈량이 '목우유마'라는 운송도구를 발명하기에 이른다. 호로곡(葫蘆谷) 일대를 둘러보던 제갈량은 두예(杜叡)와 호충(胡忠)을 불러 은밀하게 계책을 지시하고 1천여 명의 종군 목수를 불러 모아 목우(木牛, 외바퀴 수레)와 유마(流馬, 네 바퀴 수레)를 만들게 했다. 며칠이 지나 목우와 유마의 제작이 완료되었는데, 마치 살아있는 짐승과 같았다. 산을 오르고 고개를 내려가는 데도 매우 편리하여 군사들이 몹시 기뻐했다. 제갈량은 우장군(右將軍) 고상(高翔)에게 1천 명의 군사를 이끌고 목우와 유마를 이용해 검각에서 기산 본영까지 군량과 말먹이를 공급하도록 했다.

목우유마의 장점은 3가지였다. 그 첫째는 무엇보다 운반 속도가 빠르다는 점이었고, 그 다음은 양초 운반에 배치되는 군사 인원을 감소시킬 수 있다는 점이었으며, 마지막으로 운송에 이용되는 가축이나 병졸의 식용 양초를 줄일 수 있는 점이었다. 그러나 이러한 노력에도 불구하고 제갈량의 북벌은 성공을 거두지 못한다. 전쟁의 승패요소는 결코 군량 운반 문제 하나만으로 해결되지 않음을 보여주는 것이다.

제103회
사마의를 불태우려 하다

상방곡 입구로 광풍이 불고 화염이 치솟는데
어찌 알았으랴 푸른 하늘에 소나기 쏟아질 줄.
제갈무후의 묘한 계책이 만약에 이루어졌다면
천하 강산이 어찌 진나라 소유가 되었겠는가!

谷口風狂烈焰飄　何期驟雨降青霄
곡구풍광열염표　하기취우강청소
武侯妙計如能就　安得山河屬晋朝
무후묘계여능취　안득산하속진조

주

◆하기(何期) : 하(何)는 어찌, 기(期)는 예상하다를 뜻한다.　◆청소(青霄) : 푸른 하늘. 높은 하늘.　◆취(就) : 성공.　◆안득(安得) : 어떻게. 어디.

감상과 해설

제갈량은 사마의를 죽일 계책을 세운다. 바로 사마의를 상방곡(上方谷)으로 유인해 화공으로 불태워 죽이는 것이었다. 제갈량이 산 위에서 내려다보니 위연이 사마의를 유인하여 상방곡으로 들어갔다. 사마의 삼부자가 골짜기에 들어서자, 미리 산 위에 대기하고 있던 촉병들이 일제히 불 다발을 떨어뜨렸다. 골짜기 어귀가 불구덩이가 되고 달아날 길이 막혀버렸다. 이에 제갈량은 이번만큼은 꼭 사마의를 죽일 수 있겠다며 속으로 쾌재를 불렀다. 산 위에서는 연이어 불화살이 쏟아져 내리고 일제히 지뢰가 폭발했다. 쌓아놓은 마른 나무에도 불이 붙어 불꽃은 무서운 소리를 내며 하늘 높이 치솟았다. 불바다에 갇힌 사마의는 두 아들을 끌어안고 통곡을 했다. "우리 삼부자가 모두 여기서 죽는구나!" 그런데 이게 웬일인가! 맑고 깨끗하던 하늘이 갑자기 우르릉거리더니 시커먼 구름이 몰려들고 물동이로 퍼붓듯 소나기가 쏟아져 골짜기의 불을 모조리 꺼버렸다. 그러자 더 이상 지뢰도 터지지 않고 그토록 거세게 타오르던 불길도 힘을 잃고 말았다. 이에 제갈량이 탄식하며 말했다. "계획은 사람이 세우나 일의 성패는 하늘에 달렸다더니, 억지로 무엇을 하려 해서는 안 되는구나!" 사람의 노력이 기적을 창조하기도 하지만 하늘의 변화 앞에서는 무력할 수밖에 없다. 사마의 부자의 절로봉생(絶路逢生)이 어찌 천명이 아니겠는가? 마지막 2구는 만당(晩唐)의 시인 두목의 영향을 받은 듯하다.

제104회
제갈량의 죽음

간밤에 장성이 본영 앞에 떨어지더니
선생께서 돌아가신 부음 오늘에 듣네.
군막에는 호령하시던 소리 들리지 않고
기린각엔 공훈 세운 이름만 뚜렷하네.

문하의 삼천 객을 부질없이 남겨놓고
가슴에 품은 십만 군사도 저버렸구려.
녹음이 보기 좋은 맑은 날 한낮인데
이제 다시 그 노랫소리 들을 길 없네.

長星昨夜墜前營　訃報先生此日傾
장성작야추전영　부보선생차일경
虎帳不聞施號令　麟臺惟顯著勳名
호장불문시호령　인대유현저훈명
空餘門下三千客　辜負胸中十萬兵
공여문하삼천객　고부흉중십만병
好看綠陰淸晝裡　於今無復雅歌聲
호간녹음청주리　어금무부아가성

주

◆부보(訃報) : 사람이 죽은 사실을 알리는 것을 말한다.　◆선생(先生) : 제갈량을

뜻한다. ◆경(傾) : 여기에서는 죽음을 의미한다. ◆인대(麟臺) : 기린각(麒麟閣)의 별칭으로 전한시기 미앙궁(未央宮)에 있던 누각을 말한다. 역대 공신들의 화상을 안치하고 그 공훈을 기린 곳이다. 여기서는 제갈량이 촉한 공신 중에서도 그 공훈이 탁월하고 영원함을 비유한다. ◆삼천객(三千客) : 전국시대 네 공자(公子), 즉 신릉군(信陵君)과 맹상군(孟嘗君), 평원군(平原君)과 춘신군(春申君)을 말한다. 이들은 널리 인재를 모았는데, 각기 3천 명의 문객이 있었다고 한다. 여기서는 제갈량이 직접 양성한 수많은 인재들을 지칭한다. ◆고부(辜負) : 저버리다. 배반하다. ◆아가(雅歌) : 『시경』의 아시(雅詩). 고상하고 우아한 노래이다.

감상과 해설

제갈량이 오장원에 군사를 주둔시키자 사마의는 굳게 지키고 나오지 않는다. 여러 달을 대치하며 지루한 전황이 계속되었는데, 위군을 협공하기로 한 동오의 육손마저 사세가 불리하다는 이유로 퇴군하고 만다. 이 소식을 전해들은 제갈량은 장탄 일성을 내지르며 그 자리에서 혼절하고 만다. 그날 밤 늦은 시각에 병을 무릅쓰고 군막 밖으로 나간 제갈량은 천문을 살피고 나서 자각한다. "내 명이 다 되었구나!" 촉한 건흥 12년(서기 234년) 추팔 월 스무사흘 날 죽으니, 당시 나이 54세였다.

제갈량이 삼국역사 무대에서 활약한 기간은 모두 27년이었다. 『삼국지연의』에선 융중결책에서부터 제104회 '큰 별이 떨어지다'는 줄거리까지 장장 66개의 장회(章回), 즉 전체 120회 분량의 반 이상이란 편폭을 할애하여 그의 활동을 묘사하고 있다. 이 부분이야말로 삼국정립이 형성되고 발전한 시기로, 위·촉·오가 가장 격렬하게 각축을 벌이던 단계였다. 제갈량은 이 삼분천하 역사변천의 격류 가운데 우뚝 서서 수레바퀴의 축과 사직의 동량 역할을 충실히 수행하면서 가장 정채로운 부분을 장식한 진정한 주인공이었다. 그래서 작가는 전심전력을 기울여 제갈량을 무소불위(無所不爲)의 신과 같은 형상으로 빚어내었다.

제갈량은 양의(楊儀)에게 자신이 죽고 난 뒤의 일을 당부하고 밖으로 나와 북두칠성을 우러러보았다. 그리고 별 하나를 가리키며, "저것이 나의 장성이다."

라고 말했다. 여러 사람이 바라보니 어둡고 희미한 별이 금방 추락할 것처럼 흔들리고 있었다. 제갈량은 검을 들어 가리키며 입으로 주문을 외웠다. 그리고 즉시 막사로 돌아왔는데, 이미 정신을 잃고 인사불성이었다. 여러 장수가 허둥지둥 어쩔 줄 모르고 있는데, 상서(尙書) 이복(李福)이 다시 왔다가 정신을 잃고 쓰러져 말도 못하는 제갈량을 보고 크게 소리 내어 울며, "내가 국가대사를 그르쳤구나!"라고 했다. 잠시 후 제갈량이 깨어나 이복이 온 것을 보고 말했다. "공이 다시 온 뜻을 알고 있소." 이복이 물었다. "저는 천자의 명을 받들고 승상께서 돌아가신 다음에는 누가 큰일을 맡을만한 사람인지 여쭈어 보러 왔었는데, 너무 서두르다 잊어버려 다시 왔습니다." 제갈량이 답하기를, "내가 죽은 다음 큰일을 맡을 만한 사람이라면 장공염(蔣公琰, 장완)이 마땅할 것이오."라고 했다. 이복이 다시 물었다. "공염의 뒤는 누가 이을 만 하옵니까?" 이에 제갈량이 다시 답했다. "비문위(費文偉, 비의[費禕])가 이을 만 하오." 이복이 또, "문위의 뒤는 누가 이어야 합니까?"라고 묻는데 제갈량은 대답하지 않았다. 여러 장수가 다가가서 보니 이미 숨이 끊어져 있었다. 후세에 두보가 칠율시를 지어 한탄했다.

제104회
충의로운 마음

선생은 종적 감추고 산속에 누워 있다가
세 차례나 찾아주시는 성군을 만났네.
고기가 남양에 이르러 비로소 물을 얻고
용이 하늘로 오르자 곧바로 비를 뿌리네.

어린 아들 부탁하며 은근한 예를 다하니
충과 의 더욱 다 바쳐 나라에 보답했네.
앞뒤로 올린 출사표 세상에 남아 전하니
한 번 읽으면 눈물 흘러 옷깃을 적시누나.

先生晦迹臥山林　三顧那逢聖主尋
선생회적와산림　삼고나봉성주심
魚到南陽方得水　龍飛天漢便爲霖
어도남양방득수　용비천한변위림
託孤旣盡殷勤禮　報國還傾忠義心
탁고기진은근례　보국환경충의심
前後出師遺表在　令人一覽淚沾襟
전후출사유표재　영인일람누첨금

주

◆ 회적(晦迹[跡]) : 종적을 숨기다. 은거하다. 당시 제갈량은 남양 등현(鄧縣)의 융

중에 은거하고 있어서 사람들은 그를 와룡선생이라 불렀다. ◆나(那) : 다(多)의 의미이다. ◆천한(天漢) : 은하(銀河). 즉 하늘의 지극히 높은 곳이란 뜻이다. ◆위림(爲霖) : 강우(降雨). 비가 내리다. 림(霖)은 비를 의미한다. ◆은근(殷勤) : 은근(慇懃)을 말한다. 즉 간절한 정을 의미한다. ◆경(傾) : 전부 바치다. ◆전후출사유표(前後出師遺表) : 「출사표」는 출병하기 전 사령관이 군주에게 올리는 상주문(上奏文)이다. 제갈량은 건흥 5년과 6년 사이 북벌하면서 후주에게 두 차례에 걸쳐 상주문을 올렸다.

감상과 해설

제갈량의 죽음에 이르러 연달아 4수의 시가 나오는데, 이 시는 당나라 시인 백낙천(白樂天, 백거이)의 영사시를 차용한 경우이다.

시의 내용은 제갈량의 일생을 두 단계로 나누어 투영하고 있는데, 앞부분에선 초야에 숨어살고 있다가 밝은 주인을 만나 깊은 신임을 받고 크게 웅지를 펼친다는 내용이다. 뒷부분에선 탁고(託孤)의 중임을 받고 진충갈력(盡忠竭力)하여 죽은 후에야 맡은 바 책무를 멈춘다는 내용이다.

제갈량은 여섯 차례 북벌을 나서서 갖은 고초를 겪으면서도 한실을 광복시키겠다는 일편단심을 버린 적이 없었다. 제갈량의 일생은 융중대에서 시작하여 「출사표」에 이르기까지 그 사상 및 실천의 궤적을 형성했다고 할 수 있다. 그것은 그가 견지한 정치노선이자 그 노선을 실현하기 위하여 분투노력한 과정이기도하다.

제104회
제갈량 찬양

난세를 바로잡고 위태로운 주인 받들며
은근한 말씀에 탁고의 중책까지 받았네.
빼어난 재주는 관중과 악의를 능가하고
기묘한 책략은 손무와 오기보다 낫구나.

장중하여라 북벌을 위해 올린 출사표여
당당하기도 하구나 펼쳐놓은 팔진도여.
공처럼 온전하면서도 큰 덕을 지닌 이
고금에 다시 볼 수 없음을 탄식하노라!

撥亂扶危主　殷勤受託孤
발란부위주　은근수탁고
英才過管樂　妙策勝孫吳
영재과관악　묘책승손오
凜凜出師表　堂堂八陣圖
늠름출사표　당당팔진도
如公全盛德　應嘆古今無
여공전성덕　응탄고금무

주

◆ 발란(撥亂) : 난리를 다스리다. 어지러운 세상을 바로 잡다.　　◆ 위주(危主) : 생사

존망의 기로에 처한 유비를 가리킨다. ◆관악(管樂) : 관중과 악의를 뜻한다. ◆손오(孫吳) : 손무(孫武)와 오기(吳起)를 뜻하는데, 춘추전국시대의 저명한 군사가였다. ◆늠름(凜凜) : 엄숙. 장중. ◆팔진도(八陣圖) : 고대의 전투대형(戰鬪隊形) 포진 방법으로, 팔진이란 천(天)·지(地)·풍(風)·운(雲)·비룡(飛龍)·상조(翔鳥)·호익(虎翼)·사반(蛇盤)을 말한다. 과거에는 사람들의 신격화나 견강부회로 말미암아 팔진도가 지나치게 신비화되었지만, 실은 제갈량이 연병(練兵)·행군(行軍)·숙영(宿營)이나 전쟁 중에 다양한 상황과 다양한 작전을 염두에 두고 마련한 부대 통솔 방법일 뿐이다. 장애물을 설치하여 적을 저지하거나 연노(連弩)의 살상 위력을 최대한 살린 것이 팔진도의 특징이다.

감상과 해설

제갈량 사후에 나오는 세 번째 시이다. 이 시는 원진(元稹)의 작품으로, 충군(忠君)·장략(將略)·치술(治術)·수신(修身) 등을 통하여 제갈량의 위대한 인격을 찬양했다.

동일시대에 활약한 다른 인물들, 즉 조조와 주유, 사마의를 위시한 기타 수많은 걸출한 인재들이 그를 따라올 수 없는 원인은 확 트인 넓은 마음과 멸사봉공 정신 그리고 온몸을 바쳐 충의·보국하는 드높은 절개 때문이었다. 도덕과 지혜가 함께 결합된 제갈량의 인격은 자아실현의 기초 위에서 발전했기 때문에 그토록 완미할 수 있었던 것이다. 그래서 적대국인 위주(魏主)조차도 그의 진충보국하는 자세에 감탄하지 않을 수 없었다고 한다. 따라서 중국인들은 제갈량 인격의 심미적 이상을 범 중화민족 문화의 징표로 여기고 역대 문인묵객에서부터 일반 평민들에 이르기까지 모두가 숭앙해 마지않는 것이다.

제104회

죽은 제갈량이 산 중달을 쫓다

장성이 한밤중에 하늘에서 떨어졌건만
달아나며 여전히 살아있다 의심하네.
양평관 밖의 사람들 지금까지 비웃나니
내 머리가 아직 붙어 있느냐 묻던 일을.

長星半夜落天樞　奔走還疑亮未殂
장성반야낙천추　분주환의양미조
關外至今人冷笑　頭顱猶問有和無
관외지금인냉소　두로유문유화무

주

◆천구(天樞) : 북두의 첫 번째 별이다. 여기서는 하늘을 가리킨다. ◆조(殂) : 죽다. ◆관외(關外) : 양평관 밖을 뜻한다. 양평관은 바로 한중 분지 서북쪽의 문인데, 그렇기 때문에 섬서를 가리킨다.

감상과 해설

자신의 죽음을 예감한 제갈량은 일일이 후사를 당부한다. 양의에게 퇴군할 방도와 함께 자신의 목상(木像)을 준비하여 적병을 물리칠 계책을 알려준다. 촉병이 퇴군한다는 정보를 입수한 사마의는 제갈량의 죽음을 직감한다. "공명이 정말 죽었다. 속히 추격하라!" 그리고 스스로 군사를 이끌고 선두에서 쫓는다. 사마의는 멀지않은 곳에 촉병이 움직이는 것으로 보고 전력을 다해 촉군의 영채로 돌진해 들어간다. 이때 갑자기 산 뒤에서 "쿵!"하는 포 소리와 함께 함성이 크게 일어나며 달아나던 촉군들이 눕혔던 깃발을 일으키고 북을 치며 되돌아선다. 숲 사이 바람에 나부끼는 큰 깃발에는 '한승상 무향후 제갈량(漢丞相武鄕侯諸葛亮)'이란 글자가 대문짝만하게 적혀있었다. 얼굴색이 하얗게 질린 사마의가 두 눈을 크게 뜨고 바라보니, 상장 수십 명이 한 대의 사륜거를 에워싸고 나오는데, 수레에는 관건을 쓰고 우선을 들고 학창의를 입은 제갈량이 단정히 앉아있었다. 크게 놀란 사마의는 제갈량의 계략에 빠졌다고 생각하고 급히 말머리를 돌려 달아난다. 혼비백산한 위병들도 갑옷과 투구를 벗어던지고 무기를 버린 채 제각기 목숨을 구해 달아나기 시작한다. 정신없이 50여 리를 달아나던 사마의는 부장들이 말고삐를 잡는 바람에 겨우 멈추어 선다. 그리고는 "내 머리가 아직도 붙어 있느냐?"라고 묻는다.

이 줄거리는 비록 과장이 심하지만 당시 사마의의 심리상태를 분석해보면 역시 적절한 묘사가 아닐 수 없다. 쌍방 간의 장기대치 과정 중 기민하면서도 과감한 제갈량의 전술을 보아온 그는 진심으로 탄복하며 매사에 조심하여 수성 위주를 견지한다. 6차례 북벌에서 그가 취한 전술은 거의 모두가 지키면서 전투를 피해 촉군이 스스로 물러나게 하는 방안이었다. 그래서 제갈량은 의심 많은 사마의의 심리를 역이용한 것이다.

수레 위의 제갈량이 사실은 나무로 깎은 목상임을 알게 된 사마의가 탄식하기를, "나는 제갈량이 살아있는 것만 염두에 두었지, 죽었을 거라곤 생각지도 못했어!"라고 했다. 그래서 촉나라 사람들 사이엔 속담이 생겨났는데, '죽은 제갈량이 산 중달을 쫓았다.'는 말이 바로 그것이다.

제105회
위연의 모반

제갈량이 선견지명으로 위연을 꿰뚫어보니
뒷날 서천을 배반하리란 걸 미리 알았네.
비단주머니 남긴 계책 짐작하기 어려워도
뜻밖에 말 앞에서 마대의 성공 보게 되네.

諸葛先機識魏延　已知日後反西川
제 갈 선 기 식 위 연　이 지 일 후 반 서 천
錦囊遺計人難料　却見成功在馬前
금 낭 유 계 인 난 료　각 견 성 공 재 마 전

주

◆선기(先機) : 일이 발생하기 전을 뜻한다. 선견지명(先見之明). ◆반서천(反西川) : 위연이 투항했을 때, 제갈량은 그의 두상을 보고 반골이 있음을 알았다. 후일 반드시 배반할 것이라며 그의 등용을 반대했었다. ◆재마전(在馬前) : 쌍관어(雙關語)로 전마(戰馬)와 마대(馬岱)를 동시에 가리킨다.

감상과 해설

임종이 가까워진 제갈량은 마대와 양의에게 각각 밀계를 주었다. 제갈량이 죽자 곧바로 위연이 모반을 하였고 마대도 위연을 따른다. 두 사람은 군사를 이끌고 남정(南鄭)을 공격한다. 강유가 양의를 청해 상의하니 양의는, "승상께서 임종 전에 비단 주머니 하나를 주시며 위연이 모반을 하면 위연을 죽일 계책이 들어있다고 하셨으니 그걸 꺼내보아야겠소."라고 한다. 강유가 이끄는 촉군과 위연이 이끄는 반란군이 대치하자 봉함을 뜯어본 양의가 진 앞에 말을 세우고 위연을 가리키며, "네가 말 위에서 누가 감히 나를 죽이겠느냐고 연거푸 세 번 외칠 수 있다면 대장부라 할 만하니 즉시 한중성을 너에게 바치마."라고 한다. 그러나 위연이 첫 번째 고함을 채 외치기도 전에 등 뒤에서, "내가 너를 죽인다!"는 외침과 함께 위연을 칼로 찍어 말 아래로 떨어뜨린 사람이 있었다. 그는 바로 마대였다. 이 역시 임종 전 제갈량이 준 계책이었다.

위연은 촉한에서도 손가락 안에 꼽히는 일급 명장이었다. 촉한 전기에 유비를 따라 몸을 일으킨 후, 촉한 중기에 크게 활약하며 공을 세운다. 특히 오호대장들이 죽은 후에는 분주히 전장을 누비며 다른 어떤 장수도 추종할 수 없는 위치에 우뚝 서게 된다. 그러나 돌과 화살이 나르고 창칼이 부딪치는 수많은 전투 속에서도 살아난 그가 마침내 우군의 칼날 아래 죽임을 당하니, 이 얼마나 비극적인 인물이 아니겠는가!

이 시에서는 위연의 일생에 대한 평가는 전혀 없고 그의 반란을 예견한 제갈량의 능력에만 초점이 맞추어져 있다.

제105회
촉상

제갈 승상의 사당 어느 곳인가 찾아보니
금관성 밖 측백나무 우거진 숲속이라네.
섬돌에 비친 파란 풀은 스스로 봄빛인데
나뭇잎 새 노란 꾀꼬리 공연히 노래하네.

세 번이나 초려 찾아 천하대계 물었기에
두 조정 개국 보좌로 노신의 충성 다했네.
출병하여 이기지 못하고 몸 먼저 죽으니
길이 영웅들이 눈물로 옷깃 적시게 하네.

丞相祠堂何處尋　錦官城外柏森森
승상사당하처심　금관성외백삼삼
映階碧草自春色　隔葉黃鸝空好音
영계벽초자춘색　격엽황리공호음
三顧頻煩天下計　兩朝開濟老臣心
삼고빈번천하계　양조개제노신심
出師未捷身先死　長使英雄淚滿襟
출사미첩신선사　장사영웅누만금

주

◆승상사당(丞相祠堂): 중국 사천성 성도시의 무후사를 가리킨다.　◆금관성(錦官

城) : 성도는 비단 생산지로 유명한데, 고대에는 이곳에 비단 생산에 관한 업무를 전담하는 관리를 두었기에 붙여진 이름이다. ◆양조(兩朝) : 유비와 유선의 양대를 말한다. ◆개제(開濟) : 개(開)는 개창(開創), 제(濟)는 광제(匡濟)의 의미이다. 즉 창업과 치국(治國)을 뜻한다. ◆장(長) : 영원. 늘. 길이.

감상과 해설

후주가 제갈량의 유표(遺表)를 보고나더니 크게 울며 조칙을 내려 좋은 자리를 골라 장사지내라고 명했다. 비의가 아뢰었다. "승상께서 임종하실 때 정군산에 묻어 달라 하시면서 담장도 치지 말고 벽돌이나 석물도 쓰지 말고, 부장품도 일체 넣지 말라고 명하셨습니다." 후주는 그 말에 따라 그 해 10월 좋은 날을 잡아 직접 영구를 정군산으로 호송하여 장사지낸 뒤, 시호를 내려 충무후(忠武侯)라 하고 면양에 사당을 짓고 계절마다 제사를 올리게 했다.

이 시는 당나라 숙종(肅宗) 건원(乾元) 3년(서기 760년) 봄에 두보가 성도에 도착한 지 오래지않아 무후사를 참배하고 지은 절창(絶唱)이다. 무후사는 당나라 이전부터 성도에 있던 유일한 승상 사당이었다. 당대의 승상 무원형(武元衡)이 배도(裵度) 등과 함께 이곳에 비석을 세움으로써 그 당시에 이미 유명한 사당이었다. 그곳에는 오래된 측백나무가 울울창창하게 숲을 이루고 있었는데, 이상은(李商隱)의 시에서도 이런 구절을 찾아볼 수 있다.

두보는 거시적인 측백나무 숲에서부터 차츰 미시적인 계단과 나뭇잎 사이에서 우짖는 꾀꼬리로 접근하고 있다. 그러나 두보가 노래한 당대의 사당은 세월과 함께 사라지거나 수리를 거듭하여 오늘날 우리가 볼 수 있는 건물은 대부분 청나라 때 지은 것이다. 당나라 때 물건이라곤 겨우 삼절비(三絶碑)가 남아 있을 따름이다.

제105회
고적을 읊다

제갈량이란 큰 이름 우주에 드리웠는데
명신의 남은 석상 엄숙하고 청고하구려.
천하를 삼분한 계산과 책략이 치밀하니
드높은 명성과 영예는 만고에 드물구려.

이윤과 여상에 견줘도 공적이 대등하고
확신에 찬 지휘는 소하와 조참도 부끄럽네.
운이 다한 한나라는 끝내 회복 어려워도
뜻 정하고 몸 바치며 군무에 애를 썼네.

諸葛大名垂宇宙   宗臣遺像肅淸高
제 갈 대 명 수 우 주   종 신 유 상 숙 청 고
三分割據紆籌策   萬古雲霄一羽毛
삼 분 할 거 우 주 책   만 고 운 소 일 우 모
伯仲之間見伊呂   指揮若定失蕭曹
백 중 지 간 견 이 려   지 휘 약 정 실 소 조
運移漢祚終難復   志決身殲軍務勞
운 이 한 조 종 난 복   지 결 신 섬 군 무 로

주

◆종신(宗臣) : 종(宗)은 숭앙(崇仰)의 뜻으로 사람들이 우러러보는 훌륭한 신하를

뜻한다. ◆우주책(紆籌策) : 우(紆)는 구불구불함인데, 인신되어 주밀(周密)한 것으로 쓰였다. 즉 계산과 책략이 주도면밀하다는 뜻이다. ◆만고(萬古) : 만고에 보기 드물다는 뜻이다. ◆운소우모(雲霄羽毛) : 난봉(鸞鳳, 빼어난 선비)이 높이 날아 구만 리 하늘에서 홀로 날개를 펴고 빙빙 도는 것을 뜻한다. 우모(羽毛)란 제갈량의 명성과 영예를 나타낸다. ◆백중(伯仲) : 형제. 여기서는 우열을 가릴 수 없는 대등한 관계를 나타낸다. ◆이려(伊呂) : 상나라 탕왕(湯王) 때의 이윤(伊尹)과 주나라 무왕 때의 여상을 가리킨다. 두 사람은 모두 뛰어난 활약을 벌인 개국공신이었다. ◆약정(若定) : 가슴속에 육도삼략이 들어있어 승산이 있는 것을 형용한다. ◆실(失) : 실색(失色)하다는 뜻이다. ◆소조(蕭曹) : 한나라 개국공신인 소하(蕭何)와 조참(曹參)을 가리킨다. 이 구절은 소하, 조참과 비교해도 그들의 부족함이 드러날 정도로 제갈량의 재주가 높다는 뜻이다. ◆운이(運移) : 운명이 바뀌어 나라가 쇠망하다는 뜻이다. ◆한조(漢祚) : 한나라 때의 왕위. ◆신섬(身殲) : 몸이 죽다.

감상과 해설

당나라 대종(代宗) 대력(大曆) 10년(서기 766년)에 시인 두보가 기주에서 무후사를 참배하며 지은 시이다. 시 중에는 사당이나 주변의 경치에 대해선 언급이 없고 제갈량 일생의 공적이나 시인 자신의 감탄을 위주로 노래하고 있다. 두보는 당대의 시인 중에서도 제갈량에 대한 애정이 가장 많았던 사람이었다. 제갈량을 찬양한 시 또한 제일 많이 지었는데, 『삼국지연의』의 작가도 두보와 동일한 애정으로 임종을 맞이한 제갈량의 모습을 비장하게 묘사했다. 주변의 물음에 답한다든가, 후사에 대한 부탁을 한다든가, 유서를 남기는 과정의 갈피마다 독자로 하여금 눈물을 머금고 탄식을 내뿜도록 요구하고 있다. 군국대사에 관한 최후 배치를 마친 제갈량이 병든 몸을 이끌고 억지로 군영을 시찰하는 장면은 한층 비장감을 고조시킨다. 때마침 불어오는 가을바람이 얼굴을 때리자 차가운 한기가 뼛속 깊이 스며든다. 조석으로 동고동락하던 장졸들과 이별을 고하고 못 다한 일들을 남겨두고 헛되이 떠나야 했으니, 어찌 쓸쓸한 마음이 들지 않았겠는가! 마침내 입에서 탄식이 나온다. "더 이상 싸움터에서 역적을 토벌할 수 없게 되었구나! 아득하고 끝없는 하늘이여, 어찌 여기서 모든 게 끝이 난단 말인고!"
일생토록 진력하고도 끝내 마무리 하지 못한 사업을 남긴 채 크나큰 한을 품은 제갈량은 그 파란만장했던 생을 마감한다. 이러한 우국충정과 처연한 정서는 작가나 시인의 작품 양쪽에서 뚜렷이 체현되고 있다.

제107회
하후령녀의 절개

풀잎의 먼지 같은 여인 세상일 달관했으니
하후씨에겐 절의가 산과 같은 따님 있었구려.
대장부의 절개가 아녀자에 미치지 못하니
수염을 돌아본다면 부끄러워 진땀이 나리.

弱草微塵盡達觀　夏侯有女義如山
약 초 미 진 진 달 관　하 후 유 녀 의 여 산
丈夫不及裙釵節　自顧須眉亦汗顔
장 부 불 급 군 채 절　자 고 수 미 역 한 안

주

◆약초미진(弱草微塵) : 여기서는 지위가 낮고 빈천하게 된 하후령녀의 신분을 비유했다.　◆달관(達觀) : 여의치 않은 일을 당해도 넓게 보고 넓게 생각하여 현실에 만족할 줄 아는 경지를 뜻한다.　◆하후유녀(夏侯有女) : 조상(曹爽)의 사촌 아우 조문숙(曹文叔)의 처를 가리킨다.　◆군채(裙釵) : 군(裙)은 치마의 뜻이고, 채(釵)는 비녀를 말한다. 즉 여자를 형용하는 말이다.　◆수미(須眉) : 수염과 눈썹. 남자의 대칭이다.　◆한안(汗顔) : 부끄러워서 얼굴에 땀이 흐르는 것을 뜻한다.

감상과 해설

조상의 종제(從弟)인 문숙의 처 하후령녀(夏候令女)는 곧은 절개를 가진 열녀였다. 자식도 없이 일찍이 과부가 되자 친정아버지 문녕(文寧)이 개가를 권했다. 그 말을 들은 령녀는 따르지 않았을 뿐만 아니라 귀를 잘라 재가의 의사가 없음을 분명히 했다. 위나라 정시(正始) 10년(서기 249년), 의지하고 살던 조상과 그 삼족이 몰살을 당하자 그의 부친이 다시 개가를 권했다. 이에 령녀는 코를 잘라버리며 단호히 재가의 의사를 거부했다. 놀라고 당황한 집안사람들이 딸을 구슬렸다. "사람의 한평생은 가벼운 먼지가 가녀린 풀잎에 잠시 머무는 것과 같거늘, 어찌 스스로 고생을 사서 한단 말이냐? 더구나 네 남편의 가문은 사마씨에게 몰살되어 씨가 말랐는데 누구를 위해 절개를 지키겠단 말이냐?" 딸은 울면서 대답했다. "제가 듣자니 어진 사람은 성쇠(盛衰)에 따라 절개를 고치지 않고, 의로운 사람은 존망(存亡)에 따라 마음을 바꾸지 않는다 하옵니다. 조씨가 번성할 때도 끝까지 지키려 했거늘, 하물며 지금 멸망한 마당에 어찌 차마 버릴 수 있겠습니까? 그런 것은 금수나 하는 짓인데 제 어찌 그리하겠습니까?"

하후령녀의 대답은 그야말로 중국 전통문화의 미덕으로 꼽히는 삼종지도(三從之道)와 사덕지신(四德之信)에 부합되는 말이다. 그러나 여자로서의 인격적 독립성이라든가 욕망을 전혀 찾아볼 수가 없다. 현대적 관점에서 본다면, 마치 영혼이 빠져나간 시체가 봉건 윤리도덕이란 낡은 수레바퀴에다 자신의 육신을 꽁꽁 묶어버린듯 한 발언이다. 그러나 그 의의와 가치는 행위자가 처한 사회적 관습 범위를 벗어날 수가 없는 법이다. 그 소문을 들은 사마의는 너무나 감동한 나머지, 양자를 길러 조씨의 뒤를 잇도록 배려했다고 한다.

『삼국지연의』의 작가가 수많은 영웅호걸의 일을 제쳐두고 일개 이름 없는 여인의 일을 삽입시켜 찬양한 목적은 역시 봉건 도덕윤리의 최고 경지를 추구하려는 이상 때문이라 할 수 있겠다.

제107회
신헌영 찬양

신하되어 녹 먹었으면 갚을 생각해야 하고
주인이 위기에 처하면 충성을 다해야 하리.
신씨 헌영 일찍이 아우에게 정도를 권하니
이 때문에 천 년토록 고상한 풍모 칭송되네.

爲臣食祿當思報　事主臨危合盡忠
위 신 식 녹 당 사 보　사 주 임 위 합 진 충
辛氏憲英曾勸弟　故令千載頌高風
신 씨 헌 영 증 권 제　고 령 천 재 송 고 풍

주

◆녹(祿) : 관리의 봉급을 말한다.　◆합(合) : 마땅히 …… 해야 한다는 뜻이다.

감상과 해설

신헌영(辛憲英)은 『삼국지연의』에 나오는 여성들 중 특별히 뚜렷한 개성을 가지고 있는 인물은 아니다. 그러나 예리한 정치적 안목과 일을 당하여 내린 과감한 결정 등으로 볼 때, 봉건시대 아녀자로서 특출한 인물이 아닐 수 없다. 조상 수하의 사마(司馬) 노지(魯芝)는 성안에 반란이 일어난 것을 보고 참군(參軍) 신창(辛敞)과 상의한다. 신창이 군사를 이끌고 성을 나가 천자를 만나자고

하니 노지도 동의한다. 신창은 바로 안채로 가서 누님인 신헌영에게 목전의 상황을 설명하고 자문을 구한다. 신헌영이 "사마 공은 역모를 꾀하려는 게 아니라 조 장군을 죽이려는 것일 뿐이야."라고 말한다. 이것은 장군의 직위에 있는 동생보다 오히려 집안에 앉은 아녀자의 정치적 안목이 훨씬 높은 경우이다. 놀란 신창이 "일이 어떻게 될지 모르겠소"라고 하자, 신헌영은 태연하게 말했다. "조 장군은 사마 공의 적수가 되지 못하니 반드시 패할 것이다." 이것은 정변 초기에 이미 그 결말을 꿰뚫어본 경우이니 그녀의 판단력이 대단한 경우이다. 신창이 다시 노지와 함께 가도 되겠느냐고 묻자, 신헌영이 단호히 대답한다. "직분을 다함은 사람으로서 지켜야 할 대의가 아니냐. 낯선 사람이라도 어려움을 당하면 구해야 할 판에 직책을 맡고 있는 자가 자신이 해야 할 일을 포기한다면 그보다 나쁜 일은 없을 것이다." 즉 위기를 만나 주인을 배반하지 말고, 난을 만나 맡은바 직책을 다 하라는 말이었다. 누님의 말을 따른 신창은 노지와 함께 수십 명의 기병을 이끌고 성문을 깨고 나갔고, 이 사실은 사마의에게 보고된다.

후에 사마의가 조상 무리를 숙청하고 나자 태위 장제(蔣濟)가 노지와 신창도 숙청 대상임을 고한다. 그러나 사마의는 각자 주인을 위한 의로운 사람들이라며 원래의 직위를 복직시켜 준다. 이에 신창이 탄식하며 말한다. "내가 만약 누이에게 묻지 않았다면 대의를 잃을 뻔했구나."

작가는 신헌영 남매의 대화를 통하여 주인을 위해 충성을 다하는 봉건 윤리도덕을 강조하고 있다. 아울러 그녀를 기리는 칠언절구를 첨가하여 효과를 배가시키고 있다.

419

제107회
관로 찬양

성현께서 전한 묘한 비결 체득하니
평원 관로의 관상술 귀신과 통했네.
귀유와 귀조로 하안 등양을 분별하니
초상도 나기 전 죽은 사람 알았네.

傳得聖賢眞妙訣　平原管輅相通神
전득성현진묘결　평원관로상통신
鬼幽鬼躁分何鄧　未喪先知是死人
귀유귀조분하등　미상선지시사인

주

◆묘결(妙訣):『역경』을 가리킨다. ◆귀유(鬼幽), 귀조(鬼躁): 관로가 하안(何晏)과 등양(鄧颺)의 상을 보고 둘 다 죽을 상임을 명시한 용어다.

감상과 해설

관로는 동한 말년의 저명한 점술가이다. 일찍이 조조 생전에 관로를 청하여 세 가지 일에 대해 점을 친 적이 있었다. 그것은 건안 24년(己亥年) 정월에 정군산 남쪽에서 하후연이 죽는 사건과 그 다음해 정월 보름날 경기와 위황을 위시한 다섯 명이 불을 놓고 반란을 일으킨 사건 그리고 조조가 낙양에서 죽고 조비가 황제 위에 오르는 일로, 관로는 이를 정확히 맞추었다.
『삼국지연의』에서는 30회를 건너뛰어 다시 관로에 관한 일을 서술하고 있다. 당시 조상의 권세를 등에 업고 나는 새도 떨어뜨릴 정도로 위세가 등등하던 하안이 관로를 청해 점을 보았다. 등양도 한자리에 있었는데 하안이 묻기를, "내가 삼공까지 되겠소?"라고 하더니, 답변이 나오기도 전에 다시 묻는다. "날마다 꿈에 쇠파리 수십 마리가 코 위에 모이는데 이게 무슨 징조요?" 관로가 대답했다. "지금 군후께선 지위가 존귀하고 세력이 큰데, 그 덕에 감격하는 자는 적고 위엄을 두려워하는 자는 많으니 이는 조심스레 복을 구하는 일이 아니지요. 또 코는 산입니다. 산은 높아도 위험하지 않아야 오래도록 귀함을 지킬 수 있지요. 이제 쇠파리가 악취를 맡고 모여드니 지위가 높은 자는 넘어지기 마련이라, 어찌 두렵지 않겠소? 바라건대 군후께서는 넘치는 것은 줄이고 부족한 것은 채우며 예가 아닌 것은 행하지 말아야 삼공에 오를 수 있고 쇠파리를 쫓을 수 있을 것이오." 듣고 있던 등양이 화를 내자 관로는 소매를 떨치고 가버린다. 이 말을 전해들은 관로의 외삼촌이 깜짝 놀라 말한다. "하안과 등양의 권세가 어떤지를 몰라서 함부로 건드렸단 말이냐?" 그러자 관로가 말했다. "죽은 자들과 이야기 하는데 뭐가 두렵겠소?" 외삼촌이 의아해하자 관로가 설명한다. "등양은 걸음을 걸을 때 근육이 뼈를 지탱하지 못하고 혈맥이 살을 제어하지 못하여 일어서면 마치 수족이 없는 것처럼 휘청거립니다. 이는 조급한 귀신과 같은 귀조의 상입니다. 하안은 눈으로 살필 때 넋이 집을 지키지 못하고 핏기가 없으며 정신이 맑지 못하여 연기처럼 떠 있고 얼굴이 마른 나무 같으니, 이는 유폐된 귀신과 같은 귀유의 상입니다. 조만간 두 사람은 죽음의 화를 당할 터인데 무엇이 두렵단 말입니까."
과연, 이 두 사람은 사마의가 일으킨 반란에서 조상의 도당으로 몰려 목숨을 잃게 된다. 이 시는 관로의 신기한 점술 능력을 찬양하고 있다.

제108회
손권의 죽음

붉은 수염에 푸른 눈 영웅으로 불리며
신료들로 하여금 충성 다하게 부렸네.
제위 이십사 년 동안 대업을 일으키며
용과 범처럼 웅크리며 강동을 지켰네.

紫髥碧眼號英雄　能使臣僚肯盡忠
자염벽안호영웅　능사신료긍진충
二十四年興大業　龍盤虎踞在江東
이십사년흥대업　용반호거재강동

주

◆자염벽안(紫髥碧眼):『삼국지연의』제29회에 나오는 손권의 생김새를 형용한 말이다. 네모진 턱에 큰 입, 푸른 눈에 붉은 수염을 뜻한다. ◆호(號): 칭하다.
◆이십사 년(二十四年): 황룡(黃龍) 원년(서기 229년)에 건업을 도읍으로 국호를 오라고 부른 후 태원(太元) 2년(서기 252년)에 세상을 떠날 때까지 오나라 황제로 지낸 24년간을 말한다. ◆용반호거(龍盤虎踞): 금릉의 지형이 웅장하고 험요한 것을 형용한 말이다.

감상과 해설

손권은 『삼국지연의』에서 작가의 의도로 조조나 유비보다 떨어지는 인물로 묘사되었지만 그 역시 삼분천하의 일방을 차지한 일국의 영명한 군주였다. 제29회에서 출연하여 제108회에서 퇴장하기까지 용쟁호투의 정치무대를 누비며 53년간 활약했는데, 그 중에서도 24년간은 황제로 군림했다.

난세에 패권을 잡는데 있어 가장 우선 되어야할 문제가 인재등용이다. 조조와 유비의 인재등용은 말할 나위도 없겠지만, 손권도 이 방면에선 둘째가라면 서러울 정도로 탁월했다. 조조는 능력 위주와 명확한 논공행상을 바탕으로 삽시간에 가장 합리적인 인재군단을 보유할 수 있었던 반면, 유비는 신의와 인정을 바탕으로 인재를 모았다. 손권도 주유의 건의에 따라 사방으로 인재를 초빙했는데, 날이 갈수록 구름같이 모여들었다. 또한 손권에게는 인재를 적재적소에 배치하여 이용하는 능력이 있었다. 특히 젊은 인재를 과감하게 발탁하여 파격적인 대우를 하기로 유명했다. 뿐만 아니라 한 번 기용하면 모든 중임을 맡기고 결코 의심하는 법이 없었다. 이 때문에 동오의 정치·외교·군사 활동은 장기간 활력을 유지할 수 있었던 것이다.

주유가 대도독이 되어 전국의 병마를 총괄할 수 있었던 시기는 그의 나이 34세였고, 노숙과 여몽이 기용된 시기는 각각 20여 세, 백면서생이었던 육손이 군사통수권을 가진 시기 또한 20여 세에 불과했다. 또 그는 위주와 촉주가 황제가 되는 것을 보고도 10년이나 참고 있다가 전체 형세를 충분히 관망한 후에야 비로소 제위에 올랐으니, 전략상 매우 고단수의 안목을 가지고 있었다고 볼 수 있다.

오나라 태원 2년 4월, 건업의 궁중에서 병사할 당시 그의 나이는 71세였다. 일찍이 중앙정부의 사신으로 동오에 온 적이 있는 유완(劉琬)이 손씨 형제들을 만나본 후 손권의 용모를 칭찬하며 부귀와 장수를 누릴 상이라 하였다. 그래서 그런지 66세에 죽은 조조나 63세에 죽은 유비에 비하면 장수한 셈이다. 다만 유감인 것은 초기의 영명함은 어디로 가고, 만년에는 무수한 실정을 거듭했다는 점이다.

제109회
철롱산

강유의 묘한 계책 범상치 않아서
사마소가 철롱산에서 갇혀버렸네.
방연이 마릉도로 들어간 것만 같고
항우가 구리산에서 포위된 것 같네.

妙算姜維不等閑　魏師受困鐵籠間
묘 산 강 유 부 등 한　위 사 수 곤 철 롱 간
龐涓始入馬陵道　項羽初圍九里山
방 연 시 입 마 릉 도　항 우 초 위 구 리 산

주

◆부등한(不等閑) : 보통과는 다르다. ◆철롱(鐵籠) : 철롱산을 가리킨다. 지금의 감숙성 예현(禮縣) 남쪽 28리 되는 곳이다. ◆방연시입마릉도(龐涓始入馬陵道) : 주나라 현왕(顯王) 27년(기원전 342년), 위나라와 조나라가 한(韓)나라를 치자, 한나라는 제나라에 구원을 청했다. 제나라는 전기(田忌)를 장수로 손빈을 군사로 삼아 위를 공격했다. 제군은 손빈의 계책에 힘입어 위군을 마릉도로 몰아넣은 뒤 10만 명이나 되던 대군을 몰살했다. 이때 위의 장군 방연도 궁지에 몰려 자살했다. 마릉도는 지금의 하남성 범현(範縣) 서남쪽에 있었다. ◆구리산(九里山) : 일명 구의산(九嶷山)이라고도 한다. 강소성 서주시(徐州市) 북쪽에 위치했는데, 길이가 약 9리가 된다는 데서 유래된 명칭이다. 한신이 항우를 칠 때, 이곳으로부터 진군했다고 한다.

감상과 해설

강유는 제갈량의 유지를 계승하여 북벌을 계속한다. 북벌을 감행하던 중 위군 대장 서질(徐質)과 맞부딪치게 된다. 서질은 영용하여 촉군 중에는 감당할 사람이 없을 지경이었다. 위군이 여러 차례에 걸쳐 촉군의 양도(糧道)를 노린다는 사실을 간파한 강유는 위군을 유인하기로 한다. 이에 강유는 날마다 걸어오는 도전을 무시한 채 군량과 말먹이가 가득 실린 목우와 유마로 서질을 유인한다. 결국 서질은 촉군의 복병에 걸려 죽음을 당하고 위군으로 위장한 촉군들이 위군의 깃발을 들고 위군 영채로 돌격한다. 촉군에 쫓긴 사마소는 황망히 철롱산으로 달아나 그곳에 자리를 잡고 지킬 수밖에 다른 도리가 없어진다. 철롱산에는 한 줄기 외길이 나 있을 뿐 사방이 험준하여 오르기가 어려웠다. 그러나 1백 명이 마실 샘 하나만 달랑 있을 뿐이어서 사마소가 거느린 6천 군사들에게는 턱없이 부족한 상황이었다. 결국 사마소는 빠져나갈 길이 막힌 데다 턱없이 부족한 물로 심한 갈증에 시달린다.

시에서는 방연과 항우의 고사를 들어 강유의 계략을 높이 찬양하고 있다. 그러나 마릉도에서 패한 방연과 구리산에서 포위된 항우는 끝내 죽거나 패망했지만 철롱산에서 고초를 당한 사마소는 결코 패망하지 않았다. 그리고 곽회의 활약으로 강왕(羌王)을 사로잡고 사마소가 풀려난 일에 대해서는 단 한 마디의 언급도 없다. 따라서 강유만 지나치게 찬양하느라 공정성을 잃었다고 할 수 있다.

제109회
장 황후의 죽음

그해에 복 황후는 궁궐 문을 나서면서
맨발로 슬프게 울며 지존과 이별했지.
사마사가 오늘 아침 전례를 따라하니
하늘이 자손에게 그 업보를 돌려주네.

當年伏后出宮門　跣足哀號別至尊
당년복후출궁문　선족애호별지존
司馬今朝依此例　天教還報在兒孫
사마금조의차례　천교환보재아손

주

◆복후(伏后) : 복완의 딸로 헌제 흥평 연간에 황후가 되었다가, 조조에게 살해된 황후이다. ◆선족(跣足) : 맨발을 말한다. ◆지존(至尊) : 천자. 즉 헌제를 지칭한다. ◆아손(兒孫) : 조조의 후예 조방(曹芳)을 가리킨다.

감상과 해설

역사에서는 종종 놀라울 정도로 비슷한 일이 반복되는 경우가 있다. 한 헌제의 황권이 조조에게 넘어간 것처럼, 40년 뒤 위나라 황제 조방의 황권도 사마사에게 넘어가 조정의 기강을 얕보고 군주를 무시하게 된다. 조정에 상주된 일은 사마사가 마음대로 처리하고 황제에게는 알리지도 않는다. 참다못한 조방이 비밀리에 태상(太常) 하후현(夏侯玄)과 중서령(中書令) 이풍(李豊) 그리고 황제의 장인 장집(張輯) 등과 함께 사마사 형제를 제거할 모의를 한다. 용봉한삼(龍鳳汗衫)을 벗은 조방은 거기다 혈조(血詔)를 써서 장집에게 준다. 그러나 이는 즉각 사마사에게 발각되고 황제의 밀서를 가지고 있던 장집을 포함한 세 명은 저자거리에서 허리가 잘려 죽는다. 그들의 삼족이 몰살당한 것도 당연한 일이다. 뒤이어 사마사는 큰소리로 울며 용서를 구하는 조방의 애원도 묵살한 채 장 황후(張皇后)를 끌고 나가 동화문 안에서 흰 명주로 목을 졸라 죽인다. 이 일은 과거 조조가 복 황후를 죽인 사건과 너무나 유사하다. 그래서『삼국지연의』의 작가는 하늘이 내린 응보라고 한 것이다. 이는 물론 작가의 옹유억조 관점에서 나온 말이겠지만 인과응보는 불교뿐만 아니라 도가나 민간의 귀문화(鬼文化)에서도 찾아볼 수 있는 중국 민중의 보편사상이라 할 수 있다.

제109회
사마씨가 황제를 폐하다

예전에 조아만이 재상으로 있을 때
황후와 천자를 깔보고 업신여겼지.
뉘 알았으랴 사십여 년 지난 뒤에도
역시 황후와 천자가 능멸당할 줄을.

昔日曹瞞相漢時　欺他寡婦與孤兒
석 일 조 만 상 한 시　기 타 과 부 여 고 아
誰知四十餘年後　寡婦孤兒亦被欺
수 지 사 십 여 년 후　과 부 고 아 역 피 기

주

◆상한(相漢) : 한나라의 재상이 되다. 상(相)은 여기서 동사 역할을 한다. ◆과부, 고아(寡婦孤兒) : 가련한 처지에 놓인 황후와 황제를 가리킨다. 여기서 과(寡)와 고 (孤)는 고단하고 쇠약한 의미의 형용사 역할을 한다. 헌제는 9세에 황제가 되고 조방은 8세에 황제가 되었으며 다 같이 허수아비 군주였다. 두 황후(복 황후와 장 황후)는 더욱 유사한 운명으로 피살당했다. ◆사십 년(四十年) : 조조가 복 황 후를 살해한 건안 19년(서기 214년)으로부터 사마사가 장 황후를 살해한 위나라 가평(嘉平) 6년(서기 254년)까지는 40년 세월의 격차가 있다.

감상과 해설

장 황후를 교살한 후에도 사마사의 화는 풀리지 않았다. 그 다음날 문무백관을 소집한 그는 황제의 황음무도(荒淫無道)와 무능을 이유로 사직을 보전할 수 없으니 새로운 황제를 세워야한다고 주장했다. 그리고는 곽 태후(郭太后)를 앞세워 조방을 폐위시키고 제왕(齊王)으로 삼은 뒤 즉시 황궁에서 축출했다. 울며 태후에게 절하고 옥새를 반납한 다음 떠나는 조방을 겨우 몇 명의 충신만이 눈물로 전송할 따름이었다.

이 시는 기군망상(欺君罔上)의 각도에서 출발했지만 조조의 폭행과 사마사의 찬역에 관한 대비를 통하여 양자 사이의 인과관계를 도출하려는 시도가 있다. 그러나 조조의 행위에 비하여 사마사의 행위가 더욱 악랄하다. 조조는 헌제를 폐위시키고 싶었지만 끝내 참았다. 복 황후를 죽인 뒤 자신의 딸을 황후로 들이고 허수아비 황제를 조종하는 선에서 끝을 낸다. 그러나 사마사는 장 황후를 죽임과 동시에 조방을 폐위시키고 곧바로 새 군주까지 세운다. 조조나 사마사의 행위를 두고 어느 편이 옳고, 어느 편이 그르다고 평할 수는 없다. 이 모두가 봉건 통치계급 사이에서 벌어진 추악한 권력다툼일 따름이다.

제110회

문앙 찬양

장판파 그해 홀로 조조 대군과 맞서니
조자룡은 그로부터 영웅호걸로 이름났지.
낙가성 안 싸움터 수백 적장 못 당하니
담력 높은 문앙을 오늘 다시 보게 되네.

長坂當年獨拒曹　子龍從此顯英豪
장판당년독거조　자룡종차현영호
樂嘉城內爭鋒處　又見文鴦膽氣高
낙가성내쟁봉처　우견문앙담기고

주

◆거조(拒曹) : 조운이 조조의 군대를 막아내고, 혼자 힘으로 주인을 구한 일을 말한다. ◆낙가(樂嘉) : 지금의 하남성 주구현(周口縣) 영수(潁水) 남쪽 언덕을 일컫는다. ◆문앙(文鴦) : 양주자사 문흠(文欽)의 아들 문숙(文淑)을 가리킨다. 자는 아앙(阿鴦)이다.

감상과 해설

양주도독(揚州都督) 겸 진동장군(鎭東將軍)에다 회남(淮南)의 군마까지 총괄하던 관구검(毌丘儉)은 황제를 폐위시킨 사마사의 무도함에 크게 분노한다. 지난날 조상의 문객이었던 양주자사 문흠과 상의 후, 태후의 밀조를 위조하여 사마사 토벌군을 일으킨다. 급박한 소식을 접한 사마사는 크게 놀라 등애(鄧艾)에게 낙가성(樂嘉城)을 공략케 하는 한편 자신도 토벌에 나선다. 문흠은 아들 문앙(文鴦)과 함께 자진해서 낙가성 수호에 앞장선다. 무용이 절륜한 문앙은 필마단창으로 적군 속을 누비며 대 활약을 펼친다. 위군이 몰려들어 앞뒤에서 협공을 가하고, 수백 명의 위장들이 문앙을 추격했지만 낙가교(樂嘉橋) 부근에서 문앙이 휘두르는 철편(鐵鞭) 아래 낙엽처럼 흩어질 따름이었다. 위군은 연거푸 네댓 번이나 추격했지만 문앙 한 명을 당해내지 못하고 번번이 물러난다. 오래지않아 회남 군마는 위군에 패하게 되는데, 문흠은 동오에 투항하고 관구검은 자신의 부하에게 피살된다.

그러나 작가는 이러한 회남 군마의 패전 사실은 간략하게 처리하고 18세 소년 장군인 문앙의 절륜한 용맹만을 세밀히 묘사하고 있다.

제112회
누가 우전의 살신성인에 미치랴

사마소가 그 당시 수춘성을 에워싸자
군사들이 수없이 수레 앞에 항복했네.
동오에 비록 영웅다운 이들 많겠지만
그 누가 우전의 살신성인에 미치리오!

司馬當年圍壽春　降兵無數拜車塵
사 마 당 년 위 수 춘　항 병 무 수 배 차 진
東吳雖有英雄士　誰及于詮肯殺身
동 오 수 유 영 웅 사　수 급 우 전 긍 살 신

주

◆사마(司馬) : 사마소를 가리킨다.　◆수춘(壽春) : 현의 이름으로 양주 구강군(九江郡)에 속한다. 지금의 안휘성 수현(壽縣)을 말한다.　◆배(拜) : 절하다. 즉 항복한 것을 가리킨다.　◆차진(車塵) : 수레가 지나간 뒤 일어나는 먼지를 말한다. 여기서는 전장을 가리킨다.　◆살신(殺身) : 살신성인의 뜻이다.

감상과 해설

조모(曹髦)가 즉위한 후 사마소는 천하병마대도독(天下兵馬大都督)이 되었지만, 황제 자리를 찬탈하고자 하는 마음이 날로 커져갔다. 이에 심복 가충(賈充)을 파견하여 민심을 알아보도록 했다. 명을 받은 가충이 회남을 지나는데, 제갈탄(諸葛誕)이 연회를 베풀고 초대한다. 술자리가 무르익을 무렵 가충이 사마소의 공덕을 추켜세우며 위나라의 정통을 선양받을 수 있는 인물이라고 하다가 제갈탄의 호된 꾸지람을 듣는다. 이 사실을 전해들은 사마소는 크게 노한다. 상황이 좋지 않음을 알아차린 제갈탄은 전투준비와 함께 아들을 인질로 하여 동오에 지원군을 청한다. 동오에서는 전역(全懌), 전단(全端), 우전(于詮), 주이(朱異), 당자(唐咨), 문흠 등의 장수와 함께 7만의 원군을 보내어 제갈탄을 돕는다. 그러나 사마소와의 싸움에서 제갈탄의 군사는 크게 패하여 수춘성으로 달아나고 만다. 그리고 수문장 증선(曾宣)의 항복으로 제갈탄은 그만 전사한다. 이미 죽을 사람은 죽고 항복할 사람은 모두 항복한 마당에 오직 동오의 장수 우전만 남게 된다. 우전은 의리를 지켜 항복하지 않고 끝까지 싸우다가 난군들 틈에 목숨을 잃는다. 후인이 시를 지어 그를 기렸다.

이 시에서 우전을 찬양한 정신은 3가지로 요약된다. 하나는 동오에서 파견된 지원자 신분일 뿐인데도 불구하고 상관이나 동료들이 모두 투항한 상황에서 철석같은 자세로 끝까지 변절하지 않았다는 점이다. 다음으로는 부여받은바 책임을 다하여 어느 누구에게도 부끄럽지 않게 의리를 지켰다는 점이다. 마지막으로 대장부가 전쟁터에서 죽는 것을 행운으로 생각하는 투철한 무사정신이다.

제112회
제갈탄의 병사들

충신의 곧은 절개 구차히 살지 않는다더니
제갈공휴 휘하 군사들이 바로 그러하도다.
해로가 소리는 응당 아직 그치지 않았으니
남긴 족적 그대로 전횡의 옛일 이으려하네.

忠臣矢志不偸生　諸葛公休帳下兵
충신시지불투생　　제갈공휴장하병
薤露歌聲應未斷　遺踪直欲繼田橫
해로가성응미단　　유종직욕계전횡

주

◆시지(矢志) : 뜻이 화살대처럼 곧음을 뜻한다. 뜻이 견고하여 꺾이지 않는다는 의미이다.　◆투생(偸生) : 구차하게 살아있음을 말한다.　◆제갈공휴(諸葛公休) : 제갈탄을 가리킨다. 제갈탄의 자가 공휴이다.　◆해로가(薤露歌) : 옛날 만가(挽歌)의 제목이다. 『고금주(古今注)』에 이르기를, 해로호리(薤露蒿里)는 전횡(田橫)이 죽자, 그의 문인(門人)들이 그의 죽음을 슬퍼하며 부른 노래에서 비롯되었다고 한다. 본래의 뜻은 염교 잎의 이슬이며, 인명(人命)의 짧음을 형용하는 말이다.　◆유종(遺踪) : 유적(遺跡)과 같은 의미다.　◆직욕(直欲) : 바랄뿐이다.　◆전횡(田橫) : 전국시대 제나라 전씨의 후대로, 한이 제를 멸하자 해도(海島)에서 자살한다. 그를 따르던 부하 500여 명도 그를 따라 자살했다.

감상과 해설

사마소는 수춘을 함락하고 제갈탄의 가족을 모조리 죽여 씨를 말렸다. 무사들이 제갈탄의 부하 수백 명을 포박해 끌고 오자 사마소가 물었다. "너희들은 항복하지 않겠느냐?" 그러자 제갈탄의 부하들은 입을 모아 대답했다. "제갈공과 함께 죽기를 원한다. 결코 너에게 항복하지 않겠다." 모두 한 줄로 엮어 성 밖으로 끌어내 하나하나 차례로 항복 의사를 물으며 죽여 나갔다. 그러나 단 한 사람도 항복하지 않고 그대로 죽음을 맞이했다. 사마소는 탄식하며 모두 묻어 주라고 명했다.

여기서 작가는 항복보다는 죽음을 택한 제갈탄의 부하들을 4백 년 이전에 죽은 전횡 휘하의 5백 의사와 대비해가며 그들의 의리와 살신성인 정신을 송양(頌揚)하고 있다. 당시 5백 군사들은 한 고조 유방의 투항 권유를 거부하고 다 함께 만가(輓歌)를 합창하며 비장한 최후를 맞이했다 한다.

제113회
손침이 군주를 폐하다

난적이 이윤을 모함하고
간신이 곽광을 시기하네.
가여워라 총명한 군주는
조당에 임할 수가 없구나.

亂賊誣伊尹　奸臣冒霍光
난적무이윤　간신모곽광
可憐聰明主　不得莅朝堂
가련총명주　부득이조당

주

◆이윤(伊尹) : 이름은 지(摯)로 아형(阿衡)이라고도 불린다. 상나라 탕왕을 보좌하여 하(夏)나라 걸왕(桀王)을 물리쳤다. 후대에 현상(賢相)으로 칭송된다.　◆곽광(霍光) : 한대의 명신으로 대장군이 되어 창읍왕(昌邑王)을 폐했다. 현군을 받들고 폭군을 제거했다.　◆이(莅) : 그 자리에 나아가다. 왕으로서 군림(君臨)하다.

감상과 해설

손권이 죽은 후 열 살 난 막내아들 손량(孫亮)이 황제의 자리를 계승한다. 7년 후 16세가 된 손량은 대장군 손침(孫綝)이 권력을 독점하고 군주를 기만하는데 불만을 품는다. 국구(國舅) 전기(全紀)에게 장군 유승(劉丞)과 힘을 모아 손침을 죽이되 기밀을 유지하라고 당부한다. 그러나 전기는 부친인 전상(全尙)에게 누설하고, 전상은 손침의 누나가 되는 자신의 아내에게 발설한다. 이 사실을 알게 된 손침은 군사를 일으켜 황궁을 에워싼다. 전상과 유승 등을 죽인 손침은 손량을 폐하려 한다. 상서(尙書) 환의(桓懿)가 막아서며 말하기를, "금상 황제께서는 더없이 총명한 임금이시다. 네가 어찌 감히 허튼소리를 늘어놓느냐? 나는 죽을지언정 역적의 명은 따르지 않겠다."라고 한다. 이에 노한 손침은 환의를 쳐 죽이고 손량을 폐하여 회계왕(會稽王)으로 삼는다.

손권 일생일대의 실책은 겨우 열 살 난 소년에게 나라를 물려준 일이었다. 이를 계기로 권신들의 암투가 시작되고 날이 가면 갈수록 서로 죽고 죽이는 정쟁이 심화된다.

이 시에서는 손량 재위 시절의 양대 사건을 함축하고 있다. 그 하나는 손준(孫峻)이 유능한 재상 제갈각(諸葛恪)을 죽이고 스스로 승상 겸 대장군이 되어 갖은 악행을 저지른 일이며, 다른 하나는 손준이 죽고 그의 사촌 아우인 손침이 손준보다 더한 악행을 저지른 일이다. 어릴 때부터 총명하기로 이름났던 손량은 손침의 악행으로 인해 황제의 자리에서 물러나게 된다. 이를 탄식한 시다.

제114회
잠룡시

슬프도다 용이 되어 궁지에 몰리니
깊은 연못에서 벗어날 수가 없구나.
위로는 하늘로 날아오르지 못하고
아래로는 대지에도 나타나지 않네.

우물 밑에서 똬리를 틀고 있으려니
미꾸라지 드렁허리가 앞에서 날뛰네.
이빨과 발톱 감추고 엎드려 있자니
아아 나 또한 너와 같은 신세로구나.

傷哉龍受困　不能躍深淵
상재용수곤　불능약심연
上不飛天漢　下不見於田
상불비천한　하불견어전
蟠居於井底　鰍鱔舞其前
반거어정저　추선무기전
藏牙伏爪甲　嗟我亦同然
장아복조갑　차아역동연

주

◆ 천한(天漢) : 고공(高空). 즉 높은 하늘을 뜻한다.　◆ 견(見) : 현(現)과 같다. 이 구

절은 『주역・건괘』 구오(九五)에 나오는 뜻을 원용한 것이다. ◆전(田) : 대지(大地). 이 구절은 『주역・건괘』 구이(九二)에 나오는 뜻을 원용한 것이다. ◆반거(蟠居) : 몸을 휘감고 엎드림을 뜻한다. ◆추선(鰍鱔) : 미꾸라지와 드렁허리를 가리킨다. 소인에 비유한 말이다. ◆조갑(爪甲) : 발톱과 비늘을 말한다. ◆동연(同然) : 같다는 뜻이다.

감상과 해설

조모가 황제가 된 것은 사마사가 조방을 폐하고 장 황후를 교살한 바탕에서 이루어진 것이다. 따라서 조모는 사마사의 꼭두각시 역할에서 벗어날 도리가 없었다. 형의 뒤를 이은 사마소가 노골적인 찬역의 뜻을 드러내자, 관구검과 문흠이 군사를 일으키고, 뒤이어 제갈탄도 사마씨 토벌의 기치를 든다. 그러나 이들의 의거가 모두 실패로 돌아가자 조모의 황위는 더욱 허상으로 비치게 된다.

바로 이러한 정치 상황 아래 조모는 자신의 내심세계를 「잠룡시(潛龍詩)」로 표현한다. 잠룡이란 털끝만치도 권력을 행사할 수 없으면서도 황제라는 명칭을 벗어버릴 수 없는 조모 자신의 처지를 자조하는 표현이다. 중국 속담을 보면, '사마소 마음은 길가는 행인도 다 안다.'라는 말이 있다. 임금을 죽이고 그 자리를 뺏으려는 욕심이 굴뚝같았지만 그것을 실행할 구실을 찾지 못해 안달하던 사마소였다. 그러한 그에게 조모의 「잠룡시」는 얼마나 적절한 구실이 되었겠는가. 거기다 제 주인의 야심을 간파한 가충은 공을 세워보려고 갖은 참언을 다한다. 이 시에서는 조모와 사마소 그리고 가충의 심리와 활동을 고스란히 보여주고 있다.

제114회
성제를 죽여 입을 막다

사마소가 그 당시 가충에게 명하여
남궐에서 용포를 피에 젖게 하였지.
그러나 도리어 성제의 삼족 멸하니
군민들을 온통 귀머거리로 여겼네.

司馬當年命賈充　弑君南闕赭袍紅
사 마 당 년 명 가 충　시 군 남 궐 자 포 홍
却將成濟誅三族　只道軍民盡耳聾
각 장 성 제 주 삼 족　지 도 군 민 진 이 농

주

◆가충(賈充) : 가규(賈逵)의 아들로 일찍이 대장군 장사가 되어 사마소의 신임을 받았다.　◆시(弑) : 신하가 임금을 살해하거나 아들이 아비를 죽이는 일을 뜻한다.　◆자포홍(赭袍紅) : 선혈이 용포를 붉게 물들이다. 여기서 자(赭)는 사역동사로 쓰였다.　◆삼족(三族) : 세 가지 설이 있다. ① 아비, 아들, 손자. ② 부족(父族), 모족(母族), 처족(妻族). ③ 부모, 형제, 처자.　◆도(道) : …… 라 여기다. 생각하다.

감상과 해설

「잠룡시」로 인해 사마소에게 모욕을 당한 황제 조모는, 감로(甘露) 5년(서기

260년) 5월 7일, 드디어 숙위군(宿衛軍)과 창두(蒼頭, 푸른 수건으로 머리를 싸맨 종), 관동(官童, 관가의 노복) 등 궁전의 병사 300여 명을 이끌고 남궐(南闕)로 향했다. 때마침 가충도 성쉬(成倅), 성제(成濟)와 함께 수천 명의 철갑 금군(禁軍)을 이끌고 고함을 치며 쇄도했다. 조모가 호통을 치자 금군들이 감히 움직이지 못하는데, 가충이 성제를 불러 행동개시를 명했다. 성제가 물었다. "죽일까요, 포박할까요?" 가충이 대답했다. "사마공께서 명하셨다. 죽여라!" 황제의 연(輦) 앞으로 달려간 성제는 단창에 조모를 찔러 죽였다. 이로써 사마소의 목적은 달성되었다. 그러나 필경 조모는 황제가 아니던가. 대명천지에 공개적으로 임금을 시해했으니 사마소인들 당황하지 않을 수가 없었다. 짐짓 곡을 하며 슬픔을 못이기는 체 하며, 상서복야(尙書僕射) 진태(陳泰)를 불러 수습 방안을 물었다. 그러자 심복인 가충의 목을 베라고 했다. 차선책을 물어도 역시 같은 대답이었다. 그러나 교활한 사마소는 성제를 지목하며, 능지처참하고 삼족을 멸하라고 했다. 성제는 갖은 욕을 퍼부으며 반항했지만 어쩔 도리가 없었다. 이로써 천하의 이목을 가리고 황제 시해 사건을 마무리한 사마소는 그야말로 음험하고도 악랄한 정치가로 오명을 남겼다.

제114회
왕경의 죽음

한 초엔 왕릉의 모친 칭찬했는데
한 말엔 왕경의 충성 보게 되네.
참되고 매운 마음 변함이 없으니
굳세고 강한 의지가 더욱 맑도다.

절의는 태산과 화산처럼 무겁고
목숨은 깃털처럼 가벼이 여겼네.
모자의 명성 지금도 남아있으니
응당 천지와 더불어 무궁하리라.

漢初誇伏劒　漢末見王經
한초과복검　한말견왕경
眞烈心無異　堅剛志更淸
진열심무이　견강지경청
節如泰華重　命似鴻毛輕
절여태화중　명사홍모경
母子聲名在　應同天地傾
모자성명재　응동천지경

주

◆복검(伏劒) : 왕릉(王陵)은 한 고조 유방의 부하 장수였다. 초한전쟁 때 항우가

왕릉을 투항시키려고 그의 모친을 잡아들였다. 그러나 그 모친은 아들이 유방을 도우도록 하기위해 칼을 안고 자살했다. ◆진열(眞烈) : 충성스런 마음이 강렬하다. ◆태화(泰華) : 동악(東岳) 태산(泰山)과 서악(西岳) 화산(華山)을 가리킨다. ◆경(傾) : 여기서는 의연(依然)하다(그대로다)는 뜻이다.

감상과 해설

왕경(王經)은 지혜롭고 기백과 절의가 있으며 담이 큰 대신이었다. 그는 군신의 도리를 지키면서도 어리석은 충성은 원하지 않았다. 조모가 시중(侍中) 왕침(王沈)과 상서(尙書) 왕경 그리고 산기상시(散騎常侍) 왕업(王業)을 불러놓고 사마소를 토벌하자고 했을 때, 나머지 두 사람은 묵묵부답이었지만 그만은 무모한 일이라며 간절히 만류했다. 왕침과 왕업이 목숨을 부지하기 위해 사마소에게 고발하자고 했을 땐 그들의 불충을 엄중 질책했다. 마침내 조모가 군사를 일으키자 수레 앞에 엎드려 울며 헛되이 죽음을 자초한다며 극력 만류했다. 가충이 조모를 시해하자, "이 역적 놈아! 어찌 감히 임금을 시해하느냐?"고 꾸짖다가 포박을 당했다.

사마소는 왕경의 전 가족을 옥에 가두었다. 어머니가 끌려와 있는 모습을 본 왕경이 땅바닥에 머리를 찧고 통곡하며, "불효자의 잘못 때문에 어머님까지 잡혀 오셨군요"라고 말했다. 그러나 그의 모친은 큰소리로 웃으며, "사람은 누구나 죽는다. 걱정이 있다면 어떻게 죽느냐 하는 것인데, 임금께 충성하다가 죽게 되었으니 무슨 한이 있겠느냐?"라고 대답했다. 과연 모전자전이 아닐 수 없다. 다음날 저자거리에서 모자가 함께 웃는 얼굴로 형을 받으니, 성안의 사대부와 서민들 중 눈물을 흘리지 않는 이가 없었다.

제115회
하후패의 죽음

대담한 강유여 묘한 책략이 빼어났지만
뉘 알았으랴 등애가 대비하고 있을 줄을.
가련하여라 촉한에 투항해 온 하후패여
순식간에 성 아래서 화살 맞아 죽는구나.

大膽姜維妙算長　誰知鄧艾暗提防
대 담 강 유 묘 산 장　수 지 등 애 암 제 방
可憐投漢夏侯覇　頃刻城邊箭下亡
가 련 투 한 하 후 패　경 각 성 변 전 하 망

주

◆투한(投漢) : 사마의가 조상의 전 가족을 주살하고, 당시 옹주(雍州) 등지를 수비하고 있던 조상의 친족인 하후현(夏侯玄)까지 제거하려고 했다. 하후현의 숙부인 하후패(夏候覇)가 그 일을 알고 미리 한중으로 투항했다.　◆성변(城邊) : 조양성(洮陽城) 아래를 가리킨다.

감상과 해설

하후패가 강유에게 예언하기를, 위나라에 두 명의 인재가 있는데 훗날 오와 촉의 근심이 될 것이라고 하였다. 그들은 바로 종회(鍾會)와 등애였다.

강유는 중원을 정벌할 때마다 매번 적의 군량저장소를 겨냥했다. 그러나 위군이 굳게 지키고 있어 번번이 성과를 얻지 못하고 돌아가야만 했다. 이에 강유는 전략을 바꾸어 군량이 풍부한 기산을 버려두고 군량이 없는 조양(洮陽)을 노려 새로운 방도를 찾으려 했다. 조양성의 중요성을 깨달은 등애는 사마망(司馬望)과 의논하여 병력을 조양성 안팎으로 매복시켰다. 강유의 명을 받은 하후패는 군사를 이끌고 조양성으로 진격했다. 성의 사대문이 활짝 열려있고 깃발조차 꽂혀 있지 않아 의심이 든 하후패는 감히 전진하지 못했다. 그러나 여러 장수들은 빈 성이라고 주장했다. 반신반의한 하후패가 직접 성 남쪽으로 달려가 보니 성 뒤편으로 노인과 어린이들이 서북쪽을 향해 달아나고 있는 모습이 포착되었다. 빈 성임을 확신하고 달려 들어가는데 홀연 성 위에서 북소리와 나발소리가 요란하게 울리고 일제히 깃발이 일어서며 적교(吊橋)가 번쩍 들려 올라졌다. 깜짝 놀란 하후패가 계략에 빠진 것을 알고 물러서려 했으나 때는 이미 늦었다. 빗발치듯 쏟아져 내리는 화살과 돌 때문에 하후패와 5백 군사는 함께 성 밑에서 전사한다. 결국 하후패는 십수 년 전 자신이 예언했던 등애의 계략에 말려 죽게 된 셈이다.

제116회
부첨의 죽음

하루 동안 나타낸 충성과 분노가
천추에 의로운 이름으로 추앙받네.
차라리 부첨처럼 의로 죽을지언정
장서같이 구차히 살지는 아니하리.

一日抒忠憤　千秋仰義名
일 일 서 충 분　천 추 앙 의 명
寧爲傅僉死　不作蔣舒生
영 위 부 첨 사　부 작 장 서 생

주

◆서(抒) : 나타내다.　◆부첨(傅僉) : 양안관(陽安關)을 지키던 촉한의 주장이다. 양안관은 일명 관성(關城)이라고도 하는데, 북송 이후에는 양평관이라 불렀다. 촉 경요(景耀) 6년(서기 263년), 촉한으로 침입한 위군과의 작전 중 죽는다.　◆장서(蔣舒) : 부첨의 부장. 위에 투항한다.

감상과 해설

촉한 후기는 혼용(昏庸)한 군주에 환관이 발호하고, 국력은 피폐한데 장재(將材)마저 결핍된 상황이었다. 사마소의 표현을 빌리자면 촉한은 오직 강유 한 사람에 의해 지탱되고 있다고 했을 지경이었다. 그러나 정작 반대파의 배척을 받은 강유는 부득불 답중(沓中)에 둔전하며 군사를 기르고 있었다. 이로써 촉한은 동부 변경의 방어력과 한중의 군사력에 심각한 문제점을 노출시킨다. 이를 간파한 사마소는 촉한을 일거에 무너뜨릴 전략을 세우는데, 그것은 등애로 하여금 답중으로 진격하여 강유를 견제케 하고, 제갈서(諸葛緖)로 하여금 음평교(陰平橋)로 진격하여 촉군의 동서 연결을 끊게 하며, 종회로 하여금 곧바로 한중으로 진격하여 검각을 빼앗고 성도를 깨뜨리게 하는 것이었다. 종회의 대군이 관중에 이르렀다는 첩보를 접한 강유는 후주에게 표를 올려 장익으로 하여금 양안관을 지키게 하고 요화로 하여금 음평교를 진수케 하는 어명을 내려달라고 했다. 그러나 환관 황호(黃晧)와 무당에게 혹한 후주는 연일 환락에 빠져 있었다. 절박하기 그지없는 강유의 표문을 고의로 후주에게 올리지 않은 황호 때문에 촉한의 국가대사는 그르쳐지고 만다.

이렇게 촉한 정권이 오류를 거듭하는 사이, 위장 종회는 별 어려움 없이 양안관에 이르게 된다. 양안관을 지키던 촉장 부첨은 부장 장서와 관을 지킬 방책을 협의했다. 장서는 위군을 당해낼 수 없으니 굳게 지키는 것이 상책이라 하고, 부첨은 적이 먼 길을 와 피로할 터이니 나가 싸우자고 했다. 종회가 관 앞에서 10만 대군이 왔다며 항복을 종용했다. 크게 노한 부첨이 장서에게 관을 지키게 한 뒤, 친히 3천 군마를 이끌고 돌격해 내려가자 종회는 즉시 달아났다. 적이 퇴각하는 것을 본 부첨이 기세를 타고 추격하는데, 위군이 다시 밀고 들어왔다. 부첨이 다시 관으로 들어가려 했지만 관 위에는 이미 위군의 깃발이 펄럭이고 있었다. 뜻밖에 장서가 위에 항복을 했던 것이다. 이에 부첨은 "살아서 촉의 신하였으니 죽어서도 촉의 귀신이 되겠다."고 외치며 적군 속으로 돌진해 들어가 닥치는 대로 죽인 뒤 스스로 목을 베어 자결했다. 이 시는 의로운 부첨을 찬양하고 적에 투항한 장서를 통박하고 있다.

제116회
제갈량의 혼령

수만 명의 신병들이 정군산을 둘러싸고
종회더러 제갈 신령께 절하도록 하였네.
살아서는 계책 정해 유씨를 떠받치더니
죽어서도 말을 남겨 촉의 백성 지켜주네.

數萬陰兵繞定軍　致令鍾會拜靈神
수만음병요정군　치령종회배영신
生能決策扶劉氏　死尙遺言保蜀民
생능결책부유씨　사상유언보촉민

주

◆음병(陰兵) : 귀병(鬼兵). 신병(神兵).　◆정군(定軍) : 제갈량을 장사지낸 산의 이름이다.　◆영신(靈神) : 제갈량의 혼령을 가리킨다.　◆유씨(劉氏) : 촉한의 정권을 가리킨다.　◆유언(遺言) : 여기서는 제갈량의 혼령이 한 말이다.

감상과 해설

양안관을 탈취한 종회가 양안성에서 잠을 청할 때였다. 갑자기 서남쪽에서 함성이 크게 진동했다. 놀란 종회가 급히 군막 밖으로 나가보니 아무 것도 없었다. 이튿날 밤이 되어 다시 함성이 일어나자 종회는 놀라고 의심스러워 마음이 불안했다. 사흘째는 부하들을 데리고 서남쪽으로 순시를 나갔는데, 어느 산 앞에 이르니 돌연 살기가 일며 먹구름이 퍼지고 안개가 산을 덮었다. 산비탈을 돌아 나오는데 갑자기 광풍이 일며 등 뒤로부터 수천 기병이 바람을 타고 쇄도했다. 크게 놀란 종회는 무리를 끌고 부랴부랴 달아났는데, 장수들이 수없이 말에서 떨어졌다. 가까스로 양안관에 이르러 보니 사람 하나, 말 한 마리 잃지 않고 그저 얼굴을 다치거나 투구를 잃었을 따름이었다. 모두들 말했다. "검은 구름 사이로 인마가 쇄도했지만 정작 몸 가까이 이르러서는 사람을 해치지 않고 회오리바람으로 변했습니다." 종회는 항장 장서의 말을 듣고서야 비로소 정군산에 제갈량의 묘가 있다는 사실을 알았다. 종회가 제갈량의 묘를 찾아 제를 올리자 광풍이 멎고 검은 구름도 흩어졌다.

그날 밤 종회는 꿈에서 제갈량을 만났다. "한나라의 운이 쇠해 천명을 거스를 수는 없겠지만, 양천(兩川, 촉을 지칭)의 백성들이 전쟁에 휘말리는 것은 안타까운 일이로다. 그대가 촉의 경내로 들어가거든 만에 하나라도 함부로 백성들을 죽이지 말라." 그리고는 소매를 떨치며 사라졌다. 종회는 군령을 내려 군사들을 엄히 단속했다. 이로써 위군이 백성의 재물을 빼앗거나 괴롭히는 일은 추호도 없었다. 제갈량은 죽어서도 촉의 백성들을 돌본 것이다.

제갈량이 촉을 다스린 기간은 20년으로, 백성을 어루만지고 관리들을 단속하는 법도가 엄명하며 국사에 임하여는 최선의 노력을 다했다. 그래서 역대 통치계급은 그의 충절과 현상의 자질을 선양했고, 백성들은 또 그의 지혜와 애민정신을 신성화 내지 우상화 했다. 일반적으로 관방(官方)문화와 민간문화는 성격상 그 차이가 분명한데, 제갈량 문화만큼은 상층문화와 하층문화가 시공을 초월하여 상호 융합하고 있다.

제117회
몰래 음평을 넘다

음평의 험준한 고개 하늘 끝에 닿아 있어
검은 학도 빙빙 돌며 날아오르기 겁낸다네.
등애가 양털 담요 감고 이곳으로 내려오니
뉘 알았으랴 제갈량이 미리 알고 있을 줄을.

陰平峻嶺與天齊　玄鶴徘徊尙怯飛
음평준령여천제　현학배회상겁비
鄧艾裹氈從此下　誰知諸葛有先幾
등애과전종차하　수지제갈유선기

주

◆음평(陰平) : 익주에 속한 군의 이름으로, 지금의 감숙성 문현(文縣) 서쪽이다.
◆현학(玄鶴) : 검은 학. 고대 전설에 학이 천 년을 살면 그 털의 색이 푸르고, 2천 년을 살면 그 털의 색이 검어서 현학이라 부른다고 전해진다. ◆선기(先幾) : 기(幾)는 장차 출현할 미세한 징조로, 『주역·계사 하전(繫辭下傳)』에 나오는 말이다.

감상과 해설

등애와 종회, 제갈서를 앞세운 사마소의 촉한 전면 공략은 슬쩍 옹주를 취하고 말머리를 돌려 음평교를 빼앗는 강유의 과감한 작전으로 인해 완전히 수포로 돌아간다. 여러 차례 검각을 공격해도 이기지 못한 종회는 양도(糧道)마저 멀어 진퇴유곡에 빠지게 된다. 정면승부로는 도저히 승산이 없다는 판단 아래 등애가 음평을 넘는 기습작전을 제의한다. 짐짓 겉으로는 웃는 얼굴로 동의한 종회였지만 속으로는 비웃고 있었다. '음평의 오솔길은 모두가 고산준령이 아닌가. 만약 촉군 백여 명만 나서서 험한 요새를 지키고 귀로를 차단한다면 등애의 병사는 모조리 굶어죽고 말거야. 나는 정면승부만으로도 충분히 촉을 깨뜨릴 수 있어.' 그러나 등애가 음평을 넘은 장거는 역사상으로도 매우 성공적인 기습전으로 평가된다. 험한 지역일수록 그만큼 방비가 허술한 법이다. 『삼국지연의』에서는 음평의 산세가 높고 험하여 넘기 어려운 정황을 매우 실감나게 묘사하고 있다. 앞에 높은 고개가 나타났는데, 마천령(摩天嶺)이라 불렀다. 말이 오를 수 없을 정도로 험준하여 등애가 걸어서 고갯마루로 올라가는데, 길을 뚫기 위해 앞섰던 등충(鄧忠)과 장사(壯士)들이 모두 소리 내어 울고 있었다. 등애가 까닭을 물으니, 고개 서쪽 전체가 천 길 절벽이라 도저히 길을 낼 수 없으니, 지금까지의 노력이 모두 허사로 돌아가므로 울고 있다고 했다. 이에 등애가 말했다. "우리가 온 길이 이미 칠백 리나 된다. 이곳만 지나면 적의 요새인데 어찌 다시 돌아갈 수 있단 말이냐?" 그리고는 군사들을 불러 모은 뒤 단호하게, "호랑이 굴로 들어가지 않고 어찌 호랑이 새끼를 잡을 수 있단 말인가?"하고는 스스로 양털로 만든 담요를 몸에 감고 절벽 아래로 몸을 굴렸다. 뒤이어 부장과 장졸들이 따르고, 담요가 없는 사람은 굴비 두름처럼 밧줄을 타고 줄줄이 절벽을 내려갔다. 담략과 안목을 겸비한 등애는 마침내 촉한의 복부인 면죽(綿竹)으로 진공할 수 있었다. 당시 66세였던 그의 용맹을 감안한다면 가히 경외의 대상이 아닐 수 없다.
『삼국지연의』에서는 이 지점에서 적절한 허구를 가미한다. 등애와 등충을 비롯한 2천 명의 군사가 마천령을 내려와 갑옷을 차려 입고 무기를 정돈하여 행군을 시작하려 할 때, 마침 길가에 서있는 비석 하나를 발견한다. 거기에 '승상 제갈무후 쓰다.'라고 되어 있고, 그 아래엔 '이화초흥 유인월차 이사쟁형 불구자사(二火初興 有人越此 二士爭衡 不久自死)'라는 글이 적혀 있었다. 즉 염흥 초에 이곳을 넘는 사람이 있을 것인데, 두 인재(사재[士載]와 사계[士季], 즉 등애와 종회)가 서로 다투다가 오래지 않아 저절로 죽게 되리라는 글이었다. 크게 놀란 등애는 황망히 비석에다 두 번 절한 다음, "무후께서는 참으로 신인이시구나!"하고 감탄한다.

촉을 멸한 등애는 사마소의 시기와 종회의 질투 그리고 소인배들의 해코지를 생각지도 않고 그저 자신이 세운 공만 믿고 자만하다가 결국 피살되고 만다.

제117회
마막 부인의 죽음

후주가 혼미하여 촉한 사직 엎으려고
하늘이 등애 보내어 서천을 취하누나.
가련하다 파촉 땅의 수많은 명장들아
강유관의 이씨 부인 따라오지 못하네.

後主昏迷漢祚顚　天差鄧艾取西川
후주혼미한조전　천차등애취서천
可憐巴蜀多名將　不及江油李氏賢
가련파촉다명장　불급강유이씨현

주

◆조(祚) : 제위(帝位)를 뜻한다.　◆천차(天差) : 하늘에서 내려 보낸다는 의미로, 등애가 서천을 취한 것은 하늘의 뜻이라는 말이다.　◆강유(江油) : 사천성 강유현(江油縣)의 지명이다.

감상과 해설

몰래 음평을 넘어온 등애는 곧 강유관(江油關)을 기습하려 했다. 험준하기 짝이 없는 웅관(雄關)이었던 강유관은 북으론 마천령의 음평도와 통하고 남으로는 천북평원(川北平原)과 접하여, 이곳만 뚫리면 곧바로 면죽과 성도로 내달릴 수 있는 촉한 존망과 직결된 요새지였다. 제갈량이 죽은 후 촉한의 군권을 장악한 장완, 비의, 강유 등은 하나같이 강유관의 중요성을 홀시했다. 그래서 겉모양은 지난날처럼 웅장했지만 속은 텅텅 비어있는 상황이었다. 만약 유능한 장수가 이곳을 굳게 지키고 있었더라면, 등애의 기습군은 결단코 살아 돌아갈 수가 없었을 것이다.

간신들이 정권을 주무르는데 후주는 용렬했고, 조정이 부패되니 인심마저 해이했다. 위나라 군대가 강유관에 이르렀으나, 수장(守將) 마막(馬邈)은 싸울 마음이 없었다. 등애가 관을 공격하기 전, 마막은 화로를 끌어안고 아내와 술을 마시고 있었다. "천자가 주색에 빠져있으니 재난이 멀지않은 것 같소. 위나라 군사가 도착한다면 항복하는 게 상책일 터이니, 무엇을 걱정할 필요가 있겠소?"라고 하자, 그의 아내가 마막의 얼굴에 침을 탁 뱉으며 쏘아붙였다. "너는 사내로서 싸워보기도 전에 먼저 불충불의한 마음을 품으니, 나라에서 주는 작위와 봉록을 헛되이 받았구나. 내 이제 무슨 낯으로 너와 얼굴을 마주하겠는가?" 이 말을 들은 마막은 부끄러워 대꾸할 말이 없었다. 그러나 등애군이 성 아래에 이르자 마막은 곧장 눈물을 흘리며 항복을 해버렸다. 이 소식을 들은 마막의 부인 이씨(李氏)는 목을 매어 자결했다.

등애가 부인이 죽은 까닭을 묻자 마막이 사실대로 고했다. 이씨의 행동에 감동한 등애는 후히 장사지내도록 하고 직접 가서 제사까지 드렸다. 이 이야기를 들은 위군들은 감탄하지 않는 사람이 없었다.

제117회
절의가 무후를 잇다

충신의 지모가 모자랐기 때문이 아니라
하늘에 촉한의 운을 끊을 뜻이 있었네.
당시에 제갈량은 훌륭한 자손 두었으니
굳은 절의가 참으로 무후를 이을만했네.

不是忠臣獨少謀　蒼天有意絶炎劉
불시충신독소모　창천유의절염유
當年諸葛留嘉胤　節義眞堪繼武侯
당년제갈유가윤　절의진감계무후

주

◆염유(炎劉) : 한나라는 화덕에 응했으므로 한조를 염유(炎劉) 또는 염한(炎漢)이라 부른다. 여기서는 촉한정권을 가리킨다. ◆가윤(嘉胤) : 가(嘉)는 호(好)이고, 윤(胤)은 후대(後代)를 뜻한다. 즉 훌륭한 후대를 말한다. 제갈첨(諸葛瞻)은 제갈량의 아들이고, 제갈상(諸葛尙)은 손자이다. ◆감(堪) : 할 수 있다.

감상과 해설

음평을 넘은 등애는 강유관을 기습하고 부성(涪城)을 항복받으며 파죽지세로 진격했다. 급보가 나는 듯이 궁중으로 전해지자 후주는 벌벌 떨며 조회를 열었다. 만조백관들은 말이 없는데, 극정(郤正)이 나서서 제갈첨에게 적을 물리칠 방도를 물어보게 했다. 후주가 눈물을 뿌리며 자신의 목숨을 좀 살려달라고 하자, 제갈첨도 울면서 목숨을 걸고 사직을 지키겠다고 다짐했다.

아들 제갈상을 선봉으로 삼은 제갈첨은 성도의 군사를 모두 이끌고 면죽으로 출정한다. 위병이 면죽을 철통같이 에워싼 것을 본 제갈첨은 동오로 사신을 파견하여 구원을 청한다. 그러나 마음이 급했던 그는 동오군이 오기도 전에 자신의 아들과 장비의 손자인 상서 장준(張遵)을 성안에 남겨두고 군사를 이끌고 적진으로 돌격한다. 결국 등애의 유인책에 걸린 제갈첨은 화살을 맞고 말에서 떨어진다. 그리고는 "더 이상 싸울 힘이 없으니 죽음으로써 나라에 보답하리라."라고 부르짖으며 칼을 뽑아 스스로 자진한다. 이 모습을 지켜보던 제갈상이 분을 참지 못하고 적진으로 돌진했지만 그 역시 군중에서 전사한다. 시의 구절에는 지모가 모자란 게 아니라고 했지만 사실은 그 반대였다. 제갈첨 부자에겐 무모한 충성만 있을 뿐 계략이라곤 없었다. 적이 먼 길을 왔으니 반드시 성을 지키며 기회가 올 때까지 지구전을 펼쳤어야 했다. 동오군이 도착하고 강유와 호응한 후 행동을 개시했더라면 그토록 허무한 종말을 맞지는 않았을 것이다.

제갈첨은 제갈량이 만년에 낳은 자식이다. 제갈량이 오장원에서 죽을 때 그의 나이는 겨우 8살이었다. 소년 시절의 제갈첨은 총명하고 사랑스러웠을 뿐만 아니라 서화에도 뛰어났다. 17살 되던 해에 후주 유선의 부마가 되었고 관직이 행도호장군(行都護將軍) 겸 평상서사(平尙書事)로 촉한 후기에 비교적 중요한 역할을 담당했다. 하지만 그는 결국 일개 서생에 불과했다. 부자가 나란히 순국할 때 제갈첨은 37세, 제갈상은 19세였다.

제118회
유심의 죽음

군신이 기꺼이 무릎을 꿇으려 하는데
왕자 하나 홀로 슬퍼하며 괴로워하네.
서천을 회복하는 일은 이제 끝났는데
장하여라 당당히 우뚝 선 북지왕이여!

한 몸 바쳐 소열 조부께 보답하고자
머리 뜯으며 하늘 우러러 통곡하였네.
늠름한 인물이 아직 살아있는 듯한데
누가 한나라가 이미 망했다고 하는가?

君臣甘屈膝　一子獨悲傷
군신감굴슬　일자독비상
去矣西川事　雄哉北地王
거의서천사　웅재북지왕
捐身酬烈祖　搔首泣穹蒼
연신수열조　소수읍궁창
凜凜人如在　誰云漢已亡
늠름인여재　수운한이망

주

◆서천사(西川事) : 촉한이 사업을 회복한 것을 가리킨다.　◆북지왕(北地王) : 유선

의 다섯째 아들 유심(劉諶)을 말한다. ◆소수(搔首) : 손톱으로 머리를 긁다. 심사가 편치 않을 때의 동작을 형용하는 말이다. ◆궁창(穹蒼) : 푸른 하늘을 뜻한다. ◆수운(誰云) : 수설(誰說).

감상과 해설

제갈첨 부자가 전사하자 면죽을 취한 등애는 다시 성도를 향해 창을 겨눈다. 후주가 어찌할 방도를 몰라 허둥대자 초주가 항복을 권한다. 계속되는 초주의 권유에 마음이 기울어진 후주가 막 항복을 하러 나가려는데 누군가 불쑥 앞을 막아선다. 후주의 다섯째 아들 북지왕 유심이었다. 그는 초주를 질책한다. "목숨만 부지하려는 썩은 선비가 어찌 사직(社稷)의 대사를 논한단 말인가! 자고로 항복하는 천자가 어디 있단 말인가!" 그리고는 아직도 성도에 남아있는 군사가 수 만이나 되니, 검각에 주둔하고 있는 강유의 군사와 연계하여 내외협공을 가하면 대세를 만회할 수 있다고 역설하고, 만약 일이 여의치 못하더라도 부자와 군신 모두가 성을 등지고 적과 죽을 각오로 싸워 사직과 함께 최후를 맞으면 될 일이지 항복 따위가 무슨 말이냐고 하였다. 그러나 후주는 유심을 궁문 밖으로 쫓아내게 하고는 등애에게 항복을 청하고 만다.

이 소식을 들은 유심은 죽음을 결심한다. 부인 최씨(崔氏)가 먼저 기둥에 머리를 받아 죽고 아내의 목을 벤 유심은 직접 세 아들마저 죽인 뒤, 소열황제(昭烈皇帝, 유비)의 사당으로 가서 고한다. "신은 기업을 남에게 버리는 것이 수치스러워 먼저 처자를 죽여 마음에 걸리는 것을 없애고 한 목숨 끊어 할아버님께 보답하려 합니다. 만약 할아버님의 영령이 계시다면 이 손자의 마음을 알아주소서." 그리고는 한바탕 통곡을 하는데, 눈에서 피눈물이 쏟아진다. 마침내 스스로 목을 베어 죽으니 이 소식을 들은 촉인들이 애통해 하지 않는 사람이 없었다.

제118회
후주의 항복

위나라 군사 수만 명 서천으로 들어오니
후주는 목숨 아까워 자결 기회 놓치네.
황호가 끝까지 천자 속일 뜻 가졌으니
강유는 구국의 재주 공연히 자부했네.

충성 다한 열사의 마음 너무나 매웠고
절개 지킨 왕손의 뜻 정말 애달프구나.
소열제 나라 경영 정말 쉽지 않았건만
하루아침에 그 공업 갑자기 재가 되네.

魏兵數萬入川來　後主偸生失自裁
위 병 수 만 입 천 래　후 주 투 생 실 자 재
黃皓終存欺國意　姜維空負濟時才
황 호 종 존 기 국 의　강 유 공 부 제 시 재
全忠義士心何烈　守節王孫志可哀
전 충 의 사 심 하 열　수 절 왕 손 지 가 애
昭烈經營良不易　一朝功業頓成灰
소 열 경 영 양 불 이　일 조 공 업 돈 성 회

주

◆자재(自裁) : 자살.　◆제시재(濟時才) : 당대의 정치상황을 바로잡아 백성을 구할

수 있는 재주를 뜻한다. ◆전충의사(全忠義士) : 촉을 위해 몸을 바친 모든 장수와 병사를 가리킨다. ◆수절왕손(守節王孫) : 북지왕 유심을 가리킨다.

감상과 해설

스스로를 결박한 후주 유선은 태자와 수십 명의 신하를 거느리고 빈 관을 끌면서 북문으로 나가 항복을 청한다. 후주를 부축해 일으킨 등애는 손수 결박을 풀어 주고 관을 불태우고는 함께 수레를 타고 성으로 들어간다.
후주가 나라를 망친 내용을 읊은 이 칠언율시는 전체를 두 부분으로 나눌 수 있으니, 앞의 4구는 망국의 원인을, 뒤의 4구는 망국의 분노를 펼치고 있다. 전반부의 촉한 멸망이라는 중대한 역사 사건에서 시인은 두 쌍의 대립되는 장면으로 당시의 복잡한 역사사실을 요약하고 있다. 그 한 쌍은 위병이 서천으로 들어온 장면과 후주가 항복하는 장면이다. 등애의 대군은 거의 아무런 제지도 받지 않고 촉한을 손에 넣을 수 있었기 때문에 입천(入川)이란 가벼운 용어를 썼으며, 망국의 군주인 유선도 죽을힘을 다하여 사직을 지킨 게 아니라 가볍게 나가 항복했으므로 투생(偸生)이란 용어를 사용한 것이다. 또 다른 대립되는 한 쌍은 간신 황호와 충신 강유이다. 하나는 임금을 주색에 빠지게 하여 나라를 망친 자요, 다른 하나는 나라를 구할 우국충정으로 자나 깨나 노심초사한 인물이다. 어리석은 군주가 옥석을 가리지 못했으니 어찌 나라가 망하지 않을 수 있었겠는가.
후반부 망국의 분노에서는 현실적인 측면과 역사적인 측면을 읊었다. 즉 후주의 항복 소식을 들은 강유와 그가 이끌던 부대 장졸들의 분노 그리고 북지왕 유심의 분노가 현실적인 분노요, 소열황제가 수없는 전쟁을 겪고 제갈량이 갖은 지혜를 다 짰으며, 오호장군과 수많은 신하들의 수십 년에 걸친 노력으로 이룩한 나라를 하루아침에 궤멸시켰다는 탄식이다.
후주가 상서랑(尙書郞) 이호(李虎)를 시켜 등애에게 넘겨준 문서에는, 총 28만 호에 남녀 94만 명, 갑옷 입은 장사 10만 2천 명, 관리 4만 명, 창고 속의 양곡 40여 만 근, 금은 각 2천 근, 비단 24만 필 등이 기록되어 있었다.

제118회
주필역

물고기나 새조차 군령이 두려워 주저하고
바람과 구름도 영채를 길이길이 감싸주네.
제갈량이 휘두른 신필도 헛되게 되었으니
항복한 후주 끝내 끌려가는 꼴 보게 되네.

관중과 악의의 재주 정말 부끄럽지 않았지만
관우와 장비 명이 짧으니 무엇을 해 보리오!
훗날 성도 가서 승상 사당을 지나게 되면
그 옛날 양보음 곡조 한이 되어 넘쳐나리!

魚鳥猶疑畏簡書　風雲長爲護儲胥
어 조 유 의 외 간 서　풍 운 장 위 호 저 서
徒令上將揮神筆　終見降王走傳車
도 령 상 장 휘 신 필　종 견 항 왕 주 전 거
管樂有才眞不忝　關張無命欲何如
관 악 유 재 진 불 첨　관 장 무 명 욕 하 여
他年錦里經祠廟　梁父吟成恨有餘
타 년 금 리 경 사 묘　양 보 음 성 한 유 여

주

◆어조(魚鳥) : 일설에는 원조(猿鳥)라고 한다.　◆유의(猶疑) : 계속 주저하다는 뜻

이다. ◆간서(簡書) : 죽간 위의 문자로, 군령문서이다. 제갈량의 동원령 또는 계엄령을 말한다. ◆저서(儲胥) : 군대 주둔 시 설치하는 울타리와 목책을 가리킨다. ◆상장(上將) : 제갈량을 가리킨다. ◆항왕(降王) : 후주를 뜻한다. 항복 후 왕으로 봉해졌다. ◆주전거(走傳車) : 유선이 항복하자, 그의 전 가족을 낙양으로 옮겼다. 전거는 고대 역참에서 장거리 여행에 갖추어 제공하는 수레이다. ◆관악(管樂) : 관중과 악의를 가리킨다. ◆진불첨(眞不忝) : 정말 부끄럽지 않다. 첨(忝)은 괴(愧)로, 즉 욕됨을 뜻한다. ◆타년(他年) : 여기서는 장래(將來)를 뜻한다. ◆금리(錦里) : 지금의 사천성 성도시 남쪽으로, 무후사가 있는 곳을 말한다. ◆양보음(梁父吟) : 악부(樂府) 초조(楚調) 곡명으로, 「양보음(梁甫吟)」이라고도 한다. 제갈량이 부친을 잃고 지었다고 전해진다.『삼국지・촉지・제갈량전』에 제갈량의 부친 현(玄)이 죽은 후, '제갈량은 몸소 밭을 일구고 농사를 지으면서, 양보음을 불렀다.'고 전한다. 일설에는 증자(曾子)가 부모를 그리워하는 뜻은 금곡(琴曲)인 「양산조(梁山操)」라고도 한다.

감상과 해설

주필역(籌筆驛)은 진에서 촉으로 들어가는 첫 번째의 수로(水路) 교통 요지로, 그 위치는 사천성 북쪽 가릉강(嘉陵江) 동쪽 언덕, 즉 광원현(廣元縣) 북쪽 80리이다. 제갈량이 북벌할 때 늘 이곳에 군사를 숨겨두고 진형을 펼치거나 군막 안에서 계책을 세웠기 때문에 얻은 지명이다.

후주가 항복한 장면에 이어 당나라 시인 이상은이 지은 시를 삽입하였다. 당나라 대중(大中) 5년 늦가을(서기 851년) 대산관(大散關)으로부터 남쪽으로 내려와 양평관을 거쳐 촉으로 들어간 시인이 주필역에 도착하여 첩첩이 둘러싼 산봉우리와 웅장하고도 험준한 천북(川北)의 자연경관을 접하고 불현듯 600년 전의 촉한 역사가 머리에 떠올라 이 시를 지었다 한다. 게다가 제갈량의 인품과 재지를 숭배한 시인은 이 시를 짓고 몇 개월이 되지 않아 공무로 성도로 갈 기회가 있었는데, 그때 무후사를 참배함으로써, '훗날 성도 가서 승상 사당을 지나게 되면'이라고 읊은 시 구절의 소원을 풀었다 한다. 평소 제갈량이 좋아하던 양보음을 자주 읊던 그였으니 당시의 감흥은 또 어떠했을까.

이 시는 촉한의 한(恨)을 위주로 감정의 기복을 자유로이 조절하는 억양법(抑揚法)을 사용하여 선명한 형상미과 심장한 함축미를 갖춤으로써 『삼국지연의』에 비춰지는 역사 인식과 적절히 융합하고 있다. 게다가 갑자기 전체를 확 열어젖힌 뒤 종횡무진 논의를 펼치는 형식인데, 구체적인 역사인물을 위주로 당시의 정치사회 현상을 개괄하고 있다. 부연하자면 몇 명의 재간 있고 진보적인 봉건시대 인물들이 자신들의 뜻한바 사업을 성사시키지 못하는 공동 운명을 읊고 있다.

제119회
등애의 죽음

어려서부터 계책을 잘 쓰더니
군사 부리는 재주가 빼어났네.
눈길을 모으면 지리를 꿰뚫고
얼굴을 들면 천문을 알았다네.

말발굽 이르면 산허리 잘리고
군사가 오니 돌길도 갈라졌네.
공을 이루고도 죽임을 당하니
그 넋이 장안 하늘을 맴도네.

自幼能籌畫　多謀善用兵
자유능주획　다모선용병
凝眸知地理　仰面識天文
응모지지리　앙면식천문
馬到山根斷　兵來石徑分
마도산근단　병래석경분
功成身被害　魂繞漢江雲
공성신피해　혼요한강운

주

◆주획(籌畫) : 기획하다. 계획하다.　◆응모(凝眸) : 시선을 집중함. 응시의 뜻이다.

◆산근(山根) : 산기슭을 말한다.　◆한강(漢江) : 한수를 가리킨다. 장강의 최대지류로 섬서성 영강현(寧强縣) 북쪽 반총산(蟠冢山)에서 발원하여, 무한의 한양에서 장강으로 들어간다. 한강의 구름(漢江雲)이란 바로 섬서성 서남부 상공이니, 그 아래는 위나라 수도 장안이다. 즉 혼령이 장안 주위를 돌고 있다는 뜻이다.

감상과 해설

등애는 어려서 부친을 여의고 가정형편이 매우 어려웠지만 가슴에는 항상 원대한 뜻을 품고 지냈다. 12세에 모친을 따라 영천(穎川)으로 갔는데, 일찍이 환제 때 태구현(太丘縣)의 장(長)을 역임한 진식(陳寔)이 쓴, '문장은 세인들의 모범이 되고, 행동은 사대부의 본보기가 된다(문위세범 행위사칙[文爲世範 行爲士則]).'라는 글귀를 보고 몹시 감동을 받은 나머지 한때 자신의 이름을 범(範)으로 하고, 자를 사칙(士則)으로 바꾸기도 했다.

나중에 미관말직에 근무하게 되었지만 원대한 포부는 전혀 변하지 않았다. 삼국이 정립되고 전쟁이 그치지 않는 당시의 세태를 간파한 그는 모든 노력을 기울여 병법을 연구했다. 높은 산이나 큰 저수지를 대하면 그때마다 군영을 설치할 장소를 지도로 그려보곤 하였다. 마치 자신이 무슨 대장이라도 된 것처럼 지형을 관찰하거나 군영을 설치하는 광경을 보는 주위 사람들은 모두가 비웃었다. 하지만 그는 그런 조소 따위는 전혀 개의치 않았다. 오랜 세월동안 지형을 관찰하고 병법을 습득한 그는 마침내 어느 누구도 따를 수 없는 풍부한 인문지리에 관한 지식을 습득하게 된다. 이를 바탕으로 촉한과의 전투에서 귀신같은 전략과 수없이 많은 전공을 세우게 된다. 그래서 어떤 사람은 음평에서의 성공은 평소 그가 서촉 지리에 깊은 관심을 가지고 세밀하게 관찰한 결과라고 평하기도 한다.

등애는 삼국시대 위나라 후기에 나타난 걸출한 군사전략가 중 한 명이다. 그는 탁월한 군사적 재능으로 음평을 기습하여 촉한의 복부로 들어가 단숨에 촉한의 숨통을 끊어버리는 쾌거를 이룬다. 그러나 촉을 멸한 등애는 질투에 눈이 먼 종회의 참언과 의심 많은 사마소의 성격으로 인해 반역죄로 체포된다. 나중에 압송 도중 풀려나지만 개인적 원한을 가진 전속(田續)의 손에 피살되고 만다.

위나라 경원(景元) 5년(서기 264년)에 죽은 그는 10년이나 지난 진나라 태시 9년(서기 273년)이 되어서야 사마염에 의해 누명을 벗게 된다. 이 시는 등애가 입은 피해를 통해 그의 특장과 공훈을 개술함과 동시에 공을 세우고도 피살당한 안타까운 일에 동정을 보내고 있다.

제119회
종회의 죽음

나이 어려서부터 영재라고 불리니
스무 살에 벌써 비서랑이 되었네.
기묘한 계략에 사마소가 탄복하여
그 당시에 나의 자방이라 불렀네.

수춘에서는 많은 계책으로 도왔고
검각에서는 장수의 용맹을 날렸네.
도주공의 숨는 법을 배우지 못해
떠도는 넋 고향 그리며 슬퍼하네.

髫年稱早慧　曾作秘書郞
초년칭조혜　증작비서랑
妙計傾司馬　當時號子房
묘계경사마　당시호자방
壽春多贊畫　劍閣顯鷹揚
수춘다찬획　검각현응양
不學陶朱隱　游魂悲故鄕
불학도주은　유혼비고향

주

◆초년(髫年) : 어린 시절. 동자들이 아래로 드리운 머리를 초(髫)라고 한다.　◆비

서랑(秘書郞) : 전적(典籍)을 관장하거나 문서를 초안하는 관리를 말한다. ◆경(傾) : 종회가 사마씨 편에 밀착하여 신임을 얻은 것을 말한다. ◆자방(子房) : 유방을 도와 한나라의 천하통일에 크게 공헌한 장량을 일컫는다. 장량은 그 공으로 유후(留侯)에 봉해졌다. ◆찬획(贊畫) : 계책을 보조하다. ◆응양(鷹揚) : 매가 힘차게 나는 것을 뜻한다. 장수의 웅재대략(雄才大略)에 비유한 말이다. ◆도주(陶朱) : 춘추시대의 범려(范蠡)를 말한다. 월왕(越王) 구천(勾踐)을 도와 오를 멸망시킨 후 관직을 버리고 숨었다. 이름을 도주공(陶朱公)이라 바꾸고, 상업을 경영하여 큰 부를 이루었다. 도주은(陶朱隱)이란 공을 이루면 물러난다는 뜻으로 사용된다.

감상과 해설

종회는 빼어난 지모에 문무를 겸비한 조위 후기의 걸출한 인재다. 권문세가 출신으로 어려서부터 총명하고 지혜가 뛰어났다. 학문을 좋아하고 부지런하여 종종 밤을 새우며 수많은 책을 섭렵했다. 재주가 출중하였고 명문의 자제였기 때문에 일찍부터 벼슬길에 올랐는데, 겨우 20세에 벌써 비서랑이 되었.
조상이 피살된 사건을 계기로 적극 사마씨의 편이 되어 많은 꾀를 내놓는다. 그래서 사마씨 두뇌집단의 핵심인물이 되기에 이른다. 사마사가 병사한 기회를 놓칠세라 위주 조모가 사마씨의 군권을 탈취할 목적으로 사마소에게 허창으로 가서 동오를 방비하라고 명한다. 이때 종회는 주저하는 사마소의 결단을 촉구하여 무력으로 조정을 장악함으로써 사마소로 하여금 대장군 겸 녹상서사(錄尙書事)가 되게 하는 결정적 역할을 한다. 수춘에서 제갈탄을 토벌할 때는 처음부터 끝까지 종회의 계책이 사용되었을 뿐만 아니라 내놓는 계책마다 적중하여 마침내 사마소의 입에서, "그대는 진실로 나의 자방이로다!"라는 말이 튀어나오기에 이른다. 훗날 사마소가 촉을 정벌할 뜻을 비치자 미리 준비된 서천 공략 지도를 내보여 사마소의 입이 벌어지게 만든다.
그러나 사마소는 지나치게 의심이 많고 음험한 인물이었다. 그는 지나치게 재주가 많은 종회를 일찍부터 제거하려고 마음먹었다. 모반 여부를 떠나 처음부터 토사구팽(兔死狗烹)될 처지에 놓여있었던 셈이다.
강유의 술책에 말린 종회는 등애 부자를 함거(檻車)에 실어 낙양으로 보낸 후 스스로 대군을 장악하여 모반을 꾀한다. 그러나 다수의 부장들이 따라주지 않았고, 감군(監軍) 위관(韋瓘)이 장수들을 규합하여 그를 공격한다. 결국 종회는 난군 중에 피살된다. 그때 그의 나이는 아직 40세에도 이르지 못했다. 등애와 종회는 둘 다 공을 이루어 명성이 진동할 시기에 갑자기 목숨을 잃게 된다.

제119회
강유의 죽음

천수에서 영걸이라 이름 날리고
양주에서 기이한 인재 났다했네.
혈통은 강태공 후손으로 태어나
술책은 제갈량에게 전수받았네.

담이 커 응당 두려움 없었으니
성공 못하면 돌아갈 뜻 없었네.
성도에서 등애와 종회 죽던 날
그에겐 못다한 슬픔이 남았네.

天水誇英俊　涼州産異才
천 수 과 영 준　양 주 산 이 재
系從尙父出　術奉武侯來
계 종 상 보 출　술 봉 무 후 래
大膽應無懼　雄心誓不回
대 담 응 무 구　웅 심 서 불 회
成都身死日　漢將有餘哀
성 도 신 사 일　한 장 유 여 애

주

◆ 천수(天水) : 군명으로 강유는 천수군 기현(冀縣) 사람이었다. 기현은 지금의 감

숙성 감곡현(甘谷縣)을 말한다. ◆양주(涼州) : 천수군 기현 땅은 농우(隴右)이니, 양주에 속했다. ◆계(系) : 세대(世代) 관계. 상보(尙父)란 주 무왕이 강태공(강자아)에게 붙인 존칭이다. 강유와 강태공의 성이 같기 때문에 그들을 일족으로 보는 것이다. ◆술(術) : 모략. 수단. ◆웅심서불회(雄心誓不回) : 강유가 종회의 반란을 이용하여 촉한을 회복하려고 기도한 일을 말한다. ◆성도신사일(成都身死日) : 등애와 종회가 죽고, 이 일을 획책한 강유도 난군 중에 피살된 날을 말한다.

감상과 해설

강유는 촉한 후기 제갈량의 유업을 계승하여 촉한을 지탱한 저명한 군사전략가로 남다른 재략을 갖춘 인물이었다. 그는 천수군의 강족(羌族)이었는데, 천수군은 삼국시대에 양주에 속했다. 제갈량의 제1차 북벌 땐 조위의 참군(參軍) 신분이었는데, 천수를 공격한 제갈량의 계책을 간파하고 신출귀몰한 용병으로 제갈량의 간담을 서늘케 한다. 이에 크게 놀란 제갈량이 별도의 계책으로 강유를 귀순시킨다. 강유가 귀순하자 크게 만족한 제갈량은 강유의 손을 잡아끌면서 자신이 평생 동안 연구한 학문을 전해주겠노라고 했다. 그리고는 승상부 장사(長史) 장예(張裔)나 참군(參軍) 장완 등에게 추천의 글을 쓰면서 강유를 이소(李邵)나 마량보다 훨씬 뛰어난 인물이라고 추켜세울 지경이었으니, 얼마나 그의 재략을 아꼈는지 알 수 있는 장면이다.

강유가 촉에 귀순할 때의 나이가 27세였으니, 제갈량이 하산하던 시기의 나이와 동갑이 된다. 그는 제갈량을 따라 다섯 차례의 북벌에 참여함으로써 공을 세움과 동시에 제갈량의 용병술을 깊이 있게 배웠다. 그러나 제갈량 서거 후에는 온건파로 진취성이 부족한 장완이나 비의가 차례로 군정(軍政)을 맡음으로서 장장 20년 동안이나 북벌을 위한 대규모 군사행동은 중단된다. 강유가 수차에 걸쳐 대군을 일으킬 것을 건의했지만 번번이 거절당한다. 당시 비의는 "우리보다 훨씬 훌륭했던 승상도 중원을 평정하지 못했거늘 하물며 우리들 따위가 어떻게 한단 말인가."라고 했다. 이 때문에 강유는 비의가 죽은 후에야 비로소 제갈량의 유지를 이어받아 아홉 번에 걸쳐 중원을 공격하는 장거를 펼치게 된다. 그는 공격으로써 수비를 삼는 제갈량의 책략을 깊이 이해했기에 적을 치지 않으면 왕업도 유지할 수 없고, 가만히 앉아서 기다린다면 누가 적을 쳐줄 것이냐고 반문했다. 이런 각도에서 분석하건대 강유는 장완이나 비의보다는 담략과 진취성이 월등한 것으로 판단된다. 그러나 당시 국내에는 수차에 걸친 강유의 출정에 대하여 원성 또한 적지 않았으니, 초주와 황호, 염우(閻宇) 등의 모함이 바로 그러했다. 하지만 어려운 역경 가운데 실행된 구벌중원(九伐中原)의 성적은 승전 3회, 패전 1회, 무승부 4회로, 패전 보다는 승전이 많았다. 그래서 사마소조차도 촉한은 오직 강유 한 사람이 지탱하고 있다고 감탄할 지경이었다.

촉이 망하자 그는 군사를 이끌고 종회에게 거짓 투항하여 예우를 받았다. 강유는 종회가 등애를 미워하는 심리를 이용하여 종회의 손으로 등애를 제거하도록 하였다. 그리고는 종회가 반란을 일으키도록 부추겨 빼앗긴 나라를 되찾고자 하였다. 그러나 일이 실패하여 결국 난리 가운데 죽고 만다.

강유가 촉한에 충성을 바친 기간은 36년, 자못 제갈량을 대신한 촉한의 대들보다운 기백이 있었다. 하지만 그는 단지 한 명의 군사가일 뿐, 정치적 시야는 부족한 인물이었다. 게다가 당시의 촉한에는 강유를 지지하고 보좌해줄 인재가 없었다. 이 때문에 강유는 외로운 군사로 힘겨운 싸움을 하였고, 큰 뜻을 품었지만 승리도 맛보기 전에 몸이 먼저 죽게 된다. 그의 죽음과 함께 촉한은 영영 재기할 기회를 잃게 된다.

제119회
후주가 용렬한 사람임을 알겠네

환락 쫓아 즐거워서 만면에 웃음 띠니
망국의 슬픔 따위는 조금도 생각 않네.
타국에서 즐기며 고국을 잊는 것 보니
비로소 후주가 용렬한 사람임을 알겠네.

追歡作樂笑顔開　不念危亡半點哀
추환작락소안개　불념위망반점애
快樂異鄕忘故國　方知後主是庸才
쾌락이향망고국　방지후주시용재

주

◆위망(危亡) : 망국의 슬픔을 말한다. ◆이향(異鄕) : 타향. 여기에서는 망국의 임금 유선이 연금된 낙양을 가리킨다. ◆용재(庸才) : 지모가 없는 사람. 여기서는 용렬한 사람, 변변치 못한 사람이라는 뜻이다.

감상과 해설

사마소는 후주를 낙양으로 옮겨오게 하고는 안락공(安樂公)에 봉했다. 하루는 후주가 스스로 사마소의 집으로 와서 감사를 표하자 사마소가 주연을 베풀었다. 사마소는 가무단에게 명하여 우선 위나라 음악에 위나라 춤을 추게 했다.

그것을 감상하는 촉나라 관원들이 모두 슬퍼했지만 후주만은 유독 희색이 가득했다. 다음으로는 서촉 사람에게 서촉 음악을 연주하게 했다. 이를 듣는 서촉 관리들은 모두가 눈물을 흘렸지만 후주는 혼자 시시덕거리며 웃고 있었다. 서촉 생각이 나지 않느냐고 물어도 이곳 생활이 즐거워 서촉 생각이 나지 않는다고 했다. 후주가 소변을 보러 가는데 극정(郤正)이 따라와서, "폐하! 어째서 서촉 생각이 안 난다고 하셨사옵니까? 만약 다시 물으면 '선인의 산소가 모두 촉 땅에 있어 서쪽을 바라보면 슬픈 생각이 나서 하루도 생각하지 않는 날이 없사옵니다.'라고 울면서 대답하소서. 그러면 진 공(晉公)은 반드시 폐하를 촉으로 돌려보내 줄 것이옵니다."라고 했다. 후주는 극정이 일러준 대로 대답했다. 그러나 아무리 해도 눈물이 나오지 않아 눈만 꾹 감고 있었다. 사마소가 "어째 극정이 시킨 말 같구려."라고 하자, 깜짝 놀란 후주가 눈을 번쩍 뜨며, "바로 진 공의 말씀 그대로이오이다."라 하였다. 사마소와 측근들이 모두 배꼽을 잡고 웃었고, 이때부터 사마소는 후주를 의심할 가치도 없는 위인이라 생각했다. 이 내용은 『삼국지·후주전』 배송지 주에서 인용한 『한진춘추(漢晉春秋)』에 나온다.

유선은 촉한 건흥 원년(서기 223년) 나이 17세에 황제의 자리에 오른 뒤, 경요 6년(서기 263년)까지 장장 41년 동안이나 황제 자리에 있었다. 이 기간에 제갈량, 장완, 비의, 강유 등의 걸출한 인재들이 번갈아 그를 보좌했다. 따라서 아무것도 할 줄 모르는 무능한 천자였다 할지라도 철저한 보안으로 인하여 어느 누구도 유선의 진실을 몰랐을 것이다. 그러나 유선이 망국의 군주가 되고나서야 비로소 사람들은 그가 용렬한 위인임을 알게 되었다. 17세에서 57세까지는 인생에서 가장 활동력이 왕성한 시기이다. 그럼에도 불구하고 유선은 번데기 속에 갇힌 벌레처럼 무위도식하며 세월만 보내는 바람에 망국의 군주가 되고 말았다.

제119회
위가 한을 멸하자 진이 위를 삼키네

위가 한을 멸하자 진이 위를 삼키니
하늘의 순환 이치 피할 길이 없구나.
나라 위해 죽은 장절 가엽긴 하지만
주먹 하나로 어떻게 태산을 막을꼬.

魏吞漢室晋吞曹　天運循環不可逃
위 탄 한 실 진 탄 조　천 운 순 환 불 가 도
張節可憐忠國死　一拳怎障泰山高
장 절 가 련 충 국 사　일 권 즘 장 태 산 고

주

◆탄(吞) : 멸하다. 병탄하다.　◆천운(天運) : 천명(天命)을 뜻한다.　◆장절(張節) : 위나라의 황문시랑(黃門侍郞)으로 사마염이 조씨의 위나라 정권을 찬탈하려하자, 분연히 일어나 항쟁했다. 이에 사마염은 무사들에게 명하여 장절을 죽였다.　◆장(障) : 막다.

감상과 해설

사마소의 권력이 조위의 조정을 완전히 장악하여 막 찬위를 실행에 옮길 시기가 되었는데, 갑자기 사마소가 중풍으로 죽는다. 그의 아들 사마염은 왕위를 계승하자마자 즉시 조비의 본을 따서 황위를 선양받고 국호를 대진(大晉)이라 고쳤다.

당시 조비가 한나라 헌제로부터 황위를 선양 받을 때는 가식으로나마 세 차례의 사양 의식을 거친 뒤 수선대에 올랐다. 그러나 사마염은 부친 사마소의 장례가 끝나자마자 곧바로 황제를 핍박하였다. 사마염이 칼을 차고 궁으로 들어오자 황제 조환이 놀란 나머지 대답조차 못했다. 이때 황문시랑 장절이 사마염을 나무라며 통렬히 꾸짖었다. "이 따위 짓거리는 바로 나라를 빼앗는 역모가 아닌가!" 이에 사마염이 크게 노하여 의장용 무기인 금과(金瓜)로 장절을 때려죽이게 했다. 조환이 무릎을 꿇고 사마염에게 용서를 빌자, 가충이 천자에게 말했다. "천수를 다했사옵니다. 하늘의 뜻을 거스르지 마시고 한 헌제가 했던 고사를 본받아 수선대를 수축하시고 대례를 갖추어 진왕에게 선위하시는 것이 하늘의 뜻에 부합하고 백성의 바람을 따르는 길이옵니다. 그래야 폐하께서도 걱정 없이 지내실 수 있사옵니다." 그 말을 따라 조환은 수선대를 쌓고 직접 전국옥새를 사마염에게 건넸다.

제119회
사마씨가 위나라를 찬탈하다

진나라의 찬탈 방식 위왕과 똑같으며
진류왕이 간 길도 산양공과 흡사하네.
수선대의 옛일을 되풀이 하여 행하니
그 당시를 회고하면 애달플 뿐이로다.

晉國規模如魏王　　陳留踪跡似山陽
진 국 규 모 여 위 왕　　진 류 종 적 사 산 양
重行受禪臺前事　　回首當年止自傷
중 행 수 선 대 전 사　　회 수 당 년 지 자 상

주

◆규모(規模) : 여기서는 선위(禪位)하는 의식과 장면 그리고 그 결말을 가리킨다.
◆진류(陳留) : 위나라 함희 2년(서기 265년), 사마염이 위나라 황제 조환을 폐위시켜 진류왕에 봉했다. ◆산양(山陽) : 한나라 건안 25년(서기 220년), 조비가 한헌제를 폐하여 산양공으로 봉했다. ◆지(止) : 지(只)의 뜻으로 다만을 의미한다.

감상과 해설

핍박을 받은 위나라 황제 조환은 하는 수 없이 수선대를 쌓고 사마염을 청해 전국옥새를 건네는 대례(大禮)를 치른다. 그리고는 단상을 내려와 땅에 엎드린 채 새로운 황제의 명을 기다린다. 사마염은 조환을 진류왕에 봉하고 즉일로 서울을 떠나라고 한다. 조환은 눈물을 흘리며 길을 떠난다.

사마염이 위나라를 찬탈한 시기는 조비가 한나라를 찬탈한 시점으로부터 꼭 45년이 된다. 수선 의식이나 폐제에 대한 처우는 조비가 한 일과 너무나 대동소이(大同小異)했다.

시의 전반부 2구절에서는 이 두 차례의 선양 내용을 익살스럽게 대조하고 있다. 후반부 2구절은 앞에 나온 칠언율시와 그 격조가 다르다. 즉 앞의 2수는 설교식인 반면 뒤의 2수는 상당한 함축성을 지니고 있다. 자상(自傷)이란 단어 속에는 조위의 한나라 찬탈이 인과응보라는 질책과 폐제에 대한 동정과 연민 그리고 사마씨의 위나라 찬탈에 대한 불만과 분노 등 복잡한 감정이 녹아들어 있다.

제120회
양호를 애도하다

새벽녘에 산에 올라 진나라 신하 생각하니
옛 비석은 부서졌건만 현산은 봄빛이로다.
소나무 사이로 이슬이 방울방울 떨어지니
당시 사람들 떨어뜨리던 눈물인 듯하여라.

曉日登臨感晋臣　古碑零落峴山春
효일등림감진신　고비영락현산춘
松間殘露頻頻滴　疑是當年墮淚人
송간잔로빈빈적　의시당년타루인

주

◆등림(登臨) : 명승지의 산수를 유람한다는 뜻이다. ◆진신(晋臣) : 진나라의 장군 양호(羊祜)를 가리킨다. ◆영락(零落) : 파손되다. ◆현산(峴山) : 호북성 양양현 남쪽 9리 되는 곳에 있는 산으로, 양양을 지키는 요새였다. 여기서는 현산을 통하여 양호에 대한 그리움을 표현하고 있다. ◆타루인(墮淚人) : 양호는 군과 민간의 신망을 크게 얻었다. 그가 세상을 떠나자 백성들은 현산에 사당을 짓고 비(碑)를 세워 철마다 제사를 지냈다.

감상과 해설

촉을 멸한 진은 오와 10여 년간 대치했다. 오주 손호(孫皓)가 진동대장군(鎭東大將軍) 육항(陸抗)을 시켜 양양을 도모하려고 하자, 사마염은 상서복야(尙書僕射) 양호를 보내어 형주를 지키게 했다. 육항의 지모가 뛰어남을 안 양호는 굳게 지키며 적의 내부에 변이 일어나기만을 기다렸다. 과연 양호의 추측대로였다. 황음무도한 손호는 육항의 병권을 뺏고 충신 40여 명을 죽이는 등 동오의 인심을 크게 잃었다. 그러자 양호는 즉시 사마염에게 표를 올려 동오를 공략할 것을 청했다. 그러나 가충 등의 저지로 실현하지 못하고 병을 얻은 그는 귀향을 하며 두예(杜預)를 천거했다. 두예도 손호의 실정에 초점을 맞추고 있다가 동오 정벌을 주장하니, 마침내 동오는 멸망하게 된다.

서진이 오를 멸하고 천하를 통일함에 있어 양호는 누구보다 중요한 역할을 한 인물이다. 형주를 지킬 때는 적군에게 회유책을 써 살벌해야할 변경의 분위기가 부드러워지고 양민들도 생기가 나는 등 크게 민심을 얻었다. 그가 죽자 백성들은 물론이요 적군들까지 눈물을 흘릴 정도였다. 양양 사람들은 평소 그가 거닐던 현산에 사당을 짓고 비석을 세운 뒤 철마다 제사를 지냈다. 비석에 새긴 글을 보고 눈물을 흘리지 않는 사람이 없었으므로 이 비를 '추루비(墜淚碑)'라고 불렀다.

이 시는 만당의 시인 호증이 고적을 유람하다가 고인을 추모하며 지은 시이다. 『삼국지연의』 전체 시가 가운데 출현하는 역사인물은 100여 명에 가깝지만, 그중에서도 백성들이 추모한 인물은 몇 명 되지 않는다. 더욱이 대부분 촉한 사람임을 감안한다면 양호는 특수한 인물이 아닐 수 없다.

제120회
장제의 죽음

파산 위에 대장군 두예의 큰 깃발 나타나니
강동의 승상 장제가 충성으로 죽을 때로다.
제왕 기운 남쪽 땅에서 깡그리 사라졌지만
구차히 살지 않으려 알고도 목숨 저버리네.

杜預巴山見大旗　江東張悌死忠時
두예파산현대기　강동장제사충시
已拚王氣南中盡　不忍偸生負所知
이변왕기남중진　불인투생부소지

주

◆현(見) : 현(現)과 같은 뜻으로 나타나다의 의미다.　◆파산(巴山) : 호북성 강릉 서쪽으로 장강의 남안에 위치한 산의 명칭이다.　◆변(拚) : 쓸다. 청소하다.　◆왕기(王氣) : 제왕의 운명을 상징하는 상서로운 기운을 뜻한다.　◆남중(南中) : 남방 지역 전체를 가리킨다.　◆부(負) : 위반하다. 저버리다.　◆소지(所知) : 동오가 망할 것은 누구나 다 아는 사실이란 뜻으로, 뻔히 알면서도 실행해야 된다는 말이다. 즉 죽음으로써 나라에 보답하는 것을 말한다.

감상과 해설

진 함녕(咸寧) 5년(서기 279년) 11월, 사마염이 전군을 일으켜 동오를 친다. 진남대장군(鎭南大將軍) 두예는 부장 주지(周旨)를 시켜 정병 8백 명을 거느리고 몰래 장강을 건너 파산에다 기치를 세우고 불을 놓아 천군만마가 요새지를 점령한 것처럼 허세를 부리라 명한다. 오장 육경(陸景)이 바라보니 파산에 '진나라 진남대장군 두예'라고 적힌 깃발이 바람에 펄럭이는 게 아닌가? 동오의 방어군을 격파한 대도독 두예와 용양장군(龍驤將軍) 왕준(王浚)이 각기 다른 방향으로 건업을 향해 진격하니 동오의 승상 장제(張悌)는 진군의 기세를 당해낼 수 없음을 알았다. 우장군 제갈정(諸葛靚)이 물었다. "동오가 위태롭게 되었는데 어째서 도망치지 않으십니까?" 이에 장제가 대답하기를, "오가 망한다는 것은 누구나 다 아는 일이나, 임금과 신하가 모두 항복하고 나라를 위해 죽는 사람이 한 명도 없다면 이 어찌 치욕스러운 일이 아니겠소?"라고 한다. 장제는 좌장군 심영(沈瑩)과 함께 적을 맞아 있는 힘껏 싸웠다. 심영은 주지에게 피살되고 장제는 백병전을 벌이다 난군 중에 죽는다.

이 시는 가정본이나 이탁오본에는 없는 것으로 보아 모종강이 첨가한 것으로 보인다. 잠시 나타났다 사라지는 인물이지만 국난 중에 나라를 위해 목숨을 바치는 장제의 충의를 모종강은 크게 찬양하고 있다.

제120회
서새산 회고

서진의 거대한 전선이 익주에서 내려가니
금릉 땅의 제왕 기운 빛을 잃고 스러지네.
천 길 되는 쇠사슬 강바닥으로 가라앉자
한 조각 항복의 깃발 석두성에서 나오네.

인간세상 몇 차례나 지난 일 슬퍼하건만
서새산은 변함없이 찬 물결 베고 누웠네.
이제는 온 천하가 한집 된 날 맞이하니
늦가을 옛 보루엔 갈대소리만 서걱대네.

西晉樓船下益州　　金陵王氣黯然收
서 진 누 선 하 익 주　　금 릉 왕 기 암 연 수
千尋鐵鎖沈江底　　一片降旗出石頭
천 심 철 쇄 침 강 저　　일 편 항 기 출 석 두
人世幾回傷往事　　山形依舊枕寒流
인 세 기 회 상 왕 사　　산 형 의 구 침 한 류
今逢四海爲家日　　故壘蕭蕭蘆荻秋
금 봉 사 해 위 가 일　　고 루 소 소 노 적 추

주

◆금릉(金陵) : 오나라의 도읍지인 건업을 뜻한다. 지금의 남경시이다.　◆암연(黯

然) : 암담하고 빛이 없는 모양을 말한다. ◆심(尋) : 고대에 쓰인 길이의 단위다. 일심(一尋)은 8척(尺)이다. ◆석두(石頭) : 금릉(金陵). 석두성(石頭城)이라고도 부른다. ◆인세기회상왕사(人世幾回傷往事) : 동오 멸망 후 몇 개의 왕조가 금릉에 도읍을 정했으나 잠시 웅거하다가 끝내 사라졌다. ◆산형(山形) : 산세. 서새산(西塞山)을 가리킨다. 지금의 호북성 대야현(大冶縣) 동쪽에 위치했는데, 동오의 요새가 있었다. ◆침(枕) : 위치하다. 자리 잡다. 기대다. ◆한류(寒流) : 일설에는 강류(江流)로 표현하는데, 장강을 가리킨다. ◆금봉(今逢) : 어떤 작품에는 이금(而今)으로 되어있다. ◆사해위가(四海爲家) : 사해가 한집이 된다는 의미로, 나라의 통일을 가리킨다. ◆고루(故壘) : 옛날의 보루를 뜻한다. ◆소소(蕭蕭) : 의성어로 갈대가 가을바람에 흔들리는 소리이다.

감상과 해설

수륙 6로의 대군을 일으킨 사마염은 동서로 1천여 리에 달하는 거대한 전선을 형성하고 일제히 동오를 향해 진군토록 했다. 용양장군에 임명된 익주자사 왕준은 서로(西路)의 수군을 이끌고 물길을 따라 동으로 진군한다. 환관 잠혼(岑昏)의 말을 들은 손호는 길이 수백 길에 중량이 2, 30근씩 나가는 쇠사슬을 1백여 개나 만들어 장강의 협곡마다 가로질러 걸쳐놓았다. 이 첩보를 접한 왕준은 수십 척의 큰 뗏목을 만든 뒤, 뗏목마다 갑옷을 입고 무기를 든 허수아비를 만들어 빙 둘러 세운다. 물길 따라 뗏목이 내려가자 허수아비를 진나라 군사로 오인한 오군들이 모조리 달아나버린다. 오군들이 몰래 박아둔 철추들도 뗏목에 박혀 모조리 뽑혔다. 뿐만 아니라 뗏목 위에 설치한 거대한 횃불이 타오르자 여기저기 쳐놓은 쇠사슬까지 녹아 모조리 끊어져버렸다. 이에 순류를 탄 왕준이 석두성으로 들이닥치자 이 소식을 들은 손호는 스스로 목을 찔러 죽으려한다. 그러나 중서령(中書令) 호충(胡沖)과 광록훈(光祿勳) 설영(薛瑩)의 말을 들은 손호는 관을 싣고 두 손을 결박한 채 문무관원을 거느리고 왕준에게 항복을 청한다. 이로써 삼국 최후의 왕조 오나라도 멸망한다.

이 시는 당나라 시인 유우석(劉禹錫)의 작품이다. 오늘날의 남경인 금릉은 동오가 처음 도읍으로 정한 후 동진(東晋), 남조의 송, 제(齊), 양(梁), 진(陳)까지 여섯 나라의 수도가 되어 육조고도(六朝古都)라고도 불린다. 상업이 발달하여 호화찬란하고 시끌벅적하던 번영의 도시는 진을 멸한 수(隋)나라 장수의 파괴로 인해 일시에 폐허로 변했다. 한 번 폐허가 된 도시는 당대가 되어도 더 이상 옛날의 영화를 회복하지 못했다. 그러나 장강 가의 서새산 만큼은 의연히 변치 않고 있어 시인의 시제가 된 것이다. 이 시는 격조가 높고 필력이 웅건하여 절창으로 평가된다.

제120회
삼국이 진으로 통합되다

한 고조 칼을 뽑아 함양으로 들어가니
이글거리는 붉은 해 부상에서 솟아나네.
광무제가 중흥시켜 대통을 이루게 되자
금 까마귀 날아서 하늘 가운데 떴구나.

슬프도다 헌제가 황제 자리를 이어받자
붉은 해 서쪽으로 함지 가에 떨어지네.
하진이 무모하여 환관들 난리 일어나고
서량 땅의 동탁이 조정에서 살게 되네.

왕윤이 계책을 정해 역적들의 목을 베나
이각과 곽사가 창칼을 들고서 설쳐대네.
사방에서 도적들이 개미떼같이 모여들고
천하의 간웅들은 야심을 품고 횡행하네.

손견과 손책은 강동에서 몸을 일으키고
원소와 원술은 하북과 하남에서 일어나네.
유언과 유장 부자는 파촉 땅을 점거하고
유표는 군부대를 형양 땅에 주둔시키네.

장연과 장로는 남정 지역을 제패하고
마등과 한수는 서량 지역을 지키누나.
도겸과 장수는 물론이요 공손찬 역시
영웅임을 뽐내며 한 지역씩 차지하네.

조조는 권력 틀어쥐고 승상부에 살면서
영재들을 구슬려서 문무관원 임용하네.
위엄으로 천자를 끼고 제후들 호령하며
용맹한 장졸 거느리고 중원을 진압하네.

누상촌의 유현덕은 본래부터 황손으로
결의한 관우와 장비 임금 보좌 자원하네.
동분서주 노력해도 기반 없어 한탄하며
장수 적고 군사 약해 타관 땅 떠도누나.

남양을 세 번 찾은 그 정이 너무 깊어
와룡은 첫 만남에 천하삼분 결정하네.
형주 먼저 취하고서 후에 서천 얻으니
왕도와 패도 큰 사업은 익주에 있었네.

오호라 삼 년 만에 하늘 길로 떠나시니
백제성의 자식 부탁 얼마나 괴로웠나!
공명은 여섯 번씩 기산으로 출병하며
한 손으로 하늘 떠받치려 원을 세웠네.

어찌 알았으랴 운수가 거기서 끝나고
장성이 한밤중에 오장원에 떨어질 줄.
강유는 저 혼자서 힘과 호기 과시하며
아홉 차례 중원 치며 헛고생만 하였네.

종회와 등애 군사 나눠 촉으로 진격하니
한나라 강산 모두가 조씨 것이 되는구나.
조비 조예 조방 조모 거쳐 조환에 이르자
사마씨가 또다시 천하의 주인으로 바뀌네.

수선대 앞엔 상서로운 운무가 피어나도
석두성 아래서는 파도조차 일지를 않네.
진류왕과 귀명후와 안락공으로 된 것은
왕후공의 작위들이 근본을 따른 것이라.

어지러운 세상사는 끝도 없이 계속되나
멀고 아득한 천수는 피해갈 길 없다네.
삼분천하 다투던 일 이미 꿈이 되었는데
후인이 애도한다며 괜히 넋두리 풀었네.

高祖提劍入咸陽　　炎炎紅日升扶桑
고조제검입함양　　염염홍일승부상
光武龍興成大統　　金烏飛上天中央
광무용흥성대통　　금오비상천중앙
哀哉獻帝紹海宇　　紅輪西墜咸池傍
애재헌제소해우　　홍륜서추함지방
何進無謀中貴亂　　涼州董卓居朝堂
하진무모중귀란　　양주동탁거조당

王允定計誅逆黨
왕윤정계주역당
李傕郭汜興刀槍
이각곽사흥도창
四方盜賊如蟻聚
사방도적여의취
六合奸雄皆鷹揚
육합간웅개응양
孫堅孫策起江左
손견손책기강좌
袁紹袁術興河梁
원소원술흥하량
劉焉父子據巴蜀
유언부자거파촉
劉表軍旅屯荊襄
유표군려둔형양
張燕張魯覇南鄭
장연장노패남정
馬騰韓遂守西涼
마등한수수서량
陶謙張繡公孫瓚
도겸장수공손찬
各逞雄才占一方
각영웅재점일방
曹操專權居相府
조조전권거상부
牢籠英俊用文武
뇌롱영준용문무
威挾天子令諸侯
위협천자영제후
總領貔貅鎭中土
총령비휴진중토
樓桑玄德本皇孫
누상현덕본황손
義結關張願扶主
의결관장원부주
東西奔走恨無家
동서분주한무가
將寡兵微作羈旅
장과병미작기려
南陽三顧情何深
남양삼고정하심
臥龍一見分寰宇
와룡일견분환우
先取荊州後取川
선취형주후취천
霸業圖王在天府
패업도왕재천부
嗚呼三載逝升遐
오호삼재서승하
白帝託孤堪痛楚
백제탁고감통초
孔明六出祁山前
공명육출기산전
願以隻手將天補
원이척수장천보
何期曆數到此終
하기역수도차종
長星夜半落山塢
장성야반낙산오
姜維獨憑氣力高
강유독빙기력고
九伐中原空劬勞
구벌중원공구로
鍾會鄧艾分兵進
종회등애분병진
漢室江山盡屬曹
한실강산진속조
丕叡芳髦纔及奐
비예방모재급환
司馬又將天下交
사마우장천하교
受禪臺前雲霧起
수선대전운무기
石頭城下無波濤
석두성하무파도
陳留歸命與安樂
진류귀명여안락
王侯公爵從根苗
왕후공작종근묘

紛紛世事無窮盡　天數茫茫不可逃
분분세사무궁진　천수망망불가도
鼎足三分已成夢　後人憑弔空牢騷
정족삼분이성몽　후인빙조공뢰소

주

◆고조(高祖) : 서기 206년, 한 고조 유방이 군사를 이끌고 함양을 점령하자 진나라는 멸망한다. ◆부상(扶桑) : 전설상의 신령스런 나무로 해가 그 아래서 뜬다고 한다. 즉 태양이 뜨는 곳을 일컫는다. ◆광무(光武) : 동한의 광무제 유수를 말한다. ◆용흥(龍興) : 새로운 왕조가 일어나는 것을 비유하는 말이다. ◆금오(金烏) : 해 가운데 세 발 달린 까마귀가 있다는 전설로 인해 금오라는 명칭이 생겼다. ◆소(紹) : 계승하다. ◆해우(海宇) : 천하. 즉 황제의 자리를 의미한다. ◆함지(咸池) : 『회남자・천문훈(天文訓)』에 '해는 양곡(暘谷)에서 나와 함지에서 목욕한다.'는 말이 있다. 신화 중에 태양이 목욕하는 곳을 말한다. ◆중귀(中貴) : 궁중에서 총애를 받는 사람, 즉 권세를 쥔 환관을 말한다. ◆육합(六合) : 천지(天地)와 사방(四方), 즉 천하를 의미한다. ◆응양(鷹揚) : 매가 높이 비상하는 것. 즉 제멋대로 횡포하게 구는 것을 비유하는 말이다. ◆강좌(江左) : 옛사람들은 동쪽을 좌, 서쪽을 우라고 했으므로 강좌란 강동을 가리킨다. ◆하량(河梁) : 하(河)란 황하 이북, 즉 하북을 가리킨다. 양(梁)이란 옛 위나라의 땅, 즉 하남을 가리킨다. ◆비휴(貔貅) : 전설상의 맹수이름으로, 여기서는 용맹한 군대를 비유하는 말이다. ◆누상(樓桑) : 유비의 고향인 누상촌을 의미한다. ◆무가(無家) : 발붙일 땅도 없다는 말이다. ◆승하(升遐) : 하늘로 올라 멀리가다. 고대 제왕(帝王)의 죽음을 일컫는다. ◆역수(曆數) : 운명. 운수. ◆산오(山塢) : 사방이 높고 가운데가 낮은 산지, 즉 오장원을 일컫는다. ◆구로(劬勞) : 고생하다. 피로하다. ◆교(交) : 앞뒤로 교체하는 시기를 말한다. ◆석두성(石頭城) : 오나라 수도인 금릉을 가리킨다. ◆진류(陳留) : 사마염은 위나라 조환을 진류왕으로, 촉한의 유선을 안락공으로, 동오의 손호를 귀명후로 봉했다. 여기서 세 나라 군주의 작위를 각각 왕과 공작과 후작으로 차등을 두었다.

감상과 해설

이 시는 전체 52구로 이루어진 고풍시(古風詩)로, 운문(韻文) 사평(史評)이라 할 수 있다. 전체를 네 단락으로 나눌 수 있는데, 첫 단락은 제1구에서 제12구까지, 둘째 단락은 제13구에서 제24구까지, 셋째 단락은 제25구에서 제42구까지, 넷째 단락은 제43구에서 제52구까지이다.

첫째 단락에선 모두 12구절을 통하여 동한의 쇠퇴를 다루었다. 고조의 창업에서부터 광무제의 중흥을 거쳐 헌제에 이르러 쇠퇴한다는 내용이다. 어리석은 하진이 환관을 잘못 다루고, 이리를 끌어들이는 바람에 동탁이 찬역을 도모하게 된다. 왕윤이 계략으로 동탁을 제거하게 되지만 이각과 곽사의 싸움으로 천하대란이 일어난다.

둘째 단락에서는 모두 12구절을 통하여 각 호걸들의 분쟁을 다루었다. 손견과 손책은 강동에서 새로운 기업을 열고, 원소는 북방의 네 고을을 제패한다. 장연과 장노는 한중 지역에서 할거하고, 마등과 한수는 서량에서 날개를 편다. 도겸과 장수, 공손찬 등도 제각기 한 지역씩을 차지하고 웅재를 드러낸다.

셋째 단락에선 모두 18구절을 통하여 유비가 사업을 성취하는 과정을 다루었다. 도원결의를 시작으로 떠돌이 생활, 삼고초려, 서천 점령, 천하삼분, 공명의 육출기산, 강유의 구벌중원, 유선의 항복, 조위의 촉한 병합 등 촉한 역사의 흥망성쇠가 펼쳐진다.

넷째 단락에선 모두 10구절을 통하여 위·촉·오 삼국이 진나라로 통합되는 내용을 다루었다.

이 시에는 약 100년간의 삼국시대 역사가 마무리 되고 천하가 통일되는 전 과정을 통하여 작가의 역사관이 반영되어 있다. 즉 삼국의 흥망성쇠에 따른 충성과 반역, 그 어느 것을 막론하고 결국 하늘이 정한 법칙을 거역할 수 없다는 천명관을 역설하고 있는 것이다. 그리하여 역사의 순환법칙도 나뉘어 오래되면 반드시 합해지고, 합해져 오래되면 반드시 나눠진다는 것이다.

시가 감상 해설

중국의 저명한 문학평론가 진료(陳遼) 선생은 『삼국지연의(三國志演義)』에 나오는 시가의 출처를 크게 3종류로 구분했다. 즉 나관중(羅貫中) 원본에 있었던 원시(原詩)와 후대의 정리 가공자가 창작한 시가 그리고 삼국시대의 인물이나 사건에 대해 서술하거나 논평한 전인의 우수한 시사를 인용한 시가를 말한다.

　모종강본(毛宗崗本)에서는 이러한 3종류의 시가 중 훌륭한 작품을 집대성하고 비교적 낮은 수준의 작품들은 삭제했다. 그리고 제촉구위(帝蜀寇魏)의 사상경향에 근접할 경우에는 삼국시대 이후의 역대 시인들, 즉 두보(杜甫)나 백거이(白居易) 등의 창작품도 첨가했다. 이들 시가를 내용상으로 분류하면 경치를 묘사한 사경시(寫景詩, 와룡강), 사물을 묘사한 상물시(狀物詩, 동작대부), 서정시(敍情詩, 서서의 노래), 서사시(敍事詩, 단계를 뛰어 건너다), 인물묘사시(人物描寫詩, 초선 - 완계사 곡조), 인물평가시(人物評價詩, 촉상), 사건논평시(事件論評詩, 관우가 조조를 놓아주다), 정론시(政論詩, 삼국이 진으로 통합되다) 등으로 나눌 수 있다.

　이 책의 원저인 『삼국연의시사감상(三國演義詩詞鑑賞)』은 1995년 북경출판사에서 출간했고, 2003년에 다시 천진고적출판사에서 수정 증보판을 출간했다. 삼국지연의 시가에 관한 본격적인 감상이나 분석서로선 정철생 교수의 작업이 최초인데, 『삼국연의예술흔상(三國演義藝術欣賞)』, 『삼국연의서사예술(三國演義敍事藝術)』에 이어 본 『삼국연의시사감상』 출간으로 '삼국지연의 예술이론'에 관한 3대 저작을 완성했다. 이로써 그는 이 방면의 공로자로 인정받아 중국 천진시 정부에서 수여하는 공로상을 받았다.

정철생 교수는 현대인의 관점에서 직시하고 조감하는 자세로 시가를 분석했는데, 흔히 볼 수 있는 과장이나 찬양일변도가 아닌, 훌륭하거나 부족하거나 조박(糟粕)한 부분을 있는 그대로 평가했다. 분석 방법으로는 서사학적·역사적·미학적 방법을 동원했고, 비평 방법으로는 대비법과 문화학적 방법, 축구점평(逐句点評) 방법, 계통적 방법 그리고 이들 방법을 다시 2중, 3중으로 응용하여 논평했다. 아래는 정철생 교수가 초판에서 언급한 삼국지연의 시가 해설문인데, 원문의 장황한 내용을 간추렸다.

『삼국지연의』의 시가는 몇 종의 주요 판본에 그 수가 엄청나게 많다. 그 중 가정본(嘉靖本)에 344수, 이탁오평본(李卓吾評本)에 409수가 나온다. 청(淸)대 모종강본에서는 중복되거나 저속한 시가 그리고 우스꽝스런 것들은 없애버리고 당·송(唐宋)대의 명시 등을 추가하여 205수로 정리하였다.

이들 시가는 중요 줄거리마다 해당 줄거리의 포인트 역할을 한다. 예를 들면 약 100명에 가까운 등장인물의 성격이나 사상, 수십 차에 걸친 역사사건의 사평(史評)과 사론(史論), 유불도(儒佛道) 사상의 교융(交融), 군사모략의 전개, 역사지리의 연혁(沿革), 속담이나 구담(口談)의 전파, 전통도덕의 발양, 점복(占卜)과 신괴(神怪) 문화 등을 위주로 역사와 문화 지식을 풍부하게 포용하고 있다. 그리고 작가의 예술구상을 표현하는데 있어서, 인물의 성격을 형상화 하고, 줄거리 전개를 촉진시키며, 서사의 방향을 구축하는데 쓰였다.

『삼국지연의』 속의 모든 시가가 예술성이 높다거나 사상성이 깊다고 말할 수는 없다. 그러나 전체 줄거리의 흐름 속에서 각각 맡은 바 특색을 발휘하고 있는데, 그 특색을 나누어 보면 대체로 세 방면으로 귀납된다. 바로 예술기능과 인생철학, 심미가치이다.

첫째, 『삼국지연의』 시가에 나타난 예술기능

　전체 205수의 시가는 삼국지연의 서사예술의 구성요소로 본문 서사결구의 도처에서 발견된다. 중요한 것은 이들이 서사결구의 유기적 요소가 되느냐 아니면 본문과는 별개로 독자적 작용을 발휘하느냐 하는 것이다. 이는 두 가지 분야로 나타나는데, 그 하나는 줄거리 구성요소 즉 시가가 소설 속의 등장인물이나 줄거리의 유기적 성분이 되는 경우이다. 이는 인물의 성격을 형상화하고 줄거리 전개를 촉진시키는 작용을 하기도 한다. 예를 들면 소제(少帝)의 「쌍쌍이 나는 제비를 노래하며」나 채모(蔡瑁)의 「벽에 쓴 시」 그리고 조식(曹植)의 「칠보시」 등이다. 이러한 시가들은 등장인물이 영시(詠詩)의 형식을 통해 특정한 역사적 환경에 처한 개인의 독특한 사회적 체험이나 사상 그리고 감정을 표현했다. 또 다른 하나는 비 줄거리 구성요소로, 주로 서사자의 논평을 나타낸다. 작가는 전지적 시각으로 이야기를 엮어 나가는데, 이러한 시공을 뛰어넘는 서사방식은 결코 작가가 임의로 채택하는 것이 아니라 작품의 제재나 그 내용의 용량에 의해 결정된다. 『삼국지연의』처럼 방대하면서도 장구한 시공간 구조와 무수한 등장인물 그리고 복잡다단한 줄거리와 빈번한 장면 전환이 필요한 작품에서는 전지적 시각을 사용할 수밖에 없다. 그렇지 않고서는 세 나라의 개별적이고 국부적인 변화와 발전 과정을 유기적으로 조성해 나갈 수 없기 때문이다. 세계 문학사에서도 규모가 방대한 작품들은 모두가 이런 서술 방식을 사용했는데, 이것이 바로 작가가 소설 속에 수시로 시가를 끼워 넣어 역사적 사건과 인물을 논평한 원인 중 하나이다. 또 하나의 원인으로는 중국역사소설이 정사(正史)의 사평이나 사론에서 받은 직접적인 영향을 들 수 있다. 가정본 『삼국지연의』에는 『삼국지(三國志)』나 『후한서(後漢書)』에서 볼 수 있는 45명의 역사인물에 대한 논(論)과 찬(讚) 그리고 평(評)이 그대로 들어있다. 이러한 것들은 대량의 시가와 마찬가지로 모두가 역사적 인물이나 사건에 대한 서사자의 논평이다. 그러나 이러한 대량의 평론은 소설의 예술체계 속에 유기적인 요소로 들어갈 수가 없으므로 줄거리의 종합성을 파괴할 뿐이다. 그래서 모종강은 이 부분을 과감하게 줄이거나 빼버린 것이다. 이는 형식상으론 조금 단순해진 듯 보이지만 실제로는 사평과 시가를 융합시킨 것으로, 시가의 풍부한 이미지와 심원한 정취 그리고 풍성한 의의를 통하여 작가의 역사에 대한 식견을 나타내었다.

둘째, 『삼국지연의』 시가에 나타난 인생철학

서사자의 관점에서 본 평론시는 아무리 철학적인 내용이라 할지라도 단편적 감상으로는 감흥을 느끼기 어렵다. 그러나 한 수 한 수의 시가 한군데로 모이고 무질서가 질서로 바뀌게 되면 계통을 형성하고 인생의 의의가 흐르게 된다. 이러한 시가는 세 분야의 하위 계통으로 정리할 수 있다. 즉 천인합일(天人合一)의 철학관, 뜻은 세상을 구하려 하지만 정은 자신을 보존하려는 가치관 그리고 현군명상(賢君名相)과 충의절렬(忠義節烈)을 지상과제로 보는 정치윤리관이다.

1. 천인합일의 관념은 여러 시가에 나타나 있는데, 천명(天命)은 어길 수 없는 것으로 인생의 행위와 역사의 운명은 모두가 천명의 제약을 받는다는 것을 분명히 했다. 예를 들면 「삼국이 진으로 통합되다」, 「사마의를 불태우려 하다」, 「사마씨가 위나라를 찬탈하다」 등이다. 이러한 것들은 여하히 천명관(天命觀)을 나타냈는가를 설명할 뿐만 아니라 더욱 중요하게는 천인합일 사상이 한(漢)대에 이르러 유가(儒家)와 도가(道家) 사상의 대립과 충돌을 거쳐 상호 보완적 사상과 이론 기초를 찾아냈다는 점이다. '인위적인 것'을 강조하는 유가와 '자연스러움'을 숭상하는 도가의 대립 형상이 한대에 이르러 천인합일로 합치된 것이다. 이는 인간과 하늘이 하나의 운행 준칙

을 함께 따르고 있는 것이라고도 할 수 있다. 『삼국지연의』 전체에 묘사된 다스림과 어지러움이 모두 이 사상을 준수하고 있다. 이는 도가의 '인위적인 것이 없어도 다스려짐'과 '자연스러움'을 숭상하는 극단적인 면을 수정하고, 유가의 '인위적인 것'에 객관적인 규범과 근거가 없음을 바로잡아서, '자연스러운 것'과 '인위적인 것'이 하늘과 인간이 함께 따르는 운행 준칙 속으로 들어가게 하였다. 그리하여 유가와 도가가 상호 보완 속에 건립한 천인합일의 이론기초 위에서 발전토록 하였다.

2. 하늘과 인간이 함께 따르고 활동하는 준칙을 '도(道)'라고 한다. '도'는 하늘의 뜻을 대표하면서 운명과 천명에 제약받을 뿐만 아니라 인위적인 창조의 경계이기도 하다. '선비가 도에 뜻을 둔다'는 것은 봉건시대 지식인의 가치 추구였지만 어느 누구도 운명과 천명이 그림자처럼 따라다니며 제약하는 것을 바꿀 수 없다고 하였다. 이를 구체적으로 표현하면 '시(時)'와 '위(位)'가 된다. '시'란 좋은 기회를 가리키는데, 예를 들면 제갈량(諸葛亮)의 친구인 석광원(石廣元)이 노래한 「장사 공명가」이다. '위'란 지위를 가리키는데, 선비가 벼슬길에 나아감도 '도'에 뜻을 두는 것을 전제로 한다. 그렇다면 '시'와 '위'를 어떻게 조화시켜 선비의 고민에 대처해야 하는가? 이 문제로 인하여 유가와 도가가 상호 보완하는 심리 메커니즘이 귀결점을 찾게 된다. 그래서 '현달하면 천하를 함께 구하지만, 출세하지 못하면 자신의 안위만을 보전한다(達則兼濟天下, 窮則獨善其身)'는 신조를 힘써 지키게 되었다. 『삼국지연의』의 시가 중 이러한 심리상태를 집중적으로 표현한 시가로는 제갈량이 융중땅에서 하산하는 과정에 배치된 10여 수의 시가가 있다. 이 시들은 각기 다른 관점에 중점을 둔 것 같으면서도 모두가 유가와 도가의 상호 보완적 심리상태로 맞춰져 있다. 여기서 작가는 시적 예술특징을 통하여 제갈량의 속마음을 전달했는데, 유가와 도가의 상호 보완적 정신 구

축 및 심리 역정을 빚어냄으로써 독특한 예술 기능을 발휘하고 있는 것이다. '담담하게 과욕을 부리지 않음으로써 목표를 명확히 하고, 마음을 평온하게 하여서 원대한 경지에 이른다네(淡泊以明志, 寧靜而致遠)'라는 구절은 제갈량의 좌우명으로 오랜 세월을 두고 후인들로부터 경배를 받고 있다. 이는 제갈량으로 인해 구축된 유가와 도가의 상호 보완 정신이 중국 봉건 지식계층의 전범이 되었기 때문이다.

3. 『삼국지연의』 시가에서 논평 성분이 비교적 많은 것은 바로 도덕적 평판을 중시하기 때문이다. 군신(君臣) 관계에 있어 명군현상(明君賢相)으로 칭송된 인물은 유비(劉備)와 제갈량이 단연코 두드러진다. 유비를 찬양한 것으로 「천하 영웅은 오직 사군뿐」, 「단계를 뛰어 건너다」, 「백성들을 거느리고 강을 건너다」 등이 있고, 제갈량을 찬미한 시로는 「와룡강」, 「제갈량 찬양」, 「촉상」 등이 있다. 주목할 점은 이러한 찬미가 결국 특정한 역사관과 합치된다는 것인데, 바로 '옹유폄조(擁劉貶曹)'이다. 여기서 '유비를 옹호'하는 말은 명군(明君)을 지지하는 것이고, '조조(曹操)를 깎아내림'은 폭군(暴君)에 반대하는 것이다. 또한 임금과 신하 관계에서는 충의와 절렬(節烈)을 노래했다. 이를 포괄하자면 다음과 같다. ① 한나라 왕실에 충성하고 간악한 권력자를 반대한 경우로, 왕윤(王允)을 찬미한 「왕윤의 죽음」, 동승(董承)을 찬미한 「동승의 죽음」, 마등(馬騰)과 마휴(馬休) 부자를 찬미한 「마등의 죽음」 등이 있다. ② 각자 주군을 위해 한마음으로 충절을 다한 경우로, 관우(關羽)를 찬미한 「다섯 관문 지나며 여섯 장수를 베다」, 조운(趙雲)을 찬미한 「조운의 죽음」, 장임(張任)을 찬미한 「장임의 순절」 등을 들 수 있다. ③ 의(義)를 행위의 준칙으로 삼은 경우인데, 유비·관우·장비(張飛)를 찬미한 「사람들 다투어 관운장을 숭배하네」, 제갈첨(諸葛瞻)과 제갈상(諸葛尙) 부자를 찬미한 「절의가 무후를 잇다」, 허공(許貢)의 세 문객을 찬미한 「허공

의 세 문객」 등이 있다. ④ 여장부가 의를 위해 자신을 희생한 경우로는, 미 부인(糜夫人)을 찬미한 「미 부인의 죽음」, 서씨(徐氏)가 남편을 위해 복수한 일을 찬미한 「서씨 찬양」, 마막 부인(馬邈夫人)을 찬미한 「마막 부인의 죽음」 등이 있다. 총명한 임금과 현명한 재상에 대한 찬미이거나 충성스럽고 정의로우며 절개와 강직함을 칭송하는 노래이든 모두 천인합일이라는 철학이론 계통의 건립에 따라 '사람의 덕은 천지와 비교될 수 있다(人與天地參)'는 사상을 나타내었다. 이를 실현하는 기점은 몸을 닦아 참된 성품을 기르고, 나아가 반드시 천지 운행의 규칙을 좇아서 도덕적인 자아실현에 도달하는 것이다.

셋째, 『삼국지연의』 시가에 나타난 심미가치
통속소설의 시가로서 고려되어야 할 가장 중요한 문제는 바로 통속적이면서도 쉽게 이해할 수 있어야 한다는 점이다. 이는 바로 '입말은 통속적이어야 멀리 전해지고, 글말은 재미가 있어야 사람을 감동시킨다'는 구절로 대변할 수 있다. 호증(胡曾)의 영사시(詠史詩)는 만당(晩唐) 시기에 있어 결코 상위의 작품이라고는 할 수 없지만 단지 '통속적'이고 '사회풍조와 관련'되었기 때문에 당시 민간에 널리 유행하였고 또 어린이들의 교육용 교재로도 사용되었다. 이런 이유로 고대의 역사소설은 호증의 시를 자주 인용하였고, 『삼국지연의』에서 차용한 호증의 시도 6수나 된다. 이런 현상은 바로 연의소설(演義小說)의 대부분이 화본강설(話本講說)이라는 길고 긴 성서(成書) 시기를 거쳐 완성되었기 때문이다.

영사시는 중화민족의 감상 취향과 심미 심리의 궤적을 따라 발전했는데, 이를 사전형(史傳型), 조고형(弔古型), 감회형(感懷型)의 세 가지 유형으로 나눌 수 있다. 이 세 가지는 『삼국지연의』 시가 중에 모두 구현되고 있다.

1. 사전형 영사시는 일반적으로 역사 사실을 윤색(潤色)하는 것을 주(主)로 하고 마음 속 생각을 읊는 것을 부(副)로 하여 역사적 사실과 논평이 상호 통합되는 것을 가리킨다. 역사적 사실 부분은 흔히 부(賦)의 수법을 채택하여, 역사 사건의 시간을 단서로 시편을 구성하거나 혹은 역사인물의 일생 중 영향이 컸던 사건을 골라 서술해 나간다. 이를 한마디로 표현하자면, 영사 부분에서 말하는 역사 현상이란 현실에선 더 이상 존재하지 않는 것으로, 사서(史書)에서 보든, 등잔 밑에서 회상하든 모두가 역사라는 흘러간 강물에서 찾아낸 것일 뿐이다. 따라서 그것은 시인의 감흥이나 논평과는 거리를 두고 있으니, 바로 고금(古今)이라는 시간적 차이이다. 예를 들면 「역사의 노래Ⅰ」, 「남양의 와룡이 큰 뜻을 품으니」, 「삼국이 진으로 통합되다」, 「원소의 죽음」, 「유표의 죽음」을 비롯하여 역사인물 40여 명의 일생에 대한 회상과 찬탄 등이다.

  2. 조고형 영사시는 대부분 자연산수(自然山水)에 직접 뛰어들거나 옛 자취를 목격한 상태에서 역사 사실의 서술과 함께 시인의 감흥을 나타낸다. 조고형이 사전형과 다른 점은 시인이 직접 역사 유적지에서 역사를 관통하여 당시의 광경을 찾아낸 다음, 현실과 역사라는 두 개의 시간이 합치하는 공간을 통하여 역사를 파악하고 평가 서술하는 것이다. 즉 사전형 영사시의 단순한 시간 단서의 구성 방식을 바꾸어 시간과 공간이 교차하는 구성방식을 형성함으로써 독자에게 미치는 정서적 감흥을 더욱 농후하도록 했다. 조고형 영사시로는 「예형의 죽음」, 「관녕 찬양」, 「장강에 몸을 던진 손 부인」 등이 있다.

  3. 감회형 영사시가 앞의 두 가지와 다른 특징은 역사적 시공간을 새롭게 편집하여 시인의 사유(思維)와 착상으로 역사 사실을 통괄한 다음, 필요한 것은 취하고 필요 없는 것은 버린 점이다. 이로써 역사 사실의 논리성이 더 이상 중요하지 않게 되었다. 감회의

철학 사유와 정취는 역사 사실의 논리와 서로 합치될 수도 있지만 오히려 이를 역행하여 역사 사실과 상반되는 결과를 얻을 수도 있다. 시인은 자신이 편집한 역사 현상과 감회의 철학 사유를 하나의 세절(細節)이나 한 폭의 그림 가운데 응결시켜 다양한 위치에서 꿰뚫어보는 구성방식을 형성한다. 예를 들면 「적벽」, 「유랑포구의 눈물」, 「양호를 애도하다」 등이 있다.

고전소설 서사 속에 배치된 수많은 시가의 내재적 구성형태를 보았을 때, 최대의 관건은 의의(意義)의 구축이라 할 것이다. 시에는 시의 경지가 있고 소설에는 소설의 이미지가 있는데, 이 두 가지가 한데 융합될 때 소설의 의의를 어떻게 재구축할 것인가 하는 문제이다. 모종강본과 가정본의 시가를 대조해보면 서로 같은 것이 140수가 있고, 이탁오평본과 모종강본을 대조해보면 서로 같은 것이 167수가 있다. 이는 모종강이 삭제한 시가가 모두 200수를 훨씬 넘는다는 사실을 이야기하며, 삭제된 시가들은 비 줄거리 요소 중에서 동일한 주제의 유사한 작품들임을 알 수 있다. 그러나 모종강은 앞에서 지적한 줄거리 요소로서의 시가는 단 한 수도 삭제하지 않고 전부 그대로 남겨두었다. 이러한 변화는 비 줄거리 요소 성분이 소설 중에 출현하는 빈도가 갈수록 적어짐을 뜻하고, 반대로 줄거리 요소로서의 시가는 소설 중의 주류가 되어갔음을 말한다. 나아가 소설 구성의 유기적인 요소로 발전되었음을 의미한다. 바꿔 말하면, 시가란 원래 독립적인 문학형식이지만 하나의 요소로써 소설적 예술계통 속에 결합될 경우에는 본래의 독립적인 의의를 상실하고 소설의 인물이나 줄거리 그리고 서사결구와 총체적으로 융합하게 된다는 것이다. 그리하여 독자들에게 새로운 의미를 내포한 심미가치를 선사하는 것이다.

3대 판본 시가 대조표

章回	詩體	版本 毛宗崗本	嘉靖本	李卓吾評本
卷首	詞	滾滾長江東逝水		
第1回	七絶	英雄露穎在今朝 運籌決算有神功	欲教勇鎭三分國	欲教勇鎭三分國
第3回	七絶	漢室傾危天數終※ 奔騰千里蕩塵埃※	漢室傾危天數終※ 奔騰千里蕩塵埃※ 胡兵如蟻走王師 腐草爲螢上岸時	漢室傾危天數終※ 奔騰千里蕩塵埃※ 胡兵如蟻走王師 腐草爲螢上岸時
第4回	五律	嫩草綠凝煙※	嫩草綠凝煙※	嫩草綠凝煙※
第4回	七絶	董賊潛懷廢位圖△ 漢末忠臣說伍孚※	太后飛身墜玉樓 漢末忠臣說伍孚※	董賊潛懷廢位圖△ 太后飛身墜玉樓 漢末忠臣說伍孚※ 夜深喜識故人容
第4回	歌行體	天地易兮日月飜※ 皇天將崩兮后土頹※	天地易兮日月飜※ 皇天將崩兮后土頹※	天地易兮日月飜※ 皇天將崩兮后土頹※
第5回	七絶	威鎭乾坤第一功※	誰道江南小將才 威鎭乾坤第一功※	誰道江南小將才 威鎭乾坤第一功※
第5回	排律	漢朝天數當桓靈※	漢朝天數當桓靈※	漢朝天數當桓靈※
第8回	七絶	一點櫻桃啓絳脣※	一點櫻桃啓絳脣※	一點櫻桃啓絳脣※
第8回	七律	紅牙催拍燕飛忙※	紅牙催拍燕飛忙※	紅牙催拍燕飛忙※
第8回	詞	原是昭陽宮裏人※	原是昭陽宮裏人※	原是昭陽宮裏人※
第9回	五言	王允運機籌※	王允運機籌※ 歷睹興亡事	王允運機籌※
第9回	七絶	司徒妙算托紅裙 霸業成時履帝王※ 董卓專權肆不仁△	董卓欺君自古無 霸業成時履帝王※ 屈膝家妓爲漢君 養育人才扶致治	社稷無人任障籬 董卓欺君自古無 霸業成時履帝王※ 董卓專權肆不仁△ 養育人才扶致治
第9回	七律		董卓遷都漢帝憂 董卓無端擅大權 四海瓜分漢世傾	董卓遷都漢帝憂 董卓無端擅大權
第10回	七絶	曹操奸雄世所誇△	珪讓誅夷卓又獰 威鎭涼州立大功 龍爭虎鬪甚時休	珪讓誅夷卓又獰 威鎭涼州立大功 龍爭虎鬪甚時休 曹操奸雄世所誇△

章回	詩體	版本		
		毛宗崗本	嘉靖本	李卓吾評本
第11回	七絕		鐵戟雙提八十斤	鐵戟雙提八十斤
第12回	七絕		天下瓜分漢欲亡	天下瓜分漢欲亡
	七律		徐州刺史陶恭祖	徐州刺史陶恭祖
第13回	排律	光武中興興漢世		
第14回	七律	血流芒碭白蛇亡※	血流芒碭白蛇亡※	血流芒碭白蛇亡※
第16回	五律		守護中軍帳	守護中軍帳
	七絕		昔日將軍解鬭時 呂布當年解備危 鐵戟雙提八十斤 彎弓百步喜穿楊	昔日將軍解鬭時 呂布當年解備危 鐵戟雙提八十斤 彎弓百步喜穿楊
	七律	溫侯神射世間稀※	溫侯神射世間稀※ 孟德奸雄世莫同	溫侯神射世間稀※ 孟德奸雄世莫同
第17回	七絕	十萬貔貅十萬心△		十萬貔貅十萬心△
第18回	七律		開疆展土夏侯惇	開疆展土夏侯惇
第19回	五律	生死無二志※	生死無二志※ 夜讀三分傳	生死無二志※ 夜讀三分傳
	七絕		亞父忠言逢霸主 不識游魚不識龍	奸雄曹操幷中原 亞父忠言逢霸主 不識游魚不識龍
		傷人餓虎縛休寬※	傷人餓虎縛休寬※	傷人餓虎縛休寬※
	七律	洪水滔滔淹下邳※	洪水滔滔淹下邳※	洪水滔滔淹下邳※
第21回	七絕	勉從虎穴暫趨身 束兵秣馬去匆匆	身外浮雲更有身 粗豪車冑運機籌	身外浮雲更有身 粗豪車冑運機籌
	七律	漢末刀兵起四方※	綠滿園林春已終 漢末刀兵起四方※	綠滿園林春已終 漢末刀兵起四方※
第23回	五律	漢朝無起色		
	七絕	黃祖才非長者儔※	黃祖才非長者儔※	黃祖才非長者儔※
第24回	五律	密詔傳衣帶	奮然興義膽	奮然興義膽
	七絕	書成尺素矢忠謀 春殿承恩亦枉然 吁嗟帝冑勢孤窮△		討逆無成禍已招 跋扈強臣震主威 仁心帝冑勢孤窮△
第25回	七絕	威傾三國著英豪△	千萬雄兵莫敢當 來往軍中膽氣高	威傾三國著英豪△ 千萬雄兵莫敢當 來往軍中膽氣高
	七律		望蓋揮鞭騎若風 白馬當年事困危	望蓋揮鞭騎若風 白馬當年事困危
第26回	五律		誓把功勳建 月缺不改光	誓把功勳建 月缺不改光

章回	詩體	版		本
		毛宗崗本	嘉靖本	李卓吾評本
第27回	七絕		刺良恩已報曹公 三國初爭勢未分 將軍降漢不降曹	刺良恩已報曹公 三國初爭勢未分 將軍降漢不降曹
	七律	掛印封金辭漢相※	掛印封金辭漢相※ 功成自合歸玄德	掛印封金辭漢相※ 功成自合歸玄德
第28回	七絕	當時手足似瓜分※	爲愛英雄越古今 千古令人笑蔡陽 當時手足似瓜分※	爲愛英雄越古今 千古令人笑蔡陽 當時手足似瓜分※
	七律		將軍氣概與天平	將軍氣概與天平
第29回	五律	獨戰東南地※	獨戰東南地※	獨戰東南地※
	七絕	孫郎智勇冠江湄△	來往東吳數十年	孫郎智勇冠江湄△ 來往東吳數十年
	七律		兵跨三江敢戰爭	兵跨三江敢戰爭
第30回	五律	河北多名士※	河北多名士※	河北多名士※
	七絕	本初豪氣蓋中華※ 逆耳忠言反見仇△	本初豪氣蓋中華※ 盡把私書火內焚△	本初豪氣蓋中華※ 逆耳忠言反見仇△ 盡把私書火內焚
第31回	五律		巨鹿田元皓	巨鹿田元皓
	七絕	昨朝沮授軍中失※	昨朝沮授軍中失※	昨朝沮授軍中失※ 強暴橫行仁義殃
第32回	五律	河北多名士※	河北多名士※	河北多名士※
	七絕		氣欲吞天志不高	氣欲吞天志不高
	七律	累世公卿立大名※	累世公卿立大名※	累世公卿立大名※
第33回	五律	天生郭奉孝※	天生郭奉孝※	天生郭奉孝※
	七絕		堪笑南陽一許攸 雖然天數三分定	堪笑南陽一許攸 雖然天數三分定
第34回	五絕	數年徒守困※		
	七律	曹公屈指從頭數※	曹公屈指從頭數※ 困守荊州已數年※ 三月襄陽綠草齊	曹公屈指從頭數※ 困守荊州已數年※ 范增定計傷高祖 三月襄陽綠草齊
	七律		玄德襄陽逃難日 襄陽城外接長途 檀溪流水碧溶溶 偶到檀溪觀舊迹	玄德襄陽逃難日 襄陽城外接長途 檀溪流水碧溶溶 偶到檀溪觀舊迹
	排律	老去花殘春日暮※	老去花殘春日暮※	老去花殘春日暮※
第35回	歌行體	天地反復兮,火欲殂※	天地反復兮,火欲殂※	天地反復兮,火欲殂※

章回	詩體	版		本
		毛宗崗本	嘉靖本	李卓吾評本
第36回	七絕	痛恨高賢不再逢※	痛恨高賢不再逢※ 四海蒼生在倒懸	痛恨高賢不再逢※ 四海蒼生在倒懸
第37回	五律	一夜北風寒※ 蒼天如圓蓋※	蜀郡靈槎轉 一夜北風寒※ 蒼天如圓蓋※	蜀郡靈槎轉 一夜北風寒※ 蒼天如圓蓋※
	七律	一天風雪訪賢良※	一天風雪訪賢良※ 見說南陽隱士賢	一天風雪訪賢良※ 見說南陽隱士賢
	排律	襄陽城西二十里※	襄陽城西二十里※	襄陽城西二十里※
	歌行體	壯士功名尚未成※ 吾皇提劍清寰海※ 鳳翱翔於千仞兮※	壯士功名尚未成※ 吾皇提劍清寰海※ 鳳翱翔於千仞兮※	壯士功名尚未成※ 吾皇提劍清寰海※ 鳳翱翔於千仞兮※
第38回	五絕	大夢誰先覺※	大夢誰先覺※ 遺廟丹青落	大夢誰先覺※ 遺廟丹青落
	五律		南陽諸葛亮	南陽諸葛亮
	排律	高皇手提三尺雪※	高皇手提三尺雪※	高皇手提三尺雪※
	七絕	"豫州"當日嘆孤窮 身未升騰思退步※ 才節雙全世所無※	岸草青青渭水流 七里清灘映石層 亂世英雄百戰餘 身未升騰思退步※ 才節雙全世所無※	岸草青青渭水流 七里清灘映石層 亂世英雄百戰餘 身未升騰思退步※ 才節雙全世所無※
	七律		堪愛南陽美丈夫	堪愛南陽美丈夫
第39回	七絕	博望相持用火攻※	荊州兄弟兩相猜	荊州兄弟兩相猜
	七律		博望燒屯用火攻※	博望燒屯用火攻※
第40回	五律	孔融居北海※	孔融居北海※	孔融居北海※
	七絕	昔聞袁氏居河朔※ 奸雄曹操守中原※		天下紛紛逐鹿晨
	七律		昔聞袁氏居河朔※ 奸雄曹操守中原※	昔聞袁氏居河朔※ 奸雄曹操守中原※
第41回	七絕	臨難人心存百姓※ 戰將全憑馬力多 血染征袍透甲紅※ 紅光罩體困龍飛※	動同甘心隨百姓※ 當陽救主顯英雄 血染征袍透甲紅※ 紅光罩體困龍飛※ 八面威風殺氣飄 風雲起處君臣走	動同甘心隨百姓※ 疏賢信伝欲偸生 當陽救主顯英雄 血染征袍透甲紅※ 紅光罩體困龍飛※ 八面威風殺氣飄 風雲起處君臣走
	七言		當陽草, 當陽草 當年玄德走紅陵	當陽草, 當陽草 當年玄德走紅陵
第42回	五律		玄德兵危日	玄德兵危日

章回	詩體	版本		
		毛宗崗本	嘉靖本	李卓吾評本
第42回	七絕	曹操軍中飛虎出 長坂橋頭殺氣生※	曹操軍中飛虎出※ 長坂橋頭殺氣生※ 百萬軍中斬將還	曹操軍中飛虎出※ 長坂橋頭殺氣生※ 百萬軍中斬將還
第44回	七絕			諸葛神機天下少
	七律		口若懸河水逆流	口若懸河水逆流
	賦	從明后以嬉遊兮		
第45回	七絕	曹操奸雄不可當△		曹操奸雄不可當△
	歌行體	丈夫處世兮立功名※	丈夫處世兮立功名※	丈夫處世兮立功名※
第46回	五律			疊疊風光盛
	七絕	一天濃霧滿長江※		
	七律		濃濃霧露滿長江※	濃濃霧露滿長江※
	賦	大哉長江		
第47回	七絕	赤壁鏖兵用火攻※		
	七律		黃蓋深知闞澤忠 赤壁鏖兵用火攻※	黃蓋深知闞澤忠 赤壁鏖兵用火攻
第48回	七絕	曹操征南日日憂※ 折戟沈沙鐵未銷※	曹操征南日日憂※ 折戟沈沙鐵未銷※	曹操征南日日憂※ 折戟沈沙鐵未銷※
	歌行體	對酒當歌※	對酒當歌※	對酒當歌※
第49回	七絕	七星壇上臥龍登※	東風一夜起江干 奸雄曹操起戈矛	一夜東風起江干 奸雄曹操起戈矛 一火能燒百萬兵
	七律		七星壇上正嚴凝	七星壇上正嚴凝
第50回	五律		徹膽長存義	徹膽長存義
	七絕	魏吳爭鬪決雌雄※ 山高月小水茫茫△ 曹瞞兵敗走華容※	魏吳爭鬪決雌雄※ 謾誇黃蓋施猛火 烈焰西焚魏帝旗 曹瞞兵敗走華容※ 緯地經天實可誇	魏吳爭鬪決雌雄※ 謾誇黃蓋施猛火 烈焰西焚魏帝旗 曹瞞兵敗走華容 緯地經天實可誇
	七律		浩浩長江風浪生	浩浩長江風浪生 山高月小水茫茫△
第53回	五律	矢志全忠孝※	處士全忠孝※	處士全忠孝※
	七絕		知己知人乃聖賢	知己知人乃聖賢
	七律	將軍氣概與天參※	將軍氣概與天參※	將軍氣概與天參※
第54回	詞		江左占形勢	江左占形勢
	七絕	寶劍落時山石斷※ 江山雨霽擁青螺※ 馳驟龍駒氣概多※	寶劍落時山石斷※ 江山雨霽擁青螺※ 馳驟龍駒氣概多※	寶劍落時山石斷※ 江山雨霽擁青螺※ 馳驟龍駒氣概多※
	七律		紫鬢桑蓋雨沈沈	紫鬢桑蓋雨沈沈

章回	詩體	版本		
		毛宗崗本	嘉靖本	李卓吾評本
第55回	七絕	吳蜀成婚此水潯△		吳蜀成婚此水潯△ 掛帆早發劉郎浦
第56回	七絕	周公恐懼流言日※ 周瑜決策取荊州△	周公恐懼流言日※	周公恐懼流言日※ 周瑜決策取荊州△
	七律		銅雀臺高壯帝畿 銅雀臺高接上天	銅雀臺高壯帝畿 銅雀臺高接上天
	古風		鄴中山青水如練	鄴中山青水如練
第57回	五律	赤壁遺雄烈※ 父子齊芳烈	慷慨知音律 赤壁遺雄烈※	慷慨知音律 赤壁遺雄烈※
	七絕	臥龍南陽睡未醒※ 苗澤因私害盡臣△	赤壁功成一戰勞 師行赤壁拒曹公 君臣道合是前緣 苗澤因私害盡臣△	赤壁功成一戰勞 師行赤壁拒曹公 君臣道合是前緣 苗澤因私害盡臣△
	七律		年少曾將社稷扶 武昌夏口吊周郎 龍臥南陽睡未醒※	年少曾將社稷扶 武昌夏口吊周郎 龍臥南陽睡未醒※
第58回	七絕	潼關戰敗望風逃※	潼關戰敗望風逃※ 臂挽鞍韉護主身	潼關戰敗望風逃※ 臂挽鞍韉護主身
第59回	七絕		凜凜威風鎮九州	凜凜威風鎮九州
第60回	五律	古怪形容異※	古怪形容異※	古怪形容異※
	七絕	倒掛城門捧諫章	四海鯨吞百戰秋 累勸收蜀意已深 自古忠臣多喪亡	四海鯨吞百戰秋 累勸收蜀意已深 自古忠臣多喪亡 荊州兵已入疆場
第61回	五律		潁上荀文若	潁上荀文若
	七絕	昔年救主在當陽※ 長坂橋邊怒氣騰※ 文若才華天下聞△	昔年救主在當陽※ 長阪坡頭怒一聲※	昔年救主在當陽※ 長阪橋頭怒一聲※ 玉石才華天下聞△
	七律		可愛常山趙子龍	可愛常山趙子龍
第62回	七絕	一覽無遺世所稀※	一覽無餘自古稀※	一覽無餘自古稀※
第63回	五律	白髮居西蜀※	胸襟如混沌 白髮居西蜀※ 怒氣沖冠髮	胸襟如混沌 白髮居西蜀※ 怒氣沖冠髮
	七絕	 生獲嚴顏勇絕倫※	三國紛紛多俊英 昂昂器宇鎮江山 百將傳中標異迹 生獲嚴顏勇絕倫※	三國紛紛多俊英 昂昂器宇鎮江山 百將傳中標異迹 生獲嚴顏勇絕倫※
	七律	古峴相連紫翠堆※	古峴相連紫翠堆※	古峴相連紫翠堆※

章回	詩體	版本		
		毛宗崗本	嘉靖本	李卓吾評本
第64回	五律		趙昂妻王氏 賢哉姜敍母	趙昂妻王氏 賢哉姜敍母
	七絕	烈士豈甘從二主※	烈士豈甘從二主※ 包胥向日哭秦庭	昭烈乘危一騎行 烈士豈甘從二主※ 包胥向日哭秦庭
第66回	五律		漢末荀公達 功振三分國	漢末荀公達 功振三分國
	四言		東吳赴會	東吳赴會
	七絕	藐視吳臣若小兒※ 華歆當日逞凶謀 遼東傳有管寧樓 曹瞞凶殘世所無	藐視吳臣若小兒※	藐視吳臣若小兒※ 報國忠臣多橫死
	七律		獻帝當時何太懦	獻帝當時何太懦
第67回	七絕	妨賢賣主逞奇功△ "的盧"當日跳檀溪※	"的盧"當日跳檀溪※ 吳侯縱轡躍征驂 唬殺江南衆小兒	妨賢賣主逞奇功△ "的盧"當日跳檀溪※ 吳侯縱轡躍征驂 唬殺江南衆小兒
第68回	五律		憶昔征黃祖 寬厚施仁德	憶昔征黃祖 寬厚施仁德
	七絕	鼉鼓聲喧震地來※	鼉鼓聲喧震地來※ 結下冤仇因鳳雛	鼉鼓聲喧震地來※ 結下冤仇因鳳雛 鏖戰曹兵血刃紅
	排律		從軍有若樂	
第69回	七絕	飛步凌雲遍九州※ 耿紀精忠韋晃賢※	人言左道非眞術 耿紀精忠韋晃賢※	人言左道非眞術 耿紀精忠韋晃賢※ 韋耿徒懷輔漢忠
	七律	平原神卜管公明※	飛步凌雲遍九州※ 平原神卜管公明※	飛步凌雲遍九州※ 平原神卜管公明※
第71回	五律	蒼頭臨大敵※ 昔日戰長坂※	蒼頭臨大敵※ 昔日戰長坂※	蒼頭臨大敵※ 昔日戰長坂※
	七絕		飛出山前鼓震天 鋼槍匹馬冠三軍 長阪坡前血戰時	飛出山前鼓震天 鋼槍匹馬冠三軍 長阪坡前血戰時
	七律		盡道粗官不足爲	盡道粗官不足爲
第72回	四言		雄哉益德	雄哉益德
	五律	聰明楊德祖※	聰明楊德祖※	
	七絕		奸雄端的忌聰明	奸雄端的忌聰明
第73回	七絕			昭烈興師取漢中

507

章回	詩體	版本		
		毛宗崗本	嘉靖本	李卓吾評本
第74回	五律		開疆施妙略 威武不能屈	開疆施妙略 威武不能屈
	七絕	夜半征鼙響震天※		
	七律		夜半征鼙響震天※	夜半征鼙響震天※
第75回	五絕		一笠覆官鎧	
	七絕	治病須分內外科※	刮骨便能除箭毒 養子當如孫仲謀	刮骨便能除箭毒 江東寤寐索荊州 養子當如孫仲謀
	七律			治病須分內外科※
第76回	五絕		一笠覆官鎧	
	七律		勢去人離奈若何	從來仁義感人深 陸遜青年未有名 勢去人離奈若何 關公義勇孰能儔
第77回	五律	漢末才無敵	壯哉熊虎將 烈烈三分將	壯哉熊虎將 烈烈三分將
	七絕		天生虎將佐炎劉	
	七律	人杰惟追古解良	少年為客離蒲東 當年父子鎮荊襄	少年為客離蒲東 當年父子鎮荊襄
	排律		憶昔將軍起解良	憶昔將軍起解良
第78回	五律		雄哉魏太祖 殺人虛墮淚	雄哉魏太祖 殺人虛墮淚
	七絕	華佗仙術比長桑※ 三馬同槽事可疑△	華佗仙術比長桑※ 奸臣曹操苦頭風 奸雄曹操立功勛	華佗仙術比長桑※ 奸臣曹操苦頭風 奸雄曹操立功勛 三馬同槽事可疑△
	七律		漢末挺生曹孟德 堪嘆當時曹孟德	漢末挺生曹孟德 堪嘆當時曹孟德
	歌行體	鄴則鄴城水漳水		
第79回	五絕	煮豆燃豆萁※	煮豆燃豆萁※	煮豆燃豆萁※
	五律	兩肉齊道行※	兩肉齊道行※	兩肉齊道行※
	七絕	三十年來說舊交	論地談天口若開 五車書記藏心腹	論地談天口若開 五車書記藏心腹
第80回	七絕	奸宄專權漢室亡△ 兩漢經營事頗難※	兩漢經營事頗難※ 壘土曾營受禪臺 曹丕篡奪乾坤 當年曹氏強吞劉	奸宄專權漢室亡△ 兩漢經營事頗難※ 壘土曾營受禪臺 曹丕篡奪乾坤 當年曹氏強吞劉

章回	詩體	版本		
		毛宗崗本	嘉靖本	李卓吾評本
第80回	七律		鳶鷗獲鼠腥狐臊	鳶鷗獲鼠腥狐臊
第81回	五律		豹頭環眼大	豹頭環眼大
	七絕		瞋目橫矛叱魏兵 予觀漢末張車騎	瞋目橫矛叱魏兵 予觀漢末張車騎
	七律	安喜曾聞鞭督郵※	安喜曾聞鞭督郵※	安喜曾聞鞭督郵※
第82回	七絕		天數相關豈遠圖	天數相關豈遠圖
第83回	五絕	老將說黃忠※ 巴郡甘興霸※	老將說黃忠※ 巴郡甘興霸※	
	七絕		范强張達是仇人	范强張達是仇人 苻堅恃衆曾亡晉
第84回	四言		江陽剛烈 休元輕寇	江陽剛烈 休元輕寇
	五絕	馮習忠無二 功蓋三分國※	功蓋三分國※	功蓋三分國※
	五律		陸遜運良籌 孔明施妙用	陸遜運良籌 孔明施妙用
	七絕	虎帳談兵按《六韜》※ 持矛擧火破連營※ 彝陵吳蜀大交兵※ 慷慨蜀中程祭酒 先主兵歸白帝城	虎帳談兵按《六韜》※ 持矛擧火破連營※ 彝陵吳蜀大交兵※	虎帳談兵按《六韜》※ 持矛擧火破連營※ 彝陵吳蜀大交兵※
	七律		怪石成堆抵萬軍	怪石成堆抵萬軍
第85回	五律		涿郡生英傑	涿郡生英傑
	七絕	降吳不可却降曹△	三顧情勤兩意投	降吳不可却降曹△ 三顧情勤兩意投
	七律	蜀主窺吳向三峽	日暮乾坤易動搖 大廈將傾一木扶	日暮乾坤易動搖 大廈將傾一木扶
第88回	七絕	五月驅兵入不毛※	五月驅兵入不毛※	五月驅兵入不毛※
第89回	五絕	山澤欲焦枯※	山澤欲焦枯※	山澤欲焦枯※
	五律	赤帝施權柄※	赤帝施權柄※	赤帝施權柄※
	七絕	高士幽棲獨閉關 爲國平蠻統大兵△	高士幽棲獨閉關	高士幽棲獨閉關※ 爲國平蠻統大兵△
第90回	七絕	羽扇綸巾擁碧幢※		
	七律		羽扇綸巾擁碧幢※ 當年諸葛自南征	羽扇綸巾擁碧幢※ 當年諸葛自南征
第91回	七律			相國興師入不毛
第92回	五律		西川馬孟起	西州馬孟起
	七絕	憶昔常山趙子龍※	憶昔常山趙子龍※	憶昔常山趙子龍※

509

章回	詩體	版本		
		毛宗崗本	嘉靖本	李卓吾評本
第93回	五絕	兵馬出西秦※	兵馬出西秦※	兵馬出西秦※
第94回	五律		降明權成厚	降魏權成厚
第95回	七絕	瑤琴三尺勝雄師		仲達深謀善用兵
第96回	七絕	失守街亭罪不輕※	失守街亭罪不輕※ 賞罰分明可告軍 責人之心堪責己	失守街亭罪不輕※ 賞罰分明可告軍 責人之心堪責己
第97回	五絕		出師前後表	出師前後表
	五律	常山有虎將	救主功勛大	救主功勛大
	七絕		一馬能將萬騎衝	一馬能將萬騎衝
	七律		匹馬單槍敢獨行	匹馬單槍敢獨行
第98回	七絕	孔明妙算勝孫龐※	孔明妙算勝孫龐※	鏖戰祁山經幾秋 孔明妙算勝孫龐※
第99回	七絕	悍勇張苞欲建功△		屈死張苞未建功△
第100回				幾致功成勢可支
第101回	七絕	伏弩齊飛滿點星※	諸葛施謀暗學孫 伏弩齊飛滿點星※	諸葛施謀暗學孫 伏弩齊飛滿點星※
第102回	五絕	生死人常理△		生死人常理△
	七絕	劍關險峻驅流馬※		
	七律		六出祁山用計謀※	六出祁山用計謀※
第103回	七絕	谷口風狂烈焰飄※	烈火萬堆藏木柵 丞相安排烈火燒	烈火萬堆藏木柵 丞相安排烈火燒 興師伐魏報先王
第104回	五律	撥亂扶危主※	撥亂扶危主※	撥亂扶危主※
	七絕	長星半夜落天樞※	亘古英雄世莫儔 七星壇上東風急 退莫追兮進莫攻 蜀相西驅十萬來 古壘深溝可料生 長星半夜落天樞※ 長蛇盤曲轉山排 武侯魂已升天去	亘古英雄世莫儔 七星壇上東風急 退莫追兮進莫攻 蜀相西驅十萬來 古壘深溝可料生 長星半夜落天樞※ 長蛇盤曲轉山排 武侯魂已升天去
	七律	長星昨夜墜前營※ 先生晦迹臥山林	先生晦迹臥山林 六出雄師度劍關	先生晦迹臥山林 六出雄師度劍關 六出祁山弔伐勤
	排律		火精秒暮當桓靈	火精秒暮當桓靈
第105回	七絕	諸葛先機識魏延※	諸葛先明識魏延※	諸葛先明識魏延※
	七律	丞相祠堂何處尋※ 諸葛大名垂宇宙	丞相祠堂何處尋※ 長星昨夜墜前營※	丞相祠堂何處尋※ 長星昨夜墜前營※

章回	詩體	版本		
		毛宗崗本	嘉靖本	李卓吾評本
第106回				極欲窮嗜總是虛
第107回	七絕	弱草微塵盡達觀 爲臣食祿當思報※ 傳得聖賢眞妙訣※	駑馬但能思棧豆 曹爽渾如井底蛙 爲臣食祿當思報※ 傳得聖賢眞妙訣※	孺居苦志在青年 駑馬但能思棧豆 曹爽猶如井底蛙 爲臣事主當存義※ 傳得堅賢眞妙訣※
第108回	五律		開言崇聖典	開言崇聖典
	七絕	紫髯碧眼號英雄※	紫髯碧眼號英雄※ 堪笑當年諸葛恪	紫髯碧眼號英雄※ 積善之家慶有餘 堪笑當年諸葛恪
第109回	七絕	妙算姜維不等閑△ 當年伏後出宮門 昔日曹瞞相漢時△	妙算姜維不等閑△ 當年獻帝正君臣 奸臣篡國最堪傷 昔日曹瞞相漢時△	妙算姜維不等閑△ 當年獻帝正君臣 奸臣篡國最堪傷 昔日曹瞞相漢時△
第110回	七絕	長坂當年獨拒曹※	昔日當陽喝斷橋	昔日當陽喝斷橋※
第111回	七絕			堪嘆姜維繼武侯
第112回	七絕	司馬當年圍壽春※ 忠臣矢志不偸生※	司馬當年圍壽春※ 忠臣至死無移改	報國心堅不顧家 司馬當年圍壽春※ 忠臣至死無移改※
第113回	五絕	亂賊誣伊尹		
	七絕		魏朝新見廢曹芳 孫綝孫綝作大臣	魏朝新見廢曹芳 孫綝孫綝作大臣 樂毅破齊遭間阻
第114回	五律	傷哉龍受困※ 漢初誇伏劍※	傷哉龍受困※ 漢初誇伏劍※	傷哉龍受困※ 漢初誇伏劍※
	七絕	司馬當年命賈充※	假意投身強哭尸 司馬當年命賈充※	假意投身強哭尸 司馬當年命賈充※
第115回	七絕	大膽姜維妙算長△		君暗臣驕嬖倖多 大膽姜維妙算長△ 閹宦專權從古有
第116回	五絕	一日抒忠憤		
	七絕	數萬陰兵繞定軍△		魏國先興兵寇圖 魏將西驅十萬兵 數萬陰兵繞定軍△
第117回	七絕	陰平峻嶺與天齊※ 後主昏迷漢祚顚※ 不是忠臣獨少謀※	陰平峻嶺與天齊※ 後主昏迷漢祚顚※	陰平峻嶺與天齊※ 馬邈先懷背逆圖 後主昏迷漢祚顚※ 蜀邦將歿憑黃皓

章回	詩體	版本		
		毛宗崗本	嘉靖本	李卓吾評本
第117回	七律		當年鄧艾襲西川 蒼天有意絶炎劉※	當年鄧艾襲西川 蒼天有意絶炎劉※
第118回	五律	君臣甘屈膝※	君臣甘屈膝※	君臣甘屈膝※
	七絶		祈哀請命拜征塵	後主庸才信淺謀 祈哀請命拜征塵
	七律	魏兵數萬入蜀來△ 魚鳥猶疑畏簡書	憶昔樓桑起義兵	魏兵數萬入蜀來△ 憶昔樓桑起義兵
第119回	五律	自幼能籌畫※ 髫年稱早慧※ 天水誇英俊※	自幼能籌畫※ 漢時良將后※ 涼州誇上士※	自幼能籌畫※ 漢時良將后※ 涼州誇上士※
	七絶	追歡作樂笑顔開△ 魏吞漢室晉吞曹△ 晉國規模如魏王※	後主投降獻蜀川	後主投降獻蜀川 追歡作樂笑顔開△ 魏吞漢室晉吞曹△
	七律		獻帝稱臣輦路旁※	獻帝稱臣輦路傍※
第120回	七絶	曉日登臨感晉臣※ "杜預"巴山見大旗	羊祜病中推"杜預" 曉日登臨感晉臣※ 王濬戈鋌發上流	吳運將衰社稷荒 羊祜病中推杜預 曉日登臨感晉臣※ 王濬戈鋌發上流 顛危國祚勢難支 勝敗兵家未可期 孫皓荒淫社稷休
	七律	西晉樓船下益州	憶昔孫堅創業時	君主城上竪降旗
	排律	高祖提劍入咸陽※	高祖提劍入咸陽※	高祖提劍入咸陽※

주

1. 『삼국지연의』의 세 가지 판본의 시가 대조표가 근거로 한 판본은 다음과 같다.
모종강본은 심백준(沈伯俊) 저 『삼국연의』(중주고적출판사[中州古籍出版社], 1992년 제1판)를 사용하였고, 가정본은 심백준 저 『삼국지통속연의(三國志通俗演義)』(화산문예출판사[花山文藝出版社], 1992년 제1판)를 사용하였으며, 이탁오평본은 심백준・이엽(李燁) 공저 『삼국연의』(파촉서사[巴蜀書社], 1993년 제1판)를 사용하였다.
2. ※표시가 있는 시가는 세 가지 판본 모두 대체적으로 비슷하고, 완전히 똑같은 것도 있다. 모종강본의 칠언절구는 다른 판본의 칠언율시의 구절에서 가져와 조합해서 만든 것이고, 다른 의미로 적힌 시는 기본적으로 같으며 글자도 대체적으로 비슷하다.
△표시가 있는 시가는 모종강본과 이탁오평본이 같다는 것만 가리킨다.
3. 『삼국지연의』 시가의 대부분은 제목이 없으므로, 시마다 첫 구절을 따서 대조의 근거로 삼았다.